STUDIUM UND PRAXIS

Jörg Eisele
Computer- und Medienstrafrecht

D1718917

Computer- und Medienstrafrecht

von

Dr. Jörg Eisele
Professor an der Universität Konstanz

Verlag C.H.Beck München 2013

www.beck.de

ISBN 978 3 406 646737

© 2013 Verlag C.H. Beck oHG
Wilhelmstraße 9, 80801 München
Druck und Bindung: Nomos Verlagsgesellschaft mbH & Co. KG
In den Lissen 12, D-76547 Sinzheim

Satz: Druckerei C.H. Beck Nördlingen

Gedruckt auf säurefreiem, alterungsbeständigem Papier
(hergestellt aus chlorfrei gebleichtem Zellstoff)

Vorwort

Mit diesem neuen Lehrbuch zum Computer- und Medienstrafrecht soll der zunehmenden Bedeutung dieser Rechtsmaterie in Studium, Referendariat und Praxis Rechnung getragen werden. Inhaltlich sind neben den einschlägigen Straftatbeständen auch Ordnungswidrigkeiten sowie die wichtigsten Bezüge zum Strafprozessrecht einbezogen. Entsprechend der Bedeutung in der universitären Ausbildung liegt der Schwerpunkt im materiellen Strafrecht. Das Buch verfolgt das Anliegen, die aufgrund seiner informationstechnischen Bezüge oftmals nur schwer zugängliche Materie verständlich und anschaulich darzustellen. Die Ausführungen sind hierzu mit zahlreichen Beispielsfällen aus der Rechtsprechung illustriert. Der jeweils systematischen Darstellung der Tatbestände sind zudem Prüfungsschemata vorangestellt, in denen die zentralen Probleme bereits gekennzeichnet sind und durch Randnummernverweise dann im Text leicht aufgefunden werden können. Das Buch eignet sich daher nicht nur für Studierende und Referendare, sondern auch für Praktiker, die sich mit dieser Materie erstmals näher befassen möchten.

Für wertvolle Korrekturarbeiten danke ich meinen Mitarbeitern Linda Boso, Catalina Ibañez, Dorothee Lang, Martin Lotz, Dr. Lukas Lehmann, Fabián Martínez, Dr. Christian Pfuhl, Jennifer Schwer, Anja Tschierschke, Cornelia Tu sowie meiner Sekretärin Frau Sabine Widmann-Schmid. Besonderer Dank gilt meinen Mitarbeitern Robert Bergmann und Arne Pankratz für aufwändige Layout- und Formatierungsarbeiten.

Mit diesem Buch verabschiede ich mich aufgrund meines Wechsels an die Universität Tübingen nach vielen schönen Jahren zugleich von der Universität Konstanz. Mein herzlicher Dank gilt den Konstanzer Kollegen für die hervorragende und konstruktive Zusammenarbeit während der gesamten Zeit.

Für Anregungen und Kritik zu diesem Buch bin ich jederzeit dankbar (gerne per E-Mail: joerg.eisele@uni-konstanz.de).

Konstanz, im Januar 2013   *Jörg Eisele*

Inhaltsverzeichnis

Abkürzungsverzeichnis

aA .... andere Ansicht
abl. .... ablehnend
Abs. .... Absatz
ABl. EU .... Amtsblatt der Europäischen Union
abw. .... abweichend
aE .... am Ende
aF .... alte Fassung
AfP .... Archiv für Presserecht
AG .... Amtsgericht
ähnl. .... ähnlich
and. .... anders
Anm. .... Anmerkung
AnwK .... Anwaltskommentar
Art. .... Artikel
AT .... Allgemeiner Teil
Aufl. .... Auflage
ausf. .... ausführlich
A/W .... Arzt/Weber (vgl. Literaturverzeichnis)

BayPrG .... Bayerisches Pressegesetz
BayObLG .... Bayerisches Oberlandesgericht
BB .... Betriebs-Berater (Zeitschrift)
Bd. .... Band
BDSG .... Bundesdatenschutzgesetz
BeckOK .... Beck'scher Onlinekommentar
BGB .... Bürgerliches Gesetzbuch
BGBl. .... Bundesgesetzblatt (zitiert nach Band und Jahrgang)
BGH .... Bundesgerichtshof
BGHSt .... Entscheidungen des Bundesgerichtshofes in Strafsachen – Amtliche
                                Sammlung (zitiert nach Band)
BKA .... Bundeskriminalamt
Bsp. .... Beispiel
BT .... Besonderer Teil
BT-Drs. .... Bundestag Drucksachen
BtMG .... Betäubungsmittelgesetz
BVerfG .... Bundesverfassungsgericht
BVerfGE .... Entscheidungen des Bundesverfassungsgerichtes – Amtliche Sammlung
                                (zitiert nach Band)
BVerwG .... Bundesverwaltungsgericht
BVerwGE .... Entscheidungen des Bundesverwaltungsgerichtes – Amtliche Sammlung
                                (zitiert nach Band)
BWLPG .... Landespressegesetz Baden-Württemberg
bzgl. .... bezüglich
bzw. .... beziehungsweise

ca. .... circa
CR .... Computer und Recht

DB .... Der Betrieb
ders. .... derselbe
dh .... das heißt
dies. .... dieselbe/dieselben

diff.	differenzierend
DÖV	Die öffentliche Verwaltung (Zeitschrift)
DRiZ	Deutscher Richterbund
DtZ	Deutsch-Deutsche Rechts-Zeitschrift
DUD	Datenschutz und Datensicherheit (Zeitschrift)
EG	Europäische Gemeinschaft(en)
ElGVG	Elektronisches-Geschäftsverkehr-Vereinheitlichungsgesetz
EMRK	Europäische Menschenrechtskommission
endg.	endgültig
EU	Europäische Union
EuGH	Europäischer Gerichtshof
f.	folgende Seite, Randnummer, usw.
FAG	Gesetz über Fernmeldeanlagen
FamFR	Familienrecht und Familienverfahrensrecht (Zeitschrift)
ff.	folgende Seiten, Randnummern usw.
FG	Festgabe
Fn.	Fußnote
FS	Festschrift
FTEG	Gesetz über Funkanlagen und Telekommunikationsendeinrichtungen
GA	Goltdammer's Archiv für Strafrecht (Zeitschrift)
GBA	Generalbundesanwalt
GenStA	Generalstaatsanwalt
gem.	gemäß
GG	Grundgesetz
ggf.	gegebenenfalls
GRUR	Gewerblicher Rechtsschutz und Urheberrecht
GS	Gedächtnisschrift
GesR	Gesundheitsrecht
Hdb.	Handbuch
HK	Handkommentar (vgl. Literaturverzeichnis)
h.M.	herrschende Meinung
HRRS	Online-Zeitschrift für höchstrichterliche Rechtsprechung im Strafrecht
Hs.	Halbsatz
idR	in der Regel
i.e.S.	im engeren Sinne
i.S.	im Sinne
iSd	im Sinne des
IuKDG	Informations- und Kommunikations-Gesetz
i.V.m.	in Verbindung mit
JA	Juristische Arbeitsblätter (Zeitschrift)
JGG	Jugendgerichtsgesetz
JMBl NW	Justizministerialblatt für das Land Nordrhein-Westfalen
JMStV	Jugendmedienschutz-Staatsvertrag
JR	Juristische Rundschau (Zeitschrift)
Jura	Juristische Ausbildung (Zeitschrift)
JuS	Juristische Schulung (Zeitschrift)
JZ	Juristenzeitung (Zeitschrift)
Kap.	Kapitel
KG	Kammergericht
KK	Karlsruher Kommentar (vgl. Literaturverzeichnis)
KMR	KMR-Kommentar (vgl. Literaturverzeichnis)

KOM	Kommission
K&R	Kommunikation und Recht
krit.	kritisch
KUG	Kunsturheberrechtsgesetz
LAG	Landesarbeitsgericht
LG	Landgericht
lit.	litera
LK	Leipziger Kommentar (vgl. Literaturverzeichnis)
m. Anm.	mit Anmerkung
MDR	Monatsschrift für Deutsches Recht (Zeitschrift)
MMR	Multimedia und Recht (Zeitschrift)
MünchKomm	Münchener Kommentar (vgl. Literaturverzeichnis)
mwN	mit weiteren Nachweisen
n. F.	neue Fassung
NJW	Neue Juristische Wochenschrift (Zeitschrift)
NJW-RR	Neue Juristische Wochenschrift, Rechtsprechungsreport (Zeitschrift)
NK	Nomos Kommentar (vgl. Literaturverzeichnis)
Nr.	Nummer
NRWLPG	Pressegesetz für das Land Nordrhein-Westfalen
NStZ	Neue Zeitschrift für Strafrecht
NStZ-RR	Neue Zeitschrift für Strafrecht, Rechtsprechungsreport
NZA	Neue Zeitschrift für Arbeitsrecht
NZA-RR	Neue Zeitschrift für Arbeitsrecht, Rechtsprechungsreport Arbeitsrecht
NZS	Neue Zeitschrift für Sozialrecht
NZWiSt	Neue Zeitschrift für Wirtschafts-, Steuer- und Unternehmensstrafrecht
OLG	Oberlandesgericht
OWiG	Gesetz über Ordnungswidrigkeiten
Prot.	Protokoll
RB	Rahmenbeschluss
RDV	Recht der Datenverarbeitung
REV	Revision
RG	Reichsgericht
RGSt	Entscheidungen des Reichsgerichts in Strafsachen – Amtliche Sammlung, zitiert nach Band
RL	Richtlinie
Rn.	Randnummer
Rspr.	Rechtsprechung
S.	Seite, im Zusammenhang mit Paragraphenangaben Satz
SchAZtg	Schiedsamts-Zeitung
SK	Systematischer Kommentar (vgl. Literaturverzeichnis)
SMS	Short Message Service
sog.	so genannte/r
SSW	Satzger/Schmitt/Widmaier (vgl. Literaturverzeichnis)
StGB	Strafgesetzbuch
StPO	Strafprozessordnung
str.	strittig
StraFo	Strafverteidigerforum (Zeitschrift)
StrÄG	Strafrechtsänderungsgesetz
StV	Strafverteidiger (Zeitschrift)

StVG .... Straßenverkehrsgesetz
TDG .... Teledienstegesetz
TMG .... Telemediengesetz

u. a. .... unter anderem
Übk. .... Übereinkommen
UFITA .... Archiv für Urheber-, Film-, Funk- und Theaterrecht
UrhG .... Urhebergesetz
Urt. .... Urteil
UWG .... Gesetz gegen den unlauteren Wettbewerb

v. .... von
Var. .... Variante
VGH .... Verwaltungsgerichtshof
vgl. .... vergleiche
Vorbem. .... Vorbemerkung
VRS .... Verkehrsrechtssammlung
VStGB .... Völkerstrafgesetzbuch

WiKG .... Gesetz zur Bekämpfung der Wirtschaftskriminalität
wistra .... Zeitschrift für Wirtschafts- und Steuerstrafrecht
WM .... Wertpapier-Mitteilungen, Zeitschrift für Wirtschafts- und Bankrecht
WRP .... Wettbewerb in Recht und Praxis (Zeitschrift)

Z. .... Zivilsachen
zB .... zum Beispiel
ZIS .... Zeitschrift für Internationale Strafrechtsdogmatik
ZJS .... Zeitschrift für das juristische Studium
ZPO .... Zivilprozessordnung
ZRP .... Zeitschrift für Rechtspolitik
ZStW .... Zeitschrift für die gesamte Strafrechtswissenschaft (zitiert nach Band und Jahrgang)
ZUM .... Zeitschrift für Urheber- und Medienrecht
zust. .... zustimmend

Literaturverzeichnis

A/W .... *Arzt/Weber/Heinrich/Hilgendorf,* Strafrecht Besonderer Teil, 2. Aufl. 2009

Achenbach/Ransiek .... *Achenbach/Ransiek* (Hrsg.), Handbuch Wirtschaftsstrafrecht, 3. Aufl. 2011

Ambos, Internationales
Strafrecht .... *Ambos,* Internationales Strafrecht, 3. Aufl. 2011

AnwK .... Anwaltkommentar, Strafgesetzbuch, hrsg. v. *Leipold/Tsambikakis/Zöller,* 2011

Bär, Handbuch zur
EDV-Beweissicherung .... *Bär,* Handbuch zur EDV-Beweissicherung im Strafverfahren, 2007

BeckOK BGB .... Beck'scher Online-Kommentar, BGB, hrsg. v. *Bamberger/Roth,* Edition 24, Stand: 1. 8. 2012

BeckOK JMStV .... Beck'scher Online-Kommentar, JMStV, hrsg. v. *Liesching,* Edition 7, Stand: 12. 9. 2012

BeckOK StGB .... Beck'scher Online-Kommentar, StGB, hrsg. von *v. Heintschel-Heinegg,* Edition 19, Stand: 15. 6. 2012

BeckOK StPO .... Beck'scher Online-Kommentar, StPO, hrsg. von *Graf,* Edition 14, Stand: 1. 6. 2012

Beck'scher TKG-Kommentar .... Beck'scher Kommentar, TKG, hrsg. v. *Geppert/Piepenbrock/Schütz/Schuster,* 2006

Berliner Kommentar zum TKG .... Berliner Kommentar zum TKG, hrsg. v. *Säcker,* 2. Aufl. 2009

Bleisteiner, Rechtliche
Verantwortlichkeit im Internet ...... *Bleisteiner,* Rechtliche Verantwortlichkeit im Internet, 1999

Dietrich, Das Erfordernis der
besonderen Sicherung .... *Dietrich,* Das Erfordernis der besonderen Sicherung im StGB am Beispiel des Ausspähens von Daten, § 202 a StGB, 2009

Dreier/Schulze .... *Dreier/Schulze* (Hrsg.), Kommentar zum Urheberrechtsgesetz, 3. Aufl. 2008

Eisele, BT 1 .... *Eisele,* Strafrecht Besonderer Teil 1, Straftaten gegen die Allgemeinheit, 2. Aufl. 2012

Eisele, BT 2 .... *Eisele,* Strafrecht Besonderer Teil 2, Eigentums- und Vermögensdelikte, 2. Aufl. 2012

Eisele, Compliance .... *Eisele,* Compliance und Datenschutzstrafrecht, Strafrechtliche Grenzen der Arbeitnehmerüberwachung, 2012

Erbs/Kohlhaas .... *Erbs/Kohlhaas,* Strafrechtliche Nebengesetze, hrsg. v. *Ambs,* 188. Ergänzungslieferung, Stand: Januar 2012

Fezer, Lauterkeitsrecht .... *Fezer* (Hrsg.), Lauterkeitsrecht, 2. Aufl. 2010

Fischer .... *Fischer,* Strafgesetzbuch und Nebengesetze, 59. Aufl. 2012

Gercke/Brunst, Internetstraf-
recht .... *Gercke/Brunst,* Praxishandbuch Internetstrafrecht, 2009

Gola, Datenschutz .... *Gola,* Datenschutz und Multimedia am Arbeitsplatz, 3. Aufl. 2010

Gola/Schomerus, BDSG .... *Gola/Schomerus,* Bundesdatenschutzgesetz, 10. Aufl. 2010

Gössel, BT 1 .... *Gössel/Dölling,* Strafrecht Besonderer Teil 1, Straftaten gegen Persönlichkeits- und Gemeinschaftswerte, 2. Aufl. 2004

Gössel, Das neue Sexualstraf-
recht .... *Gössel,* Das neue Sexualstrafrecht, 2005

Grabitz/Hilf/Nettesheim .... *Grabitz/Hilf/Nettesheim,* Das Recht der Europäischen Union, hrsg. v. *Nettesheim,* 47. Ergänzungslieferung, Stand: April 2012

Haft/Hilgendorf, BT 1 .... *Haft/Hilgendorf,* Strafrecht Besonderer Teil 1, Vermögensdelikte, 9. Aufl. 2009

Hanau/Hoeren, Private Internet-
nutzung .... *Hanau/Hoeren,* Private Internetnutzung durch Arbeitnehmer, 2003

Härting .... *Härting,* Internetrecht, 4. Aufl. 2010
Hdb. Datenschutzrecht .... *Roßnagel* (Hrsg.), Handbuch Datenschutzrecht, 2003
Hdb. Europäisches Strafrecht .... *Sieber/Brüner/Satzger/Heintschel-Heinegg* (Hrsg.), Handbuch Europäisches Strafrecht, 2011
Hdb. Medienrecht .... *Dörr/Kreile/Cole* (Hrsg.), Handbuch Medienrecht, 2. Aufl.
2010
Hdb. Multimedia-Recht .... *Hoeren/Sieber* (Hrsg.), Handbuch Multimedia-Recht, Rechtsfragen des elektronischen Geschäftsverkehrs, 31. Egänzungs-
lieferung, Stand: März 2012
Hecker, Europäisches Straf-
recht .... *Hecker,* Europäisches Strafrecht, 3. Aufl. 2010
Hecker, Strafbare Produkt-
werbung .... *Hecker,* Strafbare Produktwerbung im Lichte des Gemein-
schaftsrechts, 2001
Hellmann/Beckemper, Wirtschafts-
strafrecht .... *Hellmann/Beckemper,* Wirtschaftsstrafrecht, 3. Aufl. 2010
Hilgendorf/Valerius,
Computer- und Internetstraf-
recht .... *Hilgendorf/Valerius,* Computer und Internetstrafrecht,
2. Aufl. 2012
HK .... *Dölling/Duttge/Rössner* (Hrsg.), Gesamtes Strafrecht, Hand-
kommentar, 2. Aufl. 2011
Hoffmann, Stalking .... *Hoffmann,* Stalking, 2005
Joecks .... *Joecks,* Studienkommentar StGB, 9. Aufl. 2010
Kindhäuser, BT 1 .... *Kindhäuser,* Strafrecht, Besonderer Teil 1, Straftaten gegen
Persönlichkeitsrechte, Staat und Gesellschaft, 5. Aufl. 2012
Kindhäuser, BT 2 .... *Kindhäuser,* Strafrecht, Besonderer Teil 2, Straftaten gegen
Vermögensrechte, 6. Aufl. 2011
Kindhäuser LPK .... *Kindhäuser,* Strafgesetzbuch, Lehr- und Praxiskommentar,
4. Aufl. 2010
KK-*Bearbeiter* .... Karlsruher Kommentar zur Strafprozessordnung, hrsg. v.
Hannich, 6. Aufl. 2008
KMR-*Bearbeiter* .... KMR-Kommentar zur Strafprozessordnung, Loseblattsamm-
lung, hrsg. v. *Heintschel-Heinegg/Stöckel,* 63. Ergänzungslie-
ferung, Stand: Mai 2012
Köhler/Bornkamm, UWG .... *Köhler/Bornkamm,* Gesetz gegen den unlauteren Wettbe-
werb, 30. Aufl. 2012
König, Kinderpornografie im
Internet .... *König,* Kinderpornografie im Internet, 2004
Kraus, Zivilrechtlicher Schutz
gegen Nachstellen .... *Kraus,* Zivilrechtlicher Schutz gegen Nachstellen, 2009
Krey/Hellmann/Heinrich BT 2 ..... *Krey/Hellmann/Heinrich,* Strafrecht Besonderer Teil, Band 2,
Vermögensdelikte, 16. Aufl. 2012
Kümpel/Wittig, Bank- und
Kapitalmarktrecht .... *Kümpel/Wittig* (Hrsg.), Bank- und Kapitalmarktrecht,
4. Aufl. 2011
Kusnik, Strafbarkeit der Daten-
bzw. Informationsspionage .... *Kusnik,* Strafbarkeit der Daten- bzw. Informationsspionage in
Deutschland und Polen, 2012
Lackner/Kühl .... *Lackner/Kühl,* Strafgesetzbuch mit Erläuterungen, 27. Aufl.
2011
Laubenthal, Sexualstraftaten .... *Laubenthal,* Sexualstraftaten, 2000
LK .... Leipziger Kommentar: Strafgesetzbuch, 11. Aufl. 1992 ff.,
hrsg. v. *Jähnke/Laufhütte/Odersky;* 12. Aufl. 2006 ff., hrsg. v.
Laufhütte/Rissing-van Saan/Tiedemann

Marberth-Kubicki, Computer und Internetstrafrecht .... *Marberth-Kubicki,* Computer und Internetstrafrecht, 2. Aufl. 2010

Maurach/Schroeder/Maiwald BT 1 .... *Maurach/Schroeder/Maiwald,* Strafrecht Besonderer Teil, Teilband 1, Straftaten gegen Persönlichkeits- und Vermögenswerte, 10. Aufl. 2009

Maurach/Schroeder/Maiwald BT 2 .... *Maurach/Schroeder/Maiwald,* Strafrecht Besonderer Teil, Teilband 2, Straftaten gegen Gemeinschaftswerte, 9. Aufl. 2005

Mitsch, Medienstrafrecht .... *Mitsch,* Medienstrafrecht, 2012

Mitsch BT 2/1 .... *Mitsch,* Strafrecht, Besonderer Teil, Band 2, Vermögensdelikte, Teilband 1, Kernbereich, 2. Aufl. 2003

Mitsch BT 2/2 .... *Mitsch,* Strafrecht, Besonderer Teil, Band 2, Vermögensdelikte, Teilband 2, Randbereich, 2001

Möhring/Nicolini .... *Möhring/Nicolini,* Urheberrechtsgesetz, hrsg. v. Ahlberg/Nicolini, 2. Aufl. 2000

MünchKomm .... Münchener Kommentar zum Strafgesetzbuch, hrsg. von *Joecks/Miebach,* 2003 ff.; 2. Aufl. 2012 ff.

MünchKomm-BGB .... Münchener Kommentar zum Bürgerlichen Gesetzbuch, hrsg. v. *Säcker/Rixecker,* 6. Aufl. 2012

NK .... Nomos-Kommentar zum Strafgesetzbuch, hrsg. v. *Kindhäuser/Neumann/Paeffgen,* 3. Aufl. 2010

Otto BT .... *Otto,* Grundkurs Strafrecht, Die einzelnen Delikte, 7. Aufl. 2005

Paul, Primärrechtliche Regelungen .... *Paul,* Primärrechtliche Regelungen zur Verantwortlichkeit von Internetprovidern aus strafrechtlicher Sicht, 2005

Piper/Ohly/Sosnitza .... *Piper/Ohly/Sosnitza,* Gesetz gegen den unlauteren Wettbewerb, 5. Aufl. 2010

Popp, Die strafrechtliche Verantwortung von Internet-Providern .... *Popp,* Die strafrechtliche Verantwortung von Internet-Providern, 2002

Praxis-Hdb. Medienrecht .... *Wandtke,* Praxishandbuch Medienrecht, Bd. 5, 2. Aufl. 2011

Reinbacher, Strafbarkeit der Vervielfältigung .... *Reinbacher,* Die Strafbarkeit der Vervielfältigung urheberrechtlich geschützter Werke zum privaten Gebrauch nach dem Urheberrechtsgesetz, 2007

Rengier BT 1 .... *Rengier,* Strafrecht, Besonderer Teil I, Vermögensdelikte, 14. Aufl. 2012

Rengier BT 2 .... *Rengier,* Strafrecht, Besonderer Teil II, Delikte gegen Personen und gegen die Allgemeinheit, 13. Aufl. 2012

Safferling, Internationales Strafrecht .... *Safferling,* Internationales Strafrecht, Strafanwendungsrecht, Völkerstrafrecht, Europäisches Strafrecht, 2011

Satzger, Internationales und Europäisches Strafrecht .... *Satzger,* Internationales und Europäisches Strafrecht, 5. Aufl. 2011

Scheurle/Mayen, TKG .... *Scheuerle/Mayen,* Telekommunikationsgesetz, 2. Aufl. 2008

Schönke/Schröder .... *Schönke/Schröder,* Strafgesetzbuch, 28. Aufl. 2010

Schramm, Internationales Strafrecht .... *Schramm,* Internationales Strafrecht, Strafanwendungsrecht, Völkerstrafrecht, Europäisches Strafrecht, 2011

Schreibauer, Das Pornographieverbot des § 184 StGB .... *Schreibauer,* Das Pornographieverbot des § 184 StGB, 1999

Schricker/Loewenheim .... *Schricker/Loewenheim,* Urheberrecht, hrsg. v. Loewenheim, 4. Aufl. 2010

Schuh, Computerstrafrecht .... *Schuh,* Computerstrafrecht im Rechtsvergleich – Deutschland, Österreich, Schweiz, 2012

Schwind, Kriminologie .... *Schwind,* Kriminologie, 21. Aufl. 2011

Simitis, BDSG .... *Simitis* (Hrsg.), Bundesdatenschutzgesetz, 7. Aufl. 2011

SK .... Systematischer Kommentar zum Strafgesetzbuch, hrsg. v. *Wolter,* 131. Lieferung, Stand: März 2012

Spindler/Schuster .... *Spindler/Schuster,* Recht der elektronischen Medien, 2. Aufl. 2011

SSW .... *Satzger/Schmitt/Widmaier* (Hrsg.), Strafgesetzbuch, 2009

Taeger/Gabel, BDSG .... *Taeger/Gabel* (Hrsg.), Kommentar zum BDSG und den einschlägigen Vorschriften des TMG und TKG, 2010

Thüsing, Arbeitnehmerdaten-
schutz und Compliance .... *Thüsing,* Arbeitnehmerdatenschutz und Compliance, 2010

Trute/Spoerr/Bosch, TKG mit
FTEG .... *Trute/Spoerr/Bosch,* Telekommunikationsgesetz mit FTEG, 2001

Wabnitz/Janovsky .... *Wabnitz/Janovsky,* Handbuch des Wirtschafts- und Steuerstrafrechts, 3. Aufl. 2007

Wandtke/Bullinger .... *Wandtke/Bullinger,* Praxiskommentar zum Urheberrecht, 3. Aufl. 2009

Wessels/Hettinger BT 1 .... *Wessels/Hettinger,* Strafrecht Besonderer Teil 1, Straftaten gegen Persönlichkeits- und Gemeinschaftswerte, 36. Aufl. 2012

Wessels/Hillenkamp BT 2 .... *Wessels/Hillenkamp,* Strafrecht Besonderer Teil 2, Straftaten gegen Vermögenswerte, 35. Aufl. 2012

Wittig, Wirtschaftsstrafrecht .... *Wittig,* Wirtschaftsstrafrecht, 2. Aufl. 2011

1. Kapitel: Einführung

§ 1. Begriffe und Erscheinungsformen

Die Begriffe „Internetstrafrecht" bzw. „Cybercrime", „IuK[1]-Kriminalität", „Com- **1** puterstrafrecht" und „Medienstrafrecht" weisen keine festen Konturen auf und überschneiden sich teilweise. Das Internet- und Computerstrafrecht betrifft trotz vielfältiger Gemeinsamkeiten verschiedene Aspekte der IuK-Kriminalität, weil zB nicht jede Computerstraftat zwingend einen Bezug zum Internet voraussetzt.[2] Soweit es nicht speziell um das Internet geht, wird deshalb im Folgenden der Begriff des Computerstrafrechts bevorzugt. Das Medienstrafrecht weist stärkere Bezüge zum Pressestrafrecht auf. Freilich kann man unter diesen Begriff auch das Strafrecht, das sich auf (moderne) „Medien" bezieht, verstehen; und umgekehrt publiziert die Presse unter Zuhilfenahme von Computer- und Kommunikationstechnologien zunehmend über das Internet. Insgesamt ist der Versuch einer näheren Präzisierung dieser Begriffe für das Strafrecht wenig hilfreich, weil die einzelnen Tatbestände ganz andere Anknüpfungspunkte in den Mittelpunkt stellen. Daher können etwa Begriffe wie „Daten" (zB §§ 202a ff. StGB), „Datenverarbeitung" (§ 263a StGB) oder „Telekommunikation" (§§ 206 StGB, 148 TKG) zentrale Bedeutung erlangen.

Unter die vorgenannten Begriffe lassen sich im Wesentlichen zwei Erscheinungs- **2** formen fassen.[3] Zum einen geht es um Tatbestände, die in ihrer **tatbestandlichen Fassung** Anknüpfungspunkte zur modernen Informations- und Kommunikationstechnik enthalten. Dabei handelt es sich vorwiegend um Fälle, in denen auf **Informationstechnik eingewirkt** wird und so für diese eine Gefahr entsteht oder gar eine Schädigung eintritt. Zu nennen sind insbesondere die Delikte des Kernbereichs des europäisierten Computerstrafrechts:[4] §§ 202a bis 202c StGB (Ausspähen und Abfangen von Daten sowie deren Vorbereitung) und §§ 303a, 303b StGB (Datenveränderung und Computersabotage). Hierher gehören aber etwa auch § 263a StGB (Computerbetrug) und § 269 StGB (Fälschung beweiserheblicher Daten). Zum anderen sind Handlungen einbezogen, bei denen Computer, elektronische Netze usw. als Tatmittel zur **Vorbereitung und Ausführung von Straftaten genutzt** werden. Dabei muss man sehen, dass eine Vielzahl von klassischen Straftatbeständen – insbesondere bei der Verbreitung von Inhalten (zB §§ 184ff., §§ 185ff. StGB) – auf diese Weise verwirklicht werden kann. Die Ausführungen zu solchen Tatbeständen sind in diesem Buch jeweils auf die mit den neuen Medien verbundenen speziellen Fragestellungen fokussiert. Dabei ist zu beachten, dass sich nicht nur die oben genannten Begriffe überschneiden, sondern auch die Grenzen zwischen

---

[1] Informations- und Kommunikationstechnik.
[2] Vgl. auch *Schuh*, Computerstrafrecht, S. 29; *Vogel* in Grabitz/Hilf/Nettesheim Art. 83 Rn. 61.
[3] Mitteilung der Kommission vom 22. Mai 2007, KOM (2007) 267 endg., S. 2; vgl. auch die Einteilung des BKA: www.bka.de/DE/ThemenABisZ/Deliktsbereiche/InternetKriminalitaet/internetKriminalitaet_node.html (Stand: 20. 12. 2012).
[4] Für eine Beschränkung des Begriffs der Computerkriminalität hierauf *Schuh*, Computerstrafrecht, S. 28.

den Erscheinungsformen fließend sind. So wird etwa bei einem Tatbestand wie § 202 a StGB, der schon nach seiner tatbestandlichen Fassung speziell der Bekämpfung von Computerstraftaten dient, vom Täter als Tatmittel häufig ein Computer eingesetzt, aber auch zugleich auf Opferseite die Informationstechnik beeinträchtigt.

§ 2. Entwicklung

I. Bedeutung des Computerstrafrechts

3   Durch den stetig fortschreitenden Einsatz von Informationstechnologien in allen Bereichen der Gesellschaft werden nicht nur zunehmend computerspezifische Delikte, sondern auch klassische Straftatbestände unter Zuhilfenahme solcher Technologien verwirklicht. Hierbei erlangen u. a. der einfache und kostengünstige Zugang zu Netzen sowie zu Hard- und (Schad-)Software, schnelle Übertragungswege, Möglichkeiten der Verschlüsselung und Anonymisierung, Defizite im Datenschutzrecht und fehlende Kontrollmöglichkeiten eine entscheidende Bedeutung.[5] Daher verwundert es nicht, wenn in Deutschland die von der Polizeilichen Kriminalstatistik erfassten Straftaten, die unter Ausnutzung moderner Informations- und Kommunikationstechnik oder gegen diese begangen werden, stetig ansteigen.[6] Dabei ist allein im Jahr 2010 gegenüber dem Vorjahr ein Anstieg um ca. 19% auf 59 839 Fälle zu verzeichnen.[7] Der Schwerpunkt liegt hierbei beim Computerbetrug (§ 263 a StGB), der ca. 46% der Fälle ausmacht. Die registrierten Schäden, die ca. 61,5 Mio. Euro betrugen, stiegen gegenüber dem Vorjahr sogar um 66% an. Aufgrund der wachsenden Bedrohung durch Cyber-Angriffe wurde unter der Federführung des Bundesamtes für Sicherheit in der Informationstechnik (BSI) und mit Beteiligung des Bundesamtes für Verfassungsschutz (BfV) sowie des Bundesamtes für Bevölkerungsschutz und Katastrophenhilfe (BBK) das Nationale Cyber-Abwehrzentrum gegründet, das am 1. April 2011 seine Arbeit aufnahm. Dieses soll IT-Sicherheitsvorfälle schnell und umfassend bewerten und abgestimmte Handlungsempfehlungen erarbeiten.[8] Aufgrund der globalen Vernetzung moderner Kommunikationstechnologien, durch die Informationen, aber auch Schadsoftware in Sekundenschnelle weltweit verbreitet werden können, geraten auch europäische und internationale Maßnahmen verstärkt in den Blick. Weil IuK-Kriminalität nicht an den nationalen Grenzen Halt macht, soll nach Plänen der Kommission der EU ein Europäisches Zentrum zur Bekämpfung der Cyberkriminalität eingerichtet werden.[9] Die Kommission beruft sich hierbei auf eine Untersuchung aus dem Jahr

---

[5] Zu den Herausforderungen im Einzelnen *Gercke/Brunst*, Internetstrafrecht, Rn. 10 ff.

[6] Dabei muss man freilich sehen, dass die Zahlen der polizeilichen Kriminalstatistik die Ermittlungsarbeit abbilden und daher keine exakte Aussage über die tatsächliche Kriminalität beinhalten. Wird also im Bereich der Cyber-Kriminalität ein Schwerpunkt der Ermittlungsmaßnahmen gelegt, so wird damit auch ein Anstieg der Fallzahlen verbunden sein; zu diesem Effekt *Schwind*, Kriminologie, § 2 Rn. 5.

[7] BKA, Cybercrime Bundeslagebild 2010, S. 7.

[8] www.bsi.bund.de/ContentBSI/Presse/Pressemitteilungen/Presse2011/Cyber-Abwehrzentrum_01042011.html (Stand: 20. 12. 2012).

[9] Mitteilung der Kommmission KOM (2012) 140 endg.

2011, nach der täglich weltweit 1 Million Menschen Opfer von Cyberstraftaten werden und jährlich ein Schaden von ca. 388 Mrd. US-Dollar eintritt.[10]

II. Rechtliche Entwicklung

Erste Ansätze eines Computerstrafrechts entstanden schon mit dem Schutz von   **4** Daten im Bereich der öffentlichen Verwaltung in § 203 Abs. 2 StGB mit dem Einführungsgesetz zum StGB vom 2. 3. 1974[11] sowie mit dem Erlass des Bundesdatenschutzgesetzes vom 21. 1. 1977.[12] Die maßgeblichen Vorschriften des Computerstrafrechts wurden mit dem 2. WiKG vom 15. 5. 1986 in das StGB eingeführt.[13] Damit sollten Strafbarkeitslücken geschlossen werden, die mit dem zunehmenden Einsatz von Datenverarbeitungsanlagen vor allem in Wirtschaft und Verwaltung entstanden waren.[14] Geschaffen wurden damals die Tatbestände der §§ 202a, 263a, 266b, 269, 270, 303a, 303b StGB. Von größerer Bedeutung für den Bereich des StGB ist auch das Informations- u. KommunikationsdiensteG (IuKDG) v. 22. 7. 1997,[15] das den Schriftbegriff des § 11 Abs. 3 StGB auf Datenspeicher erweiterte. Inzwischen hat sich aber der **Europarat** und vor allem die **Europäische Union als Motor der Fortentwicklung des Computerstrafrechts** erwiesen. Bedeutsame Modifikationen waren daher durch das 41. StrÄG,[16] das der Umsetzung des Rahmenbeschlusses der EU über Angriffe auf Informationssysteme[17] und des Übereinkommens des Europarates über Computerkriminalität (Nr. 185 – Cybercrime-Konvention) dient, vorzunehmen.[18]

1. Cybercrime-Konvention des Europarates

Die **Cybercrime-Konvention des Europarates** verfolgt die Harmonisierung von   **5** Strafvorschriften im Bereich der Cyber-Kriminalität. Neben Vorgaben hinsichtlich strafbarer Verhaltensweisen (Art. 1 ff.) sind dort detaillierte Regelungen zum Verfahrensrecht (Art. 14 ff.), zB über die beschleunigte Sicherstellung gespeicherter Computerdaten, die Herausgabeanordnung von Computerdaten und die Durchsuchung bzw. Beschlagnahme gespeicherter Computerdaten enthalten. Die strafprozessualen Vorschriften haben einen weiten Geltungsbereich, weil sie sich nicht nur auf die in der Konvention geregelten Straftatbestände beziehen, sondern alle mittels Computersystemen begangenen Straftaten sowie die Erhebung von in elektronischer Form vorhandenen Beweisen für alle Straftaten einbeziehen (Art. 14 II lit. b und lit. c).[19] Letztlich enthält die Cybercrime-Konvention auch Regelungen über

---

[10] Norton Cybercrime Report 2011, Symantec, 7.9.2011; dazu Mitteilung der Kommmission KOM (2012) 140 endg., S. 2.

[11] BGBl. I 1974, 449. Zur Entwicklungsgeschichte *Schuh,* Computerstrafrecht, S. 29 ff.

[12] BGBl. I 1977, 201.

[13] BGBl. I 1986, 721.

[14] BT-Drs. 10/5058, 28. Zur Reform *Haft* NStZ 1987, 6; *Lenckner/Winkelbauer* CR 1986, 483, 824; *Möhrenschlager* wistra 86, 128; *Weber* NStZ 1986, 481.

[15] BGBl. I 1997, 1870.

[16] BGBl. I 2007, 1327.

[17] ABl. EU 2005 L 69, 67.

[18] Zu den europäischen Vorgaben *Bier* DuD 2005, 473; *Gercke* CR 2004, 82; *ders.* MMR 2004, 728; *Sanchez-Hermosilla* CR 2003, 774. Zur Umsetzung BT-Drs. 16/3656, 1; BT-Drs. 16/5449, 1; BT-Drs. 16/5486, 1; dazu *Borges/Stuckenberg/Wegener* DuD 2007, 275. Die Einzelheiten werden im Zusammenhang mit den jeweiligen Delikten, die auf den Vorgaben beruhen, erläutert.

[19] Dazu *Breyer* DuD 2001, 592 (595); *Schwarzenegger,* FS Trechsel, 2002, S. 305 (310, Fn. 21).

die Zuständigkeit für die Strafverfolgung, über die Auslieferung und über die Rechtshilfe (Art. 23 ff.). Zu beachten ist ferner das Zusatzprotokoll (Nr. 189) zum Übereinkommen über Computerkriminalität betreffend die Kriminalisierung mittels Computersystemen begangener Handlungen rassistischer und fremdenfeindlicher Art, das in Deutschland zum 1. 10. 2011 in Kraft getreten ist.[20]

2. Regelungen auf der Ebene der Europäischen Union

6   Seit dem Vertrag von Lissabon findet sich in Art. 83 Abs. 1 AEUV die Kompetenzgrundlage, um auf Ebene der **Europäischen Union** durch Richtlinien Mindestvorschriften zur Festlegung von Straftaten und Strafen im Bereich der Computerkriminalität zu erlassen. Geregelt werden können sowohl Fälle, in denen Informationssysteme Angriffsobjekte sind, als auch Fälle, in denen diese als Angriffsmittel dienen.[21] Zuvor konnten im Rahmen der polizeilich-justiziellen Zusammenarbeit nach Art. 29 ff. EUV aF bereits entsprechende Rahmenbeschlüsse erlassen werden. Zu nennen ist etwa der Rahmenbeschluss 2002/475/JI des Rates vom 13. 6. 2002 zur Terrorismusbekämpfung,[22] wonach Handlungen unter bestimmten Umständen als terroristische Straftat eingestuft werden, die durch schwer wiegende Zerstörungen an einer Infrastruktur einschließlich eines Informatiksystems begangen werden (Art. 1 Abs. 1 lit. d RB). Aus diesem Grund wurde § 303 b StGB im Jahr 2003 in § 129 b Abs. 2 Nr. 2 StGB als Katalogtat aufgenommen.[23] Auch der Rahmenbeschluss 2001/413/JI des Rates vom 28. 5. 2001 zur Bekämpfung von Betrug und Fälschung im Zusammenhang mit unbaren Zahlungsmitteln[24] enthält Regelungen über Computerstraftaten, die zur Einfügung von Abs. 3 und Abs. 4 in § 263 a StGB führten, um bestimmte Vorbereitungshandlungen zum Computerbetrug unter Strafe zu stellen.[25] Während diese Rahmenbeschlüsse die Computerkriminalität (nur) neben anderen Verhaltensweisen regeln, befasst sich der bereits erwähnte Rahmenbeschluss 2005/222/JI des Rates vom 24. 2. 2005 über Angriffe auf Informationssysteme[26] speziell mit Cyberkriminalität. Die in dem Rahmenbeschluss enthaltenen Regelungen sollen die Cybercrime-Konvention des Europarates durch einen gemeinsamen Ansatz der Europäischen Union ergänzen. Eine Rechtsangleichung auf dem Gebiet der Europäischen Union wurde deshalb für notwendig gehalten, weil die Regelungen in den Mitgliedstaaten bislang erhebliche Unterschiede aufwiesen, Angriffe auf Informationssysteme jedoch häufig durch eine grenzüberschreitende Dimension gekennzeichnet sind.[27] Inhaltlich lehnt sich der Rahmenbeschluss in weiten Teilen an die Cybercrime-Konvention an. Inzwischen liegen Vorschläge zur Ersetzung des Rahmenbeschlusses durch eine neue Richtlinie vor.[28] Zu erwähnen ist auch der

---

[20] Die Umsetzung ist durch Änderung des § 130 StGB bereits mit Gesetz vom 16. 3. 2011, BGBl. I 418 erfolgt; vgl. auch 6. Kap. Rn. 113.

[21] *Vogel* in Grabitz/Hilf/Nettesheim Art. 83 Rn. 61. Zur allgemeinen Politik der Bekämpfung der Internetkriminalität vgl. auch Mitteilung der Kommission vom 22. 5. 2007, KOM (2007) 267 endg., S. 1 ff.

[22] ABl. EU 2002, L 164, 3.

[23] BGBl. I 2003, 2836.

[24] ABl. EG 2001 L 149, 1.

[25] BGBl. I 2003, 2838.

[26] ABl. EU 2005 L 69, 67.

[27] Erwägungsgrund 5 des RB; ABl. EU 2005 L 69, 67.

[28] Vorschlag für eine Richtlinie des Europäischen Parlamentes und des Rates über Angriffe auf Informationssysteme und zur Aufhebung des Rahmenbeschlusses 2005/222/JI des Rates, KOM (2010) 517 endg.; zuletzt Ratsdokument 11 566/11. Dazu *Brodowski* ZIS 2010, 749 (753); *ders.* ZIS 2011, 940 (945).

Rahmenbeschluss des Rates zur Bekämpfung der sexuellen Ausbeutung von Kindern und der Kinderpornografie,[29] der ebenfalls den Bereich des Computerstrafrechts betrifft (zB virtuelle Kinderpornografie und computergenerierte Kinderpornografie).[30] Dieser Rahmenbeschluss ist inzwischen durch eine neue Richtlinie der EU abgelöst worden und wird zu weiteren Änderungen im deutschen Recht führen.[31] Letztlich ist noch der Rahmenbeschluss des Rates zur strafrechtlichen Bekämpfung bestimmter Formen und Ausdrucksweisen von Rassismus und Fremdenfeindlichkeit zu nennen, der gemeinsam mit dem Zusatzprotokoll (Nr. 189) zum Übereinkommen über Computerkriminalität in § 130 StGB umgesetzt wurde.[32]

Zu berücksichtigen ist, dass die Tatbestände, die auf europäischen Vorgaben beruhen, **konventions- bzw. unionskonform** (rahmenbeschluss- bzw. richtlinienkonform) **auszulegen** sind. Dabei ist zu beachten, dass neben den nationalen Gesetzgebungsmaterialien auch die Vorarbeiten und Begründungen zu den europäischen Regelungen für die Auslegung heranzuziehen sind; für die Cybercrime-Konvention ist diesbezüglich auf den explanatory report mit seinen umfangreichen Erläuterungen hinzuweisen. Freilich muss man sehen, dass angesichts des in Art. 103 Abs. 2 GG verbürgten Grundsatzes nullum crimen, nulla poena sine lege die Wortlautgrenze zu beachten ist, so dass richtigerweise auch eine europarechtskonforme Auslegung nicht zu einer verbotenen Analogie zu Lasten des Täters führen darf.[33] Was die Auslegung der europäischen Rechtsakte selbst anbelangt, ist hier eine **autonome Auslegung** maßgebend, die nicht von den nationalen Begrifflichkeiten ausgeht. Daher kann zB einem in einer Richtlinie verwendeten Begriff eine ganz andere Bedeutung als im Strafgesetzbuch zukommen. **7**

---

[29] Rahmenbeschluss 2004/68/JI des Rates zur Bekämpfung der sexuellen Ausbeutung von Kindern und der Kinderpornografie vom 22. 12. 2003; vgl. ABl. EU 2004 L 13, 44 ff.

[30] Ähnlich ausgestaltete Vorgaben finden sich auch in Art. 9 der Cybercrime-Konvention.

[31] Richtlinie 2011/93/EU des Europäischen Parlaments und des Rates vom 13. 12. 2011 zur Bekämpfung des sexuellen Missbrauchs und der sexuellen Ausbeutung von Kindern sowie der Kinderpornografie und zur Aufhebung des Rahmenbeschlusses 2004/68/JI, ABl. EU 2011 L 335, 1; dazu *Brodowski* ZIS 2010, 376 (381), *ders.* ZIS 2010, 749 (752), *ders.* ZIS 2011, 940 (945). S. ferner das Übereinkommen zum Schutz von Kindern vor sexueller Ausbeutung und sexuellem Missbrauch (Konvention Nr. 201).

[32] ABl. EU 2008 L 328, S. 55; vgl. oben Rn. 5.

[33] Ausf. *Hecker,* Europäisches Strafrecht, § 10 Rn. 33 ff.

2. Kapitel: Das Internationale Strafrecht (§§ 3 ff. StGB)

§ 3. Grundlagen

Das **Strafanwendungsrecht**, das in §§ 3 ff. StGB geregelt ist, gewinnt für **Straf-** **1** **taten mit Auslandsbezug** Bedeutung. Der Auslandsbezug kann sich dabei insbesondere aus dem (ausländischen) Ort der Tatbegehung, der Staatsangehörigkeit des Täters oder des Opfers ergeben. Für Straftaten im Zusammenhang mit dem Internet gewinnt das Strafanwendungsrecht naturgemäß besondere Bedeutung, da es sich bei Straftaten im globalen Cyberspace oftmals um solche mit transnationalem Charakter handelt. Besonders deutlich wird dies bei illegalen Inhalten im Netz, die weltweit abgerufen werden können, aber auch in Fällen, in denen Provider oder Anbieter von sog. Clouds ihre Server im Ausland haben. Bedeutung kann das Strafanwendungsrecht ferner durch weltweite Satellitenausstrahlungen im Bereich des Hörfunks- und Fernsehen erlangen.

Die Vorschriften der §§ 3 bis 7 StGB sind Geltungsvoraussetzung und **Teil des** **2** **nationalen materiellen Strafrechts;**[1] insoweit mag also der Begriff des Internationalen Strafrechts irreführend klingen. Nur unter den Voraussetzungen der §§ 3 ff. StGB finden demnach deutsche Strafnormen Anwendung. Diese Vorschriften gehen von dem Grundsatz aus, dass das deutsche Strafrecht nur dann uneingeschränkt für Straftaten gilt, wenn diese im Inland (§ 3 StGB – Territorialitätsprinzip) oder auf einem deutschen Schiff oder deutschen Luftfahrzeug (§ 4 StGB – Flaggenprinzip) begangen wurden. Für Auslandstaten kann das deutsche Strafrecht nur unter den Voraussetzungen der §§ 5 bis 7 StGB zur Anwendung gelangen.[2] Strafprozessual ist zu beachten, dass das Verfahren unter den Voraussetzungen des § 153c StPO und speziell bei völkerrechtlichen Verbrechen nach § 153f StPO eingestellt werden kann.

Die Anwendbarkeit des deutschen Strafrechts wird überwiegend nicht als Merk- **3** mal des Tatbestandes, sondern als **objektive (Vor-)Bedingung der Strafbarkeit** eingestuft, die nicht vom Vorsatz umfasst sein muss.[3] Dabei muss man sehen, dass die deutschen Strafverfolgungsbehörden grundsätzlich nur deutsches Strafrecht anwenden. Nur im Einzelfall ist im Rahmen des § 7 StGB ausländisches Recht hinsichtlich des Erfordernisses der beidseitigen Strafbarkeit zu prüfen. Sind die Voraussetzungen der §§ 3 ff. StGB nicht gegeben, so liegt ein Prozesshindernis vor, das zur Einstellung des Verfahrens führt.[4] Andererseits hindert die Anwendbarkeit des deutschen Strafrechts nicht die Anwendung anderer Strafrechtsordnungen nach deren Strafanwendungsrecht. §§ 3 ff. StGB legen also den Anwendungsbereich des deutschen Strafrechts nur einseitig fest,[5] so dass man auch von einseitigem Kollisionsrecht sprechen kann.[6] Es ist daher prinzipiell möglich, dass in unterschiedlichen

---

[1] *Ambos* in MünchKomm Vorbem. §§ 3–7 Rn. 2; *Eser* in Schönke/Schröder Vorbem. §§ 3–7 Rn. 6.

[2] Im Bereich völkerstrafrechtlicher Verbrechen ist § 1 VStGB, der den Weltrechtsgrundsatz statuiert, zu beachten.

[3] *Ambos,* Internationales Strafrecht, § 1 Rn. 9; *Hecker,* Europäisches Strafrecht, § 2 Rn. 3; *Satzger,* Internationales und Europäisches Strafrecht, § 5 Rn. 7; aA *Pawlik* ZIS 2006, 274 (283).

[4] BGHSt 34, 1 (3 f.); BGH NStZ 1997, 119; *Eser* in Schönke/Schröder Vorbem. §§ 3–7 Rn. 7; *Hecker,* Europäisches Strafrecht, § 3 Rn. 3.

[5] *Böse* in NK Vorbem. § 3 Rn. 9; *Hartmann* in HK § 3 Rn. 1; *Kindhäuser* Vorbem. §§ 3–7 Rn. 1.

[6] *Hartmann* in HK § 3 Rn. 1; *Satzger,* Internationales und Europäisches Strafrecht, § 3 Rn. 4.

Staaten parallele Strafverfahren geführt werden und es gar zu einer mehrfachen Verurteilung kommt, soweit dem nicht der in Art. 54 SDÜ und Art. 50 Grundrechtecharta verankerte Grundsatz ne bis in idem entgegensteht.[7]

I. Grundsatz: Territorialitätsprinzip (§ 3 StGB)

1. Tatbegehung im Inland

4   Das deutsche Strafrecht findet gemäß § 3 StGB ohne Rücksicht auf die Staatsangehörigkeit des Täters Anwendung, wenn die Tat im Inland begangen wurde. Die Anwendbarkeit des deutschen Strafrechts ist hier bereits durch die Tatbegehung im Inland legitimiert, weil der Bundesrepublik die Staatsgewalt auf ihrem Staatsgebiet zukommt.[8] Aufgrund der Gebietshoheit besteht ein legitimierender Anknüpfungspunkt für die Strafverfolgung, so dass das sog. völkerrechtliche **Nichteinmischungsprinzip** gewahrt und die Souveränität anderer Staaten nicht verletzt ist. Der Begriff „Inland" richtet sich nach Staats- und Völkerrecht.[9]

2. Ubiquitätsprinzip

5   Ob der Tatort im Inland liegt, bestimmt sich gemäß § 9 StGB, dem das sog. **Ubiquitätsprinzip** zugrundeliegt. Dabei genügt es nach § 9 Abs. 1 StGB für die Anwendbarkeit des deutschen Strafrechts grundsätzlich, wenn entweder der Handlungs- oder der Erfolgsort im Inland liegt. Eine Beschränkung für Delikte nach §§ 84, 85, 87 StGB ist in § 91 a StGB enthalten, der verlangt, dass die „ausgeübte Tätigkeit" im Inland begangen wurde; erforderlich ist hier stets, dass der Täter im Inland gehandelt hat.[10]

6   **a)** Für den **Handlungsort** (§ 9 Abs. 1 Var. 1 StGB) ist maßgeblich, dass der Täter eine auf die Tatbestandsverwirklichung gerichtete Tätigkeit entfaltet hat, wobei nur vorbereitende Handlungen oder solche, die nach Beendigung der Tat vorgenommen werden, nicht ausreichend sind.[11] Im Falle mittelbarer Täterschaft[12] und Mittäterschaft[13] tritt neben den eigenen Tätigkeitsort auch eine Zurechnung des Handlungsort des anderen Beteiligten.[14] Für Mittäter gilt daher, dass für jeden Mittäter der Tatort dort begründet ist, wo einer der Mittäter gehandelt hat. Dass der Erfolgsort im Ausland liegt, ändert an der Anwendbarkeit des deutschen Strafrechts nichts.

7   **b)** Der **Erfolgsort** (§ 9 Abs. 1 Var. 3 StGB) knüpft an den tatbestandlich umschriebenen Erfolg an. Neben Verletzungserfolgen – samt erfolgsqualifizierenden Folgen – gehört hier auch der Eintritt der konkreten Gefahr beim konkreten Gefährdungsdelikt.[15] Nach hM sollen zudem objektive Bedingungen der Strafbarkeit erfasst sein.[16] Bei sog. Distanzdelikten ist es ausreichend, wenn der Erfolg im Inland eintritt, die Handlung jedoch im Ausland vorgenommen wird.

---

[7] Zu solchen Kompetenzkonflikten und Schwierigkeiten im Hinblick auf den Grundsatz „ne bis in idem" *Eser* in Hdb Europäisches Strafrecht § 36 Rn. 1 ff.
[8] *Ambos* in MünchKomm Vorbem. §§ 3–7 Rn. 17; *Satzger* in SSW Vorbem. §§ 3–7 Rn. 5.
[9] *Ambos*, Internationales Strafrecht, Rn. 13 ff.; *Eser* in Schönke/Schröder Vorbem. §§ 3–9 Rn. 48 ff.
[10] *Sternberg-Lieben* in Schönke/Schröder § 92 Rn. 5.
[11] *Eser* in Schönke/Schröder § 9 Rn. 4; *Schramm*, Internationales Strafrecht, Kap. 1 Rn. 39.
[12] RGSt 67, 258 (263); BGH wistra 1991, 135.
[13] BGHSt 39, 88 (89).
[14] *Eser* in Schönke/Schröder § 9 Rn. 4; *Satzger* in SSW § 9 Rn. 10; aA *Hoyer* in SK § 9 Rn. 5.
[15] BGH NJW 1991, 2498; *Böse* in NK § 9 Rn. 10; *Hoyer* in SK § 9 Rn. 7; *Satzger* in SSW § 9 Rn. 6.
[16] RGSt 43, 84 (85); *Ambos* in MünchKomm § 9 Rn. 21; aA *Satzger*, Internationales und Europäisches Strafrecht, § 5 Rn. 29 ff., da diese nur strafbarkeitsbegrenzend wirke.

Beispiel: T löscht durch Schadsoftware von Russland aus Daten auf Rechnern in Deutschland. – Weil der tatbestandliche Erfolg iSd § 303 a Abs. 1 StGB in Deutschland eingetreten ist, ist das deutsche Strafrecht anwendbar, auch wenn die Handlung im Ausland erfolgt ist.

c) Bei **Unterlassungsdelikten** kommt es für den Handlungsort auf den Ort an, **8** an dem der Täter hätte handeln müssen; dies ist zum einen derjenige Ort, an dem der Täter seine Rettungshandlung hätte vornehmen müssen; zum anderen ist dies aber auch derjenige Ort, an dem sich der Täter zum Zeitpunkt der Unterlassung aufhält.[17] Für **Fälle des Versuchs** gelten für den Handlungsort allgemeine Grundsätze, während für den Erfolgsort derjenige Ort maßgebend ist, an dem der zum Tatbestand gehörende Erfolg nach der Vorstellung des Täters eintreten sollte. Nach § 9 Abs. 2 S. 1 StGB ist die **Teilnahme** zunächst auch an demjenigen Ort begangen, an dem die Tat begangen ist, d.h. am Handlungs- und Erfolgsort der Haupttat. Hinzukommen der Handlungsort des Teilnehmers, beim Unterlassen der Ort, an dem der Teilnehmer hätte handeln müssen sowie beim Versuch der Ort, an dem nach Vorstellung des Teilnehmers die Tat hätte begangen werden sollen. Gemäß § 9 Abs. 2 S. 3 StGB ist für die Teilnahme das deutsche Strafrecht auch dann anwendbar, wenn die Haupttat zwar im Ausland begangen wurde und nach dem Recht des Tatorts nicht mit Strafe bedroht ist, der Teilnehmer jedoch im Inland gehandelt hat.

3. Distanzdelikte

Problematisch ist die Bestimmung des Tatorts bei **grenzüberschreitenden Dis-** **9** **tanzdelikten,** die via Internet begangen werden, weil Inhalte im globalen Netz weltweit und daher auch in Deutschland abgerufen werden können. Würde allein der Abruf bzw. die Abrufmöglichkeit von Webseiten eine hinreichende Verknüpfung zur deutschen Rechtsordnung herstellen, würde deutsches Strafrecht in weitem Umfang zur Anwendung gelangen.

Ausgangsfall:[18] Der australische Staatsangehörige T, der in Deutschland geboren wurde, gründet ein Institut und verbreitet über dessen Webseite – unter dem Vorwand wissenschaftlicher Forschung – Artikel, die den Holocaust leugnen (sog. „Auschwitzlüge"). Diese können auch in Deutschland aufgerufen werden. Der ermittelnde Polizeibeamte erlangt Kenntnis von diesen Äußerungen.

a) Das deutsche Strafrecht ist gemäß §§ 3, 9 StGB anwendbar, wenn der Hand- **10** lungs- oder Erfolgsort im Inland liegt. Die **tatbestandliche Ausführungshandlung** wird bei Straftaten über das Internet regelmäßig dort vorgenommen, wo die Datenübertragung veranlasst wird, weil weitere Handlungen seitens des Täters nicht erforderlich sind. Der Handlungsort entspricht daher regelmäßig dem Aufenthaltsort des Täters, weil er an diesem seinen Rechner zur Kommunikation und daher zur Tatbegehung nutzt;[19] im vorliegenden Fall liegt dieser Ort im Ausland. Soweit es um Delikte nach § 185 StGB und § 189 StGB geht, ist jedoch der Erfolg der Beleidigung bzw. der Verunglimpfung des Andenkens Verstorbener im Inland eingetreten, so dass das deutsche Strafrecht Anwendung finden kann.[20] Beim Tatbestand der Volksverhetzung nach § 130 Abs. 1 Nr. 1 und Abs. 3 StGB stellt sich hinsichtlich des Erfolgsortes das Problem, dass das Delikt ein **potentielles Gefährdungsdelikt**

---

[17] *Eser* in Schönke/Schröder § 9 Rn. 5; *Fischer* § 9 Rn. 9.
[18] BGHSt 46, 212.
[19] *Hilgendorf/Valerius,* Computer- und Internetstrafrecht, Rn. 145.
[20] BGHSt 46, 212 (225); *Eser* in Schönke/Schröder § 9 Rn. 7 a; für eine Einschränkung des § 9 StGB auch in diesen Fällen *Hilgendorf/Valerius,* Computer- und Internetstrafrecht, Rn. 159 ff.; *Breuer* MMR 1998, 141 (144), verlangt zusätzlich, dass die Voraussetzungen des § 7 StGB vorliegen.

bzw. **abstrakt-konkretes Gefährdungsdelikt** ist, das keinen tatbestandlichen Erfolg kennt.[21] Insoweit ist es zur Vollendung des Tatbestandes nicht erforderlich, dass der öffentliche Friede tatsächlich gestört wird; vielmehr ist ausreichend, dass das Verhalten geeignet ist, den öffentlichen Frieden zu stören. Versteht man die Vorschrift des § 9 StGB entsprechend restriktiv, kann die Tat mangels Erfolgsorts nicht in Deutschland abgeurteilt werden.[22] Indessen werden für solche Fälle unterschiedliche Lösungsmodelle diskutiert, die Korrekturen teils beim Handlungsort, überwiegend aber beim Erfolgsort vorschlagen.[23]

11   **b)** Teilweise wird bereits der **Handlungsort modifiziert bzw. gestreckt,** indem die Wirkung des Verhaltens miteinbezogen wird.[24] Begründet wird dies mit der Vernetzung von Rechnern, so dass sich der Handlungsort nach den Standorten der an dem Datenverarbeitungsvorgang beteiligten Servern samt inländischen Zugangsprovidern bestimmt, weil erst an diesem Ort die Daten zum unkontrollierten Abruf durch Nutzer zur Verfügung gehalten werden.[25] Dagegen spricht aber zunächst, dass § 9 StGB an den Aufenthaltsort bei Vornahme der Handlung abstellt und die Wirkungen der Handlung gerade außer Betracht bleiben.[26] Entscheidend bleibt damit das Ingangsetzen der Datenübertragung am eigenen Rechner. Andernfalls wäre auch eine trennscharfe Unterscheidung zwischen Handlungs- und Erfolgsort kaum möglich.[27] Zudem hängt der Standort vom Server häufig nicht nur vom Zufall ab,[28] sondern es können auch einzelne Fragmente von Dateien auf unterschiedlichen Servern in verschiedenen Staaten abgelegt werden. Letztlich könnte der Täter so durch eine gezielte Wahl ausländischer Server die Anwendbarkeit des nationalen Strafrechts bestimmen.[29]

12   **c)** Der BGH versteht mit Teilen der Literatur unter dem Begriff des „Erfolges" in § 9 StGB nicht nur den tatbestandlichen Erfolg. Vielmehr soll bei **potentiellen Gefährdungsdelikten** der Erfolg auch dort eintreten können, wo sich die Gefährlichkeit im Hinblick auf das geschützte Rechtsgut entfalten kann.[30] Entscheidend ist demnach also, ob die Störung des öffentlichen Friedens, wofür die Handlung nach der gesetzgeberischen Konzeption geeignet sein muss, in der Bundesrepublik eintreten kann.[31] Zudem verweist der BGH darauf, dass auch ein völkerrechtlich legitimierender Anknüpfungspunkt gegeben ist, weil durch das Leugnen des Holocaustes ein inländisches Rechtsgut mit besonderem Bezug zur Bundesrepublik betroffen und das Angebot gerade an Nutzer in Deutschland gerichtet ist.[32] Daher soll letztlich die Abrufbarkeit der Inhalte in Deutschland den Erfolgsort und damit die Anwendbarkeit des deutschen Strafrechts begründen. Für rein abstrakte Ge-

---

[21] Vgl. nur *Lackner/Kühl* § 130 Rn. 1; 6. Kap. Rn. 113.

[22] So KG NJW 1999, 3500 (3501 f.); *Lackner/Kühl* § 9 Rn. 2; *Satzger* NStZ 1998, 112 (114 ff.).

[23] Vgl. näher *Ambos* in MünchKomm § 9 Rn. 26 ff.; *Heghmanns* in Achenbach/Ransiek Teil 6/2, Rn. 7 ff.

[24] *Werle/Jeßberger* JuS 2001, 35 (39); vgl. auch KG NJW 1999, 3500 und 6. Kap. Rn. 109.

[25] *Cornils* JZ 1999, 394 (397); *Eser* in Schönke/Schröder § 9 Rn. 7 b.

[26] *Ambos* in MünchKomm § 9 Rn. 8; *Hecker*, Europäisches Strafrecht, § 2 Rn. 32; *Sieber* NJW 1999, 2065 (2067); krit. auch BGHSt 46, 212 (221).

[27] *Hörnle* NStZ 2001, 309 (310); *Sieber* NJW 1999, 2065 (2070).

[28] *Hilgendorf* ZStW 113 (2001), 650 (665 f.); *Koch* GA 2002, 703 (711).

[29] Zum Ganzen auch *Hilgendorf/Valerius*, Computer- und Internetstrafrecht, Rn. 150.

[30] BGHSt 46, 212 (221).

[31] Dagegen *Eser* in Schönke/Schröder § 9 Rn. 7 a, der den Eintritt einer konkreten Gefahr verlangt, die nicht bereits in der Abrufbarkeit der Inhalte liegt; *Mitsch*, Medienstrafrecht, § 1 Rn. 9, der durch den BGH das Analogieverbot verletzt sieht; krit. auch *Böse* in NK § 9 Rn. 13.

[32] BGHSt 46, 212 (224); krit. zu dieser Begründung *Hilgendorf/Valerius*, Computer- und Internetstrafrecht, Rn. 161.

fährdungsdelikte – wie etwa § 184 StGB – hat der BGH hingegen offen gelassen, ob auch dort ein Erfolgsort zumindest in Fällen anzuerkennen ist, in denen sich die abstrakte Gefahr realisiert hat.[33]

d) In der Literatur wird für **potentielle und abstrakte Gefährdungsdelikte** ein 13 Erfolg iSd § 9 Abs. 1 Var. 3 StGB anerkannt und hierfür auf den Ort abgestellt, an dem die abstrakte Gefahr in eine konkrete Gefahr bzw. in einen Schaden umschlagen *kann*.[34] Hierfür lässt sich u. a. anführen, dass der Unterschied des abstrakten zum konkreten Gefährdungsdelikt nur gradueller Natur sei.[35] Auch könnte sich der Täter ansonsten bewusst ins Ausland begeben, um von dort aus rechtswidrige Inhalte gezielt im Inland zu verbreiten. Dies erscheint jedenfalls vom Blickwinkel des geschützten Rechtsguts wenig überzeugend, weil es für dessen Beeinträchtigung im Inland unerheblich ist, von welchem Ort aus der Täter agiert.[36]

e) **Gegen solche Ansätze** kann jedoch angeführt werden, dass das deutsche Straf- 14 recht de facto umfassend auf Internetangebote aus dem Ausland anwendbar wäre und sich dem Weltrechtsprinzip annähern würde, ohne dass hierbei ein hinreichender völkerrechtlich legitimierender Anknüpfungspunkt bestünde.[37] Würden alle Staaten auf diese Weise ihr Strafrecht zur Anwendung bringen, müsste jeder Anbieter von Inhalten im Netz alle Strafrechtsordnungen berücksichtigen, so dass er sich praktisch immer an denjenigen Staaten orientieren müsste, die die punitivsten Regelungen vorsehen.[38]

f) Zwischen diesen beiden entgegengesetzten Positionen haben sich verschiedene 15 weitere Ansichten gebildet.[39] Teilweise wird bei abstrakten Gefährdungsdelikten auf einen „**Tathandlungserfolg**" abgestellt, wozu „jede vom Täter verursachte, ihm zurechenbare und im einschlägigen Tatbestand genannte Folge seiner Handlung" gehört.[40] Soweit der Tatbestand an ein Verbreiten anknüpft, ist demnach entscheidend, ob die im Ausland versendete Schrift usw. körperlich in das Inland gelangt; beim Zugänglichmachen kommt es auf die Möglichkeit der Kenntnisnahme an; der Erfolgsort liegt daher auch im Inland, soweit die Daten vom Täter gezielt – etwa via E-Mail – dorthin übermittelt werden (sog. „Push-Technologie"), nicht aber wenn der Nutzer die Daten selbständig von einem ausländischen Server abrufen muss (sog. „Pull-Technologie").[41] Auf Grundlage dieser Ansicht hängt die Lösung daher im Wesentlichen von der Struktur des jeweiligen Tatbestandes ab.[42]

g) Um dem völkerrechtlichen Nichteinmischungsprinzip Rechnung zu tragen, 16 wird bei potentiellen und abstrakten Gefährdungsdelikten mit Recht überwiegend ein **spezifischer Inlandsbezug,** dh ein legitimierender Anknüpfungspunkt ver-

---

[33] BGHSt 46, 212 (221).
[34] *Hecker* ZStW 115 (2003), 880 (886); *Heinrich* GA 1999, 72 (77 ff.); ferner *Werle/Jeßberger* in LK § 9 Rn. 33, 89 ff., die einschränkend einen völkerrechtlich legitimierenden Anknüpfungspunkt verlangen; *Morozinis* GA 2011, 475 (481), verlangt, dass die abstrakte oder potentielle Gefahr tatsächlich in eine konkrete Gefährdung bzw. einen Schaden umgeschlagen hat.
[35] *Heinrich* GA 1999, 72 (78).
[36] *Hilgendorf/Valerius*, Computer- und Internetstrafrecht, Rn. 135; *Sieber* NJW 1999, 2065 (2067).
[37] *Böse* in NK § 9 Rn. 14; *Hilgendorf/Valerius*, Computer- und Internetstrafrecht, Rn. 157; *Koch* GA 2002, 703 (707); *Lagodny* JZ 2001, 1198 (1200), möchte bei Straftaten im Internet das Strafanwendungsrecht nur nach §§ 5–7 StGB bestimmen.
[38] *Satzer*, Internationales und Europäisches Strafrecht, § 5 Rn. 47; ferner *Ambos* in MünchKomm § 9 Rn. 31.
[39] Dazu auch *Eser* in Schönke/Schröder § 9 Rn. 7 b.
[40] *Sieber* NJW 1999, 2065 (2070).
[41] *Fischer* § 9 Rn. 7a und *Sieber* NJW 1999, 2065 (2071); zur Kritik *Hilgendorf* ZStW 113 (2001), 650 (665 ff.).
[42] Krit. daher *Eser* in Schönke/Schröder § 9 Rn. 7 c.

langt.[43] Auch der BGH hat in der oben genannten Entscheidung einen solchen Anknüpfungspunkt verlangt, dabei jedoch den Inhalt der Strafvorschrift – Leugnung des Holocaustes während der nationalsozialistischen Diktatur – genügen lassen.[44] Für einen solchen Inlandsbezug wird teilweise verlangt, dass sich das Angebot (subjektiv) gezielt an Inländer richtet[45] oder objektiv einen Bezug zum Inland – wie etwa bei Verwendung der deutschen Sprache – aufweist.[46] Darüber hinaus wird man im Einzelfall auf solche Anknüpfungspunkte abstellen können, die innerhalb der §§ 5 bis 7 StGB – wie etwa die Staatsangehörigkeit oder der Wohnsitz des Täters – von Bedeutung sind.[47]

17   **h)** Keine Lösung stellt derzeit hingegen das sog. **Herkunftslandprinzip** dar, das in der EG-Richtlinie über den elektronischen Geschäftsverkehr[48] enthalten und in § 3 TMG umgesetzt ist. Dieses Prinzip soll der Vereinfachung der Rechtsbeziehungen im EU-Binnenmarkt dienen, weil der Diensteanbieter nur noch die Vorschriften des Mitgliedstaates beachten muss, in dem er sich niedergelassen hat.[49] Zunächst muss man sehen, dass dieses Prinzip ohnehin nur innerhalb der EU gilt, so dass – wie im Ausgangsfall – zahlreiche Internetstraftaten von vornherein damit nicht sachgerecht erfasst werden könnten. Ferner gilt es auch nur im Bereich geschäftsmäßig erbrachter Dienstleistungen (§ 3 Abs. 1 TMG) und zudem nicht für das Strafrecht (§ 3 Abs. 5 TMG).[50] Damit begründet eine deutsche Niederlassung weder einen Handlungsort (§ 9 Abs. 1 Var. 1 StGB) in Deutschland, noch werden andere Anknüpfungspunkte iSd §§ 3 ff. StGB dadurch eingeschränkt.[51]

II. Schutzprinzip (§ 5 StGB)

18   Nach dem **Schutzprinzip** gilt das deutsche Strafrecht auch für im Ausland begangene Straftaten unabhängig vom Recht des Tatorts für bestimmte in § 5 StGB genannte wichtige inländische Schutzgüter. § 5 StGB versucht dem völkerrechtlichen Nichteinmischungsprinzip insofern Rechnung zu tragen, als er selbst legitimierende Anknüpfungspunkte statuiert.[52] Für Straftaten im Zusammenhang mit dem Internet ist insbesondere auf § 5 Nr. 8 StGB zu verweisen, wonach in den Fällen der §§ 176 bis 176b StGB und § 182 StGB das deutsche Strafrecht zur Anwendung gelangt, wenn der Täter zur Tatzeit Deutscher ist; Bedeutung hat dies vor allem für die Strafbarkeit nach § 176 Abs. 4 Nr. 3 und Nr. 4 StGB.[53] Daneben ist auch § 5 Nr. 7 StGB bei der Verletzung von Betriebs- oder Geschäftsgeheimnissen eines im Inland liegenden Betriebs, eines Unternehmens, das dort seinen Sitz hat, oder eines Unternehmens mit Sitz im Ausland, das von einem Unternehmen mit Sitz im

---

[43] *Ambos* in MünchKomm § 9 Rn. 34; *Hecker*, Europäisches Strafrecht, § 2 Rn. 35; *Hörnle* NStZ 2001, 309 (310); *Mitsch*, Medienstrafrecht, § 1 Rn 7; *Werle/Jeßberger* in LK § 9 Rn. 33, 89 ff., 99 ff.

[44] BGHSt 46, 212 (224); *Böse* in NK § 9 Rn. 14.

[45] So *Collardin* CR 1995, 618 (621).

[46] So *Hilgendorf* NJW 1997, 1873 (1877).

[47] *Böse* in NK § 9 Rn. 14; *Werle/Jeßberger* in LK § 9 Rn. 102; für die Enführung einer spezialgesetzlichen Regelung, s. *Mitsch*, Medienstrafrecht, § 1 Rn 7.

[48] ABl. EG 2000 L 178, 1.

[49] Näher *Satzger*, Internationales und Europäisches Strafrecht, § 5 Rn. 53.

[50] *Ambos*, Internationales Strafrecht, § 1 Rn. 20; *Satzger*, Internationales und Europäisches Strafrecht, § 5 Rn. 53.

[51] BT-Drs. 14/6098, 17 f. zu § 4 TDG a. F.; *Ambos*, Internationales Strafrecht, § 1 Rn. 20.

[52] Vgl. näher die kritische Analyse bei *Ambos*, Internationales Strafrecht, § 3 Rn. 79 ff.

[53] Dazu 7. Kap. Rn. 4 ff., 14 ff.

räumlichen Geltungsbereich dieses Gesetzes abhängig ist und mit diesem einen Konzern bildet, zu beachten.

Beispiel (§ 5 Nr. 7 StGB): Der ausländische Staatsbürger T ist in seinem Heimatland in einer Niederlassung eines deutschen Unternehmens mit Sitz in Stuttgart tätig. T gibt dort ein Geschäftsgeheimnis an einen Landsmann weiter. – Da das Unternehmen seinen Sitz in Deutschland hat, können Taten nach §§ 203, 204 StGB, § 17 Abs. 1 UWG in Deutschland verfolgt werden; das deutsche Strafrecht findet Anwendung, auch wenn die Tat am Ort der Tatbegehung nicht strafbar ist.

Beispiel (§ 5 Nr. 8b StGB): Der deutsche Staatsangehörige T, der seit zehn Jahren in Südafrika wohnt, sendet von dort aus eine E-Mail an die ebenfalls in Südafrika lebende 13-jährige O, die die niederländische Staatsangehörigkeit besitzt, um diese zu sexuellen Handlungen an dem T zu bewegen. – Allein aufgrund der deutschen Staatsangehörigkeit des T ist gemäß § 5 Nr. 8b StGB auf die Tat deutsches Strafrecht (§ 176 Abs. 4 Nr. 3 StGB) anwendbar; T muss weder seine Lebensgrundlage in Deutschland haben, noch muss die Tat im Ausland strafbar sein.[54] Deutschland kommt so seinen völkerrechtlichen Verpflichtungen aus Art. 34 Kinderrechtskonvention nach.[55] Hingegen kann über § 7 Abs. 2 Nr. 1 StGB, der ebenfalls an die Staatsangehörigkeit anknüpft (aktives Personalitätsprinzip), das deutsche Strafrecht nur Anwendung finden, wenn die Tat auch im Ausland strafbar ist.

III. Weltrechtsprinzip (§ 6 StGB)

Das **Weltrechtsprinzip** bezieht sich auf weltweit anerkannte Rechtsgüter, deren   19
Schutz im Interesse der Staatengemeinschaft liegt. Auf den Ort der Tatbegehung, das Recht des Tatorts und die Staatsangehörigkeit des Täters kommt es nicht an. Der legitimierende Anknüpfungspunkt folgt zunächst aus dem Charakter als universelles Rechtsgut.[56] Streitig ist, ob es mit der Rechtsprechung des BGH im Hinblick auf das völkerrechtliche Nichteinmischungsprinzip eines zusätzlichen legitimierenden Anknüpfungspunktes, der einen unmittelbaren Bezug zur Strafverfolgung im Inland herstellt, bedarf.[57] Bejaht man dies, so können die in § 5 StGB genannten Anknüpfungspunkte – wie etwa die deutsche Staatsangehörigkeit, der Wohnsitz oder ständige Aufenthalt in der Bundesrepublik – sowohl auf Seite des Täters als auch auf Seite des Opfers solche Anknüpfungspunkte bieten. Soweit sich die Anwendbarkeit des deutschen Strafrechts nach § 6 Nr. 9 StGB aufgrund eines zwischenstaatlichen Abkommens ausdrücklich ergibt, bedarf es jedenfalls nach jüngerer Rechtsprechung keines weiteren Anknüpfungspunktes.[58] Entsprechendes gilt auch aufgrund der expliziten Regelung des § 1 VStGB für völkerrechtliche Verbrechen.

Von Bedeutung im Zusammenhang mit Computerdelikten ist das Weltrechts-   20
prinzip zunächst gemäß § 6 Nr. 6 StGB in Fällen der Verbreitung „harter" Pornografie nach §§ 184a, 184b Abs. 1 bis 3, § 184c Abs. 1 bis 3 StGB (jew. auch iVm § 184d StGB). Ferner ist nach § 6 Nr. 7 StGB auch die Fälschung von Zahlungskarten mit Garantiefunktion und deren Vorbereitung erfasst, was vor allem im Zusammenhang mit dem sog. Skimming von Bedeutung ist.[59]

---

[54] Krit. *Hoyer* in SK § 5 Rn. 22, der zusätzlich eine inländische Lebensgrundlage fordert.

[55] *Ambos* in MünchKomm § 5 Rn. 27; *Eser* in Schönke/Schröder § 5 Rn. 14.

[56] *Ambos*, Internationales Strafrecht, § 3 Rn. 92; *Satzger*, Internationales und Europäisches Strafrecht, § 5 Rn 73; *Schramm*, Internationales Strafrecht, Kap. 1 Rn. 57; *Zöller* in AnwK § 6 Rn. 2.

[57] So BGHSt 45, 65 (66) und (68); BGH StV 1999, 240; dagegen *Eser* in Schönke/Schröder § 6 Rn. 1; für eine differenzierte Betrachtung *Ambos*, Internationales Strafrecht, § 3 Rn. 102.

[58] BGHSt 46, 292 (307); *Hecker*, Europäisches Strafrecht, § 2 Rn. 50; aA noch BGH NStZ 1999, 236.

[59] Dazu 8. Kap. Rn. 23ff.

Beispiel: Der kolumbianische Staatsbürger T sendet an den mit ihm befreundeten kolumbianischen Staatsbürger S innerhalb Kolumbiens eine E-Mail, an die ein tierpornografisches Bild iSd § 184 a StGB angehängt ist.

21   Soweit man nicht einen zusätzlichen legitimierenden Anknüpfungspunkt verlangt, werden auch reine Auslandssachverhalte, die keinen Bezug zur Bundesrepublik haben, erfasst. Dies geht gerade in den Fällen des § 6 Nr. 6 StGB recht weit, weil hier die Unrechtsdimension nicht so groß sein muss, dass das Interesse der Staatengemeinschaft berührt ist.[60] Anders als bei § 7 StGB kommt es auch nicht darauf an, ob die Tat im Ausland – im vorgenannten Beispiel also in Kolumbien – strafbar ist.

22   Fraglich ist, ob unter **zwischenstaatliche Abkommen** iSd § 6 Nr. 9 StGB auch frühere Rahmenbeschlüsse der intergouvernementalen Zusammenarbeit und möglicherweise sogar Richtlinien, die auf Grundlage des Art. 83 AEUV erlassen werden, fallen.[61] Eine solche Sichtweise würde auch für den Bereich der Cyberkriminalität zu weiteren Ausdehnungen der Anwendbarkeit des deutschen Strafrechts führen, soweit solche Rechtsakte entsprechende Regelungen über die gerichtliche Zuständigkeit enthalten.[62] Gegen die Anwendbarkeit des § 6 Nr. 9 StGB spricht aber, dass – anders als bei völkerrechtlichen Verträgen – bei europäischen Rechtsakten ein Zustimmungsgesetz nicht erforderlich ist und sich der nationale Gesetzgeber ohne Umsetzung der entsprechenden Vorgaben in das nationale Recht mit der Ausdehnung gerade nicht einverstanden erklärt.[63]

IV. Personalitätsprinzip und Grundsatz der stellvertretenden Strafrechtspflege (§ 7 StGB)

23   In § 7 Abs. 2 Nr. 1 StGB ist das **eingeschränkte aktive Personalitätsprinzip** und in § 7 Abs. 1 StGB das **eingeschränkte passive Personalitätsprinzip** normiert. Sowohl bei Straftaten durch deutsche Staatsangehörige als auch bei Straftaten gegen deutsche Staatsangehörige, die im Ausland begangen werden, ist im Hinblick auf das völkerrechtliche Nichteinmischungsprinzip erforderlich, dass die Tat auch am Tatort mit Strafe bedroht ist;[64] eine Ausnahme gilt nur, soweit der Tatort keiner Strafgewalt unterliegt. Deutsche Strafverfolgungsorgane müssen also bei der Frage der Anwendbarkeit des deutschen Strafrechts grundsätzlich ausländisches Recht anwenden. Schließlich wird von § 7 Abs. 2 Nr. 2 StGB der Grundsatz der stellvertretenden Strafrechtspflege geregelt. Auf Auslandstaten ist das deutsche Strafrecht demnach ebenfalls anwendbar, wenn der Täter zur Zeit der Tat Ausländer war, im Inland betroffen wurde und nicht ausgeliefert wird, obwohl das Auslieferungsgesetz seine Auslieferung nach der Art der Tat zuließe; auch hier ist weitere Voraussetzung, dass die Tat am Tatort mit Strafe bedroht ist.

Beispiel: Der deutsche Staatsangehörige T verschafft sich in der Schweiz Daten eines Unternehmens, die auf einem Computer gegen unberechtigten Zugang besonders gesichert und nicht für ihn bestimmt sind; er handelt dabei in Bereicherungsabsicht, da er die Daten veräußern möchte. – Zunächst handelt es sich um eine Auslandstat; deutsches Strafrecht (§ 202 a StGB) kann nach § 7

---

[60] Teilweise wird diese Regelung für völkerrechtswidrig gehalten; vgl. *Ambos*, Internationales Strafrecht, § 3 Rn. 108; *Werle/Jeßberger* in LK § 6 Rn. 87 f.

[61] Für Rahmenbeschlüsse *Böse* in NK § 6 Rn. 19.

[62] Vgl. etwa den Rahmenbeschluss 2005/222/JI des Rates vom 24. 2. 2005 über Angriffe auf Informationssysteme, ABl. EU 2005 L 69, 67; näher zu den europäischen Vorgaben oben 1. Kap. Rn. 4 ff.

[63] So *Ambos*, Internationales Strafrecht, § 3 Rn. 112.

[64] *Ambos*, Internationales Strafrecht, § 3 Rn. 42; *Eser* in Schönke/Schröder § 7 Rn. 7.

Abs. 2 Nr. 1 StGB aufgrund der deutschen Staatsangehörigkeit Anwendung finden, wenn die Tat auch in der Schweiz strafbar ist. Dies ist jedenfalls bei Bereicherungsabsicht nach Art. 143 sStGB der Fall, so dass die Anwendbarkeit des deutschen Strafrechts zu bejahen ist.

Rechtsprechung: BGHSt 46, 212 (Distanzdelikte); KG NJW 1999, 3500 (Distanzdelikte).

Aufsätze: *Cornils,* Der Begehungsort von Äußerungsdelikten im Internet, JZ 1999, 394; *Heinrich,* Der Erfolgsort beim abstrakten Gefährdungsdelikt, GA 1999, 72; *Morozinis,* Die Strafbarkeit der „Auschwitzlüge" im Internet, insbesondere im Hinblick auf „Streaming-Videos", GA 2011, 475; *Satzger,* Die Anwendung des deutschen Strafrechts auf grenzüberschreitende Gefährdungsdelikte, NStZ 1998, 112; *ders.,* Das deutsche Strafanwendungsrecht (§§ 3 ff. StGB), Jura 2010, 108 ff., 190 ff.; *Sieber,* Internationales Strafrecht im Internet – Das Territorialitätsprinzip der §§ 3, 9 StGB im globalen Cyberspace, NJW 1999, 2065; *Walter,* Einführung in das internationale Strafrecht, JuS 2006, 870 ff., 967 ff.; *Werle/Jeßberger,* Grundfälle zum Strafanwendungsrecht, JuS 2001, 35 ff., 141 ff.

3. Kapitel: Provider- und Pressehaftung

§ 4. Telemediengesetz (§§ 7 ff.)

I. Grundlagen

Bei der Verbreitung von ordnungswidrigkeitenrechtlich bzw. strafrechtlich rele- 1
vanten Inhalten gewinnen die **Haftungsbeschränkungen der §§ 7 ff. TelemedienG**
(TMG) für Diensteanbieter von Telemedien Bedeutung. Das TMG[1] ersetzt ohne
sachliche Änderungen[2] die früheren gleichlautenden Regelungen des Teledienstege-
setzes (§§ 8 ff. TDG)[3] und des Mediendienstestaatsvertrags (§§ 6 ff. MDStV) und
regelt nunmehr einheitlich Tele- und Mediendienste als sog. „Telemedien".[4] Die
Vorschriften dienen der Umsetzung der Vorgaben der EG-Richtlinie über den
elektronischen Geschäftsverkehr,[5] die eine Harmonisierung der Vorschriften in den
Mitgliedstaaten bezweckt und so Hemmnisse für die Informationsgesellschaft im
Binnenmarkt abbauen möchte.[6] Darüber hinaus möchte der deutsche Gesetzgeber
durch die Umsetzung einen verlässlichen Rechtsrahmen bieten und die internatio-
nale Wettbewerbsfähigkeit Deutschlands sichern.[7] So sind etwa gemäß § 7 Abs. 2
S. 1 TMG Diensteanbieter iSd §§ 8 bis 10 TMG nicht verpflichtet, die von ihnen
übermittelten oder gespeicherten Informationen zu überwachen oder nach Um-
ständen zu forschen, die auf eine rechtswidrige Tätigkeit hinweisen. Nach § 7
Abs. 2 S. 2 TMG bleiben zwar Verpflichtungen zur Entfernung oder Sperrung der
Nutzung von Informationen nach den allgemeinen Gesetzen auch im Falle der
Nichtverantwortlichkeit des Diensteanbieters nach den §§ 8 bis 10 TMG unberührt. Allerdings erlangt diese Regelung für das Strafrecht keine Bedeutung.[8] Dies
lässt sich damit begründen, dass ansonsten der Richtlinie über den elektronischen
Geschäftsverkehr nicht hinreichend Rechnung getragen und zugleich die Systema-
tik der Haftungsprivilegierung des TMG faktisch ausgehebelt würde. Letztlich ist
noch zu beachten, dass § 16 TMG **Bußgeldtatbestände** für bestimmte Verstöße
gegen das TMG enthält.

---

[1] Eingeführt mit Art. 1 Elektronischer-Geschäftsverkehr-Vereinheitlichungsgesetz (ElGVG) v.
26. 2. 2007, BGBl. I 179.

[2] BT-Drs. 16/3078, 15.

[3] §§ 8 ff. TDG waren mit dem EGG v. 14. 12. 2001, BGBl. I 3721 zuvor in modifizierter Form an
die Stelle des § 5 TDG aF (vgl. Art. 1 IuKDG v. 22. 7. 1997, BGBl. I 1870) getreten.

[4] Angelehnt an die Terminologie im Jugendmedienschutz-Staatsvertrag; vgl. BT-Drs. 16/3078,
11.

[5] ABl. EG 2000 L 178, 1.

[6] Erwägungsgrund 5 der Richtlinie über den elektronischen Geschäftsverkehr.

[7] Vgl. BT-Drucks. 13/7385, 16.

[8] BT-Drs. 13/7385, 20 f.; BT-Drs. 13/8153, 9 f.; *Gercke/Brunst*, Internetstrafrecht, Rn. 616;
Haft/Eisele JuS 2001, 112 (117); *Kudlich* JA 2002, 798 (802); aA *GBA* MMR 1998, 93 (95);
Hilgendorf/Valerius, Computer- und Internetstrafrecht, Rn. 318 ff.; *Hilgendorf* K&R 2011, 229
(233).

II. Dogmatische Einordnung der Haftungsbeschränkungen

2   Streitig ist seit jeher die **Rechtsnatur** der Haftungsbeschränkungen.[9] Ursprünglich wurden die Haftungsprivilegierungen als rechtsgebietsübergreifender „Vorfilter" betrachtet, der der strafrechtlichen Prüfung vorgelagert sein sollte (**Vorfiltermodell**).[10] Inzwischen wird überwiegend – im Einklang mit dem EuGH zur EG-Richtlinie[11] – dafür plädiert, die Regelungen innerhalb des Systems des jeweiligen Rechtsgebiets zu integrieren (**Integrationsmodell**). Der wesentliche Unterschied zwischen beiden Modellen liegt darin, dass die §§ 7 ff. TMG im Rahmen des Vorfiltermodells allgemein zu bestimmen sind und die Lösungen daher den strafrechtlichen Zurechnungsregeln nicht zwingend entsprechen müssen.[12] Darin liegt aber zugleich der Nachteil des Vorfiltermodells, das den spezifischen Anforderungen des jeweiligen Rechtsgebiets nicht hinreichend Rechnung tragen kann und ggf. auch zu einer Doppelung der Prüfung führt.[13] Im Strafrecht sind die Haftungsbeschränkungen richtigerweise für die Frage des Tatbestandes von Bedeutung, da sie vor allem bei der Prüfung der objektiven Zurechnung als besondere Zurechnungsregeln Berücksichtigung finden können.[14] Es handelt sich auch nicht um einen Rechtfertigungsgrund,[15] eine Frage der Schuld[16] oder einen Strafausschließungsgrund.[17] Aufgrund der engen Voraussetzungen im Strafrecht, insbes. dem Vorsatzerfordernis bei den meisten einschlägigen Straftatbeständen, würde man freilich auch in vielen Fällen ohne die Haftungsprivilegierung zur Straffreiheit gelangen.[18]

III. Privilegierte Anbieter

3   Auf die Haftungsbeschränkungen können sich nur **Diensteanbieter von Telemedien** berufen.

1. Abgrenzung des Begriffs der Telemedien

4   Nach § 1 Abs. 1 TMG sind **Telemedien** „alle elektronischen Informations- und Kommunikationsdienste, soweit sie nicht Telekommunikationsdienste nach § 3 Nr. 24 des Telekommunikationsgesetzes, die ganz in der Übertragung von Signalen über Telekommunikationsnetze bestehen, telekommunikationsgestützte Dienste

---

[9] Näher zum Ganzen *Haft/Eisele* in Regulierung in Datennetzen, Beiträge zur juristischen Informatik, Bd. 23, 2000, S. 53 ff.; *Heghmanns* in Achenbach/Ransiek Teil 6/2, Rn. 53 f.; *Mitsch,* Medienstrafrecht, § 6 Rn. 24 f.; *Paul,* Primärrechtliche Regelungen, 2005, S. 106 ff.; *Sieber* in Hdb. Multimedia-Recht, Kap. 19.1. Rn. 12 ff.

[10] Vgl. etwa BT-Drs. 14/6098, 23; *Altenhain* AfP 1998, 457 (458); *Park* GA 2001, 23 (29).

[11] Der EuGH verlangt, dass zunächst überhaupt eine Verantwortlichkeit nach den Vorschriften des nationalen Rechts bestehen muss, bevor die Haftungsprivilegien in Betracht kommen; vgl. EuGH MMR 2010, 315, 319 (Nr. 107); EuGH MMR 2011, 596, 602 (Nr. 107); vgl. auch *Spindler* MMR 2011, 703 (704).

[12] *Perron/Eisele* in Schönke/Schröder § 184 Rn. 56.

[13] Vgl. aber auch *Sieber* in Hdb. Multimedia-Recht, Kap. 19.1. Rn. 14.

[14] *Haft/Eisele* in Regulierung in Datennetzen, Beiträge zur juristischen Informatik, Bd. 23, 2000, S. 61 ff.; *dies.* JuS 2001, 112 (117 f.); *Lackner/Kühl* § 184 Rn. 7 a; *Paul,* Primärrechtliche Regelungen, 2005, S. 119 ff.

[15] Vgl. aber *Popp,* Die strafrechtliche Verantwortung von Internet-Providern, S. 89 ff.

[16] So LG München NJW 2000, 1051 f.; *Bröhl* CR 1997, 73 (75); *Moritz* CR 2000, 117 (119).

[17] S. aber *Heghmanns* JA 2001, 71 (78).

[18] S. den Fall LG München NJW 2000, 1051; dazu unten Rn. 19.

nach § 3 Nr. 25 des Telekommunikationsgesetzes oder Rundfunk nach § 2 des Rundfunkstaatsvertrages sind".[19] Die Telemedien sind also negativ von anderen Diensten abzugrenzen. **Telekommunikationsdienste,** die *ganz* in der Übertragung von Signalen über Telekommunikationsnetze bestehen, unterliegen nur dem TKG (zB reiner Access-Provider); bestehen sie hingegen nur überwiegend in der Übertragung von Signalen über Telekommunikationsnetze und werden daneben auch inhaltliche Dienstleistungen – wie Internet-Portale, Internet-Zugang oder E-Mail-Verwaltung – angeboten, so handelt es sich auch um Telemediendienste, für die die Haftungsbeschränkungen gelten.[20] Gemäß § 3 Nr. 25 TKG sind **telekommunikationsgestützte Dienste** solche, „die keinen räumlich und zeitlich trennbaren Leistungsfluss auslösen, sondern bei denen die Inhaltsleistung noch während der Telekommunikationsverbindung erfüllt wird" (zB 0190er- und 0900er-Rufnummern oder Auskunftsdienste[21]). Es handelt sich also nicht um Abruf- oder Verteildienste, sondern um eine Individualkommunikation zwischen dem Telekommunikationsdiensteanbieter und dem Kunden.[22] **Rundfunk** ist nach § 2 Abs. 1 S. 1 des Rundfunkstaatsvertrags „ein linearer Informations- und Kommunikationsdienst; er ist die für die Allgemeinheit und zum zeitgleichen Empfang bestimmte Veranstaltung und Verbreitung von Angeboten in Bewegtbild oder Ton entlang eines Sendeplans unter Benutzung elektromagnetischer Schwingungen. Der Begriff schließt Angebote ein, die verschlüsselt verbreitet werden oder gegen besonderes Entgelt empfangbar sind."

Beispiel (Telemedien): Online-Angebote von Waren- bzw. Dienstleistungen mit unmittelbarer Bestellmöglichkeit, Newsgroups, Chatrooms, elektronische Presse und Werbemails.[23]

Gegenbeispiel: Internet-Telefonie (Voice over Internet Protocol – VoIP) gehört zur Telekommunikation.[24] Rundfunk sind Live-Streaming, d.h. die ausschließliche Übertragung von Rundfunk über das Internet, und Webcasting, d.h. die zusätzliche zeitgleiche Übertragung von Rundfunkprogrammen über das Internet;[25] ebenso das Near-Video-on-Demand-Verfahren, wenn der Startzeitpunkt vom Anbieter bestimmt wird und nicht auf individuellen Abruf des Nutzers erfolgt.[26]

2. Eigenschaft als Diensteanbieter

Nach § 2 Nr. 1 TMG ist Diensteanbieter „jede natürliche oder juristische Person, 5 die eigene oder fremde Telemedien zur Nutzung bereithält oder den Zugang zur Nutzung vermittelt". Nutzer ist nach § 2 Nr. 3 TMG jede natürliche oder juristische Person, „die Telemedien nutzt, insbesondere um Informationen zu erlangen oder zugänglich zu machen".

a) Zunächst stellt sich die Frage, ob auch **Privatpersonen** Anbieter sein können. 6

Beispiel:[27] Student T hat auf seiner Homepage ein virtuelles Gästebuch eingerichtet. Dort trägt ein Kommilitone den Satz ein: „Professor P ist ein dummes, fettes Schwein". T liest den Satz, löscht ihn aber nicht, weil er ihn lustig findet.

---

[19] Dazu näher *Hoeren* NJW 2007, 801 (802).
[20] Vgl. BT-Drs. 13/7385, 16. Ausf. zur Abgrenzung *Paul*, Primärrechtliche Regelungen, 2005, S. 77 ff.
[21] *Holznagel/Ricke* in Spindler/Schuster, 12. Teil, § 1 TMG Rn. 8.
[22] BT-Drs. 16/3078, 13.
[23] BT-Drs. 16/3078, 13 f.
[24] BT-Drs. 16/3078, 13 f.; näher *Martini/v. Zimmermann* CR 2007, 427 (430).
[25] BT-Drs. 16/3078, 13; *Hoeren* NJW 2007, 801 (803).
[26] BT-Drs. 16/3078, 13; *Hörnle* in MünchKomm § 184 Rn. 43; krit. *Hoeren* NJW 2007, 801 (803).
[27] Vgl. auch LG Trier MMR 2002, 694.

7   Möglicherweise leistet T Beihilfe durch Unterlassen zur Beleidigung nach
§ 185 StGB. Der strafrechtlichen Verantwortlichkeit könnte jedoch eine Haftungs-
beschränkung nach §§ 7 ff. TMG entgegenstehen, wenn T als Anbieter zu qualifizieren ist. Würde T zur Präsentation seiner Person nur fremde Dienste zur
Einrichtung und Bereitstellung der Homepage in Anspruch nehmen, bliebe er
reiner Nutzer. Bietet er aber wie im vorliegenden Fall mit dem Gästebuch selbst
Telemediendienste an, ist er auch Anbieter, so dass ihm die Haftungserleichte-
rungen grundsätzlich zu Gute kommen können, weil er ansonsten praktisch
für alle Inhalte des Gästebuchs verantwortlich wäre.[28] Auf die Entgeltlichkeit
oder eine gewerbsmäßige Betätigung kommt es dabei nicht an.[29] Allerdings wird
man hier annehmen müssen, dass er sich die Inhalte entweder zu eigen macht
(§ 7 Abs. 1 TMG), jedenfalls aber trotz Kenntnis als Hosting-Provider nicht
löscht (§ 10 S. 1 TMG), so dass die Haftungsprivilegierung letztlich nicht durch-
greift.[30]

8   Hingegen kann man Privatpersonen, die nur ein **nicht hinreichend gesichertes
WLAN** betreiben, das von Dritten missbräuchlich genutzt wird, nicht als
Diensteanbieter einstufen, da die Nutzung durch Dritte nicht bezweckt ist.[31] Damit
scheidet eine Haftungsprivilegierung nach TMG aus. Freilich wird die strafrechtliche Verantwortlichkeit auch beim Missbrauch durch Dritte im Einzelfall unter dem
Gesichtspunkt der objektiven Zurechnung oder der Sorgfaltspflichtverletzung speziell beim Fahrlässigkeitsdelikt[32] zu verneinen sein.[33]

9   **b)** Fraglich ist, ob **Schulen, Universitäten, Unternehmen und Internet-Cafés,**
die ihren Mitarbeitern, Studierenden usw. einen Internetzugang zur Verfügung
stellen, dies als Anbieter für andere Nutzer tun oder ob diese selbst Nutzer von
Angeboten ihrer Provider sind und diese nur weiteren Nutzern zugänglich machen.[34] Nur wenn man solche Institutionen selbst als Anbieter qualifiziert, kann
die Haftungsprivilegierung als Access-Provider (§ 8 Abs. 1 S. 1 TMG) zum Tragen kommen; andernfalls steht eine Beteiligung an Straftaten der weiteren Nutzer
im Raum.[35] Für die Einstufung als Diensteanbieter und damit die Anwendbarkeit
der Haftungsprivilegierung spricht zunächst argumentum e contrario § 11 Abs. 1
Nr. 1 TMG, wonach nur die datenschutzrechtlichen Vorschriften des TMG nicht
für die Bereitstellung von Telemedien im Dienst- und Arbeitsverhältnis gelten,
soweit dies zu ausschließlich beruflichen oder dienstlichen Zwecken erfolgt. Im
Übrigen bleibt aber das TMG samt Haftungsprivilegierungen anwendbar.[36] Für
diese Lösung spricht letztlich auch die gesetzgeberische Konzeption, die die Zugänglichmachung von elektronischen Medien fördern und nicht beschränken
wollte.[37]

---

[28] LG Trier MMR 2002, 694 (695).
[29] S. auch *Hilgendorf/Valerius*, Computer- und Internetstrafrecht, Rn. 184; *Holznagel/Ricke* in
Spindler/Schuster, 12. Teil, § 2 TMG Rn. 2.
[30] Näher Rn. 16.
[31] BGHZ 185, 330 (337); *Hornung* CR 2007, 88 (90); aA *Altenhain* in MünchKomm § 1 TMG
Rn. 7.
[32] ZB nach § 23 S. 2 JMStV.
[33] *Hornung* CR 2007, 88 (90); ferner *Fischer* § 184 Rn. 32; weiter zur zivilrechtlichen Störerhaf-
tung BGHZ 185, 330 (335 ff.).
[34] Zum Ganzen *Bleisteiner*, Rechtliche Verantwortlichkeit im Internet, S. 159 f.
[35] *Perron/Eisele* in Schönke/Schröder § 184 Rn. 59.
[36] *Barton* CR 2003, 592 (593); *Altenhain* in MünchKomm § 2 TMG Rn 4.
[37] Zumindest für eine analoge Anwendung der Vorschriften OLG München MMR 2000, 617, für
Universitäten; aA *Liesching/Knupfer* MMR 2003, 562 ff.

IV. Die Haftungsregelungen im Einzelnen

1. Haftung des Content-Providers nach § 7 Abs. 1 TMG

a) Gemäß § 7 Abs. 1 TMG sind Diensteanbieter für eigene Informationen, die sie 10
zur Nutzung bereithalten (Content-Provider), nach den allgemeinen Gesetzen verantwortlich. Bei fremden Informationen kann hingegen die Haftungsprivilegierung
für Hosting-Provider gemäß § 10 TMG zur Anwendung gelangen. Nach § 7 Abs. 1
TMG müssen die eigenen Inhalte **zur Nutzung bereitgehalten** werden. Dies ist
zunächst der Fall, wenn eigene Informationen auf einem eigenhändig kontrollierten
Server gespeichert werden, so dass die Nutzer darauf Zugriff nehmen können.[38] Es
genügt aber auch, wenn auf fremden Datenspeichern Angebote – etwa eine Webseite
te beim Hosting-Provider – abgelegt werden, solange ein Zugriffs- oder Nutzungsrecht besteht und die Inhalte daher der eigenen Kontrolle unterliegen.[39] Liegt kein
Bereithalten und damit auch nicht § 7 Abs. 1 TMG vor, so gelten dennoch – ohne
den Umweg über § 7 Abs. 1 TMG – die allgemeinen Haftungsgrundsätze, weil diese Konstellation von keiner der Privilegierungsvorschriften der §§ 8 ff. TMG erfasst
wird.[40]

Eigene Informationen sind gegeben, wenn die Daten vom Diensteanbieter selbst
erstellt werden. Bei den allgemeinen Haftungsgrundsätzen bleibt es aber auch,
wenn der Anbieter sich fremde Informationen zu Eigen macht.[41] Dies ist im Wege
einer objektiven Betrachtungsweise unter Einbeziehung aller Umstände des Einzelfalles festzustellen.[42] Lässt das Angebot nicht erkennen, dass es von einem Anderen
stammt, so ist von einem Zueigenmachen auszugehen.[43] Aber selbst, wenn die
fremde Urheberschaft erkennbar ist, kann ein ausdrückliches oder konkludentes
Zueigenmachen anzunehmen sein, wenn sich der Anbieter mit den Inhalten identi-
fiziert.[44] Im oben genannten Beispiel (Rn. 6) wäre dies etwa der Fall, wenn der T als
Inhaber der Gästebuchs den Eintrag zustimmend kommentiert. Das bloße Betreiben eines Internetblogs, auf dem Nutzer ihre Inhalte einstellen, führt hingegen
noch nicht zu einer Qualifizierung als eigener Inhalt.[45] Für Internetportale hat der
BGH entschieden, dass ein Zueigenmachen anzunehmen ist, wenn der Betreiber
„tatsächlich und nach außen sichtbar die inhaltliche Verantwortung" für die publi-
zierten Inhalte übernimmt, weil er die Kontrolle hinsichtlich der Vollständigkeit
und Richtigkeit der Inhalte ausübt.[46] Im Übrigen sollte aber das Geschäftsmodell
der Internetplattform nicht durch überzogene Haftungsregeln beschränkt werden.[47]
Ob solche Einschränkungen aufgrund der **Rechtsprechung des EuGH**, an die sich
der BGH nunmehr anlehnt, künftig vorzunehmen sind, bleibt abzuwarten. Der
EuGH billigt dem Betreiber eines Online-Marktplatzes die Haftungsprivilegierung

---

[38] *Rosenau/Witteck* Jura 2002, 781 (786 f.).
[39] *Altenhain* in MünchKomm Vorbem. §§ 7 ff. TMG Rn. 38; *Sieber/Höfinger* in Hdb. Multimedia-Recht, Kap. 18.1 Rn. 80.
[40] *Altenhain* in MünchKomm § 7 TMG Rn. 3.
[41] Vgl. nur BGH NJW 2008, 1882 (1883 f.); *Haft/Eisele* JuS 2001, 112 (116); *Sieber/Höfinger* in
Hdb. Multimedia-Recht, Kap. 18.1 Rn. 39 ff.
[42] BT-Drucks. 13/7385, 19 f.; BGH MMR 2010, 556 (557).
[43] *Hilgendorf/Valerius*, Computer- und Internetstrafrecht, Rn. 200.
[44] *Fischer* § 184 Rn 28 b; *Hoffmann* in Spindler/Schuster, § 7 TMG Rn. 17.
[45] OLG Düsseldorf MMR 2012, 118 (119).
[46] BGH MMR 2010, 556 (557); OLG Hamburg MMR 2011, 49; weiter LG Hamburg MMR
2010, 833, für Filme auf der Videoplattform YouTube.
[47] OLG Zweibrücken MMR 2009, 541.

jedenfalls nur zu, wenn er den Dienst bei einer rein technischen und automatischen Verarbeitung der von den Kunden eingegebenen Daten „neutral" erbracht hat.[48] Er darf keine aktive Rolle übernehmen, die ihm eine Kenntnis der gespeicherten Daten oder eine Kontrolle über sie ermöglicht.[49] Ein solcher aktiver Status soll etwa vorliegen, wenn auf der Plattform der Vertrieb gefördert wird, indem die Präsentation der Verkaufsangebote optimiert oder beworben wird.[50]

11   **b)** Besonders umstritten ist die Haftung für Verweise auf andere Angebote **mittels Hyperlinks und Suchmaschinen.**

> Ein **Hyperlink** (kurz: Link) ist ein Verweis in einer Internetseite auf eine andere Internetseite, seltener auch ein Verweis auf eine andere Stelle innerhalb derselben Internetseite. Wird der Hyperlink etwa mittels eines Mausklicks ausgeführt, ruft der Browser die entsprechende Seite vom Server ab und zeigt sie an.

Beispiel: T hält auf seiner privaten Homepage eine Sammlung von Hyperlinks zu seinen Favoritenseiten bereit. Ein Link führt zu einer externen Seite mit Fotoaufnahmen, die Naturspektakel zeigen. Später verändert sich die verlinkte Seite, so dass dort pornografische Aufnahmen zu sehen sind. Hat sich T nach §§ 184 Abs. 1 Nr. 1 und Nr. 2 strafbar gemacht?

12   **aa)** Kraft ausdrücklicher Entscheidung enthalten weder das TMG noch die ihm zugrundeliegende Richtlinie über den elektronischen Geschäftsverkehr (Art. 21 Abs. 2 der RL) eine Regelung über die Haftung für Hyperlinks und Suchmaschinen.[51] Soweit der Anbieter sich die Inhalte der verlinkten Seite **zu eigen macht,** scheidet eine Haftungserleichterung bereits nach § 7 Abs. 1 TMG aus. Ein solches Zueigenmachen liegt aber nicht in jeder Verlinkung, sondern ist nur bei empfohlenen oder redaktionell bearbeiteten Links, bei der Verlinkung mittels sog. Sprungmarken[52] und bei der unmittelbar in Bezug genommenen ersten Linkebene anzunehmen, weil damit eine bewusste Auswahl- und Kontrollentscheidung getroffen wird.[53] Beim Verwenden sog. **Frames** (embedded contents) werden Inhalte fremder Webseiten in die eigene Webseite des Anbieters eingebunden, sobald dessen Seite von Nutzern aufgerufen wird.[54] Aufgrund der Einbindung handelt es sich hier bereits um eine eigene Information des Diensteanbieters,[55] jedenfalls liegt aber ein Zueigenmachen vor.[56]

13   Zu beachten ist dabei, dass sich eine solche Auswahlentscheidung nur auf den Zeitpunkt der Verlinkung bezieht, so dass – wie im eben genannten Beispiel – später geänderte Seiten grundsätzlich nicht zu eigenen Inhalten werden;[57] bei Vorsatzde-

---

[48] EuGH MMR 2011, 596 (602); EuGH MMR 2010, 315 (320).

[49] EuGH MMR 2011, 596 (602f.) m. krit. Anm. *Hoeren;* EuGH MMR 2010, 315 (320) zur AdWord-Werbung bei Google. Nunmehr auch BGH MMR 2012, 178 (179 f.), der im Fall einer aktiven Rolle ein Zueigenmachen annimmt; dazu auch *Spindler* JZ 2012, 312f.

[50] EuGH MMR 2011, 596 (603).

[51] Vgl. BT-Drs. 14/6098, 37 zum Verzicht des Gesetzgebers auf eine entsprechende Regelung.

[52] LG Karlsruhe MMR 2009, 418 (419).

[53] *Fischer* § 184 Rn. 28 b; *Hilgendorf/Valerius,* Computer- und Internetstrafrecht, Rn. 201; *Spindler* MMR 2002, 495 (503); undifferenziert VGH München MMR 2009, 351 (352) m. krit. Anm. *Liesching;* weitergehend auch für Unterseiten OLG Stuttgart MMR 2006, 387 (388).

[54] Zu Einzelheiten *Altenhain* in MünchKomm Vorbem. §§ 7 ff. TMG Rn 29 f.

[55] *Altenhain* in MünchKomm Vorbem. §§ 7 ff. TMG Rn. 29.

[56] Dafür *Härting* Rn. 1343.

[57] *Haft/Eisele* JuS 2001, 112 (117); *Hörnle* in MünchKomm § 184 Rn. 47; vgl. aber *Müglich* CR 2002, 583 (592).

likten wird hier zudem der Vorsatz fehlen.[58] Bei **nachträglich erlangter Kenntnis** kommt jedoch eine Haftung wegen Unterlassens (Nichtbeseitigung des Links) in Betracht. Die Garantenstellung gründet auf der Sachherrschaft über die Gefahrenquelle; hingegen kommt eine Garantenstellung aus Ingerenz nur dann in Betracht, wenn die Verlinkung als Vorverhalten bereits pflichtwidrig war.[59] Im Übrigen wird man im Rahmen von Fahrlässigkeitsdelikten eine Überprüfungspflicht nur annehmen können, wenn Hinweise vorliegen, die den Schluss zulassen, dass rechtswidrige Inhalte auf der verlinkten Seite aufgenommen worden sind;[60] dabei können der Gesamtzusammenhang in dem der Hyperlink verwendet wird sowie Fragen der Zumutbarkeit Berücksichtigung finden.[61]

bb) Aber auch soweit sich der Anbieter **keine Inhalte zu eigen gemacht** hat, 14 kommt angesichts der eindeutigen gesetzgeberischen Entscheidung eine (analoge) Anwendung der Haftungsprivilegierungen der §§ 7 ff. TMG weder für Hyperlinks noch Suchmaschinen[62] in Betracht. Es bleibt daher grundsätzlich bei der Verantwortlichkeit nach allgemeinen Grundsätzen.[63] Allerdings können im Einzelfall die Wertungen der §§ 8 ff. TMG, insbes. über die Host-Provider nach § 10 TMG, im Rahmen der objektiven Zurechnung zu berücksichtigen sein, so dass die Schaffung einer rechtlich missbilligten Gefahr zu verneinen sein kann.[64]

Für die Frage, ob das **Setzen eines Hyperlinks Täterschaft oder Teilnahme** be- 15 gründet, sind die Umstände des Einzelfalles ausschlaggebend, weil erst hieraus Rückschlüsse auf die notwendige Tatherrschaft gezogen werden können. Zudem kommt es immer auf die Ausgestaltung des jeweiligen Tatbestandes an, so dass eine tatbestandsbezogene Beurteilung erforderlich ist.[65] Soweit die Tatherrschaft freilich – wie häufig – beim Anbieter der verlinkten Seite liegt, wird das Verlinken nur Beihilfe begründen.[66] Jedoch wird man dann zur Täterschaft gelangen, wenn der Tatbestand gerade das Zugänglichmachen (zB § 184 Abs. 1 Nr. 1 StGB), das bereits durch die Linksetzung erfolgen kann, pönalisiert.[67]

2. Haftung des Hosting-Providers gemäß § 10 TMG

a) Während § 7 Abs. 1 TMG an eigene Informationen anknüpft, stellt § 10 16 TMG auf fremde Informationen ab. Nach § 10 S. 1 TMG sind Diensteanbieter für **fremde Informationen, die sie für einen Nutzer speichern,** nicht verantwortlich, sofern sie keine Kenntnis von der rechtswidrigen Handlung oder der Information haben (Nr. 1) oder sie unverzüglich tätig geworden sind, um die Information zu entfernen oder den Zugang zu ihr zu sperren, sobald sie diese Kenntnis erlangt

---

[58] Näher *Sieber* in Hdb. Multimedia-Recht, Kap. 19.1. Rn. 40 f., 50.

[59] AG Tiergarten MMR 1998, 49; *Sieber* in Hdb. Multimedia-Recht, Kap. 19.1. Rn. 50.

[60] *Hilgendorf/Valerius*, Computer- und Internetstrafrecht, Rn. 242; *Spindler* MMR 2002, 495 (502): „grob fahrlässige Unkenntnis von rechtswidrigen Inhalten, obwohl sich dem Linksetzenden entsprechende Umstände förmlich aufdrängen".

[61] BGHZ 158, 343 (352); ferner *Hilgendorf/Valerius*, Computer- und Internetstrafrecht, Rn. 242.

[62] OLG Stuttgart MMR 2006, 387 (388); *Gercke* CR 2006, 844 (848); *Müglich* CR 2002, 583 (591); vgl. aber *Liesching* MMR 2006, 390 (391); für eine analoge Anwendung des § 9 TMG auf Suchmaschinen *Koch* K&R 2002, 120 (126).

[63] BT-Drs. 14/6098, 37; BGHZ 158, 343 (349); BGH NJW 2008, 1882 (1883 f.); OLG Stuttgart MMR 2006, 387 (388); *Gercke* CR 2006, 844 (846); *Schwarzenegger*, FS Rehbinder, 2007, S. 723 (731 f.); offen gelassen aber von BVerfG MMR 2009, 459 f.

[64] S. auch *Kudlich* JA 2002, 798 (803); zur Garantenstellung auch *Sieber* in Hdb. Multimedia-Recht, Kap. 19.1. Rn. 41, 50.

[65] OLG Stuttgart MMR 2006, 387 (388); näher *Gercke* CR 2006, 844 (849).

[66] LG Karlsruhe MMR 2009, 418 (419).

[67] OLG Stuttgart MMR 2006, 387 (388); vgl. aber auch *Vassilaki* CR 1999, 85 (86).

haben (Nr. 2). Nach S. 2 gilt die Privilegierung jedoch nicht, wenn der Nutzer
dem Diensteanbieter untersteht oder von ihm beaufsichtigt wird; so muss sich
etwa ein Arbeitgeber zurechnen lassen, dass ein Arbeitnehmer Inhalte auf seinem
Server einstellt.[68] Die Haftungsprivilegierung wird **Hosting-Providern** gewährt, weil
eine flächendeckende und systematische Kontrolle der auf ihren Rechnern gespeicherten Informationen aufgrund der Datenmenge und ständiger Aktualisierun-
gen zumeist schon technisch, jedenfalls aber aus wirtschaftlichen Gründen nicht
möglich ist. Die Privilegierung greift freilich nur, soweit sich der Anbieter die
fremden Inhalte nicht zu eigen macht und daher nicht als Content-Provider einzustufen ist.

Beispiel: Anbieter von Servern für Homepages, Anbieter von Webmail-Diensten und Chatrooms, Auktionshäuser,[69] aber auch Unternehmen und Privatpersonen, die es innerhalb ihres eigenen Angebots – zB in Gästebüchern oder Foren – Dritten ermöglichen, fremde Inhalte abzulegen
und diese nicht kontrollieren bzw. redaktionell bearbeiten.[70]

17   **b)** Bei S. 1 Nr. 1 ist nach Auffassung des Gesetzgebers **positive Kenntnis** von der
rechtswidrigen Handlung oder der Information erforderlich;[71] bloßer Eventualvorsatz genügt demgemäß nicht. Der Anbieter muss zumindest die genaue (Internet-)
Fundstelle der rechtswidrigen Information kennen.[72] Nur allgemeine Hinweise auf
die Speicherung rechtswidriger Daten oder die Nennung eines bestimmten Forums
lassen die Haftungsprivilegierung nicht entfallen.[73] Die Kenntnis kann auf fremden
Hinweisen oder eigenen Recherchen beruhen;[74] eine Pflicht zur **proaktiven Suche**
nach rechtswidrigen Inhalten – etwa mit Hilfe eines **Filtersystems** – besteht gemäß
§ 7 Abs. 2 TMG aber nicht.[75] Insoweit ist vielmehr zu beachten, dass Filtersysteme
bei systematischer Überprüfung der Informationen gleichzeitig die Grundrechte
der Nutzer auf Schutz personenbezogener Daten nach Art. 8 und auf freien Empfang oder freie Sendung von Informationen nach Art. 11 der Grundrechtecharta
beeinträchtigen können.[76] Bei S. 1 Nr. 2 ist ein unverzügliches Tätigwerden maßgeblich, so dass es auf den Erfolg des Löschens oder der Zugangssperrung nicht
ankommt.[77] Aufgrund der Voraussetzungen der Vorschrift kommt regelmäßig nur
eine Strafbarkeit wegen Unterlassens (der Löschung oder Sperrung) in Betracht,
weil zum Zeitpunkt der Einrichtung des Dienstes entsprechende Inhalte noch nicht
vorhanden sein werden.[78] Weil das Betreiben des Servers in diesem Fall kein

---

[68] *Gercke/Brunst*, Internetstrafrecht, Rn. 607.

[69] BGHZ 173, 188 (202 f.); 158, 236 (246); OLG Düsseldorf MMR 2004, 315 (317).

[70] OLG Düsseldorf MMR 2012, 118 (119); *Gercke/Brunst*, Internetstrafrecht, Rn. 595.

[71] BT-Drs. 14/6098, 25; LG Frankfurt ZUM 2012, 715 (717); unklar nunmehr EuGH MMR 2011,
596 (603) m. krit Anm. *Hoeren*, wonach sich der Anbieter der Umstände bewusst sein muss, „auf
deren Grundlage ein sorgfältiger Wirtschaftsteilnehmer die Rechtswidrigkeit der fraglichen Verkaufsangebote hätte feststellen müssen"; vgl. dazu *Borges* EWiR 2011, 823 (824 f.).

[72] *Hilgendorf/Valerius*, Computer- und Internetstrafrecht, Rn. 208; *Kudlich* JA 2002, 798 (801);
ferner *Fischer* § 184 Rn. 31: positive Kenntnis einer konkreten Internetadresse; näher *Paul*, Primärrechtliche Regelungen, S. 155 ff.

[73] *Gercke/Brunst*, Internetstrafrecht, Rn. 600.

[74] *Perron/Eisele* in Schönke/Schröder § 184 Rn. 60.

[75] EuGH Urt. v. 16. 2. 2012 – C-360/10, Abl. EU 2012 C 98, 6 f. Nr. 33 ff.; LG Oldenburg NStZ
2011, 655 (656); LG Frankfurt ZUM 2012, 715 (717); *Heghmanns* in Achenbach/Ransiek Teil 6/2,
Rn. 58; *Sieber* in Hdb. Multimedia-Recht, Kap. 19.1. Rn. 53.

[76] EuGH MMR 2012, 334, 337.

[77] *Hilgendorf/Valerius*, Computer- und Internetstrafrecht, Rn. 207; *Mitsch*, Medienstrafrecht, § 6
Rn. 29.

[78] Näher *Perron/Eisele* in Schönke/Schröder § 184 Rn. 60.

pflichtwidriges Vorverhalten i.S.e. Ingerenz darstellt, kann sich die Garantenstellung nur aus der Herrschaft über eine Gefahrenquelle ergeben.[79]

c) Obgleich § 10 TMG keine ausdrückliche Regelung enthält, kann entsprechend **18** dem allgemeinen Rechtsgrundsatz, dass das Recht weder Unmögliches noch Unzumutbares verlangen darf, die Haftungsprivilegierung nur versagt werden, wenn das Entfernen oder Sperren der Informationen auch **technisch möglich und zumutbar** ist.[80] Während sich die technischen Möglichkeiten ggf. mit gewissem Aufwand festlegen lassen, kommt es für die Frage der Zumutbarkeit auf die Umstände des Einzelfalles an, wobei insbesondere die Wertigkeit des durch den Provider gefährdeten Rechtsguts zu berücksichtigen ist.[81] Kennt der Provider freilich – was Voraussetzung der Haftung ist – die konkrete Adresse, unter der die rechtswidrige Information abgespeichert ist, so wird ihm regelmäßig auch eine Sperrung oder Löschung ohne größere Nachteile möglich sein.[82]

3. Haftung des Access-Providers gemäß § 8 TMG

a) Anders als bei §§ 7, 10 TMG geht es bei § 8 TMG nicht um die Speicherung **19** eigener oder fremder Inhalte, sondern um die Zugangsvermittlung zum Internet. Nach § 8 Abs. 1 S. 1 TMG sind Diensteanbieter für fremde Informationen, die sie in einem Kommunikationsnetz übermitteln oder zu denen sie den Zugang zur Nutzung vermitteln, nicht verantwortlich, sofern sie 1. die Übermittlung nicht veranlasst, 2. den Adressaten der übermittelten Informationen nicht ausgewählt und 3. die übermittelten Informationen nicht ausgewählt oder verändert haben. Privilegiert sind demnach reine Access-Provider, die den Datenfluss in ihren Netzen nur schwer kontrollieren können. Da sie sich nur auf die technische Weiterleitung der Daten beschränken, diese aber nicht veranlassen, keine Auswahl hinsichtlich Adressat und Inhalt treffen und die Informationen auch nicht verändern, genießen sie eine weitergehendere Privilegierung als Hosting-Provider, so dass – wie § 8 Abs. 1 S. 2 TMG zeigt – selbst Kenntnis von rechtswidrigen Informationen für sich genommen die Haftung nicht zu begründen vermag.

Beispiel:[83] T ist Geschäftsführer einer deutschen Tochtergesellschaft (CompuServe Deutschland) eines Online-Service-Providers in den USA (CompuServe USA). Über den Internetzugang sind in Deutschland kinderpornografische Seiten zugänglich. T bemüht sich erfolglos bei der Muttergesellschaft diese Inhalte sperren zu lassen. – Da T als Geschäftsführer als Access-Provider zu qualifizieren ist[84] und die Voraussetzungen des § 8 Abs. 1 S. 1 TMG vorliegen, hat er sich nicht nach §§ 184b Abs. 1 Nr. 2, 13, 27 StGB strafbar gemacht.[85] Im Übrigen wäre auch ohne die Haftungsprivilegierung bereits nach den allgemeinen strafrechtlichen Voraussetzungen zweifelhaft, ob ihm die gebotene Sperrung überhaupt (technisch) möglich und zumutbar ist. Aber selbst wenn T Kenntnis von rechtswidrigen Inhalten besitzt und eine Sperrung grundsätzlich möglich ist, bleibt es jedenfalls bei der Haftungsprivilegierung nach § 8 Abs. 1 S. 1 TMG, weil eine Einschränkung nur in den gesetzlich genannten Fällen in Betracht kommt. Auch aus § 7 Abs. 2 S. 2 TMG ist kein anderes Ergebnis

---

[79] *Haft/Eisele* in Regulierung in Datennetzen, Beiträge zur juristischen Informatik, Bd. 23, 2000, S. 67ff.; *Hörnle* in MünchKomm § 184 Rn. 51; *Sieber* in Hdb. Multimedia-Recht, Kap. 19.1. Rn. 44.

[80] BT-Drs. 14/6098, 23 und 25; *Gercke/Brunst,* Internetstrafrecht, Rn. 606; *Mitsch,* Medienstrafrecht, § 6 Rn. 29.

[81] BT-Drs. 14/6098 23 und 25; *Perron/Eisele* in Schönke/Schröder § 184 Rn. 60.

[82] *Altenhain* AfP 1998, 457 (463); *Bleisteiner,* Rechtliche Verantwortlichkeit im Internet, S. 337.

[83] Vgl. auch LG München NJW 2000, 1051.

[84] Näher zu den hiermit verbundenen Zurechnungsfragen im Konzern AG München NJW 1998, 2836 (2839); LG München NJW 2000, 1051f.; *Hoeren* NJW 1998, 2792; *Sieber* MMR 1998, 438.

[85] Anders AG München NJW 1998, 2836, das eine Strafbarkeit wegen Mittäterschaft bejaht hat; die Berufung des Angeklagten Felix Somm war erfolgreich, LG München NJW 2000, 1051.

zu folgern, weil die Haftung nach allgemeinen Grundsätzen nur die verschuldensunabhängige Haftung und daher nicht die allgemeinen Strafgesetze betrifft.[86]

20   Als Access-Provider sind auch die **Betreiber von Wireless Lan** zu qualifizieren, soweit damit Dritten der Zugang zum Netz vermittelt werden soll.[87] Das **Setzen eines Hyperlinks** begründet hingegen nicht die Eigenschaft als Access-Provider, da der Gesetzgeber diese Problematik bewusst nicht geregelt hat.[88]

21   b) **§ 8 Abs. 2 TMG** erweitert die Privilegierung; demnach umfasst die Übermittlung von Informationen nach Abs. 1 und die Vermittlung des Zugangs zu diesen auch die **automatische kurzzeitige Zwischenspeicherung** dieser Informationen, soweit dies nur zur Durchführung der Übermittlung im Kommunikationsnetz geschieht und die Informationen nicht länger gespeichert werden, als für die Übermittlung üblicherweise erforderlich ist. Es handelt sich also um technische Zwischenspeicherungen von Informationen im Zusammenhang mit der Übermittlung, zu denen der Nutzer keinen Zugang hat.[89] Weil Abs. 2 an Abs. 1 anknüpft, darf der Provider auch hier die Übermittlung nicht veranlassen, eine Auswahl treffen oder die Informationen verändern.[90]

22   c) **§ 8 Abs. 1 S. 2 TMG** enthält einen Ausschluss für die Privilegierung für Fälle, in denen der Diensteanbieter absichtlich mit einem der Nutzer seines Dienstes zusammenarbeitet, um rechtswidrige Handlungen zu begehen. Für das Merkmal der Zusammenarbeit müssen die Voraussetzungen der Mittäterschaft nicht vorliegen, jedoch ist zumindest Kenntnis von den rechtswidrigen Informationen erforderlich.[91] Bei einer engen Zusammenarbeit darf man jedoch nicht die Frage aus dem Blick verlieren, ob es sich nicht bereits um Informationen handelt, die sich der Access-Provider zu eigen macht und deshalb gemäß § 7 Abs. 1 TMG nach allgemeinen Grundsätzen haftet.

23   d) Weitere Einschränkungen enthielt das **Gesetz zur Erschwerung des Zugangs** zu kinderpornografischen Inhalten in Kommunikationsnetzen.[92] So sollten etwa nach § 2 Abs. 1 Zugangserschwerungsgesetz Diensteanbieter nach § 8 TMG, die den Zugang zur Nutzung von Informationen über ein Kommunikationsnetz für mindestens 10 000 Teilnehmer oder sonstige Nutzungsberechtigte ermöglichen, geeignete und zumutbare technische Maßnahmen ergreifen, um den Zugang zu Telemedienangeboten mit kinderpornografischen Inhalten iSd § 184 b StGB, die in einer täglich aktualisierten Sperrliste des Bundeskriminalamts aufgeführt sind, zu erschweren. Die politisch hochumstrittenen Regelungen sind inzwischen wieder aufgehoben worden.[93]

4. Cache-Privileg des § 9 TMG

24   a) **§ 9 TMG** enthält ein „**Cache-Privileg**" für Fälle der Zwischenspeicherung, die unabhängig von dem individuellen Kommunikationsvorgang sind (sonst § 8 Abs. 2

---

[86] S. oben Rn. 1.
[87] Zur missbräuchlichen Nutzung eines ungesicherten WLANs oben Rn. 8. Zur Frage, ob auch entsprechend Art. 12 der EG-Richtlinie über den elektronischen Geschäftsverkehr die Vermittlung des Zugangs zu einem Kommunikationsnetz erfasst wird, *Gercke/Brunst*, Internetstrafrecht, Rn. 612.
[88] Dazu Rn. 20.
[89] BT-Drs. 14/16 098, 24.
[90] *Gercke/Brunst*, Internetstrafrecht, Rn. 620.
[91] *Fischer* § 184 Rn. 29.
[92] Zugangserschwerungsgesetz v. 17. 2. 2010, BGBl. I 78; dazu *Schnabel* JZ 2009, 996.
[93] Gesetz v. 22. 12. 2011, BGBl. I 2958.

TMG) und der beschleunigten Übermittlung von Informationen dienen.[94] So werden vor allem von Access-Providern häufig aufgerufene Inhalte zwischengespeichert, damit diese beim nächsten Aufruf nicht wieder erneut vom Content-Provider übertragen werden müssen.

b) Diensteanbieter sind gemäß § 9 S. 1 TMG für eine automatische, zeitlich begrenzte Zwischenspeicherung, die allein dem Zweck dient, die Übermittlung der fremden Information an andere Nutzer auf deren Anfrage effizienter zu gestalten, unter bestimmten Bedingungen nicht verantwortlich. Zunächst dürfen sie die Informationen, d.h. die Inhalte, nicht verändern (Nr. 1) und müssen zudem die Bedingungen für den Zugang – zB Altersverifikationen, Passworteingaben[95] – zu den Informationen beachten (Nr. 2), damit etwaige Zugangshindernisse beim Content-Provider nicht unterlaufen werden.[96] Ferner sind die Regeln für die Aktualisierung der Information, die in weithin anerkannten und verwendeten Industriestandards festgelegt sind, zu beachten (Nr. 3), damit keine veralteten Inhalte über Kopien angeboten werden; archivierte frühere Versionen unterfallen daher nicht dem Privileg.[97] Die Zwischenspeicherung darf auch die erlaubte Anwendung von Technologien zur Sammlung von Daten über die Nutzung der Information, die in weithin anerkannten und verwendeten Industriestandards festgelegt sind, nicht beeinträchtigen (Nr. 4); so dürfen etwa die Feststellung der Zugriffszahlen oder erlaubte Cookies nicht durch den Aufruf der Kopie im Cache unterlaufen werden, was vor allem für Seiten von Bedeutung ist, die sich über Werbung nach Aufrufzahlen finanzieren.[98] Letztlich müssen Diensteanbieter auch unverzüglich handeln, um nach § 9 TMG gespeicherte Informationen zu entfernen oder den Zugang zu ihnen zu sperren, sobald sie Kenntnis davon erhalten haben, dass die Informationen am ursprünglichen Ausgangsort der Übertragung aus dem Netz entfernt wurden oder der Zugang zu ihnen gesperrt wurde oder ein Gericht oder eine Verwaltungsbehörde die Entfernung oder Sperrung angeordnet hat (Nr. 5). Damit sollen Löschungen und Sperren nicht über den Zugriff auf die Kopie umgangen werden können, was vor allem bei noch nicht erfolgter Aktualisierung von Bedeutung ist.[99] Wie bei § 10 TMG muss die Löschung oder Sperrung technisch möglich und zumutbar sein.[100] In Fällen der Kollusion gilt gemäß § 9 S. 2 TMG die Vorschrift des § 8 Abs. 1 S. 2 TMG entsprechend.

Rechtsprechung: EuGH Urt. v. 16. 2. 2012 – C-360/10, ABl. EU 2012 Nr. C 98, 6 (Pflichten des Hosting-Providers); BGHZ 158, 236 (fremde Inhalte bei Auktionshäusern); BGHZ 158, 343 (Haftung bei Hyperlinks); BGH MMR 2010, 556 (Zueigenmachen fremder Inhalte); OLG Stuttgart MMR 2008, 387 (Haftung für Hyperlinks und Beteiligungsfragen); OLG München MMR 2000, 617 (Universitäten als Diensteanbieter); OLG Düsseldorf MMR 2012, 118 (Tageszeitung als Hosting-Provider bei nicht kontrolliertem Forum); LG München NJW 2000, 1051 (Haftung von Access-Providern); LG Trier MMR 2002, 694 (Privatpersonen als Diensteanbieter).

Aufsätze: *Gercke,* Die strafrechtliche Verantwortung für Hyperlinks, CR 2006, 844; *Haft/Eisele,* Zur systematischen Stellung des § 5 TDG bei der Prüfung der strafrechtlichen Verantwortlichkeit von Internet-Providern, in: Regulierung in Datennetzen, Beiträge zur juristischen Informatik,

---

[94] *Fischer* § 184 Rn. 30; *Hilgendorf/Valerius,* Computer- und Internetstrafrecht, Rn. 223; *Mitsch,* Medienstrafrecht, § 6 Rn. 30.

[95] *Gercke/Brunst,* Internetstrafrecht, Rn. 625; *Hofmann* MMR 2002, 284 (287).

[96] BT-Drs. 14/6098, 25.

[97] *Gercke/Brunst,* Internetstrafrecht, Rn. 626.

[98] BT-Drs. 14/6098, 25; *Gercke/Brunst,* Internetstrafrecht, Rn. 628; *Hofmann* MMR 2002, 284 (287).

[99] *Gercke/Brunst,* Internetstrafrecht, Rn. 627.

[100] *Altenhain* in MünchKomm § 9 TMG Rn. 19; *Hilgendorf/Valerius,* Computer- und Internetstrafrecht, Rn. 231; s. auch Rn. 18.

Bd. 23, 2000, 53 ff.; *Heghmanns,* Strafrechtliche Verantwortung für illegale Inhalte im Internet, JA 2001, 71; *Hoeren,* Das Telemediengesetz, NJW 2007, 801; *Hornung,* Die Haftung von WLAN Betreibern, CR 2007, 88; *A. Koch,* Strafrechtliche Verantwortlichkeit beim Setzen von Hyperlinks auf missbilligte Inhalte, MMR 1999, 704; *ders.,* Zur Einordnung von Internet-Suchmaschinen nach dem EGG, K&R 2002, 120; *Kudlich,* Die Neuregelung der strafrechtlichen Verantwortung von Internetprovidern, JA 02, 798; *Liesching/Knupfer,* Verantwortlichkeit von Internet-Café-Betreibern für die Zugangsgewährung zu jugendgefährdenden Inhalten, MMR 2003, 562; *Satzger,* Strafrechtliche Verantwortlichkeit von Zugangsvermittlern, CR 2001, 108; *Schwarzenegger,* Die strafrechtliche Beurteilung von Hyperlinks, FS Rehbinder, 2002, S. 723; *Sieber,* Die Verantwortlichkeit von Internet-Providern im Rechtsvergleich, ZUM 1999, 196.

§ 5. Verantwortlichkeit nach Presserecht

I. Adressat der Tatbestände

26　　Die meisten PresseG der Länder verweisen hinsichtlich der Verantwortlichkeit für Straftaten, die mittels eines Druckwerks begangen werden, auf die allgemeinen Strafgesetze. Hiernach kommt auch bei Medienunternehmen nur eine Strafbarkeit der für sie handelnden natürlichen Personen, nicht aber der juristischen Person oder der Personenvereinigung in Betracht. Soweit es um die Zurechnung persönlicher Merkmale an die Organe usw. geht, ist § 14 StGB zu beachten. Im Bereich des Ordnungswidrigkeitenrechts kann hingegen unter den Voraussetzungen des § 30 OWiG auch gegen die juristische Person oder die Personenvereinigung ein Bußgeld verhängt werden.

II. Spezielle Vorschriften der Landespressegesetze

27　　Zu beachten ist, dass die Vorschriften der **LandespresseG bzw. LandesmedienG** – soweit nicht bereits eine Strafbarkeit als Täter oder Teilnehmer gegeben ist – eine strafrechtliche Verantwortlichkeit für den verantwortlichen Redakteur bzw. den Verleger vorsehen. Die strafrechtliche Verantwortlichkeit ist diesbezüglich in den einzelnen LandespresseG unterschiedlich ausgestaltet. Exemplarisch sei § 20 Abs. 2 LPG Baden Württemberg genannt:[101]

> „Ist mittels eines Druckwerkes eine rechtswidrige Tat begangen worden, die einen Straftatbestand verwirklicht, so wird, soweit er nicht wegen dieser Handlung schon nach Absatz 1 als Täter oder Teilnehmer strafbar ist, mit Freiheitsstrafe bis zu einem Jahr oder mit Geldstrafe bestraft,
> 1. bei periodischen Druckwerken der verantwortliche Redakteur, wenn er vorsätzlich oder fahrlässig seine Verpflichtung verletzt hat, Druckwerke von strafbarem Inhalt freizuhalten,
> 2. bei sonstigen Druckwerken der Verleger, wenn er vorsätzlich oder fahrlässig seine Aufsichtspflicht verletzt hat und die rechtswidrige Tat hierauf beruht.“

---

[101] Vgl. ferner zB Art. 11 Abs. 1 BayPrG; § 21 Abs. 1 NRWLPG. Näher hierzu *Heinrich* in Praxis-Hdb. Medienrecht Rn. 339 ff.

Darüber hinaus sehen die LandespresseG weitere Sondertatbestände vor; so etwa **28** für den Fall, dass ein Verleger eine Person zum verantwortlichen Redakteur bestellt, die nicht den Anforderungen des jeweiligen LandespresseG genügt, oder dass bei strafbarem Inhalt gegen die Vorschriften über das Impressum zuwidergehandelt wird.[102] Ergänzt werden diese Vorschriften durch Ordnungswidrigkeitentatbestände, die zB außerhalb strafbaren Inhalts Verstöße gegen Vorschriften über das Impressum erfassen; diese Ordnungswidrigkeiten können regelmäßig vorsätzlich und fahrlässig begangen werden.[103]

III. Weitere Besonderheiten

1. Wahrheitsgetreue Berichte

Für die Presse ist weiterhin § 37 StGB von Bedeutung. Demnach bleiben **wahr-** **29** **heitsgetreue Berichte** über die öffentlichen Sitzungen des Bundestages, der Bundesversammlung oder eines Gesetzgebungsorgans eines Landes oder ihrer Ausschüsse von jeder Verantwortlichkeit frei; für Berichte über die öffentlichen Sitzungen des Bundestages folgt dies auch bereits aus Art. 42 Abs. 3 GG. Die Vorschrift ergänzt § 36 StGB, der entsprechende parlamentarische Äußerungen freistellt. Die Privilegierung stellt richtigerweise keinen Rechtfertigungsgrund dar, weil dieser ansonsten eine umfangreichere Wirkung als die Indemnität der Abgeordneten selbst hätte. Es handelt sich daher um einen sachlichen Strafausschließungsgrund, der auch anderen Beteiligten zu Gute kommt.[104] Erforderlich ist stets, dass es sich um einen wahrheitsgemäßen **Bericht** handelt; soweit eigene Wertungen und Betrachtungen des Verfassers hinzukommen, greift das Privileg nicht.[105]

Beispiel: Abgeordneter A behauptet in einer öffentlichen Sitzung des Landtags des Landes L, dass Abgeordneter B in einen Skandal im Rotlichtmilieu verstrickt sei. Erweisen lässt sich diese Behauptung nicht. Journalist J berichtet über diese Äußerung in einer Tageszeitung; beim Verfassen des Artikels war Volontär V behilflich. – A kommt hinsichtlich § 186 StGB (Behaupten einer nicht erweislich wahren Tatsache) der persönliche Strafausschließungsgrund des § 36 StGB zu Gute.[106] Eine Strafbarkeit des J nach § 186 StGB (Verbreiten der Tatsache) ist gemäß § 37 StGB zu verneinen; weil es sich um einen sachlichen Strafausschließungsgrund handelt, gilt dieser auch für V, so dass insoweit §§ 186, 27 StGB ausscheiden. Anderes würde aber etwa gelten, wenn J dem Bericht hinzufügt, „dass ja durchaus bekannt sei, dass B gerne in Zuhälterkreisen verkehre und sich dort aushalten lasse".

2. Verjährung

Abweichend von den **Verjährungsregelungen** der §§ 78 ff. StGB sehen die Lan- **30** despresseG eine kürzere Verjährung, d.h. eine Privilegierung vor,[107] die sich zwischen einem Jahr für Verbrechen, sechs Monate für Vergehen und drei Monate für Ordnungswidrigkeiten bewegt.[108] Privilegiert werden aber nur sog. **Presseinhaltsdelikte,** bei denen die Strafbarkeit unmittelbar aus der Verbreitung des Inhalts re-

---

[102] S. etwa § 21 BWLPG; Art. 13 BayPrG; § 22 NRWLPG.
[103] § 22 BWLPG; § 23 NRWLPG; Art. 12 BayPrG erfasst nur Vorsatz.
[104] *Lackner/Kühl* § 37 Rn. 1; *Perron* in Schönke/Schröder § 36 Rn. 1; aA zB *Neumann* in NK § 37 Rn. 2.
[105] RGSt 18, 207 (210 ff.); *Perron* in Schönke/Schröder § 37 Rn. 3.
[106] Näher *Perron* in Schönke/Schröder § 36 Rn. 1.
[107] Dazu BVerfGE 7, 29 ff.; BGHSt 33, 271 (274); 25, 347 ff.
[108] Vgl. § 24 BWLPG; Art. 14 BayPrG; § 25 NRWLPG. Vgl. näher *Heinrich* in Praxis-Hdb. Medienrecht Rn. 339 ff.

sultiert.[109] Ergibt sich die Strafbarkeit dagegen aus den Umständen der Verbreitung oder kommen weitere Gesichtspunkte hinzu, bleibt es bei den allgemeinen Regeln.[110]

> **Beispiel:**[111] T macht in einem Prospekt, in dem für Wertpapiere geworben wird, unzutreffende Angaben, worauf zahlreiche Anleger diese Papiere erwerben und Verluste erleiden. – T macht sich nach § 263 StGB in Tateinheit mit § 264a StGB strafbar.[112] Es gilt die fünfjährige Verjährungsfrist nach § 78 Abs. 3 Nr. 4 StGB. Die kurzen Fristen der LandespresseG finden schon deshalb keine Anwendung, weil bei § 263 StGB eine Vermögensverfügung des Opfers hinzukommen muss und Druckwerke, die nur gewerblichen Zwecken dienen, von den LandespresseG zumeist nicht erfasst werden.

3. Einziehung und Verfall

31   Ferner sind die Vorschriften über **Einziehung und Verfall** zu beachten. Nach § 73 Abs. 1 StGB ordnet das Gericht Verfall an, wenn eine rechtswidrige Tat begangen worden ist und der Beteiligte für die Tat oder aus ihr etwas erlangt hat; es geht also um die Abschöpfung eines rechtswidrig erlangten Vermögenszuwachses.[113] Hingegen können nach § 74 StGB unter bestimmten Bedingungen Gegenstände, die durch eine vorsätzliche Straftat vorgebracht oder zu ihrer Begehung oder Vorbereitung gebraucht worden oder bestimmt gewesen sind, eingezogen werden.

32   In diesem Zusammenhang ist vor allem die gegenüber § 74 StGB weitreichendere Vorschrift des § 74d StGB zu beachten, die die **Einziehung von Schriften und deren Unbrauchbarmachung** regelt. Nach Abs. 1 S. 1 werden Schriften iSd § 11 Abs. 3 StGB (also zB auch Datenträger) eingezogen, die einen solchen Inhalt haben, dass jede vorsätzliche Verbreitung in Kenntnis ihres Inhalts den Tatbestand eines Strafgesetzes verwirklichen würde (Erweiterung in Abs. 3), wenn mindestens ein Stück durch eine rechtswidrige Tat verbreitet oder zur Verbreitung bestimmt worden ist; nach S. 2 erstreckt sich die Einziehung bzw. Unbrauchbarmachung auch auf die notwendigen Herstellungsvorrichtungen wie Druckstöcke usw. Entscheidender Anknüpfungspunkt ist, dass die Verbreitung gerade im Hinblick auf den Inhalt eine strafbare Handlung darstellt; der Inhalt muss für sich genommen nicht strafbar sein.[114] Typische Beispiele sind Taten nach §§ 80a, 86, 86a, 111 StGB. Resultiert die Strafbarkeit nur aus der Art und Weise der Verbreitung und nicht im Hinblick auf den Inhalt, wie bei Verstößen gegen Gestaltungs- oder Vertriebsvorschriften – zB Fehlen des Impressums –, so liegt kein Fall des § 74d StGB vor.[115] Unter Verbreiten ist eine Tätigkeit zu verstehen, die darauf gerichtet ist, die Schrift einem größeren Personenkreis zugänglich zu machen.[116] Im Unterschied zu § 74 StGB ist die Einziehung nach § 74d StGB nicht nur fakultativ, sondern obligatorisch. Auch werden grundsätzlich alle zur Verbreitung vorgesehenen Exemplare eingezogen (Gesamtauflage), soweit diese nicht bereits dem Empfänger ausgehändigt sind und daher ohnehin nur schwer der Einziehung zugänglich sind (Abs. 2). Gleichgestellt werden dem Verbreiten nach Abs. 4 Fälle, in denen mindestens ein Stück der Schrift durch

---

[109] BGHSt 40, 385ff.; BGH wistra 2004, 339.
[110] *Sternberg-Lieben/Bosch* in Schönke/Schröder § 78 Rn. 9.
[111] BGH wistra 2004, 339.
[112] S. näher *Eisele* BT 2 Rn. 764 mwN; für Subsidiarität des § 264a StGB BGH wistra 2001, 57 (58).
[113] Vgl. nur BGHSt 31, 145 (146).
[114] Näher *Eser* in Schönke/Schröder § 74d Rn. 4ff.
[115] *Eser* in Schönke/Schröder § 74d Rn. 6; *Fischer* § 74d Rn. 7.
[116] Vgl. BGHSt 36, 51 (56); 18, 63 (64); *Adick* in AnwK § 74d Rn. 6; *Joecks* in MünchKomm § 74d Rn. 9.

Ausstellen, Anschlagen, Vorführen oder in anderer Weise öffentlich zugänglich gemacht wird.

Gemäß § 74 d Abs. 5 StGB iVm § 74 b Abs. 2 StGB gilt der **Grundsatz der Ver-** 33 **hältnismäßigkeit,** so dass ggf. mildere Maßnahmen – wie Streichungen oder Schwärzungen – anzuordnen sind. Auch ohne Verweis ist zudem die für fakultative Einziehungen geltende Vorschrift des § 74 b Abs. 1 StGB zu beachten, so dass im Einzelfall aus Gründen des Verhältnismäßigkeitsgrundsatzes gar keine Einziehung angeordnet werden darf.[117]

---

[117] BGHSt 23, 267 (269); *Eser* in Schönke/Schröder § 74 d Rn. 17 ff.; *Lackner/Kühl* § 74 d Rn. 11.

4. Kapitel: Angriffe gegen Informationssysteme

§ 6. Ausspähen von Daten (§ 202a StGB)

I. Grundlagen

Die Vorschrift dient nach hM dem Schutz der **Verfügungsbefugnis des Berech-** 1
tigten an dem gedanklichen Inhalt der Daten, dh seinem durch besondere Sicherungen dokumentierten Geheimhaltungsinteresse.[1] Durch sein Recht am gedanklichen Inhalt – unabhängig von den Eigentumsverhältnissen am Datenträger – soll
der Verfügungsberechtigte letztlich darüber bestimmen können, wem die Daten
zugänglich sein sollen.[2] Die Vorschrift wurde durch das 41. StrÄG zur Bekämpfung
der Computerkriminalität, das der Umsetzung des Rahmenbeschlusses der EU
über Angriffe auf Informationssysteme und des Übereinkommens des Europarates über Computerkriminalität (Nr. 185) dient,[3] geändert. Sie ist daher rahmenbe-
schluss- und konventionskonform auszulegen. Auf die Einführung einer Versuchsstrafbarkeit hat der Gesetzgeber im Einklang mit Art. 11 Abs. 2 der Cybercrime-
Konvention und Art. 5 Abs. 2 des EU-Rahmenbeschlusses verzichtet, weil die
Schwelle zur Verwirklichung des (vollendeten) Tatbestandes ohnehin bereits gering
sei.[4]

> **Art. 2 Rahmenbeschluss (Rechtswidriger Zugang zu Informationssys-
> temen):**
>
> (1) Jeder Mitgliedstaat trifft die erforderlichen Maßnahmen, um sicherzu-
> stellen, dass der vorsätzliche und unbefugte Zugang zu einem Informations-
> system als Ganzes oder zu einem Teil eines Informationssystems zumindest
> dann unter Strafe gestellt wird, wenn kein leichter Fall vorliegt.
>
> (2) Jeder Mitgliedstaat kann beschließen, dass Handlungen nach Absatz 1
> nur geahndet werden, sofern sie durch eine Verletzung von Sicherheitsmaß-
> nahmen erfolgen.
>
> **Art. 2 Cybercrime-Konvention (Rechtswidriger Zugang):**
>
> Jede Vertragspartei trifft die erforderlichen gesetzgeberischen und anderen
> Maßnahmen, um den unbefugten Zugang zu einem Computersystem als
> Ganzem oder zu einem Teil davon, wenn vorsätzlich begangen, nach ihrem

---

[1] Vgl. nur *Heghmanns* in Achenbach/Ransiek Teil 6/1, Rn. 22. Krit. jedoch *Dietrich,* Das Erfordernis der besonderen Sicherung, S. 357 ff.; *ders.* NStZ 2011, 247 ff., der auf die Überwindung der
Datensicherungen und damit die erhöhte Gefährlichkeit abstellt.
[2] OLG Köln JMBl NW 2008, 238 (239); *Lackner/Kühl* § 202a Rn. 1; *Lenckner/Eisele* in
Schönke/Schröder § 202a Rn. 1.
[3] ABl. EU 2005 L 69, 67; zur Umsetzung vgl. die Materialien BT-Drs. 16/3656, 1; BT-Drs. 16/
5449, 1; BT-Drs. 16/5486, 1; näher *Borges/Stuckenberg/Wegener* DuD 2007, 275.
[4] BT-Drs. 16/3656, 10.

innerstaatlichen Recht als Straftat zu umschreiben. Eine Vertragspartei kann als Voraussetzung vorsehen, dass die Straftat unter Verletzung von Sicherheitsmaßnahmen, in der Absicht, Computerdaten zu erlangen, in anderer unredlicher Absicht oder in Zusammenhang mit einem Computersystem, das mit einem anderen Computersystem verbunden ist, begangen worden sein muss.

II. Prüfungsschema

2 1. Tatbestand
  a) Objektiver Tatbestand
    aa) Daten
      P: Phishing (Rn. 8f.)
    bb) Für den Täter nicht bestimmt
      P: Phishing (Rn. 22); Verfügungsbefugnis in Unternehmen (Rn. 12f.)
    cc) Gegen unberechtigten Zugang besonders gesichert
      P: Anforderungen an Zugangssicherung (Rn. 15ff.)
    dd) Zugangsverschaffung unter Überwindung der Zugangssicherung
      P: Skimming (Rn. 23ff.)
  b) Subjektiver Tatbestand
2. Rechtswidrigkeit
3. Schuld
4. Strafantrag, § 205

III. Tatbestand

1. Objektiver Tatbestand

3 Voraussetzung ist, dass der Täter sich oder einem anderen den Zugang zu Daten, die nicht für ihn bestimmt und gegen unberechtigten Zugang besonders gesichert sind, unter Überwindung der Zugangssicherung verschafft.

4 **a) Daten** sind grundsätzlich alle durch Zeichen oder kontinuierliche Funktionen dargestellten Informationen, die sich als Gegenstand oder Mittel der Datenverarbeitung durch ein Gerät codieren lassen oder die das Ergebnis eines Datenverarbeitungsvorganges sind.[5]

5 **aa)** § 202a StGB liegt damit im Ausgangspunkt ein **weiter Datenbegriff** zugrunde. Als Daten sind auch die aus einzelnen Daten zusammengesetzten Programme anzusehen.[6] Im Unterschied zum BDSG müssen die Daten nicht personenbezogen sein. Es kommt auch nicht darauf an, ob sie ein Geheimnis iSd § 203 StGB beinhal-

---

[5] *Bosch* in SSW § 202a Rn. 2; *Kargl* in NK § 202a Rn. 4; *Lenckner/Eisele* in Schönke/Schröder § 202a Rn. 3; *Tag* in HK § 202a Rn. 4; einschränkend *Heghmanns* in Achenbach/Ransiek Teil 6/1, Rn. 24.
[6] *Heghmanns* in Achenbach/Ransiek Teil 6/1, Rn. 25; *Hilgendorf* in LK § 202a Rn. 7; *Lenckner/Eisele* in Schönke/Schröder § 202a Rn. 3; aA aber *v. Gravenreuth* NStZ 1989, 201 (203f.).

ten.[7] Es muss sich nicht zwingend um Daten aus einer EDV-Anlage handeln, obwohl Art. 2 des Rahmenbeschlusses und Art. 2 der Cybercrime-Konvention an den Zugang zu einem Informationssystem bzw. Computersystem anknüpfen. Insoweit geht der Tatbestand zunächst über die europäischen Vorgaben hinaus, weil auch Daten auf CD-R oder einem USB-Stick einbezogen sind.[8] Weil der Rahmenbeschluss und die Konvention jeweils nur Mindestvorgaben für den nationalen Gesetzgeber enthalten, ist dies jedoch unproblematisch. Keine vollständige Umsetzung ist jedoch insoweit erreicht worden, als § 202a StGB stets den Zugang zu den Daten selbst verlangt, die europäischen Vorgaben aber nur an den Zugang zum System anknüpfen, obgleich diese ebenfalls den Schutz von Daten im Blick haben.[9] Häufig dürfte der Zugang zu einem Computersystem zwar auch mit dem Zugang zu irgendwelchen Daten verbunden sein. Abweichungen sind jedoch zumindest in technischer Hinsicht denkbar, wenn das „gehackte" Informationssystem nur das Aufspielen von Daten, nicht aber den Zugang zu diesen ermöglicht.[10]

bb) § 202a Abs. 2 StGB schränkt den allgemeinen Datenbegriff auf solche Daten **6** ein, die elektronisch, magnetisch oder sonst nicht unmittelbar wahrnehmbar gespeichert sind oder übermittelt werden. **Nicht unmittelbar wahrnehmbar** sind die Daten, wenn sie erst durch technische Umformung sichtbar oder hörbar gemacht werden müssen.[11] Wahrnehmbare Daten wie manuell erstellte Datensammlungen[12] oder Codierzeilen (Balkencodes), die mit Scannern lesbar sind, werden nicht erfasst.[13] Eine zweite Einschränkung folgt daraus, dass die Daten **gespeichert** sein oder **übermittelt** werden müssen.

(1) In Anlehnung an § 3 Abs. 4 Nr. 1 BDSG ist unter **Speichern** das Erfassen, **7** Aufnehmen oder Aufbewahren von Daten auf einem Datenträger zum Zweck ihrer weiteren Verarbeitung oder Nutzung zu verstehen. Erfasst wird damit das Speichern auf Diskette, CD-R, USB-Stick, Festplatte, MP3-Player oder Mobiltelefon. Einbezogen sind aber auch Daten, die sich im Arbeitsspeicher des Rechners befinden, weil es auf die Dauerhaftigkeit der Speicherung nicht ankommt.[14] **Übermittelt** werden die Daten, wenn sie (unkörperlich) weitergegeben oder zur Einsichtnahme, insbesondere zum Abruf, bereitgehalten werden.[15] Die Übermittlung kann auch in Netzwerken, zwischen verschiedenen Datenspeichern oder zwischen Tastatur und Rechner erfolgen.[16] Im Unterschied zu § 3 Abs. 4 Nr. 3 BDSG wird die Übermittlung eines körperlichen Datenträgers jedoch nicht erfasst.[17]

(2) Zusammenfassend lassen sich die Probleme des Datenbegriffs nochmals anhand des sog. **Phishings** aufzeigen: **8**

---

[7] *Bär* in Wabnitz/Janovsky 12. Kap. Rn. 47; *Hilgendorf* in LK § 202a Rn. 9; *Lenckner/Winkelbauer* CR 1986, 483 (485f.); *Möhrenschlager* wistra 1986, 128 (140).
[8] *Lenckner/Eisele* in Schönke/Schröder § 202a Rn. 4; *Weidemann* in BeckOK StGB § 202a Rn. 4; vgl. auch BT-Drs. 16/3656, 10.
[9] Explanatory report Nr. 44 zur Cybercrime-Konvention; Art. 1 lit. a des Rahmenbeschlusses.
[10] *Gercke* ZUM 2007, 282 (283); *Gröseling/Höfinger* MMR 2007, 549 (551).
[11] *Bosch* in SSW § 202a Rn. 2; *Lenckner/Eisele* in Schönke/Schröder § 202a Rn. 4.
[12] BT-Drs. 10/5058, 29.
[13] *Bosch* in SSW § 202a Rn. 2; *Graf* in MünchKomm § 202a Rn. 17; *Popp* in AnwK § 202a Rn. 2.
[14] *Graf* in MünchKomm § 202a Rn. 16; *Kusnik*, Strafbarkeit der Daten- bzw. Informationsspionage, 66; aA *Schmitz* JA 1995, 478 (480f.).
[15] *Graf* in MünchKomm § 202a Rn. 18; *Hoyer* in SK § 202a Rn. 4.
[16] *Graf* in MünchKomm § 202a Rn. 18; *Kusnik* MMR 2011, 720.
[17] *Bosch* in SSW § 202a Rn. 3; *Fischer* § 202a Rn. 6.

Beispiel: T sendet dem O eine E-Mail, wobei er als Absender das Kreditinstitut des O angibt. Er bittet den O um Übersendung seiner Kreditkartendaten, weil Sicherheitslücken im Kreditinstitut geschlossen werden müssten. O übersendet die entsprechenden Daten per E-Mail.

9   Problematisch ist, ob es sich bei den Kreditkarteninformationen überhaupt um Daten iSd § 202a Abs. 2 StGB handelt. Eine Speicherung wird teilweise – anders als hier – verneint, solange diese nur in die E-Mail eingetragen und im Arbeitsspeicher abgelegt sind.[18] Anschließend werden die Informationen zwar elektronisch übermittelt. Jedoch muss man sehen, dass dann alle Informationen, die per E-Mail versendet werden, Daten wären. Mit dem Merkmal des Übermittelns sollen aber nur Daten in der Übertragungsphase vor unbefugtem Zugriff in diesem Stadium geschützt werden. Dagegen soll kein Schutz vor einer willentlichen Übermittlung seitens des Verfügungsberechtigten gewährleistet werden.[19] Abgesehen davon liegen aber auch deshalb keine Daten vor, weil diese vom Empfänger in der E-Mail gelesen werden können und daher unmittelbar wahrnehmbar sind.[20]

10   **b)** Der Rahmenbeschluss und die Cybercrime-Konvention verlangen einen „**unbefugten Zugang**". Die Begriffsbestimmungen im Rahmenbeschluss sowie im explanatory report verstehen darunter einen Zugang oder Eingriff, der vom Eigentümer oder einem anderen Rechteinhaber des Systems oder eines Teils des Systems nicht gestattet wurde bzw. nach den einzelstaatlichen Rechtsvorschriften nicht zulässig ist.[21] § 202a StGB trägt dem dadurch Rechnung, dass die Daten nicht für den Täter bestimmt sein dürfen. Für die Frage, für wen die Daten **bestimmt** sind, ist der Wille des Verfügungsberechtigten entscheidend. Verfügungsberechtigter ist nach der Konzeption des Tatbestandes derjenige, der ein Recht an dem gedanklichen Inhalt der Daten hat;[22] die Eigentümerposition am Datenträger ist hierfür nicht entscheidend.[23] Deshalb ist auch nicht der Inhaber einer Zahlungskarte, sondern das ausstellende Kreditinstitut Berechtigter an den auf dem Chip und dem Magnetstreifen gespeicherten Daten.[24] Der Verfügungsberechtigte kann im Übrigen Dritten das Zugriffsrecht einräumen, so dass die Daten für diese bestimmt sind; er kann den Zugriff von Bedingungen (zB Zahlung eines Entgelts) abhängig machen oder diesen auf bestimmte Personen und Zeiten beschränken.[25]

11   **aa)** Der Tatbestand kann im Einzelfall auch bei der Herstellung von „**Raubkopien**" unter Überwindung von Zugangssicherungen verwirklicht sein, wenn auf Programmdaten, die für den Anwender unzugänglich sein sollen, zugegriffen wird (Softwarepiraterie).[26] Freilich muss man in solchen Fällen zunächst in einem ersten Schritt prüfen, ob mit dem Kopiervorgang überhaupt ein solcher Zugang zu Programmdaten verbunden ist.[27] Wird dies bejaht, ist einem zweiten Schritt zu fragen, ob der Kopierschutz nur die Herstellung von Kopien verhindern soll oder auch den

---

[18] So noch *Hilgendorf/Frank/Valerius*, Computer- und Internetstrafrecht, 1. Aufl. 2005 Rn. 761.

[19] *Stuckenberg* ZStW 118, 2006, 878 (884).

[20] *Graf* NStZ 2007, 129 (131); vgl. auch *Popp* MMR 2006, 84 (85).

[21] Art. 1 lit. d des Rahmenbeschlusses; explanatory report Nr. 47.

[22] OLG Köln JMBl NW 2008, 238 (239); *Lackner/Kühl* § 202a Rn. 1; *Lenckner/Eisele* in Schönke/Schröder § 202a Rn. 1.

[23] *Bär* in Wabnitz/Janovsky 12. Kap. Rn. 49; *Graf* in MünchKomm § 202a Rn. 19; *Hilgendorf* in LK § 202a Rn. 26; *Kindhäuser* LPK § 202a Rn. 3; *Lackner/Kühl* § 202a Rn. 3; *Möhrenschlager* wistra 1986, 128 (140).

[24] BGH NStZ 2005, 566; *Graf* in MünchKomm § 202a Rn. 26.

[25] *Hoyer* in SK § 202a Rn. 14; *Rengier* BT 2 § 31 Rn. 26.

[26] *Lackner/Kühl* § 202a Rn. 3; *Lenckner/Eisele* in Schönke/Schröder § 202a Rn. 6; *Lenckner/Winkelbauer* CR 1986, 483 (486); aA *Graf* in MünchKomm § 202a Rn. 29; *Heghmanns* in Achenbach/Ransiek Teil 6/1, Rn. 29.

[27] *Graf* in MünchKomm § 202a Rn. 29; *Kargl* in NK § 202a Rn. 8.

Zugang zu den Daten hindern möchte. Sollen die Programmdaten für den Anwender nämlich zugänglich bleiben, sind diese auch für ihn bestimmt, so dass der Tatbestand ebenfalls zu verneinen ist.[28]

bb) Zunehmende Bedeutung erlangt die Frage der Verfügungsbefugnis bei **12** Überwachungsmaßnahmen **innerhalb von Unternehmen**.[29]

Beispiel: Arbeitgeber T überwindet mittels eines Programms die Passwortsperre am Rechner des Arbeitnehmers O, um so dessen private E-Mails zu lesen; auf entsprechende Weise greift er auch auf private Dateien zu, die O vertragswidrig auf dem Dienstrechner gespeichert hat.

Grundsätzlich gilt, dass E-Mails, die für den Empfänger auf einem Server (im **13** Unternehmen) zum Abruf bereitgehalten werden, für diesen bestimmt sind.[30] Dienstliche E-Mails sind regelmäßig für den Arbeitgeber, private E-Mails hingegen für den Arbeitnehmer bestimmt.[31] Um private E-Mails kann es sich insbesondere handeln, wenn dem Arbeitnehmer für diesen Zweck eine gesonderte E-Mail-Adresse zur Verfügung steht. Umgekehrt wird zumeist Geschäftspost vorliegen, wenn die E-Mail an eine allgemeine dienstliche E-Mail-Adresse gerichtet ist.[32] Soweit der Arbeitgeber daher – wie im Beispiel – private Nachrichten des Arbeitnehmers kontrolliert, kann er sich also nach § 202a StGB strafbar machen. Entsprechend hat der Arbeitnehmer die alleinige Verfügungsbefugnis, wenn er private Dateien speichert;[33] dies gilt selbst dann, wenn die Nutzung des Rechners zu privaten Zwecken nicht gestattet war, weil das bloß weisungswidrige Verhalten im Innenverhältnis keinen Einfluss auf die Verfügungsbefugnis hat.[34] An dienstlich veranlassten Datenspeicherungen hat hingegen der Arbeitgeber das Verfügungsrecht, da solche aufgrund seines Weisungsrechts vorgenommen werden.[35] Eine Kontrolle ist hier möglich, so dass eine Strafbarkeit nach § 202a StGB ausscheidet.

c) Die Daten müssen ferner **gegen unberechtigten Zugang besonders gesichert** **14** sein. Die Möglichkeit, die Strafbarkeit auf solche Fälle zu begrenzen, ist in Art. 2 Abs. 2 Rahmenbeschluss und Art. 2 S. 2 Cybercrime-Konvention vorgesehen.

aa) Es müssen demnach Vorkehrungen vorhanden sein, die **objektiv geeignet** **15** **und subjektiv dazu bestimmt sind, den Zugriff auszuschließen** oder zumindest erheblich zu erschweren.[36] Das ist beispielsweise beim „Schwarzsurfen" über ungesicherte WLAN-Verbindungen nicht der Fall, da hier die Daten unverschlüsselt übertragen werden, so dass § 202a StGB nicht vorliegt.[37] Beispiele für Zugangssicherungen sind Passwörter, Chipkarten, Tastaturschlösser und Antivirensoftware, soweit diese gerade vor unbefugtem Zugriff schützen soll.[38] Ferner gehören verschlossene Behältnisse und ggf. Räume hierher, soweit damit das spezifische Geheimhaltungsinteresse dokumentiert wird.[39] Auch die Verschlüsselung von Daten

---

[28] *Hoyer* in SK § 202a Rn. 15; *Lenckner/Winkelbauer* CR 1986, 483 (486).

[29] Ausf. *Eisele*, Compliance, S. 51 ff.

[30] *Lenckner/Eisele* in Schönke/Schröder § 202a Rn. 6.

[31] *Jofer/Wegerich* K&R 2002, 235 (238); *Rübenstahl/Debus* NZWiSt 2012, 129 (130).

[32] *Eisele*, Compliance, S. 52 f.

[33] *Weißgerber* NZA 2003, 1005 (1008).

[34] *Schuster* ZIS 2010, 68 (70); *Weißgerber* NZA 2003, 1005 (1008).

[35] *Graf* in MünchKomm § 202a Rn. 17; *Schuster* ZIS 2010, 68 (69).

[36] BT-Drs. 16/3656, 10; *Hilgendorf/Valerius*, Computer- und Internetstrafrecht, Rn. 546; *Lackner/Kühl* § 202a Rn. 3.

[37] LG Wuppertal MMR 2011, 65 (66); *Bär* MMR 2005, 434 (436); *Hilgendorf* in LK § 202a Rn. 35.

[38] Vgl. auch AG Düren K&R 2011, 216; *Dietrich*, Das Erfordernis der besonderen Sicherung, S. 384.

[39] Zu Einzelheiten *Dietrich*, Das Erfordernis der besonderen Sicherung, S. 267 ff.; *Lenckner/Eisele* in Schönke/Schröder § 202a Rn. 7 f.

wird erfasst, weil (nur) damit der „Zugang" zu den Originaldaten verhindert wird.[40] Dies gilt insbesondere auch für verschlüsselte E-Mails und Verschlüsselungen von Daten in kabellosen Netzen (WLAN).[41]

16   **bb)** Bloße Zugriffsverbote in Verträgen, Genehmigungsvorbehalte und Registrierungspflichten genügen jedoch ebenso wenig[42] wie das bloße Verstecken einer Datei durch Abspeicherung unter einem anderen Namen oder in einem anderen Verzeichnis, da in solchen Fällen der Zugriff auf die Daten weiterhin möglich ist und damit auch nicht zwingend ein Zugriffshindernis dokumentiert wird.[43] Maßnahmen, die – wie eine am Gebäude vorhandene Alarmanlage oder Sicherungen zum Jugendschutz – vornehmlich anderen Zwecken dienen, genügen nicht, da es an der spezifischen Schutzrichtung iSe Zugangssicherung fehlt.[44]

17   Nach Auffassung des Gesetzgebers soll eine besondere Zugangssicherung auch dann nicht vorliegen, wenn die **Aufhebung des Schutzes ohne weiteres möglich** ist, weil insoweit ein „nicht unerheblicher zeitlicher oder technischer Aufwand" zur Überwindung der Sicherung zu verlangen ist.[45] Freilich kann es hier nur darum gehen Bagatellen auszuklammern,[46] weil für die Strafbarkeit letztlich entscheidend ist, dass vom Täter das nach außen dokumentierte Zugangshindernis missachtet wird.[47] Daher wird man bei Passwörtern auch leicht zu erratende Bezeichnungen mit Namensbestandteilen genügen lassen müssen.[48]

18   **d)** Der Täter muss **sich oder einem anderen Zugang zu den Daten verschaffen.** Nach der Neufassung stellt § 202a StGB damit klar, dass auch die Zugangsverschaffung zu Daten durch das bloße Eindringen in ein Computersystem erfasst wird. Zuvor war nach dem Wortlaut der Vorschrift ein Verschaffen der Daten erforderlich; das bloße Eindringen in einen Datenspeicher oder einen Datenübermittlungsvorgang sollte grundsätzlich straflos sein.[49] Angesichts des erheblichen Schädigungsrisikos des Hackings wurde der Tatbestand allerdings schon nach alter Rechtslage weit ausgelegt, so dass bereits jegliche Kenntnisnahme der Daten genügen sollte und damit zahlreiche Fälle des Hackings einbezogen waren.[50]

19   Die Zugangsverschaffung erfordert nunmehr keine Kenntnisnahme bzw. kein Betrachten der Daten;[51] es wird daher auch von einem „elektronischen Hausfriedensbruch" gesprochen.[52] Typische Fälle liegen beim Einsatz von Trojanern, Sniffern oder Backdoorprogrammen vor, die dem Ausspähen von Daten, der Aufzeichnung von Vorgängen oder gar der gezielten Steuerung des infizierten Rechners dienen.[53] Ein

---

[40] BT-Drs. 16/3656, 11; *Graf* in MünchKomm § 202a Rn. 46; *Hilgendorf/Valerius*, Computer- und Internetstrafrecht, Rn. 548; *Hoyer* in SK § 202a Rn. 5; aA *Dornseif/Schumann/Klein* DuD 2002, 226 (229f.).

[41] Vgl. *Ernst* CR 2003, 898 (899); *Graf* in MünchKomm § 202a Rn. 84; *Hilgendorf* in LK § 202a Rn. 17 und Rn. 35; aA aber *Heghmanns* in Achenbach/Ransiek Teil 6/1, Rn. 33.

[42] Vgl. BT-Drs. 16/3656, 10; *v. Gravenreuth* NStZ 1989, 201 (206).

[43] *Bosch* in SSW § 202a Rn. 5; *Fischer* § 202a Rn. 9a; aA *Hilgendorf* JuS 1996, 702 (703).

[44] *Hilgendorf* JuS 1996, 702 (703); *Hoyer* in SK § 202a Rn. 6.

[45] BT-Drs. 16/3656, 10; *Graf* in MünchKomm § 202a Rn. 32.

[46] Zu diesem Aspekt auch BT-Drs. 16/3656, 10.

[47] Für geringe Anforderungen auch *Schumann* NStZ 2007, 675.

[48] *Ernst* NJW 2003, 3233 (3236); *Lenckner/Eisele* in Schönke/Schröder § 202a Rn. 7; kaum haltbar *Rübenstahl/Debus* NZWiSt 2012, 129 (131), die ca. 16–20 alphanumerisch zufällig gemischte Zeichen verlangen.

[49] So noch BT-Drs. 10/5058, 28.

[50] BT-Drs. 16/3656, 9.

[51] BT-Drs. 16/3656, 9; *Eisele* BT 1 Rn. 740; *Mitsch*, Medienstrafrecht, § 3 Rn. 112.

[52] Vgl. etwa *Ernst* NJW 2007, 2661; *Gröseling/Höfinger* MMR 2007, 549 (551).

[53] BT-Drs. 16/3656, 9; AG Düren K&R 2011, 216; näher *Dietrich*, Das Erfordernis der besonderen Sicherung, S. 120ff.; *Graf* in MünchKomm § 202a Rn. 73ff.

Zugang zu Daten kann aber auch vorliegen, wenn der Täter die Verfügungsgewalt über den Datenträger erlangt oder dieser eine Kopie erstellt.

Ein **Backdoorprogramm** ist ein Programm, das zB durch Benutzername und Passwort gegen unbefugten Zugriff gesichert ist, aber noch eine weitere versteckte Zugriffsmöglichkeit (die sog. Backdoor, dt. Hintertür) besitzt. Diese entweder durch den Programmierer oder durch ein Schadprogramm erzeugte Hintertür ermöglicht die Fernsteuerung des Programms oder die Spionage von Daten.

Ein **Netzwerksniffer** ist ein Programm, mit dem der Datenverkehr innerhalb eines Rechnernetzes aufgezeichnet und ggf. analysiert werden kann. Je nach Architektur des Netzwerks kann auch Datenverkehr aufgezeichnet werden, der nicht für den Rechner bestimmt ist, auf dem der Netzwerksniffer ausgeführt wird. Netzwerksniffer können sowohl zur Wartung als auch zur Spionage eingesetzt werden. Es handelt sich daher um ein Dual-Use-Tool (unten Rn. 49).

Ein **Trojaner** ist ein nur scheinbar nützliches und harmloses Programm, das aber schädliche Funktionen enthält, die unerkannt im Hintergrund ausgeführt werden.

---

e) Die Neufassung stellt im Einklang mit Art. 2 Abs. 2 des Rahmenbeschlusses **20** und Art. 2 S. 2 Cybercrime-Konvention klar, dass der Täter die **Zugangssicherung überwinden** muss.[54] Sind die maßgeblichen Daten gerade durch **Verschlüsselung** besonders gesichert, so ist eine Entschlüsselung erforderlich, weil ansonsten die Zugangssicherung nicht aufgehoben wird.[55] Gelingt dies nicht, so fehlt es an der erforderlichen Zugangsverschaffung; aufgrund der fehlenden Versuchsstrafbarkeit ist darin aber noch keine ungerechtfertigte Privilegierung des Täters zu sehen, da dieser Einwand letztlich bei allen funktionierenden Zugangssicherungen erhoben werden könnte.[56] Damit erfasst § 202a StGB auch nicht das bloße Scannen von WLAN-Netzen (Wardriving), da hier die verschlüsselten Daten unangetastet bleiben.[57] Die Zugangssicherung muss im Übrigen im Zeitpunkt der Tatbegehung wirksam sein. Das ist bei einem **Passwortschutz** nicht der Fall, wenn sich das Opfer selbst mit dem Passwort eingeloggt hat und der Täter dann ohne Weiteres auf die Daten zugreifen kann. Im Rahmen von Arbeitnehmerüberwachungen kommt es darauf an, ob das Passwort des Arbeitnehmers nach seiner Zweckbestimmung auch gegenüber dem Arbeitgeber eine Zugangsschranke bildet oder dieses nur den Zugriff Dritter verhindern soll.[58] Hat der Arbeitgeber das Passwort dem Arbeitnehmer zugeteilt und loggt er sich dann später damit ein, so wird die Zugangssicherung durch den Arbeitgeber nicht überwunden.

aa) Streitig sind Fragen des **Phishings**, weil der Gesetzgeber bei der Neufassung der §§ 202a bis 202c StGB diese Problematik nicht hinreichend miteinbezogen **21** hat.[59]

---

[54] BT-Drs. 16/3656, 10; die bisherige Fassung wurde von der hM schon bislang so ausgelegt; vgl. OLG Celle wistra 1989, 354 (355); *Lenckner/Eisele* in Schönke/Schröder § 202a Rn. 10.

[55] Vgl. *Bosch* in SSW § 202a Rn. 6; *Gröseling/Höfinger* MMR 2007, 549 (551); *Schmitz* JA 1995, 478 (483); aA *Kusnik*, Strafbarkeit der Daten- bzw. Informationsspionage, S. 83.

[56] *Ernst* NJW 2007, 2661; *Fischer* § 202a Rn. 11a; aA aber *Hilgendorf* in LK § 202a Rn. 16.

[57] *Hagemeier* HRRS 2011, 72 (75).

[58] LAG Köln NZA-RR 2004, 527 (528); *Barton* CR 2003, 839 (842); *Eisele*, Compliance, S. 55; *Rübenstahl/Debus* NZWiSt 2012, 129 (131).

[59] S. schon Rn. 8f.

Beispiel: T veranlasst den O durch Täuschung, seine Kontodaten und Passwörter per E-Mail preiszugeben. Anschließend überweist er im Onlinebanking mit Hilfe dieser Daten 1000 EUR auf ein eigenes Konto.

22   In solchen Fällen ist grundsätzlich zwischen der Datenerlangung und der Datenverwendung zu differenzieren. Hinsichtlich der **Erlangung der Daten** fehlt es schon an der Überwindung einer Zugangssicherung, weil der Täter diese täuschungsbedingt vom Opfer übermittelt bekommt;[60] zudem ist hier bereits der Datenbegriff problematisch.[61] Anders kann dies aber zu beurteilen sein, wenn die Daten nicht per E-Mail übermittelt werden, sondern der Täter unter Überwindung von Sicherheitssoftware ein Spähprogramm installiert und so die Daten ausliest. Hinsichtlich der **Verwendung der so erlangten Daten** durch Einloggen in das Online-Banking ist die Verwirklichung des § 202a StGB streitig. Teilweise wird eine Strafbarkeit bejaht, weil der Täter die Zugangssperre mit Eingabe des Passworts usw. überwinde.[62] Freilich lässt sich der Tatbestand – im Einklang mit der Ansicht des Gesetzgebers – dann verneinen, wenn die Zugangssicherung durch willentliche Überlassung des Passworts praktisch bereits aufgehoben ist und damit de facto kein Zugangshindernis mehr besteht.[63] Diese Ansicht hat zudem zur Folge, dass das Verschaffen der Passwörter usw. per E-Mail auch nicht iSd § 202c StGB als Vorbereitung einer Tat nach § 202a StGB angesehen werden kann, weil unter Zugrundelegung dieser Ansicht ja eine solche Tat später gar nicht begangen wird. Letztlich kann man auch bezweifeln, ob die Daten bei willentlicher Übermittlung an den Täter nicht schon für diesen bestimmt sind; nach allgemeinen Grundsätzen ist nämlich das tatbestandsausschließende Einverständnis (zur Nutzung der Daten) selbst dann wirksam, wenn es durch Täuschung erlangt wird.[64] Anders kann man freilich wiederum beim (unfreiwilligen) Ausspähen des Passworts entscheiden.

23   **bb)** Entsprechende Fragen stellen sich auch beim **Skimming** von Zahlungskarten an Geldautomaten. Auch hier ist zwischen der Datenerlangung und der Datenverwendung zu unterscheiden.[65]

Beispiel: T bringt am Geldautomaten ein Lesegerät an, so dass der Magnetstreifen von Zahlungskarten ausgelesen wird, wenn Kunden ihre Karte zum Abheben einschieben. Zugleich wird die Eingabe der PIN mit einer Miniaturkamera aufgezeichnet. Später kopiert T die Daten dann auf Kartenblankette und hebt an Geldautomaten im Ausland damit ab.

24   Hinsichtlich der Erlangung der Daten, muss man zunächst sehen, dass diese für T nicht bestimmt sind und er sich insoweit auch Zugang verschafft, indem er die Daten beim Auslesen auf einem Datenträger durch Kopie fixiert.[66] Es wird hierbei jedoch kein auf der Zahlungskarte installiertes Zugangshindernis überwunden. Die Daten auf dem Magnetstreifen sind nämlich lediglich mittels Codierung beschrieben,[67] aber nicht in besonderer Weise verschlüsselt, so dass sie von jedem her-

---

[60] Vgl. zB *Goeckenjan* wistra 2009, 47 (50); *Graf* NStZ 2007, 129 (131); *Mitsch*, Medienstrafrecht, § 3 Rn. 112; *Popp* MMR 2006, 84 (85).
[61] Siehe Rn. 9.
[62] *Goeckenjan* wistra 2009, 47 (53); *Heghmanns* wistra 2007, 167 (168); *Stuckenberg* ZStW 118 (2006), 878 (906).
[63] Vgl. etwa *Beck/Dornis* CR 2007, 642 (643); *Graf* NStZ 2007, 129 (131); explizit auch für die freiwillige Überlassung des Passworts BT-Drs. 16/3656, 18.
[64] Dazu auch *Goeckenjan* wistra 2009, 47 (50); vgl. aber *Gercke* CR 2005, 606 (611); *Graf* NStZ 2007, 129 (131).
[65] Zu Einzelheiten *Eisele* CR 2011, 131 ff.
[66] *Lenckner/Eisele* in Schönke/Schröder § 202a Rn. 10; *Weidemann* in BeckOK StGB § 202a Rn. 16.
[67] Näher *Tysziewicz* HRRS 2010, 207 (209).

kömmlichen Lesegerät ausgelesen werden können; sie können ohne Entschlüsselung sowohl auf das Kartenblankett kopiert als auch am Geldautomaten eingesetzt
werden.[68]

Hinweis: Letztlich hängt dies von den technischen Einzelheiten ab. Anderes kann daher etwa
gelten, wenn in der Zukunft auf dem Chip der Karte gespeicherte Daten ausgelesen und dabei
computertechnische Sicherungsmaßnahmen überwunden werden.[69]

Dass die Daten nicht unmittelbar wahrnehmbar sind, ist schon Voraussetzung für   **25**
den Datenbegriff des § 202 a Abs. 2 StGB und begründet daher ebenfalls keine Zugangssicherung.[70] In den Skimmingvorgängen liegt aber auch noch nicht die Verschaffung des Zugangs zu den am Geldautomaten abrufbaren Daten, weil hierfür
erst die Verwendung der Blankette und die spätere Überwindung der Zugangssicherung mittels PIN erforderlich ist.[71] Problematisch ist eine Strafbarkeit hinsichtlich
der späteren Verwendung der Daten am Geldautomaten. Nimmt man entsprechend
der Ausführungen beim Phishing an, dass der Zugangsschutz mit Erlangen der Daten bereits faktisch aufgehoben ist, so scheidet eine Strafbarkeit aus. Freilich muss
man sehen, dass dann gerade beim Ausspähen von Passwörtern im Wege des Skimmings Strafbarkeitslücken gegeben wären, so dass die unfreiwillige Preisgabe der
Daten den Schutz nicht zwingend aufhebt.[72] Unabhängig davon kommt jedoch eine
Strafbarkeit nach §§ 152 a, 152 b StGB und § 269 StGB hinsichtlich des Herstellens
des Kartenblanketts sowie eine Strafbarkeit nach § 263 a StGB und § 269 StGB hinsichtlich des Abhebens in Betracht.[73]

2. Subjektiver Tatbestand

Der subjektive Tatbestand erfordert zumindest bedingten Vorsatz, der auch darauf   **26**
bezogen sein muss, dass die Daten nicht für den Täter bestimmt sind. Geht der Täter
irrig davon aus, dass die Daten für ihn bestimmt sind, liegt ein vorsatzausschließender
Tatbestandsirrtum vor. Dies ist etwa der Fall, wenn der Arbeitgeber vermeintlich auf
dienstliche Daten zugreift, es sich aber tatsächlich um private Daten handelt, über
die allein der Arbeitnehmer das Verfügungsrecht besitzt.

IV. Rechtswidrigkeit

Das Merkmal unbefugt stellt einen nur deklaratorischen Verweis auf die Rechts-   **27**
widrigkeitsebene dar.[74] Als spezielle Rechtfertigungsgründe kommen insbesondere
Vorschriften der StPO in Betracht.[75] Sind die Daten jedoch für den Täter bestimmt,
so ist bereits der Tatbestand ausgeschlossen.[76] Nicht strafbar ist daher zB das Aufspüren von Sicherheitslücken im EDV-System, wenn der „Hacker" mit dieser Aufgabe betraut wurde.[77]

---

[68] BGH NStZ 2011, 154; 2010, 509; 2010, 275 (276); *Eisele* CR 2011, 131 (132); *Tysziewicz*
HRRS 2010, 207 (209). Zum Erfordernis der Entschlüsselung auch schon Rn. 20.
[69] *Eisele* CR 2011, 131 (132); *Tysziewicz* HRRS 2010, 207 (211).
[70] BGH NStZ 2010, 275 (276).
[71] *Eisele* CR 2011, 131 (132).
[72] S. Rn. 24
[73] Vgl. auch Rn. 28; näher *Eisele* CR 2011, 131 ff.
[74] *Heghmanns* in Achenbach/Ransiek Teil 6/1, Rn. 32; *Lackner/Kühl* § 202 a Rn. 7; *Lenckner/
Eisele* in Schönke/Schröder § 202 a Rn. 11.
[75] Näher *Lenckner/Eisele* in Schönke/Schröder § 202 a Rn. 11; siehe auch 11. Kap. Rn. 21.
[76] *Hilgendorf* in LK § 202 a Rn. 25; *Lenckner/Eisele* in Schönke/Schröder § 202 a Rn. 11.
[77] BT-Drs. 16/3656, 10.

V. Strafantrag und Konkurrenzen

28   Die Strafverfolgung setzt nach § 205 StGB zudem einen **Strafantrag** voraus, es sei denn, die Strafverfolgungsbehörde bejaht das besondere öffentliche Interesse an der Strafverfolgung. Problematisch ist, ob dieses einschränkende Erfordernis mit den europäischen Vorgaben vereinbar ist, weil dort eine solche Möglichkeit nicht vorgesehen ist.[78] Für die Zulässigkeit lässt sich immerhin anführen, dass der Strafantrag in Deutschland als bloße prozessuale Strafverfolgungsvoraussetzung die materiell-rechtliche Strafbarkeit unberührt lässt. Angesichts der unterschiedlichen Schutzgüter kommt **Tateinheit** mit den in diesem Zusammenhang häufiger verwirklichten §§ 263 a, 269, 274 Abs. 1 Nr. 2, 303 a, 303 b StGB in Betracht.

Rechtsprechung: BGH NStZ 2011, 154 (Zugangssicherung); LG Wuppertal MMR 2011, 65 (Zugangssicherung).

Aufsätze: *Beck/Dornis,* Phishing im Marken(straf)recht, CR 2007, 642; *Bier,* Kampf gegen die Cyberkriminalität, Der Rahmenbeschluss 2005/222/JI des Rates der Europäischen Union über Angriffe auf Informationssysteme, DuD 2005, 473; *Borges/Stuckenberg/Wegener,* Zum Entwurf eines Strafrechtsänderungsgesetzes zur Bekämpfung der Computerkriminalität, DuD 2007, 275; *Dietrich,* Die Rechtsschutzbegrenzung auf besonders gesicherte Daten des § 202 a StGB, NStZ 2011, 247; *Dornseif/Schumann/Klein,* Tatsächliche und rechtliche Risiken drahtloser Computernetzwerke, DuD 02, 226; *Eisele,* Payment Card Crime: Skimming, CR 2011, 131; *Ernst,* Das neue Computerstrafrecht, NJW 2007, 2661; *Gercke,* Die Cybercrime-Konvention des Europarats, Bedeutung und Tragweite ihres völkerrechtlichen Einflusses auf das Straf- und Strafverfahrensrecht in Deutschland, CR 2004, 782; *ders.,* Analyse des Umsetzungsbedarfs der Cybercrime Konvention, Teil 1: Umsetzung im Bereich des materiellen Strafrechts, MMR 2004, 728; *Goeckenjan,* Auswirkungen des 41. Strafrechtsänderungsgesetzes auf die Strafbarkeit des „Phishing", wistra 2009, 47; *Graf,* „Phishing" derzeit nicht generell strafbar!, NStZ 2007, 129; *Gröseling/Höfinger,* Hacking und Computerspionage – Auswirkungen des 41. StrÄndG zur Bekämpfung der Computerkriminalität, MMR 2007, 549; *Hagemeier,* Das Google WLAN-Scannung aus straf- und datenschutzrechtlicher Sicht, HRRS 2011, 72; *Hecker,* Herstellung, Verkauf, Erwerb und Verwendung manipulierter Telefonkarten, JA 2004, 762; *Heghmanns,* Strafbarkeit des „Phishing" von Bankkontendaten und ihrer Verwertung, wistra 2007, 167; *Hilgendorf,* Grundfälle zum Computerstrafrecht, JuS 1997, 130; *Lenckner/Winkelbauer,* Computerkriminalität – Möglichkeiten und Grenzen des 2. WiKG (I), CR 1986, 483; *Popp,* „Phishing", „Pharming" und das Strafrecht, MMR 2006, 84; *ders.,* Informationstechnologie und Strafrecht, JuS 2011, 385; *Rübenstahl/Debus,* Strafbarkeit verdachtsabhängiger E-Mail- und EDV-Kontrollen bei Internal Investigations?, NZWiSt 2012, 129; *Schmitz,* Ausspähen von Daten, § 202 a StGB, JA 1995, 478; *Schreibauer/Hessel,* Das 41. Strafrechtsänderungsgesetz zur Bekämpfung der Computerkriminalität, K&R 2007, 616; *Schultz,* Neue Strafbarkeiten und Probleme, Der Entwurf des Strafrechtsänderungsgesetzes (StrafÄndG) zur Bekämpfung der Computerkriminalität vom 29. 6. 2006, DuD 2006, 778; *Schuster,* IT-gestützte interne Ermittlungen in Unternehmen – Strafbarkeitsrisiken nach den §§ 202 a, 206 StGB, ZIS 2010, 68 ff.; *Seidl/Fuchs,* Zur Strafbarkeit des sog. „Skimmings", HRRS 2011, 265; *Stuckenberg,* Zur Strafbarkeit von Phishing, ZStW 118, 878; *Tysziewicz,* Skimming als Ausspähen von Daten gemäß § 202 a StGB?, HRRS 2010, 207.

§ 7. Abfangen von Daten (§ 202 b StGB)

I. Grundlagen

29   Der mit dem StrafrechtsänderungsG zur Bekämpfung der Computerkriminalität neu eingefügte § 202 b StGB schützt wie § 202 a StGB das **formelle Geheimhaltungsinteresse,** das hier jedoch auf dem Recht der Nichtöffentlichkeit der Kom-

---

[78] Vgl. auch *Schwarzenegger,* FS Trechsel, 2002, S. 305 (317) für das Schweizer StGB, der die Streichung des Strafantrags befürwortet.

munikation beruht und nicht auf eine besondere Manifestation des Geheimhaltungswillens zurückgeführt werden muss.[79] § 202b StGB erfordert daher auch nicht das Vorhandensein einer Zugangssicherung. Die Vorschrift wurde aufgrund von Art. 3 der Cybercrime-Konvention neu eingefügt, um Lücken zu schließen, die bislang im Schutz der Daten vor allem während des Übertragungsvorgangs bestanden; eine entsprechende Vorgabe findet sich im Rahmenbeschluss der EU nicht. Vorschläge zur Ersetzung des Rahmenbeschlusses durch eine neue Richtlinie möchten freilich auch diese Aspekte aufgreifen.[80] Die Vorschrift, die konventionskonform auszulegen ist, soll als Auffangtatbestand Lücken schließen. Soweit das Verhalten jedoch von anderen Strafvorschriften – insbesondere § 202a StGB – erfasst wird, tritt sie kraft formeller Subsidiarität (§ 202b StGB aE) zurück. Eine Versuchsstrafbarkeit ist nicht vorgesehen; Art. 11 Abs. 2 und 3 der Cybercrime-Konvention lässt diesbezüglich die Einlegung eines Vorbehalts durch die Vertragsstaaten zu.

Art. 3 Cybercrime-Konvention (Rechtswidriges Abfangen):

Jede Vertragspartei trifft die erforderlichen gesetzgeberischen und anderen Maßnahmen, um das mit technischen Hilfsmitteln bewirkte unbefugte Abfangen nichtöffentlicher Computerdatenübermittlungen an ein Computersystem, aus einem Computersystem oder innerhalb eines Computersystems einschließlich elektromagnetischer Abstrahlungen aus einem Computersystem, das Träger solcher Computerdaten ist, wenn vorsätzlich begangen, nach ihrem innerstaatlichen Recht als Straftat zu umschreiben. Eine Vertragspartei kann als Voraussetzung vorsehen, dass die Straftat in unredlicher Absicht oder in Zusammenhang mit einem Computersystem, das mit einem anderen Computersystem verbunden ist, begangen worden sein muss.

II. Prüfungsschema

---

1. Tatbestand   **30**
a) Objektiver Tatbestand
   aa) Daten (§ 202a Abs. 2)
   bb) Aus einer nichtöffentlichen Datenübermittlung oder aus der elektromagnetischen Abstrahlung einer Datenverarbeitungsanlage
       P: Schwarzsurfen (Rn. 37)
   cc) Für den Täter nicht bestimmt
   dd) Sich oder einem anderen verschaffen
   ee) Unter Anwendung von technischen Mitteln
b) Subjektiver Tatbestand
2. Rechtswidrigkeit
3. Schuld
4. Strafantrag, § 205

---

[79] BT-Drs. 16/3656, 11; *Bosch* in SSW § 202b Rn. 1; *Hilgendorf* in LK § 202b Rn. 2; krit. hinsichtlich elektromagnetischer Abstrahlung *Gercke/Brunst*, Internetstrafrecht, Rn. 102.
[80] Vorschlag für eine Richtlinie des Europäischen Parlamentes und des Rates über Angriffe auf Informationssysteme und zur Aufhebung des Rahmenbeschlusses 2005/222/JI des Rates, KOM (2010) 517 endg.; zuletzt Ratsdokument 11566/11. Dazu *Brodowski* ZIS 2010, S. 749 (753); *ders.* ZIS 2011, S. 940 (945).

III. Tatbestand

1. Objektiver Tatbestand

31   Voraussetzung ist, dass der Täter sich oder einem anderen unter Anwendung von technischen Mitteln nicht für ihn bestimmte Daten iSd § 202a Abs. 2 StGB aus einer nichtöffentlichen Datenübermittlung oder aus der elektromagnetischen Abstrahlung einer Datenverarbeitungsanlage verschafft. Für den allgemeinen **Datenbegriff** und die Frage, ob die Daten **für den Täter bestimmt** sind, kann auf die Ausführungen zu § 202a StGB verwiesen werden.[81] Der Überwindung einer Sicherheitseinrichtung bedarf es hier nicht.

32   **a)** Im Einklang mit der Cybercrime-Konvention sind alle Formen **der nichtöffentlichen elektronischen Datenübermittlung** einbezogen.

33   **aa)** Zur elektronischen **Datenübermittlung** gehören beispielsweise Telefon, Telefax, E-Mail, Internettelefonie (Voice over IP),[82] Internetchats, VPN-Übermittlungen und auch Übertragungen innerhalb kleiner Netzwerke wie das Senden eines Druckauftrags vom PC an den Drucker.[83] Keine *elektronische* Datenübermittlung liegt hingegen bei der (körperlichen) Versendung von Datenträgern vor.[84] Die Daten müssen sich zum Zeitpunkt des Abfangens in einem Übertragungsvorgang befinden. Der Zugriff auf gespeicherte Daten, die früher einmal übermittelt wurden, ist nicht tatbestandsmäßig;[85] die Tat ist dann nur unter den Voraussetzungen des § 202a StGB strafbar. Soweit die Daten bei einer laufenden Übermittlung in einem Zwischenspeicher abgelegt oder E-Mails zum Abruf durch den Adressaten bereitgehalten werden, ist der Übermittlungsvorgang noch nicht beendet.[86]

34   Der Tatbestand ist nicht verwirklicht, wenn in Fällen des **Skimmings**[87] die Daten mit einem bereits am Einzugsschacht angebrachten Gerät ausgelesen werden, bevor die Karte überhaupt eine Verbindung zum Geldautomaten herstellt und eine Datenübermittlung stattfindet.[88] Auch das Erlangen von Daten durch Fälle des klassischen **Phishings**[89] fällt nicht unter § 202b StGB. Denn die Daten werden hier regelmäßig nicht dadurch abgefangen, dass von außen in den Übertragungsvorgang eingegriffen wird. Vielmehr werden diese aufgrund einer Täuschung des Täters vom Opfer unmittelbar an diesen per E-Mail übermittelt.[90] Entsprechendes gilt auch für das **Schwarzsurfen**.

> **Beispiel:** T loggt sich in das ungesicherte WLAN-Netz seines Nachbarn ein und surft ungestört.

35   Beim Einwählen in ein **ungesichertes WLAN-Netz** werden die Daten des Routers auf den Rechner des Täters übertragen, so dass es sich hier nicht nur um eine elektromagnetische Abstrahlung, sondern auch um eine Datenübermittlung han-

---

[81] S. Rn. 10 ff.
[82] Dagegen aber *Kusnik*, Strafbarkeit der Daten- bzw. Informationsspionage, S. 133.
[83] Explanatory report [ETS Nr. 185] Nr. 55; *Eisele* in Schönke/Schröder § 202b Rn. 3; aA *Kusnik* MMR 2011, 720 (721).
[84] *Bosch* in SSW § 202b Rn. 2; *Gröseling/Höfinger* MMR 2007, 549 (552).
[85] BT-Drs. 16/3656, 11; *Hilgendorf* in LK § 202b Rn. 8.
[86] BT-Drs 16/3565, 11; *Hoyer* in SK § 202b Rn. 7; *Schumann* NStZ 2007, 675 (677); *Weidemann* in BeckOK StGB § 202b Rn. 5; aA *Kusnik* MMR 2011, 720 (721).
[87] S. Rn. 23 ff.
[88] So auch *Tyszkiewicz* HRRS 2010, 207 (212).
[89] S. Rn. 21 ff.
[90] *Ernst* NJW 2007, 2661 (2663).

delt.[91] Jedoch wird das Geheimhaltungsinteresse des Betreibers des WLAN nicht verletzt, da für ihn bestimmte Daten gar nicht abgefangen werden, sondern der Täter selbst eine eigene Kommunikation mit dem Netz aufbaut.[92] Zudem fehlt es hinsichtlich der technischen WLAN-Daten am Merkmal der Nichtöffentlichkeit, weil das ungesicherte Netz für jeden Nutzer wahrnehmbar ist.[93]

bb) Für die Auslegung des Begriffs **nichtöffentlich**, der von Art. 3 der Cyberc- **36** rime-Konvention vorgegeben ist, kann man sich trotz gewisser Unterschiede im Ausgangspunkt an dem entsprechenden Begriff des § 201 Abs. 2 Nr. 2 StGB orientieren.[94] Entscheidend ist der Übertragungsvorgang und nicht Art und Inhalt der übermittelten Daten.[95] Die Datenübermittlung darf sich nach Zielsetzung des Übermittelnden daher nicht an die Allgemeinheit, sondern an einen nur beschränkten Adressatenkreis richten.[96] Dies ist vor allem bei E-Mails, aber auch dem Datenaustausch mit Peer-to-Peer(P2P)-Technologie in Rechnernetzen der Fall.[97] Ebenso ist die interne Kommunikation in Netzwerken von Unternehmen und Behörden für Außenstehende nichtöffentlich.[98]

Beispiel: O kopiert einen Artikel aus Wikipedia aus dem Internet und sendet diesen per E-Mail an seine Freundin F. T fängt die Nachricht ab. – Da die E-Mail nur an F, aber nicht die Allgemeinheit gerichtet ist, ist § 202b StGB verwirklicht. Dass die Daten im Internet frei zugänglich sind, ist unerheblich.

Dagegen ist die Datenübertragung öffentlich, wenn damit Daten auf einen frei zu- **37** gänglichen Server übertragen oder im Internet gepostet werden. Dass bei der Übermittlung von Daten keine Verschlüsselung oder ein nur ungesichertes Netz benutzt wird, steht der Annahme der Nichtöffentlichkeit nicht entgegen, weil die Daten nicht für die Allgemeinheit bestimmt sind.[99] Im Unterschied zu § 202a StGB bedarf es der Überwindung einer besonderen Sicherung der Daten gerade nicht. Daher kann auch beim Scannen fremder WLAN-Netze nach Inhalten (sog. Wardriving) der Tatbestand verwirklicht sein.[100] Etwas anderes gilt nur für das Surfen in ungesicherten WLAN-Netzen (oben Rn. 34f.), weil die Daten des Routers selbst, die hierbei genutzt werden, im Gegensatz zu den übertragenen Inhalten allgemein zugänglich sind.

b) Elektromagnetische Abstrahlungen einer Datenverarbeitungsanlage selbst **38** sind keine Daten. Mit dieser Variante sollen daher Fälle erfasst werden, in denen aus Abstrahlungen Daten wiederhergestellt werden.[101] Anders als bei der Datenübermittlung wird auch die Abstrahlung gespeicherter Daten außerhalb eines Übermittlungsvorgangs erfasst.[102]

---

[91] Zu Überschneidungen zwischen beiden Varianten auch *Gercke/Brunst*, Internetstrafrecht, Rn. 107.

[92] *Bär* MMR 2005, 434ff.

[93] Vgl. LG Wuppertal MMR 2011, 65 (66); vgl. aber *Hagemeier* HRRS 2011, 72 (75f.); *Höfinger* ZUM 2011, 212 (214f.).

[94] BT-Drs. 16/3656 11; vgl. auch explanatory report [ETS Nr. 185] Nr. 51.

[95] *Gröseling/Höfinger* MMR 2007, 549 (552); *Lackner/Kühl* § 202b Rn. 2; enger jedoch *Kargl* in NK § 202b Rn. 5.

[96] *Gröseling/Höfinger* MMR 2007, 549 (552); *Hilgendorf* in LK § 202b Rn. 9; *Schultz* DuD 2006, 778 (780).

[97] Vgl. *Gercke/Brunst*, Internetstrafrecht, Rn. 106. Näher zur Peer-to-Peer(P2P)-Technologie im Unterschied zum Client-Server-Modell unten 10. Kap. Rn. 14f.

[98] *Ernst* NJW 2007, 2661 (2662).

[99] *Eisele* in Schönke/Schröder § 202b Rn. 4; *Fischer* § 202b Rn. 4; i.E. auch *Kusnik* MMR 2011, 720 (723).

[100] Näher *Hagemeier* HRRS 2011, 72ff.

[101] BT-Drs. 16/3656, 11.

[102] *Gercke/Brunst*, Internetstrafrecht, Rn. 107; *Hilgendorf* in LK § 202b Rn. 12; *Kusnik* MMR 2011, 720 (721).

39   c) Der Täter muss sich oder einem anderen unter Anwendung von technischen Mitteln **Daten verschaffen**. Die bloße Verschaffung des vorgelagerten Zugangs genügt anders als bei § 202 a StGB nicht.[103] Der Tatbestand knüpft vielmehr an die frühere Fassung des § 202 a StGB vor dem 41. StrÄG an. In Bezug auf die dort früher umstrittene Frage, inwieweit das schlichte Hacking erfasst wird, hat der Gesetzgeber nunmehr darauf hingewiesen, dass die „Herrschaft über die Daten" genüge.[104] In konventionskonformer Auslegung wird man hier keine allzu großen Hürden verlangen können, weil nach Art. 3 der Cybercrime-Konvention jedes Abfangen zu erfassen ist. Dem entspricht die Sicht des Gesetzgebers, dass die Daten weder aufgezeichnet noch abgespeichert werden müssen. Es soll etwa bei Telefongesprächen bereits das Mithören und bei E-Mails die bloße Kenntnisnahme genügen.[105] Erst recht einbezogen sind dann das Kopieren und (Zwischen-)Speichern der Daten.[106]

Beispiel:[107] Ehemann T leitet den Chat-Verkehr seiner Ehefrau im Internet um, so dass er diesen lesen kann. – T verschafft sich damit die Daten und ist nach § 202 b StGB strafbar.

40   **d)** Das Verschaffen der Daten muss unter Anwendung **technischer Mittel** erfolgen. Fälle, in denen sich der Täter ohne Zuhilfenahme technischer Mittel Daten verschafft, dürften freilich kaum denkbar sein.[108] Entsprechend versteht auch der Gesetzgeber den Begriff des technischen Mittels weit, so dass neben (Hardware-) Vorrichtungen zur Erfassung und Aufzeichnung drahtloser Kommunikationen auch Software, Codes und Passwörter einbezogen sein sollen;[109] hinsichtlich Codes und Passwörter muss man freilich sehen, dass diese für das Abfangen im Einzelfall zwar notwendig sein können, das Abfangen der Daten selbst letztlich aber mittels Hard- oder Software erfolgt.[110] Erfasst werden etwa Spionage-Tools, die Tastatur- oder Monitorsignale aufzeichnen, sowie Netzwerksniffer, die den Datenverkehr an einer Netzwerkkarte protokollieren.[111]

> **Spionage-Tools:** Unter den Oberbegriff fallen u.a. sogenannte Keylogger, die sämtliche Tastaturanschläge aufzeichnen und Programme, die das Bildschirmsignal aufzeichnen.

2. Subjektiver Tatbestand

41   Für den subjektiven Tatbestand genügt Eventualvorsatz. Von der Möglichkeit des Art. 3 Cybercrime-Konvention, eine unredliche oder deliktische Absicht zu verlangen, hat der Gesetzgeber keinen Gebrauch gemacht.

---

[103] *Gercke/Brunst*, Internetstrafrecht, Rn. 106; *Kargl* in NK § 202 b Rn. 6; *Lackner/Kühl* § 202 b Rn. 3; *Schumann* NStZ 2007, 675 (677).

[104] BT-Drs. 16/3656, 11.

[105] BT-Drs. 16/3656, 11; *Mitsch*, Medienstrafrecht, § 3 Rn. 113; vgl. aber *Hoyer* in SK § 202 b Rn. 6, wonach ein Verschaffen in der Absicht, die mit Hilfe der Daten ausgedrückten Informationen in Erfahrung zu bringen, erforderlich sein soll.

[106] S. auch AG Kamen SchAZtg 2008, 229 zum Umleiten und Aufnehmen des Chat-Verkehrs der Ehefrau.

[107] AG Kamen SchAZtg 2008, 229.

[108] *Ernst* NJW 2007, 2661 (2662); *Hoyer* in SK § 202 b Rn. 10; *Kargl* in NK § 202 b Rn. 7; *Mitsch*, Medienstrafrecht, § 3 Rn. 113.

[109] BT-Drs. 16/3656, 11.

[110] So *Gercke/Brunst*, Internetstrafrecht, Rn. 109; dazu auch *Heghmanns* in Achenbach/Ransiek Teil 6/1, Rn. 48.

[111] *Borges*, Schriftl. Stellungnahme Prot. Rechtsausschuss, 16. Wahlperiode, 54. Sitzung, S. 5.

IV. Rechtswidrigkeit

Das Merkmal der **Unbefugtheit** verweist auf das allgemeine Merkmal der 42 Rechtswidrigkeit. Sind die Daten für den Täter bestimmt, entfällt wie bei § 202a StGB bereits der Tatbestand.[112]

V. Konkurrenzen

Der Auffangtatbestand des § 202b StGB ist gegenüber anderen Delikten kraft 43 ausdrücklicher Anordnung (formell) subsidiär. § 202b StGB tritt aufgrund dieser Subsidiaritätsklausel aber nur hinter solchen Vorschriften zurück, die – wie §§ 201, 202a StGB – dieselbe oder eine ähnliche Angriffsrichtung haben.[113] Aufgrund seiner engeren Fassung verdrängt § 202b StGB im Wege der Gesetzeskonkurrenz die §§ 148, 89 TKG.[114]

Rechtsprechung: LG Wuppertal MMR 2011, 65 (Schwarzsurfen).

Aufsätze (vgl. schon bei § 202a StGB): *Kusnik*, Abfangen von Daten, MMR 2011, 720.

§ 8. Vorbereiten des Ausspähens und Abfangens von Daten (§ 202 c StGB)

I. Grundlagen

§ 202c StGB dient der Umsetzung von Art. 6 Abs. 1 lit. a der Cybercrime- 44 Konvention und stellt Vorbereitungshandlungen zu §§ 202a, 202b StGB und (über § 303a Abs. 3, § 303b Abs. 5 StGB) auch zu §§ 303a, 303b StGB unter Strafe.[115] Es handelt sich um ein **abstraktes Gefährdungsdelikt** im Vorfeld der genannten Tatbestände.[116] Im Gegenzug zur weiten Vorverlagerung der Strafbarkeit hat der Gesetzgeber über einen Verweis auf den Tatbestand der Vorbereitung der Geldfälschung (§ 149 Abs. 2 und 3 StGB) die Möglichkeit einer Strafbefreiung vom vollendeten Gefährdungsdelikt bei tätiger Reue, d. h. der freiwilligen Aufgabe der Ausführung der vorbereiteten Tat, vorgesehen. Da sich die Vorbereitungshandlung auf kein bestimmtes Opfer beziehen muss, bedarf es keines Strafantrags. Auch eine rechtfertigende Einwilligung scheidet aus diesem Grund aus.[117] Ebenfalls unerheblich ist, ob die Daten – wie bei §§ 202a, 202b StGB – für den Täter bestimmt sind. Allerdings ist in solchen Fällen sorgfältig zu prüfen, ob überhaupt eine Straftat nach §§ 202a, 202b StGB vorbereitet wird.[118]

---

[112] S. Rn. 27.
[113] BT-Drs. 16/3656, 11.
[114] *Ernst* NJW 2007, 2661 (2662); *Fischer* § 202b Rn. 11; aA *Hoyer* in SK § 202b Rn. 13; *Lackner/Kühl* § 202b Rn. 6.
[115] Vorschläge für eine Richtlinie des Europäischen Parlamentes und des Rates über Angriffe auf Informationssysteme und zur Aufhebung des Rahmenbeschlusses 2005/222/JI des Rates, KOM (2010) 517 endg. (zuletzt Ratsdokument 11566/11) sehen nunmehr auch insoweit eine Regelung vor. Dazu *Brodowski* ZIS 2010, 749 (753); *ders.* ZIS 2011, 940 (945).
[116] BT-Drs. 16/3656, 12; *Gercke/Brunst*, Internetstrafrecht, Rn. 112; *Kargl* in NK § 202c Rn. 3.
[117] *Eisele* in Schönke/Schröder § 202c Rn. 2; *Weidemann* in BeckOK StGB § 202c Rn. 9b; dogmatisch unklar *Böhlke/Yilmaz* CR 2008, 261 (265).
[118] *Eisele* in Schönke/Schröder § 202c Rn. 2.

II. Prüfungsschema

45

1. Tatbestand
   a) Objektiver Tatbestand
      aa) Tatobjekte
          Abs. 1 Nr. 1: Passwörter oder sonstige Sicherungscodes, die den
          Zugang zu Daten (§ 202a Abs. 2) ermöglichen.
          Abs. 1 Nr. 2: Computerprogramme, deren Zweck die Begehung
          einer Tat nach § 202a oder § 202b ist.
          P: Bestimmung des Zwecks und Dual-Use-Tools (Rn. 49)
      bb) Tathandlungen
          Herstellen, sich oder einem anderen verschaffen, verkaufen, einem
          anderen überlassen oder sonst zugänglich machen.
   b) Subjektiver Tatbestand
      aa) Vorsatz
      bb) Vorbereitung einer Straftat nach § 202a oder § 202b
          P: Konkretisierung der in Aussicht genommenen Tat (Rn. 55ff.)
2. Rechtswidrigkeit
3. Schuld
4. Tätige Reue, § 202c Abs. 2 iVm § 149 Abs. 2 und 3

III. Tatbestand

1. Objektiver Tatbestand

46   Der objektive Tatbestand ist bereits vollendet, wenn der Täter die in Abs. 1 Nr. 1 oder Nr. 2 genannten Tatgegenstände herstellt, sich oder einem anderen verschafft, verkauft, einem anderen überlässt, verbreitet oder sonst zugänglich macht.

47   **a)** Was die **Tatobjekte** anbelangt,[119] hat der deutsche Gesetzgeber hinsichtlich der „Vorrichtung" (Art. 6 Abs. 1 lit. a Nr. i Cybercrime-Konvention) nach Art. 6 Abs. 3 Cybercrime-Konvention einen Vorbehalt eingelegt, so dass dieses Merkmal nicht in das nationale Recht übernommen werden musste. Nicht erfasst werden damit von § 202c StGB reine Hardware-Vorrichtungen.[120] Trotz der Verwendung des Plurals ist nach allgemeinen Grundsätzen ausreichend, dass die Tathandlung auf *ein* Passwort, Computerprogramm usw. bezogen ist.[121]

48   **aa) Abs. 1 Nr. 1** erfasst Passwörter und sonstige Sicherungscodes, die im Zeitpunkt der Vornahme der Tathandlung noch funktionsfähig sein müssen; veraltete Passwörter usw. werden also nicht erfasst.[122] **Passwörter** können aus beliebigen Zeichenkombinationen bestehen, so dass vor allem auch die PIN für Geldautomaten einbezogen ist.[123] Unter **sonstige Sicherungscodes** fallen vor allem auch infor-

---

[119] Zu den im Internet verfügbaren Werkzeugen etwa *Ernst* NJW 2007, 2661 (2663); *Gercke/Brunst*, Internetstrafrecht, Rn. 113.
[120] *Gercke/Brunst*, Internetstrafrecht, Rn. 119.
[121] BT-Drs. 16/3656, 12; BGHSt 46, 146 (153); 23, 46 (53).
[122] *Ernst* NJW 2007, 2661 (2663); *Gercke/Brunst*, Internetstrafrecht, Rn. 118; *Heghmanns* in Achenbach/Ransiek Teil 6/1, Rn. 53.
[123] *Kargl* in NK § 202c Rn. 4.

mationstechnische Sicherungen wie etwa Daten auf Codekarten oder biometrische Erkennungsmechanismen (Art. 6 Abs. 1 lit. a Nr. ii: „computer password, access code, or similar data"). Es muss sich dabei freilich nicht um Daten iSd § 202a Abs. 2 StGB handeln, so dass die unmittelbare Wahrnehmbarkeit – zB auf einem Computerausdruck – dem nicht entgegensteht.[124] Auch im Übrigen ist bei den Tathandlungen der technische Bezug gelockert, weil die Sicherungscodes nicht unter Anwendung technischer Mittel verschafft usw. werden müssen. Es genügt folglich auch die körperliche Weitergabe von Passwörtern sowie das „Offline-Ausspähen" zB eines auf Papier notierten Passworts.[125] Freilich folgt daraus noch nicht, dass auch das Phishing generell tatbestandsmäßig ist. Soweit dieses nämlich nicht unter §§ 202a, 202b StGB fällt, wird durch das Erlangen von Passwörtern usw. auch keine entsprechende Tat vorbereitet.[126]

bb) Nach **Abs. 1 Nr. 2** sind **Computerprogramme** einbezogen, deren **Zweck die** 49 **Begehung einer Tat nach § 202a oder § 202b StGB** ist. Unproblematisch erfasst werden demnach reine Hacker-Tools, denen aufgrund ihrer informationstechnischen Konstruktion die illegale Verwendung bereits immanent ist; Entsprechendes gilt auch für Würmer und Trojaner.

> Ein **Wurm** verbreitet seinen Schadcode auf anderen Computern, die sich meist innerhalb eines Netzwerks befinden. Anders als ein Virus hängt sich ein Wurm nicht an ein anderes Programm an, sondern reproduziert sich selbstständig.
>
> Ein **Trojaner** ist ein nur scheinbar nützliches und harmloses Programm, das aber schädliche Funktionen enthält, die unerkannt im Hintergrund ausgeführt werden.

Freilich gibt es unzählige Programme, die ganz unterschiedliche Anwendungsbereiche haben können. So können **Dual-Use-Tools** einerseits etwa dem Aufspüren von IT-Sicherheitslücken in Unternehmen oder zu Ausbildungszwecken und damit ganz legalen Zwecken dienen, andererseits aber auch zur Begehung von Straftaten eingesetzt werden.

Beispiel:[127] T ist Geschäftsführer einer IT-Sicherheitsfirma, die Sicherheitsüberprüfungen durch sog. Penetrationstests durchführt. T setzt hierzu Analysewerkzeuge ein, die vom berechtigten Nutzer oder Administrator eines Computersystems zu dessen bestimmungsgemäßer Wartung, aber auch gegen den Willen des Berechtigten zum Zwecke des Ausspähens von Schwachstellen verwendet werden können. T besorgt sich die Programme auch aus anonymen „Hacker-Foren" im Internet, so dass es möglich erscheint, dass diese zum Zwecke des illegalen Eindringens in Systeme konzipiert wurden (sog. Malware oder Schadsoftware).

> Durch **Penetrationstests** können Computer oder Computernetzwerke auf ihre Sicherheit überprüft werden. Der Penetrationstest simuliert Angriffe aus der Sicht eines Hackers, um Sicherheitslücken aufzudecken, damit der Inha-

---

[124] *Bosch* in SSW § 202c Rn. 2; *Fischer* § 202c Rn. 3; *Gercke/Brunst,* Internetstrafrecht, Rn. 118; vgl. aber auch *Hoyer* in SK § 202c Rn. 3: „datenförmig".
[125] *Ernst* NJW 2007, 2661 (2663); *Kargl* in NK § 202c Rn. 4.
[126] S. BT-Drs. 16/3656, 19; *Gröseling/Höfinger* MMR 2007, 626 (628); vgl. aber auch *Borges/Stuckenberg/Wegener* DuD 2007, 275 (278); *Hilgendorf* in LK § 202c Rn. 10.
[127] BVerfG JR 2010, 79.

ber der EDV-Anlage Gegenmaßnahmen ergreifen und die Systemsicherheit verbessern kann.

Malware bzw. **Schadsoftware** ist ein Oberbegriff für sämtliche Programme, die schädliche oder jedenfalls unerwünschte Funktionen auf dem Rechner des Benutzers ausführen. Umfasst sind damit u.a. Viren, Trojaner und Würmer.

50   Bei solchen Dual-Use-Tools stellt sich die Frage, wie die Zweckbestimmung näher zu erfolgen hat. Im Prinzip stellen sich hier dieselben Fragen wie seit schon geraumer Zeit im Rahmen des § 263a Abs. 3 StGB.[128] Freilich muss man sehen, dass § 202c StGB konventionskonform auszulegen ist. Nach den Erläuterungen zu Art. 6 Abs. 1 lit. a der Cybercrime-Konvention[129] bedarf es einer verobjektivierten Zweckbestimmung des Programms.[130] Entscheidend ist damit die Absicht des Herstellers, die sich äußerlich im Programm manifestiert haben muss.[131] Zur Rechtfertigung der Gefährdungsstrafbarkeit wird man trotz verbleibender Unsicherheiten[132] in konventionskonformer Auslegung weiterhin verlangen müssen, dass nur solche Computerprogramme erfasst werden, deren primärer Zweck auf solche Taten gerichtet ist.[133] Ist der Zweck „nicht eindeutig ein krimineller"[134] bzw. ist nicht der primäre Zweck auf die Begehung solcher Taten gerichtet,[135] führt auch die missbräuchliche Verwendung durch den Täter nicht zur Strafbarkeit. Die bloße Eignung zur Tatbegehung, die bei §§ 149 Abs. 1 Nr. 1, 275 Abs. 2 Nr. 1 StGB maßgebend ist, genügt hier weder dem Wortlaut, noch der Entstehungsgeschichte, noch (argumentum e contrario) dem systematischen Zusammenhang.[136] Daher ist auch im genannten Beispielsfall des Dual-Use-Tools der Tatbestand zu verneinen.[137]

51   **b) Tathandlungen** sind das Herstellen, sich oder einem anderen Verschaffen, Verkaufen, einem anderen Überlassen, Verbreiten oder sonst Zugänglichmachen. Für das Verkaufen kommt es nicht auf den Vertragsschluss an, sondern darauf, dass der Käufer den Zugriff auf das Programm bzw. die Kenntnis von den Sicherheitscodes erlangt.[138] Ansonsten würde man zu einer weiteren Vorverlagerung der Strafbarkeit gelangen, die auch schwer mit dem Überbegriff des Zugänglichmachens in Einklang zu bringen wäre. Von der in Art. 6 Abs. 1 lit. b Cybercrime-Konvention vorgesehenen Pönalisierung des Besitzes hat der Gesetzgeber (zulässigerweise) abgesehen. Der Besitz wird jedoch regelmäßig bereits über das Merkmal des Verschaffens erfasst, soweit es nicht zu diesem Zeitpunkt ausnahmsweise am

---

[128] S. unten 8. Kap. Rn. 31 ff.

[129] Vgl. Explanatory report Nr. 73; *Stuckenberg* wistra 2010, 44 ff.

[130] So auch BT-Drs. 16/3656, 12; BVerfG JR 2010, 79 (83).

[131] BVerfG JR 2010, 79 (83); krit. zur Anlegung objektiver Kriterien *Popp* GA 2008, 375 (379 ff.); für eine Funktionsanalyse der Software hingegen *Gercke/Brunst*, Internetstrafrecht, Rn. 122.

[132] *Eisele* in Schönke/Schröder § 202c Rn. 4; *Kargl* in NK § 202c Rn. 7 f.

[133] *Borges/Stuckenberg/Wegener* DuD 207, 275 (276); *Schultz* DuD 2006, 778 (780); *Schumann* NStZ 2007, 675 (678); *Stuckenberg* wistra 10, 44 ff.; Art. 6 Abs. 1 lit. a Nr. i des Europarats-Übk. („designed or adapted primarily for the purpose of committing any of the offences"); ferner *Cornelius* CR 2007, 682 (687); der darauf abstellen möchte, ob der Hersteller im Hinblick auf Vertriebspolitik und Werbung kriminelle Aktivitäten fördern will.

[134] BT-Drs. 16/3656, 18 f.

[135] *Eisele* in Schönke/Schröder § 202c Rn. 4; *Fischer* § 202a Rn. 5; *Stuckenberg* wistra 2010, 4 ff.

[136] BVerfG JR 2010, 79 (83); *Kargl* in NK § 202c Rn. 6.

[137] BVerfG JR 2010, 79 ff.; aA *Hoyer* in SK § 202c Rn. 6.

[138] *Hilgendorf* in LK § 202c Rn. 24; *Hoyer* in SK § 202c Rn. 7; *Schumann* NStZ 2007, 675 (679); aA *Fischer* § 202a Rn. 7.

Vorsatz fehlt, zB weil der Täter das Programm versehentlich aus dem Internet heruntergeladen hat.[139]

2. Subjektiver Tatbestand

In subjektiver Hinsicht genügt **Eventualvorsatz**.   52

a) Eine **besondere Absicht** hinsichtlich der Vorbereitung einer Straftat, die der   53
Einschränkung des Tatbestandes bei Dual-Use-Tools dienen würde, ist **nicht erforderlich**.[140] § 202 c StGB geht insoweit zulässigerweise bewusst über die Mindestvorgaben der Cybercrime-Konvention hinaus, die nur direkten Vorsatz („commit-
ted intentionally") erfasst. Anderes kann auch nicht aus Abs. 1 Nr. 2 („Zweck")
gefolgert werden, weil sich dieser Begriff allein auf das Programm und nicht die
Vorbereitung der Tat bezieht.[141] Im Einzelfall kann daher ein Zugänglichmachen
auch durch das Liegenlassen eines Passworts vorliegen, wenn der Täter hierbei bil-
ligend in Kauf nimmt, dass eine entsprechende Haupttat eines anderen vorbereitet
wird.[142]

b) Die Tathandlung muss zudem der **Vorbereitung einer Straftat** nach §§ 202 a,   54
202 b StGB dienen, so dass der Täter eine entsprechende eigene oder fremde Straftat
in Aussicht nehmen muss.[143]

aa) Problematisch ist, inwieweit diese Tat bereits **konkretisiert** sein muss. Hier-   55
für kann einerseits ein völlig vager Plan nicht genügen,[144] andererseits darf man aber
auch keine zu hohen Anforderungen stellen, wenn man über das Internet zur Verfügung gestellte Hackertools einbeziehen möchte, da hier der Zugänglichmachende
die Einzelheiten der späteren Taten nicht in seine Überlegungen einbeziehen
wird.[145] Es muss daher genügen, dass die Vorstellung des Täters darauf gerichtet ist,
dass potentielle Nutzer das Programm entsprechend seinem Zweck später zu Taten
nach §§ 202 a, 202 b StGB einsetzen können.[146]

bb) An der Vorbereitung solcher Taten fehlt es bei Softwareprogrammen, die   56
zwar allein zu illegalen Zwecken hergestellt wurden, dann jedoch zur **Sicherheitsüberprüfung** von IT-Systemen eingesetzt werden sollen.^

Beispiel:[147] Unternehmer U beauftragt den T mit einer Sicherheitsprüfung der IT-Systeme des
Unternehmens. Hierzu lädt sich T u.a. einen Trojaner aus dem Internet und verschafft sich mit
dessen Hilfe unter Überwindung der Sicherheitseinrichtungen Zugang zu Daten.

Beim Einsatz des Programms werden §§ 202 a, 202 b StGB nicht verwirklicht, so   57
dass das Verschaffen des Programms iSd Abs. 1 Nr. 2 auch nicht der Vorbereitung
solcher Taten dient. Die Daten, auf die der Prüfende mit dem Einsatz des Programms zugreift, sind nämlich aufgrund der Beauftragung zum Sicherheitscheck für
diesen bestimmt, so dass der objektive Tatbestand dieser Vorschriften zu verneinen
ist; jedenfalls erfolgt die Zugangsverschaffung nicht unbefugt.[148] Dieses Ergebnis

---

[139] *Ernst* NJW 2007, 2261 (2663).
[140] Vgl. aber *Hilgendorf* in LK § 202 c Rn. 21.
[141] *Bosch* in SSW § 202 c Rn. 6; *Eisele* in Schönke/Schröder § 202 b Rn. 6; vgl. aber auch *Hilgendorf* in LK § 202 c Rn. 21 (dolus directus 1. oder 2. Grades); *Kargl* in NK § 202 c Rn. 13.
[142] BT-Drs. 16/3656, 16; *Ernst* NJW 2007, 2661 (2664).
[143] BT-Drs. 16/3656, 19; *Mitsch*, Medienstrafrecht, § 3 Rn. 114.
[144] Für eine Konkretisierung in Grundzügen *Kargl* in NK § 202 c Rn. 8; weiter *Popp* GA 2008,
375 (389 ff.).
[145] *Borges/Stuckenberg/Wegener* DuD 2007, 275 (276); *Fischer* § 202 c Rn. 8.
[146] S. auch BVerfG JR 2010, 79 (83 f.); *Heghmanns* in Achenbach/Ransiek Teil 6/1, Rn. 57.
[147] BVerfG JR 2010, 79.
[148] BVerfG JR 2010, 79 (84); *Eisele* in Schönke/Schröder § 202 c Rn. 7.

wird im Übrigen in konventionskonformer Auslegung von Art. 6 Abs. 2 der Cybercrime-Konvention gefordert, wonach eine strafrechtliche Verantwortlichkeit nicht begründet werden darf, wenn die Tathandlung nicht zum Zweck der Begehung einer Straftat, sondern zum genehmigten Testen oder zum Schutz eines Computersystems erfolgt. Entsprechendes gilt, wenn solche Programme später zur Ausbildung usw. eingesetzt werden.[149]

58   Soweit man in den Fällen des **Phishings und Skimmings** § 202a StGB mangels Überwindung einer Zugangssicherung verneint,[150] kommt auch § 202c StGB nicht in Betracht. Zwar verschafft sich der Täter mit PIN usw. Passwörter oder sonstige Sicherungscodes, jedoch werden dann auch hier gerade keine Straftaten nach § 202a StGB oder § 202b StGB vorbereitet.

IV. Verhältnis von § 202c StGB zu §§ 202a, 202b StGB

1. Konkurrenzen

59   § 202c StGB erlangt selbstständige Bedeutung, wenn §§ 202a, 202b StGB nicht vollendet sind oder mangels Haupttat eine Strafbarkeit als Anstifter oder Gehilfe ausscheidet.[151] Insoweit wird der potentielle Teilnehmer an Taten nach §§ 202a, 202b StGB als Täter des Vorbereitungsdelikts des § 202c StGB bestraft. Werden hingegen §§ 202a, 202b StGB nach entsprechender Vorbereitungstat später tatsächlich begangen, so tritt § 202c StGB im Wege der Gesetzeskonkurrenz zurück. Dies gilt auch gegenüber einer bloßen Beihilfe zu §§ 202a, 202b StGB, soweit sich diese in der nach § 202c StGB strafbaren Vorbereitung erschöpft.[152]

2. Vorfeldstrafbarkeit und fehlende Versuchsstrafbarkeit bei §§ 202a, 202b StGB

60   Fraglich ist, ob es nicht einen Widerspruch darstellt, dass einerseits die Vorbereitung im Vorfeld des Versuchs in § 202c StGB unter Strafe gestellt ist, während bei §§ 202a, 202b StGB auf die Anordnung der Versuchsstrafbarkeit bewusst verzichtet wurde.[153]

Beispiel: T lädt sich im Internet Spähsoftware herunter, um O auszuspionieren. Der Einsatz scheitert jedoch, weil das Antivirenprogramm die Installation verhindert.^

61   In solchen Fällen sind zwar die Vorbereitung und die Vollendung, nicht aber der in der Straftatphase dazwischenliegende Versuch erfasst. Hier ergibt sich richtigerweise ein differenziertes Bild: Soweit es sich um die Vorbereitung einer eigenen Straftat handelt, bei der sich der Täter wie im eben genannten Beispiel ein Computerprogramm zur Begehung von Taten nach § 202a StGB oder § 202b StGB verschafft, überzeugt es wenig, wenn bereits diese Handlung strafbar ist, das unmittelbare Ansetzen zu diesen Taten beim Einsatz des Programms jedoch nicht. Bedeutung erlangt dies etwa, wenn die Zugangsverschaffung iSd § 202a StGB mit einem Hacking-Tool scheitert, weil die Daten verschlüsselt sind. Dann ist das versuchte Hacking mit seinem größeren Unrechtsgehalt nicht strafbar, während das Sichver-

---

[149] BT-Drs. 16/3656, 19.
[150] S. Rn. 21 ff.
[151] BT-Drs. 16/3656, 12 mit Hinweis darauf, dass die versuchte Beihilfe nicht strafbar ist.
[152] *Fischer* § 202c Rn. 10; *Hilgendorf* in LK § 202c Rn. 32; *Popp* in AnwK § 202c Rn. 11.
[153] BT-Drs. 16/3656, 10; dazu *Ernst* NJW 2007, 2661 (2662).

schaffen des Hacking-Tools bereits von § 202 c StGB erfasst wird.[154] Zu einer anderen Bewertung mag man aber gelangen, wenn die Vorbereitungshandlung nicht der Begehung eigener Taten dient. Zu denken ist vor allem an die selbstständige Pönalisierung des Herstellers von Hacking-Tools, die später von anderen genutzt werden. Hier mag das Verbot des Herstellens auch für sich genommen eine gewisse Präventivfunktion erfüllen.

Rechtsprechung: BVerfG JR 2010, 79 (dual use tool).

Aufsätze (vgl. schon bei § 202 a StGB): *Böhlke/Yilmaz*, Auswirkungen von § 202 c StGB auf die Praxis der IT-Sicherheit, CR 08, 261; *Cornelius*, Zur Strafbarkeit des Anbieters von Hackertools, CR 2007, 682; *Hassemer/Ingeberg*, Dual-Use-Software aus der Perspektive des Strafrechts (§ 202 c StGB), ITRB 2009, 84; *Popp*, § 202 c und der neue Typus der europäischen „Software-Delikts", GA 2008, 375; *Stuckenberg*, Viel Lärm um nichts? – Keine Kriminalisierung der „IT-Sicherheit" durch § 202 c StGB, wistra 2010, 41.

§ 9. Datenveränderung (§ 303 a StGB)

I. Grundlagen

Schutzgut des § 303 a StGB ist das **Interesse des Verfügungsberechtigten** an 62 der unversehrten Verwendbarkeit der Daten.[155] Es handelt sich gegenüber § 303 StGB um einen selbständigen Tatbestand (delictum sui generis). Der Versuch ist – anders als bei §§ 202 a, 202 b StGB – in Abs. 2 unter Strafe gestellt; er gewinnt vor allem an Bedeutung, wenn die Vollendung aus technischen Gründen scheitert. Auch §§ 303 a, 303 b StGB wurden im Jahre 2007 mit dem 41. StrÄG aufgrund des EU-Rahmenbeschlusses und der Cybercrime-Konvention modifiziert.[156] Weil § 303 a StGB bereits weitgehend den dort enthaltenen Vorgaben entsprach,[157] wurde in Abs. 3 lediglich die Vorbereitung einer Tat iSd Abs. 1 unter Strafe gestellt. Hierfür gilt § 202 c StGB samt Weiterverweisung auf die Regelungen über die tätige Reue in § 149 Abs. 2 und Abs. 3 StGB entsprechend.[158]

Art. 4 Rahmenbeschluss (Eingriff in Daten):

(1) Jede Vertragspartei trifft die erforderlichen gesetzgeberischen und anderen Maßnahmen, um das unbefugte Beschädigen, Löschen, Beeinträchtigen, Verändern oder Unterdrücken von Computerdaten, wenn vorsätzlich begangen, nach ihrem innerstaatlichen Recht als Straftat zu umschreiben.

(2) Eine Vertragspartei kann sich das Recht vorbehalten, als Voraussetzung vorzusehen, dass das in Absatz 1 beschriebene Verhalten zu einem schweren Schaden geführt haben muss.

---

[154] *Schreibauer/Hessel* K&R 2007, 616.
[155] *Fischer* § 303 a Rn. 2; *Heghmanns* in Achenbach/Ransiek Teil 6/1, Rn. 145; *Hilgendorf/Valerius*, Computer- und Internetstrafrecht, Rn. 587; *Hoyer* in SK § 303 a Rn. 2; *Lackner/Kühl* § 303 a Rn. 1; *Möhrenschlager* wistra 1986, 128 (141); für Schutz des Vermögens aber *Haft* NStZ 1987, 6 (10); vgl. zur Cybercrime-Konvention auch explanatory report Nr. 60.
[156] Näher 1. Kap. Rn. 4 ff.
[157] Zur Cybercrime-Konvention *Kugelmann* DuD 2001, 215 (217).
[158] Dazu bei § 202 c Rn. 44.

Art. 4 Cybercrime-Konvention (rechtswidriger Eingriff in Daten):[159]

Jeder Mitgliedstaat trifft die erforderlichen Maßnahmen, um sicherzustellen, dass das unbefugte vorsätzliche Löschen, Beschädigen, Verstümmeln, Verändern, Unterdrücken oder Unzugänglichmachen von Computerdaten eines Informationssystems zumindest dann unter Strafe gestellt wird, wenn kein leichter Fall vorliegt.

II. Prüfungsschema

63   1. Tatbestand
      a) Objektiver Tatbestand
         aa) Tatobjekt: Daten iSd § 202a Abs. 2 StGB
            P: Datenbegriff und Abgrenzung zu § 303 StGB (Rn. 65)
            P: Merkmal der Rechtswidrigkeit (Rn. 67)
         bb) Tathandlungen: Rechtswidriges Löschen, Unterdrücken, Unbrauchbarmachen oder Verändern
      b) Subjektiver Tatbestand
    2. Rechtswidrigkeit
    3. Schuld
    4. Strafantrag (§ 303c)

III. Tatbestand

1. Objektiver Tatbestand

64   Der Tatbestand setzt neben dem Löschen, Unterdrücken, Unbrauchbarmachen oder Verändern der Daten keinen weiteren Taterfolg voraus. Von der Möglichkeit eines Vorbehalts nach Art. 4 Abs. 2 Rahmenbeschluss hat Deutschland keinen Gebrauch gemacht, so dass das Verhalten nicht zu einem schweren Schaden führen muss.

65   **a)** Was die **Abgrenzung zu § 303 StGB** anbelangt, ist zu beachten, dass elektronisch gespeicherte Daten selbst keine Sachen sind. Diese müssen daher getrennt vom Datenträger, der eine Sache iSd § 303 StGB darstellt, betrachtet werden, zumal der Eigentümer des Datenträgers und der über die Daten Verfügungsberechtigte unterschiedliche Personen sein können. Daher kann auch bei Tathandlungen des § 303a StGB zugleich § 303 StGB verwirklicht sein, wenn der Datenträger in seiner Brauchbarkeit beeinträchtigt ist. Beispiele hierfür sind zB das Löschen des Betriebssystems auf dem Rechner, das Formatieren eines Datenträgers, das Brennen einer CD oder das Installieren einer Zugangssperre.[160] § 303a StGB verdrängt dann freilich § 303 StGB als subsidiär.[161] Hingegen ist Tateinheit mit § 303 StGB anzuneh-

---

[159] Dazu auch explanatory report Nr. 60 ff.
[160] Dazu auch *Haft* NStZ 1987, 6 (10); *Stree/Hecker* in Schönke/Schröder § 303 Rn. 11.
[161] *Lackner/Kühl* § 303a Rn. 7; *Wieck-Noodt* in MünchKomm § 303 Rn. 81; für Tateinheit hingegen *Stree/Hecker* in Schönke/Schröder § 303a Rn. 14.

men, wenn zugleich auf den Datenträger eingewirkt wird, zB die Festplatte beschädigt wird.

Beispiel (Löschen von Daten durch den Arbeitgeber): Arbeitgeber T, der Eigentümer des Computers ist, löscht private Daten des Arbeitnehmers von der Festplatte. – T macht sich nicht nach § 303 StGB strafbar, da der Datenträger für ihn keine fremde Sache ist. Da ihm jedoch keine Verfügungsbefugnis über die Daten des Arbeitnehmers zusteht, kommt § 303 a StGB in Betracht.[162]

b) Der Tatbestand verweist für den **Datenbegriff** im Übrigen auf die Legaldefinition des § 202 a Abs. 2 StGB.[163] Nicht einbezogen sind daher unmittelbar wahrnehmbare Daten, die sich etwa auf einem Computerausdruck befinden; der Schutz wird hier allein durch § 303 StGB gewährleistet.[164] Hingegen kommt es auf den wirtschaftlichen Wert der Daten, eine Beweiserheblichkeit iSd § 274 Abs. 1 Nr. 2 StGB oder eine besondere Zugangssicherung iSd § 202 a StGB nicht an.[165] Auch ist der Begriff weiter zu verstehen als im EU-Rahmenbeschluss und der Cybercrime-Konvention, da § 303 a StGB keine Beschränkung auf Computerdaten (eines Informationssystems) enthält. Erfasst sind etwa Programme, Internetseiten, Datenbanken, E-Mails, aber auch Daten in der Elektronik eines Kfz, auf CD-R oder einem USB-Stick.[166] **66**

c) Anders als bei § 303 StGB verlangt der Tatbestand nicht, dass die Daten „fremd" sind.[167] Weil das Löschen usw. eigener Daten jedoch regelmäßig kein Unrecht darstellt, ist über das Merkmal der **Rechtswidrigkeit** bereits der Tatbestand einzuschränken.[168] Tatbestandsmäßig sind demnach nur Handlungen, die sich auf Daten beziehen, über die der Täter **nicht die alleinige Verfügungsbefugnis** besitzt. Entscheidend hierfür ist, dass das (eigentümerähnliche) Verfügungsrecht eines Anderen, der ein unmittelbares Interesse an dem Bestand bzw. der Unversehrtheit der Daten hat, verletzt wird.[169] Im Ausgangspunkt wird dafür teilweise auf die sachenrechtliche Zuordnung am Datenträger abgestellt.[170] Jedoch kann nach dieser Ansicht die Befugnis zur Datennutzung auf schuldrechtlicher Grundlage auch einem Dritten eingeräumt werden.[171] **67**

aa) Löscht der **Arbeitgeber** von einem Rechner des Betriebs Daten des Arbeitnehmers, hängt die Verfügungsbefugnis vom Innenverhältnis ab.[172] Bei erlaubter Privatnutzung steht die Verfügungsbefugnis trotz abweichender Eigentumslage allein dem Arbeitnehmer zu; werden die Daten hingegen unerlaubt auf dem fremden Datenträger gespeichert, so ist eine Verfügungsbefugnis des Arbeitnehmers nur anzuerkennen, wenn er zumindest den Datenträger rechtmäßig besitzt, d. h. dieser **68**

---

[162] Dazu sogleich Rn. 68.

[163] S. Rn. 4 ff.

[164] *Hilgendorf* in SSW § 303 a Rn. 4; *Lackner/Kühl* § 303 a Rn. 2; *Zaczyk* in NK § 303 a Rn. 3.

[165] *Stree/Hecker* in Schönke/Schröder § 303 a Rn. 2; *Wieck-Noodt* in MünchKomm § 303 a Rn. 8.

[166] Vgl. nur *Wolff* in LK § 303 a Rn. 6 f.

[167] Vgl. aber *Wieck-Noodt* in MünchKomm § 303 a Rn. 9.

[168] *Hilgendorf* in SSW § 303 a Rn. 12; *Hilgendorf/Valerius*, Computer- und Internetstrafrecht, Rn. 598; *Lackner/Kühl* § 303 a Rn. 4; *Wolff* in LK § 303 a Rn. 9; für einen Verweis auf die Rechtswidrigkeitsebene hingegen *Fischer* § 303 a Rn. 13; *Stree/Hecker* in Schönke/Schröder § 303 a Rn. 3.

[169] *Heghmanns* in Achenbach/Ransiek Teil 6/1, Rn. 147; *Hoyer* in SK § 303 a Rn. 5; *Mitsch*, Medienstrafrecht, § 3 Rn. 127; *Stree/Hecker* in Schönke/Schröder § 303 a Rn. 3; *Wieck-Noodt* in MünchKomm § 303 a Rn. 9; *Zaczyk* in NK § 303 a Rn. 4.

[170] *Hoyer* in SK § 303 a Rn. 5 f.; *Stree/Hecker* in Schönke/Schröder § 303 a Rn. 3; zum Ganzen *Wolff* in LK § 303 a Rn. 9 ff.

[171] *Hoyer* in SK § 303 a Rn. 6; *Stree/Hecker* in Schönke/Schröder § 303 a Rn. 3; *Wieck-Noodt* in MünchKomm § 303 a Rn. 10.

[172] *Eisele*, Compliance, S. 64 f. Vgl. schon oben Rn. 65.

ihm zur Nutzung überlassen wurde.[173] Folgt man dieser Ansicht, so steht dem Arbeitgeber bei geschäftlich veranlassten Datenspeicherungen die Verfügungsbefugnis zu, während bei privaten Datenspeicherungen die Verfügungsbefugnis beim Arbeitnehmer liegt, solange ihm der Datenträger vom Arbeitgeber überlassen wurde. Andere stellen für die Verfügungsbefugnis hingegen (ergänzend) auf den Skripturakt, d. h. die erstmalige Datenspeicherung, ab.[174] Soweit die Datenspeicherung betrieblich veranlasst ist, wird diese dann dem Arbeitgeber zugerechnet (vgl. auch §§ 69a ff. UrhG), während ansonsten der Arbeitnehmer verfügungsberechtigt bleibt.

69   **bb)** Beim **Versenden von E-Mails** steht die Verfügungsbefugnis zunächst dem Absender der E-Mail zu.[175] Im Verhältnis zum Internetprovider erlangt der Adressat mit Eingang auf dem Server die Verfügungsbefugnis; vorherige Filterungen – etwa zur Abwehr von Viren – sind hingegen nicht tatbestandsmäßig.[176] Für den Empfang einer E-Mail ist im Übrigen die Adressierung entscheidend, so dass Geschäftspost für den Arbeitgeber bestimmt ist und dieser mit Eingang auf dem Server auch die Verfügungsbefugnis erlangt.[177] Bei privaten E-Mails, die vom Arbeitsplatz aus aufgerufen werden, ist hingegen der Arbeitnehmer selbst dann verfügungsbefugt, wenn die Privatnutzung untersagt ist.[178] Dass das Unternehmen oder eine Behörde dabei als Provider fungiert, begründet keine Verfügungsbefugnis.[179]

70   **cc)** Im Übrigen erlangen vor allem folgende Konstellationen Bedeutung:

Beispiel (Löschen von Schadsoftware): Eigentümer E löscht einen Trojaner, der von D auf seinem Rechner installiert wurde. – Da D die Daten unrechtmäßig auf dem Datenträger des E gespeichert hat, liegt die Verfügungsbefugnis bei E, so dass das Löschen nicht tatbestandsmäßig ist. Entsprechendes gilt, wenn D das Notebook oder Mobiltelefon des E gestohlen hat und Daten dort ablegt, die nach Wiedererlangung des Geräts von E gelöscht werden.[180]

Beispiel (Verändern von Daten auf einer Zahlungskarte):[181] T verändert auf seiner eigenen Zahlungskarte die Kontonummer so, dass das Geld nach dem Abheben am Geldautomaten von dem Konto des O abgebucht wird. – Im Verhältnis zwischen T als Karteninhaber und der Bank steht die Verfügungsbefugnis der kartenausstellenden Bank zu, die die Daten gespeichert hat, so dass der Tatbestand verwirklicht ist.[182] § 303a StGB tritt aber auf Konkurrenzebene hinter § 269 Abs. 1 Var. 2 StGB (iVm § 270 StGB) zurück; hinsichtlich § 269 StGB muss man sehen, dass T den Anschein erweckt, als habe die Bank als Ausstellerin die Karte mit der Kontonummer des O (be-

---

[173] *Stree/Hecker* in Schönke/Schröder § 303a Rn. 3. Weitergehend *Wolff* in LK § 303a Rn. 12f., wonach auch bei unerlaubt auf einem fremden Datenträger gespeicherten Daten der Speichernde verfügungsbefugt ist; enger *Fischer* § 303a Rn. 7, wonach der Eigentümer das Verfügungsrecht erlangt.

[174] *Hilgendorf* in SSW § 303a Rn. 56; *Jüngel/Schwan/Neumann* MMR 2005, 820 (821); ferner *Zaczyk* in NK § 303a Rn. 5.

[175] *Jüngel/Schwan/Neumann* MMR 2005, 820 (821); *Stree/Hecker* in Schönke/Schröder § 303a Rn. 3; *Wolff* in LK § 303a Rn. 17.

[176] S. auch *Fischer* § 303a Rn. 7; *Wolff* in LK § 303a Rn. 17.

[177] *Kitz* CR 2005, 450 (454); *Spindler/Ernst* CR 2004, 437 (439); *Stree/Hecker* in Schönke/Schröder § 303a Rn. 3; *Wolff* in LK § 303a Rn. 17.

[178] *Heidrich/Tschoepe* MMR 2004, 75 (79 f.); *Sassenberg/Lammer* DuD 2008, 461 (464); *Schmidl* MMR 2005, 343 (346); aA *Sauer* K&R 2008, 399 (402).

[179] *Wolff* in LK § 303a Rn. 17.

[180] *Stree/Hecker* in Schönke/Schröder § 303a Rn. 3; aA *Wolff* in LK § 303a Rn. 12 f.; vgl. schon oben Rn. 67.

[181] Vgl. BayObLG JR 1994, 476; dazu näher *Hilgendorf* JuS 1996, 890 (893 f.).

[182] BayObLG JR 1994, 476 (477); *Stree/Hecker* in Schönke/Schröder § 303a Rn. 3; *Wolff* in LK § 303a Rn. 12; vgl. aber auch *Hilgendorf* JuS 1996, 890 (894); O als Betroffenem steht die Verfügungsbefugnis im Verhältnis zur Bank ebenfalls nicht zu; dazu *Wessels/Hillenkamp* BT 2 Rn. 61.

weiserhebliche Daten) von vornherein so ausgegeben.[183] Das Löschen der eigenen Kontonummer als Bestandteil eines einheitlichen Fälschungsvorgangs verwirklicht zudem § 274 Abs. 1 Nr. 2 StGB; jedoch tritt auch diese Vorschrift als mitbestrafte Begleittat hinter § 269 StGB zurück.[184] In Tateinheit hierzu steht § 263a Abs. 1 Var. 3 StGB; der Einsatz der Karte begründet eine unbefugte Datenverwendung (Kontonummer), da gegenüber der Bank O als Veranlasser des Vorgangs erscheint und somit ein täuschungsäquivalentes Verhalten vorliegt.

Beispiel (Manipulation von Wertkarten): T verändert die Daten einer von ihm käuflich erworbenen Telefonkarte so, dass statt einem Guthaben von 10 EUR ein Guthaben von 100 EUR abgerufen werden kann. – Nach hM sollen hier die Verfügungsrechte an den Daten auf der Karte auf den Käufer übergehen, so dass spätere Manipulationen beim Aufladen nicht von § 303a StGB erfasst werden[185]; jedoch sind § 263a Abs. 1 Var. 2 und § 269 Abs. 1 Var. 2 StGB einschlägig.[186]

Beispiel (Entsperren eines Mobiltelefons):[187] T löscht die Sim-Lock-Sperre eines Prepaid-Mobilfunktelefons. – T erwirbt zwar das Eigentum am Telefon, so dass schon die sachenrechtliche Zuordnung für eine Verfügungsbefugnis spricht. Jedoch soll nach Rechtsprechung aus dem vertraglichen Innverhältnis folgen, dass die Befugnis zum Entfernen der Sperre allein beim Provider liegt, weil eine abweichende Nutzung nicht gestattet ist. In dieses fremde Nutzungsrecht werde mit dem Abschalten des SIM-Locks eingegriffen.[188] Die Gegenansicht kritisiert hieran mit Recht, dass es nicht um die Integrität der Daten, sondern um die bloße Durchsetzung privatrechtlich vereinbarter Lizenzen gehe.[189] Richtigerweise ist auch § 269 StGB und § 108b UrhG zu verneinen.[190]

> Die **SIM-Sperre** beschränkt ein Mobiltelefon auf die Nutzung in Verbindung mit SIM-Karten bestimmter Anbieter oder Mobilfunknetze.

d) Tathandlungen sind das Löschen, Unterdrücken, Unbrauchbarmachen und Verändern der Daten.[191] **71**

aa) Unter **Löschen** wird in Parallele zum Zerstören bei § 303 StGB die endgültige Unkenntlichmachung der konkreten Speicherung der Daten verstanden.[192] Beispiele sind das Löschen eines Tonbandes, einer Audiodatei, eines Programms, einer Text- oder Bilddatei. Dies kann auch durch Überschreiben von Daten oder Zerstören des Datenträgers (zugleich § 303 StGB[193]) geschehen.[194] Das Vorhandensein einer etwaigen Sicherungskopie ist unerheblich. **72**

bb) Unterdrücken ist das zumindest vorübergehende Entziehen der Daten, so dass der Berechtigte auf diese nicht zugreifen kann.[195] Nicht erforderlich ist, dass der Zugriff dauerhaft verhindert wird. Daher ist auch nicht ausgeschlossen, dass sog. Internetdemonstrationen vom Tatbestand erfasst werden. **73**

---

[183] S. unten 9. Kap. Rn. 36.
[184] *Hoyer* in SK § 269 Rn. 30; *Puppe* in NK § 269 Rn. 43; für Tateinheit jedoch *Lackner/Kühl* § 269 Rn. 13.
[185] Näher *Hecker* JA 2004, 762 (764f.); *Rengier* BT 1 § 26 Rn. 10.
[186] S. unten 8. Kap. Rn. 29 und 9. Kap. Rn. 36.
[187] Vgl. auch AG Nürtingen MMR 2011, 121.
[188] AG Nürtingen MMR 2011, 121; AG Göttingen MMR 2011, 626 (627); *Wessels/Hillenkamp* BT 2 Rn. 61.
[189] *Kusnik* CR 2011, 718 (720); *Neubauer* MMR 2011, 628; *Sasdi* CR 2005, 235 (238); *Stree/Hecker* in Schönke/Schröder § 303a Rn. 3.
[190] S. unten 9. Kap. Rn. 36 und 10. Kap. Rn. 29.
[191] Näher *Heghmanns* in Achenbach/Ransiek Teil 6/1, Rn. 150ff.; *Wieck-Noodt* in MünchKomm § 303a Rn. 11.
[192] *Lackner/Kühl* § 303a Rn. 3; *Popp* in AnwK § 303a Rn. 7; *Wieck-Noodt* in MünchKomm § 303a Rn. 12.
[193] S. Rn. 65.
[194] *Stree/Hecker* in Schönke/Schröder § 303a Rn. 5; ferner *Gercke* MMR 2006, 552.
[195] *Hilgendorf* in SSW § 303a Rn. 9; *Hoyer* in SK § 303a Rn. 9; *Popp* in AnwK § 303a Rn. 8; *Wolff* in LK § 303a Rn. 24.

Beispiel (Internetdemonstration, DoS [Denial of Service]-Angriff):[196] T organisiert in einem sozialen Netzwerk einen Protest gegen Preiserhöhungen und erreicht so, dass die Internetseite der Firma O zu einem bestimmten Termin ständig aufgerufen wird. Dadurch wird die Seite wegen Überlastung für 2 Stunden blockiert, so dass weiteren Nutzern, aber auch dem Betreiber, der Zugang verwehrt ist. – Verfügungsberechtigt über die Seite ist hier nur der Betreiber, so dass es auf die Beeinträchtigung der anderen Nutzer für § 303a StGB nicht ankommt; anderes mag allenfalls gelten, wenn Nutzern auch der Zugriff auf eigene Daten in Nutzerkonten usw. auf der Seite verwehrt wird, weil man diese insoweit im Rahmen der vom Anbieter schuldrechtlich eingeräumten Nutzungsbefugnis als verfügungsbefugt ansehen kann.[197] Zwar genügt richtigerweise nicht jede kurzfristige, unerhebliche Beeinträchtigung, jedoch muss diese andererseits auch nicht auf Dauer angelegt sein.[198] Soweit das OLG Frankfurt dies anders sieht, um den weiten Tatbestand einzugrenzen,[199] überzeugt dies nicht, weil auch ein vorübergehendes Unterdrücken zu einem schweren Schaden (s. auch Art. 4 Abs. 2 Rahmenbeschluss) führen kann.[200] Soweit eine erhebliche Störung einer Datenverarbeitung, die für einen anderen von wesentlicher Bedeutung ist, eintritt, kommt auch § 303b Nr. 1 und Nr. 2 StGB in Betracht.[201] § 240 StGB ist zu verneinen, weil bei anderen Nutzern keine physische Beeinträchtigung hervorgerufen wird und damit keine Gewalt iSd § 240 StGB vorliegt.[202]

> Bei einem **Denial-of-Service-Angriff** (kurz DoS-Angriff) werden derart viele Anfragen an einen Rechner in einem Netzwerk gesendet, dass der Rechner nicht mehr oder nur mit zeitlicher Verzögerung in der Lage ist, diese an ihn gerichteten Anfragen zu bearbeiten.

74   Das Unterdrücken von Daten kann ferner durch die Installation einer Zugangssicherung (Passwort, PIN), Umbenennen einer Datei sowie Mitnahme oder Verstecken des Datenträgers geschehen.[203] Praktische Bedeutung erlangt das Unterdrücken vor allem bei Nichtzustellen von E-Mails: Soweit die E-Mail noch nicht auf dem Server des Providers eingegangen ist, hat der Adressat jedoch noch keine Verfügungsbefugnis über die Daten erlangt.[204] Für eine Filterung von virenverseuchten Mails usw. mittels sog. Blacklists ist der Tatbestand daher zu verneinen, weil die Daten bereits vom Empfänger-Provider abgelehnt werden. Auch gegenüber dem Absender wird diese nicht unterdrückt, da sie diesem als unzustellbar zurückgesendet wird.[205]

75   **cc)** Unter **Unbrauchbarmachen** ist die Manipulation von Daten zu verstehen, so dass diese nicht mehr ordnungsgemäß verwendet werden können.[206] Erfasst wird das inhaltliche Umgestalten der Daten sowie das teilweise Überschreiben und Löschen.

76   **dd) Verändern** ist jede sonstige Funktionsbeeinträchtigung, wodurch der Informationsgehalt der Daten geändert wird.[207] Dies kann auch durch Viren gesche-

---

[196] Vgl. OLG Frankfurt a. M. MMR 2006, 547.

[197] *Gercke* MMR 2006, 552; enger *Kitz* ZUM 2006, 730 (735).

[198] *Hilgendorf/Valerius,* Computer- und Internetstrafrecht, Rn. 592; näher *Schuh,* Computerstrafrecht, S. 219.

[199] OLG Frankfurt a. M. MMR 2006, 547 (551).

[200] *Stree/Hecker* in Schönke/Schröder § 303a Rn. 6.

[201] Vgl. Rn. 82 f.

[202] OLG Frankfurt a. M. MMR 2006, 547 (548 ff.) m. Anm *Gercke* MMR 2006, 552; *Lenckner/Eisele* in Schönke/Schröder § 240 Rn. 5; *Mitsch,* Medienstrafrecht, § 6 Rn. 20; *Schluckebier* in SSW § 240 Rn. 10.

[203] *Fischer* § 303a Rn. 10; *Stree/Hecker* in Schönke/Schröder § 303a Rn. 5.

[204] Dazu oben Rn. 69.

[205] *Heidrich* CR 2009, 168 (170).

[206] *Stree/Hecker* in Schönke/Schröder § 303a Rn. 5; *Wieck-Noodt* in MünchKomm § 303a Rn. 12; *Wolff* in LK § 303a Rn. 21.

[207] *Hoyer* in SK § 303a Rn. 9; *Stree/Hecker* in Schönke/Schröder § 303a Rn. 7; *Zaczyk* in NK § 303a Rn. 10.

hen.[208] Beim bloßen Kopieren von Daten[209] oder dem Nutzen ungesicherter WLAN-Netze[210] ist dies jedoch nicht der Fall, sofern das Bestandsinteresse nicht durch zusätzliche Beeinträchtigungen der Daten berührt wird.

> Bei einem „Virus" handelt es sich um ein schädliches Programm, das sich an ein „Wirtsprogramm" anhängt und mit diesem zusammen ausgeführt wird. Kennzeichnend ist, dass sich das Virus selbst reproduziert und sich an weitere Dateien anhängt.

2. Subjektiver Tatbestand

Für den Vorsatz ist dolus eventualis ausreichend, so dass es einer besonderen 77 Schädigungsabsicht nicht bedarf. Ein Irrtum über die Verfügungsbefugnis lässt als Tatbestandsirrtum gemäß § 16 Abs. 1 S. 1 StGB den Vorsatz entfallen.

IV. Rechtswidrigkeit

Stuft man das Merkmal rechtswidrig als Tatbestandsmerkmal ein, so ist im Falle 78 des Einverständnisses des Verfügungsberechtigten bereits der Tatbestand ausgeschlossen.[211] Im Zusammenhang mit dem Unterdrücken sind vor allem Fälle von Interesse, in denen **Viren- oder Spam-Mails** gelöscht werden.[212]

> Eine E-Mail ist „**virenverseucht**", wenn sie einen Virus als Anhang enthält. Das Virus verbreitet sich idR erst, wenn der infizierte Anhang vom Benutzer geöffnet wird. Vereinzelt machen sich E-Mail-Viren auch Sicherheitslücken in E-Mail-Programmen zu Nutze, sodass das Virus schon mit dem Öffnen der E-Mail aktiviert wird.
> **Spam-Mails** sind ungefragt zugesendete und unerwünschte Massen-E-Mails, die hauptsächlich Werbung enthalten. Auch E-Mails mit der Aufforderung, persönliche Daten wie zB Kontozugangsdaten preiszugeben (Phishing) oder an Schneeballsystemen teilzunehmen (Scam), werden als Spam bezeichnet.

Zunächst muss man sehen, dass bereits mangels Verfügungsbefugnis des Empfängers der Tatbestand zu verneinen ist, wenn die E-Mail noch gar nicht auf den Server des Empfängers gelangt ist.[213] Soweit es sich um eine Handlung eines Anbieters iSd des TKG handelt, ist weiter zu beachten, dass § 88 Abs. 3 TKG nach hM allgemeine Rechtfertigungsgründe sperrt[214]. Werden virenverseuchte E-Mails nach deren Eingang auf dem Server durch Filter zurückgehalten und dem Adressaten deshalb nicht zugestellt, bieten § 88 Abs. 3 S. 2 TKG und § 109 TKG hierfür eine

---

[208] *Hilgendorf/Valerius*, Computer- und Internetstrafrecht, Rn. 596; zu Art. 4 Cybercrime-Konvention auch explanatory report Nr. 61.
[209] *Stree/Hecker* in Schönke/Schröder § 303 a Rn. 8; *Weber* in A/W § 12 Rn. 48.
[210] *Bär* MMR 2005, 434 (438 f.).
[211] S. Rn. 67.
[212] Einzelheiten bei *Eisele*, Compliance, S. 63 ff.
[213] S. Rn. 69.
[214] Näher unten 5. Kap. Rn. 40.

spezielle Befugnis, weil der Dienstanbieter demnach technische Vorkehrungen oder andere angemessene Schutzmaßnahmen für die technischen Systeme zu treffen hat.[215] Im Übrigen kommt bei Viren-Mails auch eine mutmaßliche Einwilligung des Empfängers in Betracht.[216] Anders ist hingegen bei Spam-Mails zu entscheiden, weil diese nicht per se zur Schädigung oder Störung geeignet sind und zudem auch automatisiert in einen gesonderten Spam-Ordner verschoben werden können.[217] Gegenüber einer Löschung ist das Verschieben der E-Mail in einen besonderen Ordner auch mildestes Mittel iSd §§ 32, 34 StGB. Werden private Dateien durch einen Arbeitnehmer auf Servern oder auf Rechnern des Unternehmens abgelegt, so dass das IT-System aufgrund der Menge der Daten oder aufgrund von Viren, Trojanern usw. beeinträchtigt wird, kann auch eine Rechtfertigung nach § 32 StGB in Betracht kommen.[218]

Rechtsprechung: BayObLG JR 1994, 476 (Verfügungsberechtigung hinsichtlich gespeicherter Kontonummer); OLG Frankfurt MMR 2006, 547 (zeitweiliger Datenentzug bei Internetdemonstration); AG Nürtingen MMR 2011, 121 (Verfügungsbefugnis bei Löschen einer Sim-Lock-Sperre eines Mobilfunktelefons).

Aufsätze: *Ernst*, Das neue Computerstrafrecht, NJW 2007, 2661; *Hecker*, Herstellung, Verkauf, Erwerb und Verwendung manipulierter Telefonkarten, JA 2004, 762; *Popp*, Informationstechnologie und Strafrecht, JuS 2011, 385; *Schumann*, Das 41. StRÄndG zur Bekämpfung der Computerkriminalität, NStZ 2007, 675.

§ 10. Computersabotage (§ 303 b StGB)

I. Grundlagen

79 Geschütztes Rechtsgut der Vorschrift, die ebenfalls durch das 41. StRÄG modifiziert wurde, ist **das Interesse der Betreiber und Nutzer von Datenverarbeitungen an deren ordnungsgemäßer Funktionsweise.**[219] § 303 b Abs. 1 Nr. 1 StGB, der auf § 303 a StGB verweist, stellt hierzu eine Qualifikation dar.[220] § 303 b Abs. 2 StGB enthält wiederum eine Qualifikation zu § 303 b Abs. 1 StGB. Für diese Qualifikation ist dann noch in § 303 b Abs. 4 StGB eine Strafschärfung nach der Regelbeispielmethode vorgesehen. Nach den Vorschlägen für eine neue Richtlinie der EU ist die Qualifikation möglicherweise um die Variante einer Schädigung einer beträchtlichen Anzahl von Informationssystemen zu ergänzen.[221] Das Strafantragserfordernis in § 303 c StGB gilt auch für § 303 b Abs. 1 bis 3 StGB.

---

[215] *Altvater* in LK § 206 Rn. 73; *Heidrich/Tschoepe* MMR 2004, 75 (78); *Schmidl* MMR 2005, 343 (344).

[216] *Lejeune* CR 2005, 290 (291); *Sassenberg/Lammer* DuD 2008, 461 (463); *Sauer* K&R 2008, 399 (400); für einen Rückgriff auf § 34 StGB hingegen OLG Karlsruhe MMR 2005, 178 (180 f.); *Härting* CR 2007, 311 (315).

[217] *Eisele*, Compliance, S. 50; *Heidrich/Tschoepe* MMR 2004, 75 (78); *Schmidl* MMR 2005, 343 (344). Für eine Rechtfertigung auch hier *Bock* in Beck'scher TKG-Kommentar § 88 Rn. 26.

[218] *Weißgerber* NZA 2003, 1005 (1008).

[219] BT-Drs. 16/3656, 13; *Hilgendorf* in SSW § 303 b Rn. 3; *Schumann* NStZ 2007, 675 (679).

[220] *Stree/Hecker* in Schönke/Schröder § 303 b Rn. 6; *Tolksdorf* in LK § 303 a Rn. 21.

[221] Art. 10 des Vorschlags für eine Richtlinie des Europäischen Parlaments und des Rates über Angriffe auf Informationssysteme und zur Aufhebung des Rahmenbeschlusses 2005/222/JI des Rates, KOM (2010) 517 endg.; zuletzt Ratsdokument 11566/11; vgl. auch *Brodowski* ZIS 2011, 940 (945).

Art. 3 Rahmenbeschluss (rechtswidriger Systemeingriff):

Jeder Mitgliedstaat trifft die erforderlichen Maßnahmen, um sicherzustellen, dass die unbefugte vorsätzliche schwere Behinderung oder Störung des Betriebs eines Informationssystems durch Eingeben, Übermitteln, Beschädigen, Löschen, Verstümmeln, Verändern, Unterdrücken oder Unzugänglichmachen von Computerdaten zumindest dann unter Strafe gestellt wird, wenn kein leichter Fall vorliegt.

Art. 5 Cybercrime-Konvention (Eingriff in ein System):[222]

Jede Vertragspartei trifft die erforderlichen gesetzgeberischen und anderen Maßnahmen, um die unbefugte schwere Behinderung des Betriebs eines Computersystems durch Eingeben, Übermitteln, Beschädigen, Löschen, Beeinträchtigen, Verändern oder Unterdrücken von Computerdaten, wenn vorsätzlich begangen, nach ihrem innerstaatlichen Recht als Straftat zu umschreiben.

II. Prüfungsschema

1. Tatbestand 80
   a) Objektiver Tatbestand
      aa) Tathandlung
         (1) Nr. 1: Begehung einer Datenveränderung nach § 303a Abs. 1 StGB
         (2) Nr. 2: Eingabe oder Übermittlung von Daten (§ 202a Abs. 2 StGB)
         P: Manuelle Dateneingabe (Rn. 83)
         (3) Nr. 3: Zerstören, Beschädigen, Unbrauchbarmachen, Beseitigen oder Verändern einer Datenverarbeitungsanlage oder eines Datenträgers
         dadurch
      bb) erhebliche Störung einer Datenverarbeitung
      cc) die für einen Anderen von wesentlicher Bedeutung ist
      P: Präzisierung des Begriffs „wesentlich" (Rn. 85f.)
   b) Subjektiver Tatbestand
      aa) Vorsatz
      bb) Nur bei Nr. 2: Nachteilszufügungsabsicht
2. Rechtswidrigkeit
3. Schuld
4. Qualifikation (§ 303b Abs. 2 StGB): Datenverarbeitung ist für einen fremden Betrieb, ein fremdes Unternehmen oder eine Behörde von wesentlicher Bedeutung.
5. Besonders schwerer Fall des Abs. 2 mit Regelbeispielen (§ 303b Abs. 2 StGB)
6. Strafantrag in den Fällen des § 303b Abs. 1 bis Abs. 3 StGB (§ 303c StGB)

---

[222] Dazu auch explanatory report Nr. 65ff.

III. Tatbestand

1. Objektiver Tatbestand

81   In Nrn. 1 bis 3 sind verschiedene Tathandlungen enthalten, die jeweils zu einer erheblichen Störung einer Datenverarbeitung, die für einen Anderen von wesentlicher Bedeutung ist, führen müssen.

82   **a) Nr. 1** verweist auf eine Tat nach § 303a Abs. 1 StGB (Softwareeingriff). Soweit der Täter selbst verfügungsberechtigt ist, ist bereits der Tatbestand des § 303a StGB und damit auch § 303b StGB ausgeschlossen.[223]

83   **b) Nr. 2** verlangt in objektiver Hinsicht die **Eingabe oder Übermittlung von Daten**, wobei für den Datenbegriff § 202a Abs. 2 StGB gilt. Diese Tathandlungen sind als Alltagshandlungen für sich genommen nicht strafwürdig, weshalb im objektiven Tatbestand der Taterfolg und im subjektiven Tatbestand die Nachteilszufügungsabsicht hinzukommen muss.[224] Erfasst werden sollen mit dieser Variante nach Auffassung des Gesetzgebers vor allem Angriffe auf Rechner oder Systeme durch Überlastung, die automatisiert herbeigeführt werden (DDOS-Attacke) sowie sog. Internet- bzw. Online-Demonstrationen.[225]

Ein **Distributed-Denial-of-Service-Angriff** (kurz: **DDoS-Angriff**) ist ein DoS-Angriff (→ Rn. 73), der von einem Verband mehrerer Rechner ausgeht. Der Angriff wird von einem zentralen Rechner koordiniert, der den übrigen Rechnern des Verbands zu einem bestimmten Zeitpunkt den Angriffsbefehl sendet.

Im Hinblick auf den europäischen Kontext ist das Merkmal des Eingebens nicht unproblematisch, weil durch den Verweis auf § 202 Abs. 2 StGB nur bereits gespeicherte oder übermittelte Daten erfasst werden, so dass ein Einlesen über einen externen Datenträger, auf dem die Daten bereits gespeichert sind, erforderlich ist. Hingegen wird das erstmalige Eingeben über die Tastatur nicht erfasst, da es sich insoweit noch um keine Daten iSd § 202 Abs. 2 StGB handelt.[226] Angesichts des eindeutigen Wortlauts ist eine europarechtskonforme Auslegung nicht möglich, so dass der deutsche Gesetzgeber die Vorgaben nicht vollständig umgesetzt hat.[227] Unter Übermitteln ist die Weiterleitung von Daten von Rechner zu Rechner über Netzwerke (auch WLAN) zu verstehen.

84   **c) Nr. 3** pönalisiert mit dem **Zerstören, Beschädigen, Unbrauchbarmachen, Beseitigen oder Verändern** einer Datenverarbeitungsanlage oder eines Datenträgers Einwirkungen auf die Hardware. Der Begriff der Datenverarbeitungsanlage erfasst zB Server, Bildschirm und Drucker, zu den Datenträgern gehören Festplatte, Diskette und USB-Stick. Ob der Täter über die Daten verfügungsbefugt oder Eigentümer der Hardware ist, spielt hier keine Rolle, da das Interesse aller Betreiber und Nutzer geschützt ist.[228]

---

[223] S. Rn. 67.
[224] Dazu Rn. 85 ff.; *Kindhäuser* LPK § 303b Rn. 7.
[225] BT-Drs. 13/3656, 13; *Stree/Hecker* in Schönke/Schröder § 303b Rn. 2.
[226] *Gröseling/Höfinger* MMR 2007, 626 (627); *Stree/Hecker* in Schönke/Schröder § 303b Rn. 7.
[227] *Stree/Hecker* in Schönke/Schröder § 303b Rn. 7.
[228] BT-Drs. 10/5058, 36; *Lenckner/Winkelbauer* CR 1986, 824 (831).

d) Der Begriff der **Datenverarbeitung** erfasst den Gesamtbereich eines datenver- 85
arbeitenden Systems, d.h. auch den Umgang, die Speicherung und die Verwertung
der Daten und ist daher nicht auf den Verarbeitungsvorgang (vgl. § 263 a StGB) begrenzt.[229] Die Datenverarbeitung muss dabei für einen Anderen von **wesentlicher
Bedeutung** sein, womit der Gesetzgeber einen „Filter für Bagatellfälle"[230] einfügen
wollte. Dieser unbestimmte Begriff wirft freilich Abgrenzungsprobleme auf und
bedarf näherer Präzisierung.[231]

Nach Auffassung des Gesetzgebers soll bei Privatpersonen als Geschädigte da- 86
rauf abzustellen sein, ob die Datenverarbeitungsanlage für die Lebensgestaltung der
Privatperson eine zentrale Funktion einnimmt. Deshalb soll eine Datenverarbeitung
im Rahmen einer Erwerbstätigkeit, einer schriftstellerischen, wissenschaftlichen
oder künstlerischen Tätigkeit regelmäßig als wesentlich einzustufen sein,[232] nicht
aber jeglicher Kommunikationsvorgang im privaten Bereich, Computerspiele oder
elektronische Haushaltsgeräte.[233] Richtigerweise kann es hierbei jedoch nicht auf
eine allgemeine Einstufung der Datenverarbeitungsanlage ankommen, sondern auf
deren Bedeutung im Hinblick auf den konkreten Einzelfall.[234]

Beispiel: T zerstört seinen eigenen Laptop, den er O geliehen hat und auf dem dieser seine fast
fertiggestellte Doktorarbeit gespeichert hat. – T verwirklicht Abs. 1 Nr. 3, weil die Datenverarbeitung von O von wesentlicher Bedeutung ist.[235] Dass T Eigentümer des Geräts ist, ist angesichts des
geschützten Rechtsguts unerheblich.

e) Ein **erhebliches Stören** liegt vor, wenn der reibungslose Ablauf der Datenver- 87
arbeitung nicht unerheblich beeinträchtigt wird.[236] Erforderlich ist, dass die Störung
tatsächlich eintritt, d.h. der Berechtigte mit der Datenverarbeitung beginnt.[237] An
der Erheblichkeit fehlt es, wenn die Beeinträchtigung ohne großen Aufwand beseitigt werden kann, weil zB ein Back-Up vorhanden ist.[238]

2. Subjektiver Tatbestand

Ausreichend ist Eventualvorsatz, der auch auf die wesentliche Bedeutung der Da- 88
tenverarbeitung und eine erhebliche Störung gerichtet sein muss. Bei Nr. 2 ist zusätzlich eine Nachteilszufügungsabsicht erforderlich, die an § 274 Abs. 1 Nr. 1
StGB angelehnt ist und daher nicht auf einen Vermögensschaden gerichtet sein
muss.[239] Neben dolus directus 1. Grades wird auch sicheres Wissen im Sinne von
dolus directus 2. Grades erfasst.[240]

---

[229] *Hilgendorf* in SSW § 303 b Rn. 4; *Mitsch,* Medienstrafrecht, § 3 Rn. 130; *Wessels/Hillenkamp*
BT 2 Rn. 63; *Wieck-Noodt* in MünchKomm § 303 b Rn. 6.
[230] BT-Drs. 16/3656, 13.
[231] *Fischer* § 303 b Rn. 6 ff.; *Vassilaki* CR 2008, 131 (133).
[232] BT-Drs. 16/3656, 13; *Heghmanns* in Achenbach/Ransiek Teil 6/1, Rn. 157; *Stree/Hecker* in
Schönke/Schröder § 303 b Rn. 4; *Wolff* in LK § 303 b Rn. 11.
[233] BT-Drs. 16/3656, 13; *Heghmanns* in Achenbach/Ransiek Teil 6/1, Rn. 157; mit Recht krit.
Fischer § 303 b Rn. 7.
[234] *Wieck-Noodt* in MünchKomm § 303 b Rn. 9.
[235] *Ernst* NJW 2007, 2661 (2663); *Stree/Hecker* in Schönke/Schröder § 303 b Rn. 9.
[236] BT-Drs. 16/3656, 13; *Bär* in Wabnitz/Janovsky 12. Kap. Rn. 71; *Fischer* § 303 b Rn. 9; *Hoyer*
in SK § 303 b Rn. 7; *Weiler* in HK § 303 b Rn. 11.
[237] *Stree/Hecker* in Schönke/Schröder § 303 b Rn. 9; *Wieck-Noodt* in MünchKomm § 303 b
Rn. 22; vgl. aber *Hoyer* in SK § 303 b Rn. 6.
[238] *Hoyer* in SK § 303 b Rn. 7; *Tolksdorf* in LK § 303 b Rn. 11.
[239] BT-Drs. 16/3656, 13; *Fischer* § 303 b Rn. 12.
[240] BT-Drs. 16/3656, 13.

IV. Qualifikation des Abs. 2

89   Vor dem 41. StrÄG erfasste § 303 b StGB nur Fälle, in denen die Datenverarbeitung für einen fremden Betrieb, ein fremdes Unternehmen oder eine Behörde von wesentlicher Bedeutung war. Aufgrund der europäischen Vorgaben wurde Abs. 1 erweitert und die ursprüngliche Regelung als Qualifikation in Abs. 2 übernommen. **Fremd** ist ein **Betrieb bzw. ein Unternehmen,** wenn eine Zuordnung nicht ausschließlich zum Vermögen des Täters erfolgen kann.[241] Die Datenverarbeitung ist von wesentlicher Bedeutung, wenn dort für die Funktionsfähigkeit des Betriebs wesentliche Daten und Arbeitsvorgänge gespeichert und verarbeitet werden und Arbeitsweise, Ausstattung und Organisation ganz oder zu einem wesentlichen Teil von dem einwandfreien Funktionieren der Datenverarbeitung abhängen.[242] Unwesentlich ist die Datenverarbeitung nur, wenn sie ohne größeren Mehraufwand und ohne größere zeitliche Verzögerung aufrechterhalten werden kann.[243] Ausgeschlossen werden sollen nach Ansicht des Gesetzgebers etwa Taschenrechner; auf die Größe des Geräts kommt es nicht an, weil auch auf kleinsten Chips wesentliche Informationen gespeichert sein können.[244] Eine Strafschärfung zu Abs. 2 findet sich in Abs. 4 für die Herbeiführung eines Vermögensverlustes großen Ausmaßes (vgl. § 263 Abs. 3 S. 2 Nr. 2 StGB),[245] gewerbsmäßiges Handeln oder Handeln als Mitglied einer Bande (vgl. § 263 Abs. 3 S. 2 Nr. 1 StGB)[246] sowie für die Beeinträchtigung der Versorgung der Bevölkerung mit lebenswichtigen Gütern oder Dienstleistungen oder eine Beeinträchtigung der Sicherheit der Bundesrepublik Deutschland durch die Tat (vgl. § 316 b Abs. 3 S. 2 StGB).[247]

§ 11. Störung von Telekommunikationsanlagen (§ 317 StGB)

I. Grundlagen

90   Das abstrakte Gefährdungsdelikt[248] schützt die **Funktionsfähigkeit des öffentlichen Telekommunikationsverkehrs** als Allgemeinrechtsgut.[249] Auf die Eigentumsverhältnisse an der angegriffenen Sache kommt es daher nicht an. Abs. 2 pönalisiert den Versuch, Abs. 3 auch die Fahrlässigkeit. Die Vorschrift des § 129 a StGB (Bildung terroristischer Vereinigungen) verweist in Abs. 2 Nr. 2 auf § 317 Abs. 1 StGB.

---

[241] *Fischer* § 303 b Rn. 15; *Heghmanns* in Achenbach/Ransiek Teil 6/1, Rn. 158; *Lackner/Kühl* § 303 b Rn. 2; *Mitsch*, Medienstrafrecht, § 3 Rn. 131.
[242] BT-Drs. 10/5058, 35; *Heghmanns* in Achenbach/Ransiek Teil 6/1, Rn. 159; *Lenckner/Winkelbauer* CR 1986, 824 (830); *Wieck-Noodt* in MünchKomm § 303 b Rn. 8.
[243] *Heghmanns* in Achenbach/Ransiek Teil 6/1, Rn. 159; *Lenckner/Winkelbauer* CR 1986, 824 (830).
[244] *Stree/Hecker* in Schönke/Schröder § 303 b Rn. 13; *Wieck-Noodt* in MünchKomm § 303 b Rn. 8.
[245] Vgl. *Eisele* BT 2 Rn. 652.
[246] Vgl. *Eisele* BT 2 Rn. 651.
[247] Näher *Herzog* in NK § 316 b Rn. 13; *König* in LK § 316 b Rn. 37.
[248] *Gercke/Brunst*, Internetstrafrecht, Rn. 147; *Stree/Hecker* in Schönke/Schröder § 317 Rn. 1; diff. *Wieck-Noodt* in MünchKomm § 317 Rn. 2.
[249] BGHSt 27, 307 (309 f.); *Esser* in AnwK § 317 Rn. 1; *Lackner/Kühl* § 303 Rn. 1; *Stree/Hecker* in Schönke/Schröder § 317 Rn. 1.

II. Prüfungsschema

<table>
<tr><td>

1. Tatbestand
   a) Objektiver Tatbestand
      aa) Betrieb einer öffentlichen Zwecken dienenden Telekommunikationsanlage
      P: Private Anlagen (Rn. 94)
      bb) Verhindern oder Gefährden
      cc) durch Zerstören, Beschädigen, Beseitigen, Verändern oder Unbrauchbarmachen einer dem Betrieb dienenden Sache oder Entziehen der für den Betrieb bestimmten elektrischen Kraft
   b) Subjektiver Tatbestand
2. Rechtswidrigkeit
3. Schuld

</td><td>

91

</td></tr>
</table>

III. Tatbestand

1. Objektiver Tatbestand

a) Tatobjekt ist der Betrieb von öffentlichen Zwecken dienenden Telekommunikationsanlagen.   **92**

aa) Der Begriff der **Telekommunikationsanlage** ist nicht identisch mit demjenigen des Telekommunikationsnetzes iSd § 265a StGB. Nach § 3 Nr. 23 TKG sind Telekommunikationsanlagen „technische Einrichtungen oder Systeme, die als Nachrichten identifizierbare elektromagnetische oder optische Signale senden, übertragen, vermitteln, empfangen, steuern oder kontrollieren können"; nach § 3 Nr. 28 TKG sind auch die Übertragungswege Telekommunikationsanlagen.[250] Erfasst werden die Einrichtungen des Fernmeldewesens, insbes. das Telefon, Mobilfunk, Internet samt E-Mail, Fernsehen und Hörfunk.   **93**

bb) Streitig ist, ob eine Telekommunikationsanlage auch öffentlichen Zwecken dient, wenn sie nur im **privaten oder im geschäftlichen Bereich** genutzt wird. Entgegen der Rechtsprechung ist dies angesichts des Allgemeinrechtsguts etwa bei der Manipulation an privaten Telefon- oder Internetanschlüssen auch dann zu verneinen, wenn die Tathandlung gegen den Willen der Betreibergesellschaft und des Anschlussinhabers erfolgt, weil es auf das Interesse des Anschlussinhabers an der Kommunikation nicht ankommt.[251] Richtigerweise werden nur solche Anlagen erfasst, die – wie etwa öffentliche Telefonzellen – ausschließlich oder überwiegend im Interesse der Allgemeinheit betrieben werden.   **94**

b) Der Tatererfolg liegt im **Verhindern oder Gefährden des Betriebs.** Ein Verhindern liegt vor, wenn die bestimmungsgemäße Nutzung der Telekommunikationsanlage für eine nicht unerhebliche Zeit ausgeschlossen ist; unter Gefährdung ist die Verursachung eines Zustands gemeint, der eine Funktionsstörung wahrscheinlich   **95**

---

[250] *Kitz* ZUM 2006, 730 (735).
[251] BGHSt 39, 288 (290); ferner BGHSt 25, 370 (371 f.); *Lackner/Kühl* § 317 Rn. 2; *Mitsch*, Medienstrafrecht, § 3 Rn. 136; *Weiler* in HK § 317 Rn. 3; dagegen BayObLG NJW 1971, 528; *Fischer* § 317 Rn. 3; *Gercke/Brunst*, Internetstrafrecht, Rn. 148; *Stree/Hecker* in Schönke/Schröder § 317 Rn. 3; *Wieck-Noodt* in MünchKomm § 317 Rn. 12 ff.

macht.[252] Die Verhinderung oder Gefährdung muss dadurch erfolgen, dass eine dem **Betrieb dienende Sache** beschädigt, beseitigt, verändert oder unbrauchbar gemacht oder die für den Betrieb bestimmte elektrische Kraft entzogen wird.[253] Eine Einwirkung auf die Sachsubstanz ist hierbei nicht zwingend erforderlich.[254] Erfasst werden daher über die Tathandlung des Unbrauchbarmachens insbesondere Distributes-Denial-of-Service Attacken **(DDoS)** gegen Provider, bei denen für den Angriff auf einer Vielzahl von (fremden) Rechnern Programme für den Angriff installiert und zentral synchronisiert werden.[255] Nicht erfasst wird dagegen die eigenmächtige Inanspruchnahme von Telekommunikationsanlagen, das Blockieren eines Telefons durch Aufbau oder Nichtbeendigung einer Verbindung, Telefonterror oder das Ausnutzen von Rufumleitungen bei Mobilfunktelefonen.[256]

2. Subjektiver Tatbestand

96 Der subjektive Tatbestand erfordert zumindest bedingten Vorsatz, der auch auf das Verhindern oder Gefährden des Betriebs gerichtet sein muss. Im Übrigen ist zu beachten, dass nach Abs. 3 auch die Fahrlässigkeitsstrafbarkeit pönalisiert wird.

Rechtsprechung: BGHSt 25, 370 und BGHSt 39, 288 (privater Telefonanschluss als eine öffentlichen Zwecken dienende Telekommunikationsanlage).

Aufsätze: *Kitz*, Der Gewaltbegriff im Informationszeitalter und die strafrechtliche Beurteilung von Onlineblockaden, ZUM 2006, 730.

Übungsfälle: *Eifert*, Eine private „Pfändungsaktion", JuS 1993, 1032; *Ingelfinger*, Eine verhängnisvolle Affäre, JuS 1995, 321; *Kretschmer*, Der erfolglose Literat, Jura 2006, 219.

---

[252] *Wolff* in LK § 317 Rn. 12; *Wolters/Horn* in SK § 317 Rn. 6.
[253] Zu den Tathandlungen nur *Wieck-Noodt* in MünchKomm § 317 Rn. 16 ff.
[254] *Lackner/Kühl* § 317 Rn. 3; *Wieck-Noodt* in MünchKomm § 317 Rn. 16; vgl. aber OLG Hamm VRS 36, 51 (53).
[255] *Gercke/Brunst*, Internetstrafrecht, Rn. 150; *Hilgendorf/Valerius*, Computer- und Internetstrafrecht, Rn. 681; dagegen aber *Kitz* ZUM 2006, 730 (735 f.).
[256] Dazu *Wieck-Noodt* in MünchKomm § 317 Rn. 17; *Wolff* in LK § 317 Rn. 9.

5. Kapitel: Daten- und Geheimnisschutz

§ 12. Verletzung von Privatgeheimnissen (§ 203 StGB)

I. Grundlagen

Die Vorschrift erlangt im Zusammenhang mit Computerkriminalität vor allem 1
Bedeutung bei der externen Wartung von Datenverarbeitungsanlagen, beim Outsourcing von Daten sowie beim Ablegen von Daten in sog. Clouds.[1] § 203 StGB schützt in erster Linie das **Individualinteresse** des Geheimnisträgers **an der Geheimhaltung bestimmter Tatsachen.**[2] Das Vertrauen der Allgemeinheit in die Verschwiegenheit der genannten Berufsgruppen ist hingegen kein (zusätzliches) Rechtsgut.[3] Denn die Beschränkung des Täterkreises auf bestimmte Berufsgruppen lässt sich darauf zurückführen, dass der Geheimnisträger als Individuum diesen Personen besonderes Vertrauen entgegenbringt. § 203 StGB stellt ein echtes **Sonderdelikt** dar,[4] so dass die Angehörigkeit zu einer der Berufsgruppen strafbegründendes persönliches Merkmal nach § 28 Abs. 1 StGB ist.[5] Im Falle der Verwertung eines Geheimnisses ist § 204 StGB zu beachten.

II. Prüfungsschema

1. Tatbestand 2
   a) Objektiver Tatbestand
      aa) Täter: Angehöriger einer bestimmten Berufsgruppe (Abs. 1); Amtsträger (Abs. 2); Beauftragter für den Datenschutz (Abs. 2a); Gehilfen (Abs. 3)
      bb) Fremdes Geheimnis, das anvertraut oder sonst bekannt geworden ist.
      cc) Offenbaren
         P: Externe Wartung, Qutsourcing, Cloud-Computing (Rn. 7ff.)
   b) Subjektiver Tatbestand
2. Rechtswidrigkeit
3. Schuld
4. Qualifikation (§ 203 Abs. 5 StGB): Handeln gegen Entgelt, Bereicherungs- oder Schädigungsabsicht
5. Strafantrag (§ 205 StGB)

---

[1] Näher *Sieber*, FS Eser, 2005, S. 1155 ff.
[2] *Fischer* § 203 Rn. 2; *Hilgendorf* in A/W § 8 Rn. 29; *Lenckner/Eisele* in Schönke/Schröder § 203 Rn. 3; *Popp* in AnwK § 203 Rn. 1.
[3] Vgl. aber OLG Köln NStZ 1983, 412 (413); *Maurach/Schroeder/Maiwald* BT 1 § 29 Rn. 4.
[4] BGHSt 4, 355 (359); *Kindhäuser* LPK § 203 Rn. 2.
[5] *Hilgendorf* in A/W § 8 Rn. 35; *Lackner/Kühl* § 203 Rn. 2; *Lenckner/Eisele* in Schönke/Schröder § 203 Rn. 73; vgl. aber *Gössel/Dölling* BT 1 § 37 Rn. 181.

III. Tatbestand

1. Objektiver Tatbestand

3   **a) Täter** des Sonderdelikts können nur Angehörige der genannten **Berufsgruppen** sein, etwa Ärzte (Nr. 1) oder Rechtsanwälte (Nr. 3), Amtsträger oder für den öffentlichen Dienst besonders Verpflichtete (Abs. 2), Beauftragte für den Datenschutz (Nr. 2 a) sowie berufsmäßige Gehilfen (Abs. 3 S. 2).

4   **b) Fremde Geheimnisse** sind alle Tatsachen, die nur einem beschränkten Personenkreis bekannt sind und an deren Geheimhaltung der Geheimnisträger ein sachlich begründetes Interesse hat.[6] In Abs. 1 sind zum persönlichen Lebensbereich gehörende Geheimnisse sowie Betriebs- oder Geschäftsgeheimnisse als Beispiele genannt. Fremd ist ein Geheimnis, wenn es sich auf eine andere natürliche oder juristische Person bezieht. Derjenige, der das Geheimnis anvertraut, muss nicht unbedingt selbst Geheimnisträger sein, so dass auch sog. Drittgeheimnisse einbezogen sind.[7] Nach Abs. 2 S. 2 stehen im Bereich der öffentlichen Verwaltung Einzelangaben über persönliche oder sachliche Verhältnisse den Geheimnissen gleich.

5   **c)** Das Geheimnis muss dem Täter gerade in seiner Eigenschaft als Angehöriger der Berufsgruppe anvertraut oder sonst bekannt geworden sein. **Anvertraut** ist ein Geheimnis, wenn es dem Täter so mitgeteilt wird, dass sich ausdrücklich oder aus den Umständen ergibt, dass eine Pflicht zur Verschwiegenheit bestehen soll.[8] Dies ist etwa im Rahmen von Gesprächen beim Arzt oder Rechtsanwalt der Fall. **Sonst bekannt geworden** ist es, wenn der Täter es in innerem Zusammenhang mit der Ausübung seines Berufs in anderer Weise erfährt.[9]

6   **d) Tathandlung** ist das **Offenbaren** des Geheimnisses, d. h. jede Mitteilung an einen Dritten, der das Geheimnis noch nicht oder nicht sicher kennt.[10]

7   **aa)** Das ist bei digitalisierten Geheimnissen beispielsweise bei der **Weitergabe des Datenträgers oder Versenden der Datei per E-Mail** der Fall.[11] Ferner kann ein Offenbaren im Ausgangspunkt auch beim **Cloud-Computing** gegeben sein, wenn auf Servern von Fremdanbietern Daten archiviert werden und keine hinreichenden Sicherungsmaßnahmen gegen fremden Zugriff bestehen.

Beispiel: Beim Lebensversicherer V (§ 203 Abs. 1 Nr. 6 StGB) fallen so große Datenmengen an, dass diese nicht auf hauseigenen Servern gespeichert werden können. Daher werden diese beim Unternehmen U, das große Mengen Speicherkapazität anbietet, auf Großservern gespeichert.

Hinweis: Informationstechnisch betrachtet stellt die auf der Vernetzung von Computern basierende Cloud eine Abstraktion von technischen Infrastrukturen und Programmen dar; dabei spielt der physische Ort der Applikation oder des Speichers nur eine untergeordnete Rolle.

8   Entsprechendes gilt beim **Outsourcing** von Daten zu Zwecken der Verwaltung oder Abrechnung durch externe Anbieter, soweit hier keine Anonymisierung oder Pseudonymisierung der Daten erfolgt. Eine Verschlüsselung der Daten ist freilich

---

[6] S. OLG Frankfurt a. M. NStZ-RR 2005, 235; OLG Celle NJW 2001, 1957 (1958); *Hilgendorf* in A/W § 8 Rn. 32; *Lenckner/Eisele* in Schönke/Schröder § 203 Rn. 5.
[7] *Kargl* in NK § 203 Rn. 12; *Schünemann* in LK § 203 Rn. 32; aA aber *Hilgendorf* in A/W § 8 Rn. 33.
[8] *Cierniak/Pohlit* in MünchKomm § 203 Rn. 45; *Kargl* in NK § 203 Rn. 12.
[9] *Kargl* in NK § 203 Rn. 12; *Lenckner/Eisele* in Schönke/Schröder § 203 Rn. 5.
[10] BGHSt 27, 120 (121); BGH NJW 1995, 2915 (2916); *Cierniak/Pohlit* in MünchKomm § 203 Rn. 48; *Lenckner/Eisele* in Schönke/Schröder § 203 Rn. 19.
[11] *Cierniak/Pohlit* in MünchKomm § 203 Rn. 52.

regelmäßig wenig praktikabel, weil eine entsprechende Verwaltung oder Abrechnung zumeist entschlüsselte Daten voraussetzt.[12]

Beispiel: Arzt A (§ 203 Abs. 1 Nr. 1 StGB) überlässt die Daten von Privatpatienten einer Abrechnungsstelle, die dann unmittelbar mit den Patienten abrechnet.

Eine Strafbarkeit des Schweigepflichtigen durch **Unterlassen** kommt in Betracht, 9 wenn er bei der **Wartung** seiner Datenverarbeitung oder Anpassung an seine speziellen Kundenwünsche (Customizing) keine hinreichenden Sicherheits- und Kontrollmaßnahmen (§ 11 Abs. 5 BDSG) ergreift und infolgedessen das Wartungspersonal – sei es vor Ort oder per Fernwartung – so zugreifen kann, dass es von dem Geheimnis entweder Kenntnis erlangt oder zumindest so die Verfügungsgewalt über die Daten – zB durch Speicherung oder Anfertigung eines Ausdrucks erlangt –, dass die Möglichkeit der Kenntnisnahme besteht.[13]

bb) Ein Offenbaren kann in den genannten Fällen auch vorliegen, wenn das Geheimnis an eine andere schweigepflichtige Person weitergegeben wird.[14] Daran ändert sich auch nichts, wenn der Mitteilungsempfänger bei der **Datenwartung, beim Outsourcing oder Cloud-Computing** seinerseits Vertraulichkeit vertraglich zusichert.[15] Nimmt der Empfänger der Informationen jedoch selbst am konkreten Vertrauensverhältnis teil, so ist ein Offenbaren zu verneinen. Das kann vor allem bei Weitergabe innerhalb derselben Abteilung eines Unternehmens[16] oder bei **berufsmäßigen Gehilfen** – wie etwa einer Rechtsanwaltsgehilfin oder Krankenschwester – der Fall sein, wenn diese im Rahmen einer ordnungsgemäßen Berufsausübung beigezogen werden.[17] Berufsmäßig tätiger Gehilfe ist, wer im inneren Zusammenhang mit dem beruflichen Wirkungsbereich des Schweigepflichtigen eine auf dessen berufliche Tätigkeit bezogene unterstützende Tätigkeit ausübt, die die Kenntnis fremder Geheimnisse mit sich bringt oder ohne Überwindung besonderer Hindernisse ermöglicht.[18] Tätigkeiten, die nur die **äußeren Bedingungen für die Berufstätigkeit** schaffen, sind hiervon abzugrenzen.

(1) Streitig ist vor allem die Einstufung von externen Personen im Rahmen der 11 **Datenwartung** und beim **Outsourcing** von Daten zur Verwaltung und Kostenabrechnung. Nach traditioneller Ansicht sind solche Personen nicht als Gehilfen einzustufen, selbst wenn ihre Tätigkeit unmittelbar der Berufstätigkeit des Schweigepflichtigen dient.[19] Argumentativ kann dies auf den Schutzzweck der Vorschrift

---

[12] *Bräutigam* CR 2011, 411 (413); *Jandt/Roßnagel/Wilke* NZS 2011, 641 (645); *Lensdorf/Mayer-Wegelin/Mantz* CR 2009, 62 (67).

[13] *Cierniak/Pohlit* in MünchKomm § 203 Rn. 52; *Lenckner/Eisele* in Schönke/Schröder § 203 Rn. 19; nur auf die Möglichkeit der Kenntnisnahme abstellend *Lilie*, FS Otto, 2007, S. 673 (680 f.); *Kintzi* DRiZ 2007, 244 (245); *Schünemann* in LK § 203 Rn. 41.

[14] BGHZ 116, 268 (272); BayObLG NJW 1995, 1623; *Kargl* in NK § 203 Rn. 19; *Lackner/Kühl* § 203 Rn. 17.

[15] *Lilie*, FS Otto, 2007, S. 673 (679); speziell zur Strafbarkeit des Datenschutzbeauftragten vgl. *Kort* NStZ 2011, 193.

[16] *Bräutigam* CR 2011, 411 (414); *Hilgendorf*, FS Tiedemann, 2007, S. 1125 (1133); *Lackner/Kühl* § 203 Rn. 17.

[17] OVG Lüneburg NJW 1984, 2652 (2654); *Cierniak/Pohlit* in MünchKomm § 203 Rn. 50; *Heghmanns/Niehaus* NStZ 2008, 57 (58); *Lenckner/Eisele* in Schönke/Schröder § 203 Rn. 19a; aA *Hoyer* in SK § 203 Rn. 33 ff. Dazu, dass dies freilich nur im Regelfall gilt, *Sieber*, FS Eser, 2005, S. 1155 (1165).

[18] *Lenckner/Eisele* in Schönke/Schröder § 203 Rn. 64.

[19] Zum Outsourcing *Cierniak/Pohlit* in MünchKomm § 203 Rn. 124; *Fischer* § 203 Rn. 21; *Hilgendorf*, FS Tiedemann, 2007, S. 1125 (1129); *Schünemann* in LK § 203 Rn. 78, 80; *Sieber*, FS Eser, 2005, S. 1155 (1161 ff.); zur Datenwartung auch *Koch* CR 1987, 284; *Otto* wistra 1999, 201 (203); vgl. aber *Ehmann* CR 1991, 293 f., der bei einer Wartung vor Ort anders entscheiden möchte.

gestützt werden, der an die Inanspruchnahme von Vertrauen gegenüber den genannten Berufsgruppen anknüpft. Dies bedingt aber, dass die Gehilfen organisato-
risch in die Tätigkeit des Schweigepflichtigen mit eingebunden sind.[20] Nach dieser
Ansicht kann gegenüber solchen Personen ein Offenbaren und damit eine Strafbarkeit vorliegen, soweit nicht im Einzelfall eine besondere Befugnis zur Offenbarung
gegeben ist.[21] Ferner muss man sehen, dass solche Personen, die nicht als Gehilfen
eingestuft werden, dann ihrerseits auch nicht iSd § 203 Abs. 3 S. 1 StGB schweige-
pflichtig sind.

12   (2) Gegen diese enge Begrenzung wird angeführt, dass gerade für das Outsourcing von Daten in selbständigen Unternehmen schon aus Gründen der Kos-
tenersparnis ein großes wirtschaftliches Interesse besteht.[22] Zudem wird man sehen
müssen, dass in Zeiten immer komplexer werdender informationstechnischer Ab-
läufe Arztpraxen, Rechtsanwaltskanzleien usw. die Datenverarbeitung ohne fremde
Hilfe kaum noch zuverlässig und mit erträglichem Aufwand bewältigen können.
Insofern kann die Verlagerung der Datenverwaltung an externe Unternehmen,
die hierauf spezialisiert sind, zugleich der Datensicherheit und der Wahrung des
Geheimnisses dienen, wenn etwa hier ein deutlich besserer Schutz gegen Ha-
ckerangriffe usw. gewährleistet wird. Daher wird in der Literatur aus guten Gründen für die Einstufung zum Gehilfen darauf abgestellt, ob der Schweigepflichtige
noch hinreichende Steuerungs-, Kontroll- und Weisungsrechte besitzt, wobei die
Auftragsdatenverwaltung nach § 11 BDSG als Maßstab dienen soll.[23] Der Einwand hiergegen, dass dies zu einer erlaubnispflichtigen Arbeitnehmerüberlas-
sung iSd § 1 AÜG führen würde,[24] trägt jedoch nicht, weil es für die spezielle
Frage des § 203 StGB nicht auf das gesamte Arbeitsverhältnis ankommt, sondern
nur etwaige Weisungsrechte hinsichtlich der Datenverarbeitung im Vordergrund
stehen.[25] Weil die Gehilfeneigenschaft externer Personen jedoch zugleich die Möglichkeit einer Strafbarkeit dieser Personen nach § 203 Abs. 3 S. 2 StGB begründet,
wäre schon im Hinblick auf das Analogieverbot[26] eine gesetzliche Regelung, die
in Anlehnung an § 11 BDSG auch beauftragte IT-Dienstleister einbezieht, wün-
schenswert.[27]

13   cc) Die Offenbarung muss ferner **unbefugt** erfolgen. Im Falle einer Einwilligung
in die Offenbarung ist richtigerweise bereits der Tatbestand ausgeschlossen, da
aufgrund des Individualschutzes der Vorschrift das besondere Vertrauen in die Geheimhaltung nicht verletzt wird.[28] In den genannten Fällen des Outsourcings von
Daten usw. kann daher prinzipiell das Einverständnis der Betroffenen eingeholt wer-

---

[20] Vgl. *Bosch* in SSW § 203 Rn. 28; *Cierniak/Pohlit* in MünchKomm § 203 Rn. 116; *Schünemann*
in LK § 203 Rn. 78; *Sieber*, FS Eser, 2005, S. 1155 (1166).
[21] S. Rn. 10.
[22] Vgl. nur *Lilie*, FS Otto, 2007, S. 673 f.
[23] *Heghmanns/Niehaus* NStZ 2008, 57 (58 ff.); *Hoenike/Hülsdünk* MMR 2004, 788 ff.; *Jahn*
AnwBl. 2011, 613 (618); *Lensdorf/Mayer-Wegelin/Mantz* CR 2009, 62 (64); für die konzerninterne
Datenweitergabe auch *Bräutigam* CR 2011, 411 (415 f.).
[24] *Koch* CR 1987, 284 (285); *Lilie*, FS Otto, 2007, S. 673 (676).
[25] *Lensdorf/Mayer-Wegelin/Mantz* CR 2009, 62 (64).
[26] Krit. auch *Jandt/Roßnagel/Wilke* NZS 2011, 641 (645); vgl. aber *Hoenike/Hülsdünk* MMR
2004, 788 (691).
[27] Vgl. Gutachten der Großen Strafrechtskommission des Deutschen Richerbundes, *Kintzi* DRiZ
2007, 244 (249); *Sieber*, FS Eser, 2005, S. 1155 (1183); für die Zulässigkeit des Outsourcings nur
innerhalb des Unternehmens *Lilie*, FS Otto, 2007, S. 673 (687).
[28] OLG Köln NJW 1962, 686; OLG Frankfurt a.M. NStZ-RR 2005, 235 (236); *Lenckner/Eisele*
in Schönke/Schröder § 203 Rn. 21 ff.; aA *Lackner/Kühl* Vorbem. § 201 Rn. 2; *Rogall* NStZ 1983,
1 (6).

den.[29] Allerdings dürften damit die oben angesprochenen Probleme kaum gelöst werden, weil für die Verlagerung des Altdatenbestandes auf externe Dienstleister kaum noch von allen Betroffenen nachträglich ein Einverständnis eingeholt werden kann und die jederzeit mögliche Verweigerung des Einverständnisses dazu führen würde, dass ein Outsourcing nur für einen Teil der Daten möglich wäre. Dies wäre aber letztlich unwirtschaftlich und müsste zu einer zusätzlichen Inhouse-Datenverarbeitung führen.[30] Außerhalb von Einwilligungen kann eine Befugnis nur einen Rechtfertigungsgrund begründen.[31] Dabei sind spezielle gesetzliche Regelungen – etwa zur Weitergabe von Daten zu Abrechnungszwecken nach SGB – zu beachten.[32]

2. Subjektiver Tatbestand

Für den subjektiven Tatbestand ist Eventualvorsatz ausreichend.[33]   **14**

Rechtsprechung: BayObLG NJW 1995, 1623 (Offenbaren an Schweigepflichtigen).

Aufsätze: *Heghmanns/Niehaus*, Outsourcing im Versicherungswesen und der Gehilfenbegriff des § 203 III 2 StGB, NStZ 2008, 57; *Hilgendorf*, Strafbarkeitsrisiken nach § 203 StGB bei Offenbarungsketten im Kontext des IT-Outsourcing, FS Tiedemann, 2007, S. 1125; *Kintzi*, Externe Datenverarbeitung von Berufsgeheimnissen im Kontext von § 203 StGB – Verletzung von Privatgeheimnissen, DRiZ 2007, 244; *Lilie*, Datenfernwartung durch Geheimnisträger, Ein Beitrag zur Reform des § 203 StGB, FS Otto, 2007, S. 673; *Otto*, Strafrechtliche Konsequenzen aus der Ermöglichung der Kenntnisnahme von Bankgeheimnissen in einem öffentlich-rechtlichen Kreditinstitut durch Wartungs- und Servicepersonal eines Computer-Netzwerkes, wistra 1999, 201; *Sieber*, Der strafrechtliche Schutz des Arzt- und Patientengeheimnisses unter den Bedingungen der modernen Informationstechnik, FS Eser, 2005, S. 1155.

Übungsfälle: *Bohnert*, Jura 2004, 640; *Jung*, Der listige Sportler, JuS 1992, 131; *Seier*, Der fürsorgliche Familienvater, JuS 1984, 205.

§ 13. Verwertung fremder Geheimnisse (§ 204 StGB)

I. Grundlagen

Für das geschützte Rechtsgut kann auf § 203 StGB verwiesen werden, wobei es **15** hier darum geht, dass die Schweigepflichtigen aus den anvertrauten Geheimnissen keinen wirtschaftlichen Nutzen ziehen.[34] Nach § 205 StGB ist ebenfalls ein Strafantrag erforderlich.

II. Prüfungsschema

1. Tatbestand
    a) Objektiver Tatbestand
        aa) Täter: Schweigepflichtiger nach § 203 Abs. 1 bis Abs. 3 StGB
	16

---

[29] Näher zu den komplexen Einwilligungsfragen *Sieber*, FS Eser, 2005, S. 1155 (1173 ff.).
[30] *Kintzi* DRiZ 2007, 244 (245); *Lensdorf/Mayer-Wegelin/Mantz* CR 2009, 62 (67); *Sieber*, FS Eser, 2005, S. 1155 (1182).
[31] *Lenckner/Eisele* in Schönke/Schröder § 203 Rn. 26 ff. Für eine Anwendung von § 34 StGB *Otto* wistra 1999, 201 (204 ff.).
[32] Dazu *Lenckner/Eisele* in Schönke/Schröder § 203 Rn. 29 a.
[33] *Lenckner/Eisele* in Schönke/Schröder § 203 Rn. 71; *Schünemann* in LK § 203 Rn. 87.
[34] Vgl. auch *Lackner/Kühl* § 204 Rn. 1; *Lenckner/Eisele* in Schönke/Schröder § 204 Rn. 1; *Tag* in HK § 204 Rn. 1.

III. Überblick

17 Da § 204 StGB an eine Verschwiegenheitspflicht nach § 203 Abs. 1 bis Abs. 3 StGB anknüpft, handelt es sich ebenfalls um ein echtes **Sonderdelikt.** Die **Verwertung eines Geheimnisses** verlangt die wirtschaftliche Ausnutzung zur Gewinnerzielung. Daher erfasst die Vorschrift von vornherein nur solche Geheimnisse, die auch zur wirtschaftlichen Ausnutzung geeignet sind.[35] Betriebs- und Geschäftsgeheimnisse sind hierfür die wichtigsten Beispiele, die das Gesetz exemplarisch („namentlich") hervorhebt. Unter **Betriebs- und Geschäftsgeheimnissen** werden Geheimnisse verstanden, die im Zusammenhang mit einem Geschäftsbetrieb stehen und an deren Geheimhaltung der Unternehmer ein wirtschaftliches Interesse hat. Mit dem Begriff des Betriebsgeheimnisses werden die die technische Seite eines Unternehmens betreffenden Tatsachen erfasst, während man unter Geschäftsgeheimnissen die Geheimnisse des kaufmännischen Bereichs versteht, ohne dass es einer genauen Abgrenzung bedarf.[36] Allerdings begründet nicht jedes wirtschaftliche Ausnutzen zugleich ein Verwerten. Vielmehr ist erforderlich, dass der Täter die wirtschaftlichen Nutzungsmöglichkeiten in der Absicht realisiert, daraus unmittelbar auf Kosten des Geheimnisträgers Gewinn zu erzielen.[37]

Beispiel: Patentanwalt P soll ein Computerprogramm als Softwarepatent anmelden. Stattdessen nutzt er die Kenntnisse zur Herstellung eigener Programme. – Ein Verwerten nach § 204 StGB liegt vor, weil das wirtschaftliche Ausnutzen zum Nachteil seines Mandanten erfolgt.

Gegenbeispiel: T verwertet Insider-Informationen beim Kauf von Aktien, so dass er diese rechtzeitig erwirbt, bevor die Kurse steigen. – Ein Verwerten ist zu verneinen, weil hier kein Nutzen zu Lasten des Geheimnisträgers gezogen wird.[38]

18 Soweit dem Verwerten ein Offenbaren vorausgeht oder dieses durch Offenbaren erfolgt, wird § 204 StGB von § 203 StGB verdrängt.[39]

§ 14. Verletzung des Post- oder Fernmeldegeheimnisses (§ 206 StGB)

I. Grundlagen

19 Die Vorschrift schützt das **Post- und Fernmeldegeheimnis.** Geschützt ist nicht allein das individuelle Interesse daran, dass Informationen nicht zur Kenntnis Drit-

---

[35] *Graf* in MünchKomm § 204 Rn. 7; *Kargl* in NK § 204 Rn. 2.
[36] *Lenckner/Eisele* in Schönke/Schröder § 203 Rn. 11; *Ohly* in Piper/Ohly/Sosnitza § 17 Rn. 5; *Rengier* in Fezer, Lauterkeitsrecht § 17 Rn. 8.
[37] *Kargl* in NK § 204 Rn. 2; *Schünemann* in LK § 204 Rn. 6; aA *Bosch* in SSW § 203 Rn. 3.
[38] Dazu näher *Lenckner/Eisele* in Schönke/Schröder § 203 Rn. 5/6 mwN.
[39] *Graf* in MünchKomm § 204 Rn. 23; *Lackner/Kühl* § 204 Rn. 6.

ter gelangen, sondern zugleich auch das Vertrauen der Allgemeinheit in die Sicherheit und Zuverlässigkeit des Post- und Telekommunikationsverkehrs als Allgemeinrechtsgut.[40] Es handelt sich um ein Sonderdelikt, da der Täterkreis auf bestimmte Personen beschränkt ist.[41]

II. Prüfungsschema

1. Tatbestand　　　　　　　　　　　　　　　　　　　　　　　　　　　　　　　　　20
　a) Objektiver Tatbestand
　　aa) Täter nach Abs. 1 und Abs. 2: Inhaber oder Beschäftigter eines Unternehmens, das geschäftsmäßig Post- oder Telekommunikationsdienste erbringt; Erweiterung in Abs. 3
　　　P: Begriff des Telekommunikationsunternehmens (Rn. 26 ff.)
　　bb) Tathandlungen
　　　(1) Abs. 1: Unbefugte Mitteilung über Tatsachen, die dem Post- oder Fernmeldegeheimnis (Legaldefinition Abs. 5) unterliegen und in Täterfunktion bekannt geworden sind.
　　　(2) Abs. 2 Nr. 1: Unbefugtes Öffnen eine Sendung, die einem Post- oder Telekommunikationsunternehmen zur Übermittlung anvertraut worden und verschlossen ist, oder Kenntnisverschaffen vom Inhalt ohne Öffnung des Verschlusses unter Anwendung technischer Mittel
　　　(3) Abs. 2 Nr. 2: Unterdrücken einer einem solchen Unternehmen zur Übermittlung anvertrauten Sendung
　　　P: Reichweite des Telekommunikationsgeheimnisses (Rn. 35 f.)
　　　(4) Abs. 2 Nr. 3: Gestatten oder Fördern von Handlungen nach Abs. 2 Nr. 1 und Nr. 2
　　　(5) Abs. 4: Unbefugte Mitteilung über Tatsachen, die einem als außerhalb des Post- oder Telekommunikationsbereichs tätigen Amtsträger auf Grund eines befugten oder unbefugten Eingriffs in das Post- oder Fernmeldegeheimnis bekannt geworden sind.
　b) Subjektiver Tatbestand
2. Rechtswidrigkeit
　P: Anwendbarkeit allgemeiner Rechtfertigungsgründe (Rn. 40 f.)
3. Schuld

III. Tatbestand

1. Objektiver Tatbestand

　a) Dem **Fernmeldegeheimnis** unterfallen nach Abs. 5 der Inhalt der Telekom-　21 munikation sowie ihre näheren Umstände, insbesondere die Tatsache, ob jemand an einem Telekommunikationsvorgang beteiligt ist oder war.

---

[40] *Altvater* in LK § 206 Rn. 4; *Hoyer* in SK § 206 Rn. 4; *Lenckner/Eisele* in Schönke/Schröder § 206 Rn. 2; für alleinigen Schutz des Individualinteresses *Altenhain* in MünchKomm § 206 Rn. 2; *Welp*, FS Lenckner, 1998, S. 619 (626 ff.).
[41] *Kargl* in NK § 206 Rn. 5; *Lackner/Kühl* § 206 Rn. 2; *Lenckner/Eisele* in Schönke/Schröder § 206 Rn. 38; *Popp* in AnwK § 206 Rn. 8.

22   aa) Für den Begriff der Telekommunikation kann auf § 3 Nr. 22 TKG zurückgegriffen werden, so dass darunter der technische Vorgang des Aussendens, Übermittelns und Empfangens von Signalen mittels Telekommunikationsanlagen zu verstehen ist. Telekommunikationsdiensteanbieter zeichnen sich dadurch aus, dass sie als
Dritte die Kommunikation zwischen zwei Nutzern vermitteln bzw. ermöglichen.
Einbezogen sind die Inhalte aller individuellen Nachrichtenübermittlungen, insbes.
per Telefon, Telefax, E-Mail, Internet (Voice over IP[42]). Zu den näheren Umständen
der Telekommunikation gehört, ob jemand an einem Telekommunikationsvorgang
beteiligt ist, so dass auch die Verbindungsdaten eines Telekommunikationsvorgangs
(Rufnummern, IP-Adresse, Zeit, Ort, Gesprächsdauer, Adressat usw.) erfasst werden.[43] Nach Abs. 5 S. 3 StGB sind auch die Umstände erfolgloser Verbindungsver-
suche einbezogen, dh das Anwählen der Nummer des Empfängers, ohne dass hierbei das Gespräch zustande kommt. Erfasst werden ferner die Standortdaten von
Mobiltelefonen,[44] soweit tatsächlich telefoniert wird. Wird kein Kommunikationsvorgang aufgebaut, so fällt die Standortbestimmung mit Hilfe der Daten, die das
Gerät zur Sicherung der Betriebsbereitschaft aussendet, nicht in den Bereich des
Fernmeldegeheimnisses, weil es sich hier um einen rein technischen Vorgang handelt und auch Abs. 5 S. 3 StGB nahelegt, dass zumindest ein erfolgloser Verbin-
dungsversuch vorliegen muss.[45]

23   bb) Nicht erfasst sind hingegen **Telemediendienste**,[46] dh „dialogisch" organisierte
Dienste zwischen Anbietern und Nutzern, bei denen der Anbieter dem Nutzer Inhalte oder andere Dienstleistungen unmittelbar zur Verfügung stellt.[47] Zu den Telemedien zählen Online-Angebote von Waren- bzw. Dienstleistungen mit unmittelbarer Bestellmöglichkeit (zB Angebote von Verkehrs- oder Wetterdaten, Call-
Centern, Newsgroups, Chatrooms, elektronische Presse) sowie die kommerzielle
Verbreitung von Informationen über Waren- bzw. Dienstleistungsangebote mit
elektronischer Post, wie zB Werbemails.[48] § 206 StGB ist hier nicht anwendbar, weil
die Vorschrift nur den Schutz bei der Nachrichtenübermittlung zwischen Nutzern
selbst gewährleistet, nicht aber vor einem Geheimnisverrat seitens des Kommunikationspartners, dh dem Anbieter von Telemedien, schützt.

24   b) Strafbar kann nach Abs. 1 und Abs. 2 nur sein, wer **Inhaber oder Beschäftigter**
eines Unternehmens ist, das geschäftsmäßig Telekommunikationsdienste erbringt.

25   aa) Erfasst werden von dem Sonderdelikt grundsätzlich nur Inhaber und Beschäftigte des Diensteanbieters. Inhaber sind nur natürliche Personen, die allein

---

[42] Diese gehört zur Telekommunikation und nicht zu den Telemedien; vgl. BT-Drs. 16/3078, 13 f.;
näher hierzu *Martini/v. Zimmermann* CR 2007, 427 (430).
[43] BVerfG NJW 2012, 1419 (1422); BVerfGE 116, 166 (183); 85, 386 (396); 67, 157 (172); *Mitsch*,
Medienstrafrecht, § 3 Rn. 118.
[44] Nach § 3 Nr. 19 TKG sind „Standortdaten" Daten, die in einem Telekommunikationsnetz erhoben oder verwendet werden und die den Standort des Endgeräts eines Endnutzers eines Telekommunikationsdienstes für die Öffentlichkeit angeben.
[45] Vgl. auch BVerfG NJW 2007, 352 (353 f.); *Altvater* in LK § 206 Rn. 24; aA BGH NJW 2003,
2034 (2035); NJW 2001, 1587; *Altenhain* in MünchKomm § 206 Rn. 32; *Nachbaur* NJW 2007, 335
(337).
[46] Nach § 1 TMG sind Telemedien „alle elektronischen Informations- und Kommunikationsdienste, soweit sie nicht Telekommunikationsdienste nach § 3 Nr. 24 des Telekommunikationsgesetzes, die ganz in der Übertragung von Signalen über Telekommunikationsnetze bestehen, telekommunikationsgestützte Dienste nach § 3 Nr. 25 des Telekommunikationsgesetzes oder Rundfunk nach § 2 des Rundfunkstaatsvertrages sind".
[47] *Altenhain* in MünchKomm § 206 Rn. 21; *Altvater* in LK § 206 Rn. 13.
[48] BT-Drs. 16/3078, 13 f.; zu Abgrenzungsfragen vgl. *Perron/Eisele* in Schönke/Schröder § 184
Rn. 55.

oder gemeinsam mit anderen aus eigenem Recht über die sachlichen und personellen Betriebsmittel verfügen und über die Erbringung der Telekommunikationsleistung entscheiden können.[49] Beschäftigte sind hingegen alle Mitarbeiter, die in einem Dienstverhältnis für das Unternehmen tätig sind.[50] Erweitert wird der Täterkreis durch § 206 Abs. 3 StGB für bestimmte externe Personen. Außenstehende Dritte können sich hingegen nur wegen Teilnahme strafbar machen.

Beispiel: Der Geschäftsführer einer GmbH, der nicht selbst Gesellschafter ist, ist kein Inhaber. Er kann jedoch als Beschäftigter zu qualifizieren sein.

bb) Angesichts des Schutzzwecks der Vorschrift wird der **Unternehmensbegriff** 26 von der hM weit ausgelegt[51] und hierbei auf § 88 Abs. 2 iVm § 3 Nr. 6 TKG zurückgegriffen.[52] Zunächst werden klassische Telekommunikationsunternehmen und Internetprovider erfasst. Streitig ist, ob auch andere Unternehmen erfasst werden, die Telekommunikationseinrichtungen für ihre Mitarbeiter zur privaten Nutzung zur Verfügung stellen und deshalb für Dritte anbieten.[53]

Beispiel: O ist Arbeitnehmer bei einem Automobilzulieferer. Der Leiter des Rechenzentrums gibt Inhalte des E-Mail-Verkehrs von O an Dritte weiter.

Die bislang hM bejaht die Unternehmenseigenschaft iSd Tatbestandes und verweist hierzu auf die Regelungen des Telekommunikationsgesetzes.[54] Nach § 3 Nr. 10 27 TKG sei nämlich das nachhaltige Angebot von Telekommunikation für Dritte entscheidend. Dabei komme es auf eine Gewinnerzielungsabsicht bei Erbringung der Telekommunikationsdienstleistungen nicht an, so dass auch das unentgeltliche Bereitstellen erfasst werde.[55] Zudem wirke der Arbeitgeber auch an Telekommunikationsdiensten mit, so dass es sachgerecht sei, die Regelungen des TKG zur Anwendung zu bringen.[56] Die Unternehmenseigenschaft wäre nach dieser Ansicht nur zu verneinen, wenn eine rein betriebliche Nutzung der Telekommunikation im Unternehmen erlaubt ist, dh die Nutzung stets dienstlich veranlasst ist.[57] Denn in diesem Fall erfolgt kein nachhaltiges Angebot von Telekommunikation für Dritte. Daran ändert sich auch dann nichts, wenn im Einzelfall trotz des Verbots eine private Nutzung seitens des Arbeitnehmers erfolgt.[58]

Gegen diese Ansicht lässt sich jedoch einwenden, dass nach § 3 Nr. 24 TKG „Te- 28 lekommunikationsdienste" in der Regel gegen Entgelt erbrachte Dienste sind, während die Privatnutzung in Unternehmen unentgeltlich ist.[59] Zudem ist fraglich, ob ein Beschäftigter eines Unternehmens überhaupt ein Dritter ist, wenn er dasselbe Telefon dienstlich und privat nutzt.[60] Würde der Arbeitgeber als Telekommunika-

---

[49] *Altenhain* in MünchKomm § 206 Rn. 22; *Lenckner/Eisele* in Schönke/Schröder § 206 Rn. 8.

[50] *Altenhain* in MünchKomm § 206 Rn. 22; *Altvater* in LK § 206 Rn. 15; für eine Ausklammerung kurzfristiger Tätigkeiten *Hoyer* in SK § 206 Rn. 8.

[51] OLG Karlsruhe MMR 2005, 178 (180); *Altenhain* in MünchKomm § 206 Rn. 11.

[52] *Altenhain* in MünchKomm § 206 Rn. 11 ff.; *Altvater* in LK § 206 Rn. 11.

[53] Ausf. *Eisele,* Compliance, S. 30 ff.

[54] *Bosch* in SSW § 206 Rn. 2; *Kargl* in NK § 206 Rn. 10; offen gelassen von VGH Kassel NJW 2009, 2470 (2471 f.); S. ferner BT-Drs. 17/4230, 42 f.

[55] *Elschner* in Hdb. Multimedia-Recht Kap. 22.1, Rn. 80; *Störing* CR 2011, 614 (615).

[56] *Büttgen* in Scheurle/Mayen, TKG, § 91 Rn. 15; *Mengel* BB 2004, 2014 (2017).

[57] Vgl. nur *Cornelius/Tschoepe* K&R 2005, 269; *Hanau/Hoeren,* Private Internetnutzung durch Arbeitnehmer, S. 40 f.; aA *Kieper* DuD 1998, 583 (585 f.).

[58] *Härting* CR 2007, 311 (316); *Sauer* K&R 2008, 399 (400); *Schuster* ZIS 2010, 68 (71). Zur Frage einer gemischten Nutzung *Eisele,* Compliance, S. 35 f.

[59] S. *Schimmelpfennig/Wenning* DB 2006, 2290 (2292 f.).

[60] Vgl. auch LAG Niedersachsen NZA-RR 2010, 406 (408); LAG Berlin-Brandenburg NZA-RR 2011, 342 (343); *Rübenstahl/Debus* NZWiSt 2012, 129 (132 f.).

tionsanbieter eingestuft, so wären letztlich seine Kontrollmöglichkeiten sowie unternehmensinterne Ermittlungen (internal investigations) aufgrund der engen Vorgaben des TKG zu sehr eingeschränkt;[61] selbst der Zugriff auf dienstliche Nachrichten unterläge dann den Bindungen des TKG.[62] Richtigerweise wird der Betrieb, der seinen Arbeitnehmern die Privatnutzung gestattet, nicht zum Telekommunikationsunternehmen, so dass § 206 StGB von vornherein zu verneinen ist.

29   c) § 206 StGB normiert in Abs. 1 und Abs. 2 ganz unterschiedliche **Tathandlungen.**

30   aa) Eine Strafbarkeit nach **§ 206 Abs. 1 StGB** setzt voraus, dass der Inhaber oder Beschäftigte des Telekommunikationsanbieters dem Fernmeldegeheimnis unterliegende Tatsachen, die ihm in dieser Eigenschaft bekannt geworden sind, an andere ohne eine entsprechende Befugnis **mitteilt.**[63] Dies ist vor allem bei der Weitergabe von Informationen an Externe der Fall. Erfasst wird aber auch die Mitteilung an andere Personen, die im Unternehmen beschäftigt sind. Der Tatbestand ist nur dann nicht verwirklicht, wenn solche Personen im gewöhnlichen Geschäftsgang bereits selbst originär mit der Sache befasst sind; denn in diesem Fall dient die Weitergabe der Informationen nur der Bewirkung des Telekommunikationsvorgangs, so dass das Fernmeldegeheimnis gegenüber diesen Personen nicht gewahrt werden muss (vgl. auch § 88 Abs. 3 S. 2 TKG).[64] In der **Eigenschaft** als Inhaber werden grundsätzlich alle Tatsachen bekannt, die der Inhaber im Betrieb erfährt.[65] Bei Beschäftigten ist hingegen einschränkend zu verlangen, dass die Kenntnis auf der konkreten telekommunikationsspezifischen Tätigkeit beruhen oder zumindest ein funktionaler Zusammenhang damit bestehen muss.[66] Ausgeklammert werden damit vor allem Fälle, in denen der Täter besondere Sicherheitsmaßnahmen im Unternehmen überwindet, da er hier nur wie ein außenstehender Dritter Kenntnis von den Tatsachen erlangt.[67]

> **Beispiel:** Reinigungskraft T „hackt" sich in das Computersystem des Telekommunikationsunternehmens ein, bei dem sie beschäftigt ist und veräußert die Daten gewinnbringend. – § 206 StGB ist mangels funktionalem Zusammenhang zu verneinen, da T die Tatsachen nicht im Zusammenhang mit ihrer Tätigkeit erfährt; jedoch kommt eine Strafbarkeit nach § 202 a StGB in Betracht.

31   Die Mitteilung muss zudem **unbefugt** erfolgen. Ein Einverständnis in die Mitteilung, das grundsätzlich von allen am Telekommunikationsvorgang Beteiligten erteilt sein muss,[68] schließt bereits den Tatbestand aus. Die Betroffenen sind in diesem Fall nicht mehr schutzwürdig und auch das Vertrauen der Allgemeinheit in die Wahrung des Fernmeldegeheimnisses wird dann nicht berührt.[69] Außerhalb einer Einwilligung erlangt die Unbefugtheit nur als deklaratorischer Verweis auf die allgemeinen Rechtfertigungsgründe, die die Ebene der Rechtswidrigkeit betreffen, Bedeutung.[70]

---

[61] *Kort* DB 2011, 651 (654).
[62] *Thüsing,* Arbeitnehmerdatenschutz und Compliance, Rn. 237.
[63] *Lenckner/Eisele* in Schönke/Schröder § 206 Rn. 10.
[64] *Altenhain* in MünchKomm § 206 Rn. 42; *Altvater* in LK § 206 Rn. 30; *Kargl* in NK § 206 Rn. 23. Lediglich für eine Rechtfertigung *Hoyer* in SK § 206 Rn. 36.
[65] *Lenckner/Eisele* in Schönke/Schröder § 206 Rn. 9.
[66] *Hoyer* in SK § 206 Rn. 9; *Kargl* in NK § 206 Rn. 5.
[67] *Altvater* in LK § 206 Rn. 17; *Lenckner/Eisele* in Schönke/Schröder § 206 Rn. 9; gegen diese Einschränkung *Altenhain* in MünchKomm § 206 Rn. 37.
[68] BVerfGE 85, 386 (399); *Altenhain* in MünchKomm § 206 Rn. 42; *Sternberg-Lieben* Jura 1995, 299 (300 f.).
[69] OLG Karlsruhe MMR 2005, 178 (180); *Hartmann* in HK § 206 Rn. 11; *Lenckner/Eisele* in Schönke/Schröder § 206 Rn. 11; aA *Fischer* § 206 Rn. 9; *Hoyer* in SK § 206 Rn. 34.
[70] Umfassend zu den Befugnissen *Lenckner/Eisele* in Schönke/Schröder § 206 Rn. 13.

bb) § 206 Abs. 2 Nr. 1 StGB schützt die dem Unternehmen zur Übermittlung 32 anvertrauten Sendungen davor, dass der Täter die Sendungen öffnet oder sich von ihrem Inhalt ohne Öffnung des Verschlusses unter Anwendung technischer Mittel Kenntnis verschafft. Für moderne Kommunikationsmittel ist der Tatbestand jedoch stark eingeschränkt, weil nur „verschlossene Sendungen", dh solche, die körperliche Gegenstände – wie Briefe – beinhalten, erfasst werden.[71] Dagegen liegt die unkörperliche Telekommunikation, auch wenn diese bei E-Mails verschlüsselt erfolgt, außerhalb des Anwendungsbereichs.

cc) § 206 Abs. 2 Nr. 2 StGB erfasst das Unterdrücken von Sendungen, die 33 dem Unternehmen zur Übermittlung anvertraut sind. Im Gegensatz zu Nr. 1 müssen die Sendungen nicht „verschlossen" sein, so dass auch unkörperliche Sendungen wie E-Mails einbezogen sind.[72] Ein Unterdrücken liegt vor, wenn in den technischen Vorgang des Aussendens, Übermittelns und Empfangens von Nachrichten mittels Telekommunikationsanlagen iSd § 3 Nr. 22 TKG eingegriffen wird und die Nachricht ihr Ziel gar nicht oder jedenfalls nur unvollständig erreicht.[73]

Beispiel: Mitarbeiter T eines Providers löscht an Nutzer adressierte E-Mails oder macht diese unleserlich, indem der Text durch ungeordnete Zeichen ersetzt wird;[74] ferner verhindert T die Zustellung einzelner E-Mails an die Nutzer.

Erforderlich ist weiterhin, dass die Sendungen dem Unternehmen **anvertraut** 34 sind. Diese müssen daher dem Telekommunikationsunternehmen bereits übermittelt worden sein.[75] Dies ist mangels Herrschaftsgewalt über die Daten zu verneinen, wenn bestimmte E-Mails von vornherein mittels sog. „Blacklists" aufgrund der IP- oder E-Mail-Adresse des Absenders abgelehnt werden, dh diese gar nicht auf dem Server des Unternehmens eingehen.[76]

Zudem muss man sehen, dass das Fernmeldegeheimnis nur die Phase des Über- 35 tragungsvorgangs erfasst,[77] so dass E-Mails, die bereits abgerufen und wie andere Dateien auf dem Rechner gespeichert worden sind, nicht mehr in den Schutzbereich fallen.[78]

Erfasst werden E-Mails aber noch so lange, wie sie auf dem Server verbleiben 36 und per Internetverbindung abgerufen werden können. Anders als Datenträger, die vom Nutzer selbst verwahrt werden, befinden sich solche Daten gerade nicht in der Herrschaftsgewalt des Empfängers.[79] Der Schutz entfällt daher nicht mit dem Eingang der E-Mail beim Empfänger oder mit dessen Kenntnisnahme.[80]

---

[71] *Altenhain* in MünchKomm § 206 Rn. 46; *Lackner/Kühl* § 206 Rn. 8.

[72] OLG Karlsruhe MMR 2005, 178 (180); *Altenhain* in MünchKomm § 206 Rn. 54; aA *Bosch* in SSW § 206 Rn. 20.

[73] *Fischer* § 206 Rn. 15; *Lenckner/Eisele* in Schönke/Schröder § 206 Rn. 20; vgl. aber auch *Altenhain* in MünchKomm § 206 Rn. 56.

[74] OLG Karlsruhe MMR 2005, 178 (180); *Lenckner/Eisele* in Schönke/Schröder § 206 Rn. 10; aA aber *Altenhain* in MünchKomm § 206 Rn. 61.

[75] OLG Karlsruhe MMR 2005, 178 (180); *Heidrich/Tschoepe* MMR 2004, 75 (78).

[76] *Altvater* in LK § 206 Rn. 48 und Rn. 86; *Cornelius/Schoepe* K&R 2005, 269 (270); *Heidrich* CR 2009, 168 (169).

[77] BVerfGE 124, 43 (54); 115, 166 (183 f.); *Eisele*, Compliance, S. 42 f.; *Welp* NStZ 1994, 294 (295). Zu den einzelnen Phasen der E-Mail-Kommunikation *Brodowski* JR 2009, 402; *Graf* in BeckOK StPO, § 100a Rn. 26 ff.

[78] S. VG Frankfurt a. M. CR 2009, 125 f.; *Behling* BB 2010, 892 (893).

[79] BVerfGE 124, 43 (55); vgl. auch LG Hamburg StV 2009, 70 (71).

[80] BVerfGE 124, 43 (56); *Brodowski* JR 2009, 402 (405); *Gercke* StV 2009, 624 (625); so aber *Rübenstahl/Debus* NZWiSt 2012, 129 (134).

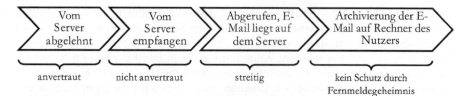

37   **dd) § 206 Abs. 2 Nr. 3 StGB** erhebt Teilnahmehandlungen zur Täterschaft, wenn der Inhaber oder Beschäftigte eines Unternehmens iSd Abs. 1 unbefugt Handlungen nach Abs. 1 oder Abs. 2 Nr. 1, 2 gestattet oder fördert.

2. Subjektiver Tatbestand

38   In subjektiver Hinsicht ist dolus eventualis ausreichend.[81] Der Vorsatz kann aufgrund eines Tatumstandsirrtums zu verneinen sein, wenn der Täter irrig von einem Einverständnis ausgeht.

IV. Rechtswidrigkeit

1. Grundsätze des § 88 Abs. 3 TKG

39   Besonderheiten sind hinsichtlich einer möglichen Rechtfertigung zu beachten, weil die einschränkenden Grundsätze des § 88 Abs. 3 TKG auch im Rahmen des § 206 StGB gelten sollen.[82] Demnach ist es den Verpflichteten untersagt, sich oder Anderen über das für die geschäftsmäßige Erbringung der Telekommunikationsdienste einschließlich des Schutzes ihrer technischen Systeme erforderliche Maß hinaus Kenntnis vom Inhalt oder den näheren Umständen der Telekommunikation zu verschaffen. Eine Verwendung dieser Kenntnisse für andere Zwecke ist nur zulässig, soweit das **TKG oder eine andere gesetzliche Vorschrift** dies vorsieht und sich dabei ausdrücklich auf Telekommunikationsvorgänge bezieht.

> **Beispiel:** T ist Administrator bei einem Telekommunikationsunternehmen. Aufgrund seiner Einstellungen werden auf dem Server eingegangene Viren- und Spam-Mails den Nutzern ohne deren Einverständnis nicht zugestellt.

2. Anwendbarkeit des § 34 StGB

40   Da die auf dem Server eingegangenen E-Mails dem Unternehmen anvertraut sind, ist der Tatbestand des § 206 Abs. 2 Nr. 2 StGB verwirklicht. Eine Rechtfertigung nach § 34 StGB scheidet nach hM aus, da sich diese Vorschrift nicht ausdrücklich auf Telekommunikationsvorgänge bezieht und sich der Gesetzgeber mit den speziellen Datenschutzvorschriften der §§ 91 ff. TKG die Entscheidung darüber vorbehalten wollte, wann ein Eingriff in das besonders schützenswerte Post- und Fernmeldegeheimnis als erlaubt anzusehen ist.[83] Daher ist es auch wenig überzeugend, wenn nach anderer Ansicht § 34 StGB zumindest in Fällen des Unterdrückens zur Anwendung gelangen und dabei das durch Art. 10 GG geschützte Fernmeldegeheimnis im Rahmen der Abwägung zu berücksichtigen sein

---

[81] *Bosch* in SSW § 206 Rn. 13; *Hartmann* in HK § 206 Rn. 24; *Kindhäuser* LPK § 206 Rn. 10; *Lackner/Kühl* § 206 Rn. 14.
[82] Ausf. *Eisele,* Compliance, S. 44 ff.; ferner *Altenhain* in MünchKomm § 206 Rn. 68; *Hoyer* in SK § 206 Rn. 35; aA *Altvater* in LK § 206 Rn. 71.
[83] BR-Drs. 147/97, 46; ferner BT-Drs. 13/3609, 53.

soll.[84] Entsprechendes gilt für die Forderung, dass in nicht näher präzisierten Fallgestaltungen, die den Rahmen des § 88 Abs. 3 S. 3 TKG „sprengen", die allgemeinen Rechtfertigungsgründe zur Anwendung gelangen sollen.[85] Für virenverseuchte E-Mails bieten zudem § 88 Abs. 3 S. 2 TKG und § 109 TKG bereits eine spezielle Befugnis, weil der Dienstanbieter hiernach technische Vorkehrungen oder andere angemessene Schutzmaßnahmen für die technischen Systeme zu treffen hat.[86] Hingegen dürfen Spam-Mails nicht ohne Einverständnis des Nutzers zurückgehalten werden, weil diese in der Regel das System nicht stören und ohne Weiteres in einen spezifischen Spam-Ordner verschoben werden können.[87]

3. Einverständnis und mutmaßliche Einwilligung

§ 88 Abs. 3 S. 3 TKG lässt hingegen das tatbestandsausschließende Einverständ- **41**
nis sowie die mutmaßliche Einwilligung unberührt, da in solchen Fällen das Handeln im Einklang mit dem Willen des Betroffenen steht.[88] Bei virenverseuchten E-Mails kommt als Rechtfertigung daher auch eine mutmaßliche Einwilligung des Nutzers mit der Ausfilterung in Betracht.[89] Bei Spam-Mails ist auch insoweit anders zu entscheiden[90], da diese in einem gesonderten Ordner abgelegt werden können[91] und der Nutzer auch ein Interesse daran haben kann, dass er bestimmte Werbemails erhält.[92]

Rechtsprechung: BVerfGE 124, 43 (Umfang des Fernmeldegeheimnisses); OLG Karlsruhe MMR 2005, 178 (Rechtfertigung beim Ausfiltern von E-Mails).

Aufsätze: *Cornelius/Schoepe*, Strafrechtliche Grenzen der zentralen E-Mail-Filterung und -Blockade, K&R 2005, 269; *Rübenstahl/Debus*, Strafbarkeit verdachtsabhängiger E-Mail- und EDV-Kontrollen bei Internal Investigations?, NZWiSt 2012, 129; *Sassenberg/Lammer*, Zulässigkeit der Spam-Filterung im Unternehmen, DuD 2008, 461; *Sauer*, Der Einsatz von Spamfiltern am Arbeitsplatz – Eine kritische Analyse, K&R 2008, 399; *Schuster*, IT-gestützte interne Ermittlungen in Unternehmen – Strafbarkeitsrisiken nach den §§ 202a, 206 StGB, ZIS 2010, 68 ff.

§ 15. Abhören und Mitteilen von Nachrichten; Missbrauch von Sendeanlagen (§ 148 TKG)

I. Grundlagen

Bestraft wird nach § 148 TKG, wer entgegen § 89 S. 1 oder S. 2 TKG mit einer **42**
Funkanlage eine Nachricht abhört oder den Inhalt einer Nachricht oder die Tatsache ihres Empfangs einem Anderen mitteilt oder entgegen § 90 Abs. 1 S. 1 TKG

---

[84] *Altvater* in LK § 206 Rn. 80.

[85] OLG Karlsruhe MMR 2005, 178 (180).

[86] *Altvater* in LK § 206 Rn. 73; *Heidrich/Tschoepe* MMR 2004, 75 (78).

[87] *Heidrich/Tschoepe* MMR 2004, 75 (78); *Schmidl* MMR 2005, 343 (344); vgl. aber *Bock* in Beck'scher TKG-Kommentar, § 88 Rn. 26.

[88] *Hoyer* in SK § 206 Rn. 39; *Lenckner/Eisele* in Schönke/Schröder § 206 Rn. 14; aA *Altenhain* in MünchKomm § 206 Rn. 71.

[89] *Lejeune* CR 2005, 290 (291); *Sassenberg/Lammer* DuD 2008, 461 (463).

[90] *Heidrich/Tschoepe* MMR 2004, 75 (79); *Altvater* in LK § 206 Rn. 86; vgl. aber *Sauer* K&R 2008, 399 (401).

[91] Vgl. auch OLG Karlsruhe MMR 2005, 178 (180 f.), wonach eine Filterung nur bei Viren zulässig sein soll; *Eckhardt* in Spindler/Schuster, § 88 TKG Rn. 28; aA *Beckschulze* DB 2007, 1526 (1528).

[92] *Gola*, Datenschutz, Rn. 120.

eine dort genannte Sendeanlage besitzt oder herstellt, vertreibt, einführt oder sonst in den Geltungsbereich dieses Gesetzes verbringt. Die Vorschrift dient dem **Schutz des Fernmeldegeheimnisses** sowie dem **allgemeinen Persönlichkeitsrecht** der betroffenen Personen.[93] Nur in Abs. 1 Nr. 1 Var. 1 (Abhören mit einer Funkanlage) ist ein Erfolgsdelikt geregelt, im Übrigen handelt es sich um abstrakte Gefährdungsdelikte.[94] Abs. 2 pönalisiert die Fahrlässigkeit (nur) in den Fällen des Abs. 1 Nr. 2 lit. b. Ergänzend normiert § 149 TKG für eine Vielzahl von Verstößen gegen das TKG **Ordnungswidrigkeiten.** Soweit nicht der Anwendungsbereich des TKG, sondern derjenige des TMG betroffen ist, ist für Verstöße die Bußgeldvorschrift des § 16 TMG zu beachten.

II. Prüfungsschema

43

1. Tatbestand
   a) Objektiver Tatbestand
      aa) Abs. 1 Nr. 1 Var. 1: Abhören mit eine Funkanlage entgegen § 89 S. 1 oder S. 2 TKG
      P: Schwarzsurfen in ungesicherten WLAN-Netzen (Rn. 44 ff.)
      bb) Abs. 1 Nr. 1 Var. 2: Mitteilen des Inhalts einer Nachricht oder die Tatsache ihres Empfangs entgegen § 89 S. 1 oder S. 2 TKG
      cc) Abs. 1 Nr. 2 lit. a: Besitzen einer Sendeanlage entgegen § 90 Abs. 1 S. 1 TKG
      dd) Abs. 1 Nr. 2 lit. b: Herstellen, Vertreiben, Einführen oder sonstiges Verbringen in den Geltungsbereich dieses Gesetzes einer Sendeanlage entgegen § 90 Abs. 1 S. 1 TKG
   b) Subjektiver Tatbestand
2. Rechtswidrigkeit
3. Schuld

III. Tatbestand

1. Objektiver Tatbestand

44   a) **Abs. 1 Nr. 1 Var. 1** enthält für das Abhören mittels eine Funkanlage keine Beschränkung des Täterkreises. Für den Begriff der **Funkanlage** kann § 2 Nr. 3 FETG (Gesetz über Funkanlagen und Telekommunikationsendeinrichtungen) herangezogen werden.[95] Typische Fälle sind Radiogeräte und CB-Funkgeräte. Weil ein Computer beim WLAN durch den Empfang von Funkwellen kommunizieren kann, handelt es sich auch insoweit um eine Funkanlage.[96] Sofern man aufgrund des

---

[93] *Altenhain* in MünchKomm § 148 TKG Rn. 5.

[94] *Altenhain* in MünchKomm § 148 TKG Rn. 7.

[95] Demnach ist eine Funkanlage „ein Erzeugnis oder ein wesentliches Bauteil davon, das in dem für terrestrische/satellitengestützte Funkkommunikation zugewiesenen Spektrum durch Ausstrahlung und/oder Empfang von Funkwellen kommunizieren kann"; nach § 3 Nr. 3 TKG aF (1996) waren Funkanlagen „elektrische Sende- oder Empfangseinrichtungen, zwischen denen die Informationsübertragung ohne Verbindungsleitungen stattfinden kann"; näher *Altenhain* in MünchKomm § 148 TKG Rn. 28 f.

[96] AG Wuppertal NStZ 2008, 161; *Buermeyer* HRRS 2004, 285 (290); *Höfinger* ZUM 2011, 212; ferner *Ernst/Spoenle* CR 2008, 439 (440), mit näheren technischen Details.

Schutzzwecks der Vorschrift zusätzlich fordert, dass die Nachricht nicht nur mit einer Funkanlage abgehört, sondern auch mittels einer Funkanlage abgestrahlt wird, wäre diese Voraussetzung mit dem WLAN-Router ebenfalls erfüllt.[97]

aa) Der **Nachrichtenbegriff** ist grundsätzlich weit zu verstehen. Erfasst werden **45** alle mündlichen und schriftlichen Mitteilungen.[98] Einbezogen sind neben SMS damit vor allem auch E-Mails und Chat-Verkehr.[99] Fraglich ist, ob in der Zuweisung einer IP-Adresse vom WLAN-Router an den Adapter des Rechners (Client) des Nutzers bereits eine **Nachricht** gesehen werden kann. Bedeutung hat dies vor allem beim Schwarzsurfen in fremden WLAN-Netzen.

Beispiel: T loggt sich in ein ungesichertes WLAN ein, um unentgeltlich zu Surfen.

Das Merkmal der Nachricht wird vom AG Wuppertal[100] mit Hinweis auf die **46** Rechtsprechung des BGH bejaht, wonach auch Strahlungen einer Radarfalle vom Begriff der Funkanlage erfasst werden.[101] Hiergegen spricht jedoch, dass die Versendung der IP-Adresse zwingender Bestandteil der technischen Infrastruktur ist und der Adressierung der eigentlichen Nachrichteninhalte dient.[102] Zudem sind hier richtigerweise auch nicht die geschützten Rechtsgüter – Fernmeldegeheimnis und allgemeines Persönlichkeitsrecht – betroffen.[103] Werden später mittels der aufgebauten Internetverbindung Inhalte übermittelt, so handelt es sich hierbei zwar um Nachrichten; diese sind jedoch für den (unbefugten) Nutzer als Veranlasser der Kommunikation bestimmt,[104] so dass der Tatbestand insoweit zu verneinen ist.[105]

bb) Abhören ist nicht nur das zufällige Mithören, sondern setzt den gezielten **47** Einsatz der Funkanlage voraus.[106] Es liegt nicht nur beim Zuhören, sondern auch beim Aufzeichnen von Nachrichten vor, weil es auf eine unmittelbare Wahrnehmung nicht ankommt.[107] Angesichts des Schutzzwecks der Vorschrift muss sich das Abhören nicht auf eine akustische Kommunikation beziehen, vielmehr kann auch E-Mail- und SMS-Verkehr „abgehört" werden.[108] Auf die Heimlichkeit des Abhörens[109] oder das Vorliegen einer Verschlüsselung kommt es ebenfalls nicht

---

[97] *Altenhain* in MünchKomm § 148 TKG Rn. 29; vgl. aber AG Potsdam ZUM 2000, 166 (167), wonach jegliche Telekommunikation erfasst ist; *Trute* in Trute/Spoerr/Bosch, TKG mit FTEG, § 86 Rn. 6.

[98] *Bock* in Beck'scher TKG Kommentar § 89 Rn. 7.

[99] *Altenhain* in MünchKomm § 148 TKG Rn. 9; *Mitsch*, Medienstrafrecht, § 6 Rn. 45.

[100] AG Wuppertal NStZ 2008, 161; ferner *Bär* MMR 2005, 434 (440).

[101] BGHSt 30, 15 (20 f.) zu § 1 Abs. 1 S. 2 FAG aF; krit. dazu *Hagemeier* HRRS 2011, 72 (77).

[102] *Altenhain* in MünchKomm § 148 TKG Rn. 12; *Buermeyer* HRRS 2004, 285 (289); *Ernst/Spoenle* CR 2008, 439 (440).

[103] LG Wuppertal MMR 2011, 65; *Buermeyer* HRRS 2004, 285 (289).

[104] Dazu oben 4. Kap. Rn. 35 und Rn. 48.

[105] *Buermeyer* HRRS 2004, 285 (290); zum Schwarzsurfen vgl. auch 4. Kap. Rn. 15, 37; 5. Kap. Rn. 62, 8. Kap. Rn. 68.

[106] *Klesczewski* in Berliner Kommentar zum TKG, § 89 Rn. 13; *Lenckner/Eisele* in Schönke/Schröder § 201 Rn. 20; aA *Altenhain* in MünchKomm § 148 TKG Rn. 27, wonach Wissentlichkeit genügt.

[107] BayObLG NStZ 1999, 308 mit zust. Anm. *Bär* MMR 1999, 361 (362); *Altenhain* in MünchKomm § 148 TKG Rn. 29; *Bock* in Beck'scher TKG, § 89 Rn. 4; zu § 201 Abs. 2 Nr. 1 StGB auch *Lenckner/Eisele* in Schönke/Schröder § 201 Rn. 20. Vgl. aber *Höfinger* ZUM 2011, 212 (213); *Klesczewski* in Berliner Kommentar zum TKG, § 89 Rn. 11.

[108] AG Wuppertal NStZ 2008, 161, wonach Abhören das tatsächliche Wahrnehmen ist; *Altenhain* in MünchKomm § 148 TKG Rn. 24; aA *Höfinger* MMR 2008, 632 (633) und *ders.* ZUM 2011 (212); *Klesczewski* in Berliner Kommentar zum TKG, § 89 Rn. 12.

[109] *Altenhain* in MünchKomm § 148 TKG Rn. 26.

an.[110] Nach § 89 S. 1 TKG zulässig und damit nicht tatbestandsmäßig ist das Abhören von Nachrichten, wenn diese für den Betreiber der Funkanlage, Funk-
amateure, die Allgemeinheit oder einen unbestimmten Personenkreis **bestimmt**
sind.

48   **cc)** Das TKG enthält keine Regelung über die Betreibereigenschaft; in Anlehnung
an die frühere Regelung des § 3 Nr. 1 und Nr. 2 TKG (1996),[111] ist Betreiber, wer
die rechtliche und tatsächliche Kontrolle über die Anlage hat.[112] Für wen die Nachricht bestimmt ist, hängt von der Zielrichtung des Absenders ab. [113] Für das
Schwarzsurfen (oben Rn. 46) ist davon auszugehen, dass die IP-Adresse, die dem
Adapter des einloggenden Rechners zugewiesen wird, aufgrund des Verzichts auf
die Verschlüsselung für diesen bestimmt ist und daher auch aus diesem Grund der
Tatbestand zu verneinen ist.[114] Zudem kann man auch den Begriff des Abhörens
verneinen, weil der unbefugte Nutzer gerade Kommunikationspartner und nicht
mithörender Dritter ist.[115]

49   **b)** Auch bei **Abs. 1 Nr. 1 Var. 2** kann jeder Täter sein, unabhängig davon, ob er
(zuvor) gegen § 89 TKG verstoßen hat.[116] Mitteilen – des Inhalts einer Nachricht
oder die Tatsache ihres Empfangs – setzt die Möglichkeit zur Kenntnisnahme voraus.[117]

50   **c)** **Abs. 1 Nr. 2** erfasst Fälle, in denen der Täter entgegen § 90 Abs. 1 S. 1 TKG
eine dort genannte Sendeanlage besitzt, herstellt, vertreibt, einführt oder sonst in
die Bundesrepublik Deutschland verbringt.

2. Subjektiver Tatbestand

51   Grundsätzlich genügt in subjektiver Hinsicht dolus eventualis. Jedoch ist zu beachten, dass das Abhören voraussetzt, dass die Funkanlage gezielt als Abhörmittel
eingesetzt wird.[118]

Rechtsprechung: BGHSt 30, 15 (Strahlen einer Radarfalle als Nachricht); LG Wuppertal MMR
2011, 65 (Schwarz-Surfen kein unzulässiges Abhören).

Aufsätze: *Bär,* Wardriver und andere Lauscher – Strafrechtliche Fragen im Zusammenhang
mit WLAN, MMR 2005, 434; *Buermeyer,* Der strafrechtliche Schutz drahtloser Computernetzwerke (WLANs), HRRS 2004, 285; *Ernst/Spoenle,* Zur Strafbarkeit des Schwarz-Surfens, CR
2008, 439.

---

[110] *Altenhain* in MünchKomm § 148 TKG Rn. 29, fordert jedoch einen leitungsungebundenen
Eingriff, so dass das Abhören durch den Empfang von Funkwellen erfolgen muss.
[111] Telekommunikationsgesetz-1996 vom 25. 7. 1996, BGBl. I 1120. Nach § 3 Nr. 1 ist das Betreiben von Übertragungswegen „Ausüben der rechtlichen und tatsächlichen Kontrolle (Funktions-
herrschaft) über die Gesamtheit der Funktionen, die zur Realisierung der Informationsübertragung
auf Übertragungswegen unabdingbar erbracht werden müssen". Nach § 3 Nr. 2 ist das Betreiben
von Telekommunikationsnetzen „Ausüben der rechtlichen und tatsächlichen Kontrolle (Funk-
tionsherrschaft) über die Gesamtheit der Funktionen, die zur Erbringung von Telekommunikationsdienstleistungen oder nichtgewerblichen Telekommunikationszwecken über Telekommunikationsnetze unabdingbar zur Verfügung gestellt werden müssen".
[112] *Altenhain* in MünchKomm § 148 TKG Rn. 29.
[113] AG Wuppertal NStZ 2008, 161; *Altenhain* in MünchKomm § 148 TKG Rn. 18.
[114] LG Wuppertal MMR 2011, 65 f.; *Bär* MMR 2005, 434 (440); *Ernst/Spoenle* CR 2008, 439
(440); *Höfinger* MMR 2008, 632 (634).
[115] LG Wuppertal MMR 2011, 65; *Bär* MMR 2005, 434 (440).
[116] *Altenhain* in MünchKomm § 148 TKG Rn. 34; *Dierlamm* in Beck'scher TKG-Kommentar
§ 148 Rn. 9; aA *Klesczewski* in Berliner Kommentar zum TKG, § 89 Rn. 14.
[117] *Altenhain* in MünchKomm § 148 TKG Rn. 36 ff.
[118] S. oben Rn. 47.

§ 16. Verrat von Geschäfts- und Betriebsgeheimnissen (§ 17 UWG)

I. Grundlagen

§ 17 UWG schützt den **Inhaber eines Unternehmens** davor, dass Geschäfts- 52 und Betriebsgeheimnisse verraten werden; daneben wird aber auch im **Interesse der Allgemeinheit** der Wettbewerb vor Verfälschungen geschützt.[119] Der Schutz erfolgt dabei nicht nur vor Eingriffen „von Innen" durch eigene Mitarbeiter (Abs. 1), sondern auch vor Handlungen Dritter. Nach Abs. 3 ist auch der Versuch strafbar.

II. Prüfungsschema

1. Tatbestand   53
   a) Objektiver Tatbestand
      aa) Abs. 1 (Geheimnisverrat):
         (1) Täter: Im Unternehmen beschäftigte Person (Sonderdelikt)
         (2) Anvertrautes oder sonst zugänglich gewordenes Geschäfts- oder Betriebsgeheimnis
         P: Begriff des Geschäfts- bzw- Betriebsgeheimnisses (Rn. 54)
         (3) Mitteilen
      bb) Abs. 2 Nr. 1 (Betriebsspionage):
         (1) Geschäfts- oder Betriebsgeheimnis
         (2) Verschaffen oder Sichern nach lit. a bis lit. c
      cc) Abs. 2 Nr. 2 (Geheimnisverwertung):
         (1) Geschäfts- oder Betriebsgeheimnis nach Abs. 1 oder Abs. 2 Nr. 1 erlangt
         (2) Verwerten oder Mitteilen
   b) Subjektiver Tatbestand
      aa) Vorsatz und
      bb) Handeln zu Zwecken des Wettbewerbs, aus Eigennutz, zugunsten eines Dritten oder Schädigungsabsicht
2. Rechtswidrigkeit
3. Schuld
4. Strafantrag (Abs. 5)

III. Objektive Tatbestände

1. Geheimnisverrat (§ 17 Abs. 1 UWG)

§ 17 Abs. 1 UWG erfasst Fälle, in denen eine in einem Unternehmen beschäftigte 54 Person ein Geschäfts- oder Betriebsgeheimnis, das ihr im Rahmen des Dienstverhältnisses anvertraut worden oder zugänglich geworden ist, während der Geltungs-

---

[119] *Janssen/Maluga* in MünchKomm § 17 Rn. 10; *Köhler* in Köhler/Bornkamm, UWG, § 17 Rn. 2; *Rengier* in Fezer, Lauterkeitsrecht § 17.

dauer des Dienstverhältnisses unbefugt an jemanden mitteilt. Anders als bei § 202a StGB bedarf es hier gerade keiner Zugangssicherung. Der Begriff des **Beschäftigten** ist weit auszulegen; einbezogen sind in Abs. 1 alle Beschäftigten eines Unternehmens, unabhängig von Art, Umfang, Dauer und Bezahlung.[120] **Geschäfts- oder Betriebsgeheimnis** ist jede im Zusammenhang mit einem Betrieb stehende Tatsache, die nicht offenkundig, sondern nur einem eng begrenzten Personenkreis bekannt ist und nach dem bekundeten Willen des Betriebsinhabers, der auf einem ausreichenden wirtschaftlichen Interesse beruht, geheim gehalten werden soll.[121] Im Übrigen kann für den Begriff auf die Ausführungen zu § 204 StGB verwiesen werden.[122] Zu den Geschäfts- und Betriebsgeheimnissen gehört zB ein Computerprogramm für einen Geldspielautomaten[123] oder ein Kundenverwaltungsprogramm eines Unternehmens.[124] Dagegen werden Passwörter und Sicherungscodes, die den Zugang zu Daten ermöglichen, nicht ohne Weiteres erfasst, da diese nicht zwingend ein Geschäfts- oder Betriebsgeheimnis enthalten, sondern auch nur den Zugang zu solchen Geheimnissen ermöglichen können.[125] Für die **Mitteilung** ist nur bei Mündlichkeit die Kenntnisnahme des Dritten erforderlich. Im Übrigen genügt – wie etwa bei E-Mails oder Mitteilungen im Internet – die Möglichkeit der Kenntnisnahme, die bereits mit Zugang gegeben ist.[126]

2. Betriebsspionage (§ 17 Abs. 2 Nr. 1 UWG)

55   Der objektive Tatbestand des § 17 Abs. 2 Nr. 1 UWG ist verwirklicht, wenn der Täter sich ein Geschäfts- oder Betriebsgeheimnis durch Anwendung technischer Mittel (lit. a), Herstellung einer verkörperten Wiedergabe des Geheimnisses (lit. b) oder Wegnahme einer Sache, in der das Geheimnis verkörpert ist, unbefugt verschafft oder sichert (lit. c).[127] Zur Erlangung solcher Geheimnisse können insbesondere auch computertechnische Mittel, zB ein Trojaner, eingesetzt werden. Ein Verschaffen liegt vor, wenn der Täter Kenntnis vom Geheimnis oder bei digital gespeicherten Daten die Verfügungsgewalt über den Datenträger oder die Datei (zB durch Speichern) erlangt. Ein Sichern ist gegeben, wenn der Täter ein ihm bereits bekanntes Geheimnis konserviert.[128]

3. Geheimnisverwertung bzw. Geheimnishehlerei (§ 17 Abs. 2 Nr. 2 UWG)

56   Schließlich wird in § 17 Abs. 2 Nr. 2 UWG die **Geheimnisverwertung bzw. Geheimnishehlerei** pönalisiert. Voraussetzung ist, dass der Täter ein Geschäfts- oder Betriebsgeheimnis, das er durch eine der in Abs. 1 bezeichneten Mitteilungen oder durch eine eigene oder fremde Handlung nach Nr. 1 erlangt oder sich sonst unbe-

---

[120] BGH NJW 2009, 1420; *Köhler* in Köhler/Bornkamm, UWG, § 17 Rn. 12; *Rengier* in Fezer, Lauterkeitsrecht § 17 Rn. 28.
[121] BGH GRUR 55, 424 (425); BGH NJW 2006, 3424 (3425 f.); näher *Rengier* in Fezer, Lauterkeitsrecht § 17 Rn. 7 ff.
[122] S. Rn. 17.
[123] BGHSt 40, 331 (335); *Köhler* in Köhler/Bornkamm, UWG, § 17 Rn. 12.
[124] BGH NJW 2006, 3424 (3425 f.).
[125] Vgl. aber *Binder* RDV 1995, 116 (122); s. auch *Hilgendorf/Valerius*, Computer- und Internetstrafrecht, Rn. 790 f.
[126] Vgl. zum Offenbaren bei § 203 StGB *Lenckner/Eisele* in Schönke/Schröder § 203 Rn. 19. Grundsätzlich für Kenntnisnahme *Köhler* in Köhler/Bornkamm, UWG, § 17 Rn. 12; für bloßen Zugang *Rengier* in Fezer, Lauterkeitsrecht § 17 Rn. 34.
[127] Näher *Heghmanns* in Achenbach/Ransiek Teil 6/1, Rn. 66 f.
[128] *Janssen/Maluga* in MünchKomm § 17 UWG Rn. 86; *Ohly* in Piper/Ohly/Sosnitza § 17 Rn. 18.

fugt verschafft oder gesichert hat, unbefugt verwertet oder jemandem mitteilt. Unter Verwertung ist jede Nutzung im geschäftlichen Verkehr zu verstehen;[129] zur Mitteilung kann auf Abs. 1 verwiesen werden.[130] Auch hier können also moderne Kommunikationsmittel zur Tatbegehung eingesetzt werden.

IV. Subjektiver Tatbestand

Subjektiv muss der Täter bei allen Tatbeständen vorsätzlich sowie zu Zwecken **57** des Wettbewerbs, aus Eigennutz, zugunsten eines Dritten oder in der Absicht, dem Inhaber des Unternehmens Schaden zuzufügen, handeln.[131] Zu Zwecken des Wettbewerbs (vgl. auch § 2 Abs. 1 Nr. 1 UWG) handelt der Täter, wenn er zugunsten des eigenen oder eines fremden Unternehmens den Absatz von Waren oder den Bezug von Dienstleistungen fördern möchte; Eigennutz liegt vor, wenn der Täter einen eigenen materiellen oder immateriellen Vorteil erlangen möchte, wobei Letzterer mit einem materiellen Gewinn vergleichbar sein muss. Zugunsten eines Dritten handelt, wer die Absicht besitzt, diesem solche Vorteile zukommen zu lassen. Entsprechend genügt es auch für die Schädigungsabsicht, dass der angestrebte Schaden immaterieller Art ist.[132]

V. Rechtswidrigkeit

Dem Merkmal „unbefugt" kommt wie bei § 203 StGB eine Doppelfunktion zu, **58** so dass eine Einwilligung bereits den Tatbestand ausschließt, im Übrigen Befugnisse aber einen Rechtfertigungsgrund darstellen.[133]

VI. Strafschärfung

Abs. 4 sieht eine Strafschärfung für besonders schwere Fälle vor. Die Regelbei- **59** spiele sind verwirklicht, wenn der Täter gewerbsmäßig handelt (Nr. 1), bei der Mitteilung weiß, dass das Geheimnis im Ausland verwertet werden soll (Nr. 2) oder eine Verwertung nach Abs. 2 Nr. 2 im Ausland selbst vornimmt (Nr. 3). Nach Abs. 5 wird die Tat nur auf Antrag verfolgt, sofern nicht das besondere öffentliche Interesse an der Strafverfolgung bejaht wird.

Rechtsprechung: BGHSt 40, 331 (Geschäfts- und Betriebsgeheimnis).

Aufsätze: *Sittig/Brünjes*, Zur Strafbarkeit beim Einsatz von Trojanern, StRR 2012, 127; S. *Vogt/Th.Vogt*, „Adreßdatenspionage" in strafrechtlicher und zivilrechtlicher Sicht, JuS 1980, 860; *Zimmermann*, Strafrechtliche Risiken des „Whistleblowing", ArbR 2012, 58.

Übungsfälle: *Flum/Wieland*, Unfaires Spielen am Geldautomaten, JuS 1991, 947; *Theile*, Kriminogener Hedonismus, JA 2011, 32.

---

[129] *Heghmanns* in Achenbach/Ransiek Teil 6/1, Rn. 70; *Janssen/Maluga* in MünchKomm § 17 UWG Rn. 103; *Ohly* in Piper/Ohly/Sosnitza § 17 Rn. 22.
[130] S. Rn. 54.
[131] Zum Folgenden nur *Köhler* in Köhler/Bornkamm, UWG, § 17 Rn. 23 ff.
[132] Zur Ehre vgl. *Rengier* in Fezer, Lauterkeitsrecht § 44. Näher zu diesen Begriffen *Bär* in Wabnitz/Janovsky 12. Kap. Rn. 102; *Ohly* in Piper/Ohly/Sosnitza § 17 Rn. 22.
[133] Zu § 203 StGB oben Rn. 13; vgl. auch *Ohly* in Piper/Ohly/Sosnitza § 17 Rn. 22; aA, wonach auch die Einwilligung die Rechtswidrigkeit entfallen lässt, *Köhler* in Köhler/Bornkamm, UWG, § 17 Rn. 21.

§ 17. Verstöße gegen das Bundesdatenschutzgesetz (§§ 43, 44 BDSG)

I. Grundlagen

60   Zahlreiche Verstöße gegen Vorschriften des Bundesdatenschutzgesetzes (BDSG) führen zu **Ordnungswidrigkeiten nach § 43 BDSG**.[134] § 43 Abs. 1 BDSG erfasst dabei auch die Verletzung formaler Pflichten, wie etwa die unterlassene Benachrichtigung des Betroffenen.[135] Bei einem Verstoß gegen die in § 43 Abs. 2 BSDG genannten Pflichten kann die Ordnungswidrigkeit zudem zu einer Straftat nach § 44 BDSG hochgestuft werden, wenn der Täter die vorsätzliche Handlung gegen Entgelt oder in der Absicht, sich oder einen Anderen zu bereichern oder einen Anderen zu schädigen, begeht. Die Vorschrift dient der **Wahrung des Persönlichkeitsrechts** des Betroffenen (vgl. auch § 1 Abs. 1 BDSG).[136] Zu beachten ist, dass für die Datenverarbeitung der Länder die LDSG Vorrang haben (§ 1 Abs. 2 Nr. 2 BDSG) und bereichsspezifische Datenschutzvorschriften (zB §§ 100 a ff. StPO) dem BDSG vorgehen (§ 1 Abs. 3 BDSG).[137]

II. Prüfungsschema

61

1. Tatbestand
   a) § 44 Abs. 1 Var. 1 BDSG
      aa) Objektiver Tatbestand
         (1) Handlung iSd § 43 Abs. 2 BDSG
             P: Schwarzsurfen in ungesicherten WLAN-Netzen (Rn. 62)
         (2) Gegen Entgelt (Var. 1)
      bb) Subjektiver Tatbestand: Vorsatz
   b) § 44 Abs. 1 Var. 2 und Var. 3 BDSG
      aa) Objektiver Tatbestand: Handlung iSd § 43 Abs. 2 BDSG
      bb) Subjektiver Tatbestand
         (1) Vorsatz
         (2) Bereicherungsabsicht (Var. 2) oder Schädigungsabsicht (Var. 3)
2. Rechtswidrigkeit
3. Schuld

III. Tatbestand

62   Der Tatbestand knüpft an eine vorsätzliche Handlung iSd § 43 Abs. 2 BDSG an, die regelmäßig eine unbefugte Erhebung oder Weitergabe personenbezogener Daten (§§ 1, 3 Abs. 1, 4 Abs. 1 BDSG) voraussetzt.[138] Unter **personenbezogenen Da-**

---

[134] Ergänzend sind auch die Ordnungswidrigkeitentatbestände nach § 149 TKG und § 16 TMG zu berücksichtigen. Zur Abgrenzung zu landesrechtlichen Ordnungswidrigkeiten- und Straftatbeständen *Ehmann* in Simitis, BDSG § 43 Rn. 12 ff.

[135] Zu einer Systematisierung *Ehmann* in Simitis, BDSG § 43 Rn. 27 ff.

[136] Vgl. *Ambs* in Erbs/Kohlhaas § 43 Rn. 16.

[137] Dazu *Heghmanns* in Achenbach/Ransiek Teil 6/1, Rn. 73 ff.; *Mitsch,* Medienstrafrecht, § 10 Rn. 3 f.

[138] OLG Stuttgart NStZ 2006, 508.

ten sind nach § 3 Abs. 1 BDSG Einzelangaben über persönliche oder sachliche Verhältnisse einer bestimmten oder bestimmbaren natürlichen Person zu verstehen; der Begriff ist nicht mit dem Begriff des „Geheimnisses" in § 203 StGB gleichzusetzen.[139] Auch gegenüber § 202a StGB ergeben sich Unterschiede, weil es dort auf einen Personbezug nicht ankommt, dafür aber eine besondere Zugangssicherung verlangt wird.

Beispiel (Schwarzsurfen): T loggt sich in das ungesicherte WLAN-Netz seines Nachbarn O ein, um unentgeltlich zu surfen. – In Betracht kommt hier eine Strafbarkeit nach §§ 44, 43 Abs. 2 Nr. 3 BDSG wegen unbefugten Abrufens oder Verschaffens personenbezogener Daten, weil T in Bereicherungsabsicht gehandelt hat; eine Schädigungsabsicht scheidet jedenfalls dann aus, wenn T davon ausgeht, dass O einen Flatrate-Tarif besitzt. Problematisch ist jedoch, ob es sich bei der IP-Adresse des Routers überhaupt um personenbezogene Daten handelt und daher der Anwendungsbereich des BDSG eröffnet ist. Dies ist richtigerweise zu verneinen, weil weder die interne noch externe IP-Adresse eine unmittelbare Identifzierung des Anschlussinhabers zulässt;[140] vielmehr kann dieser allenfalls mittelbar über den Provider ermittelt werden. Hinzukommt, dass der Verstoß nach § 43 Abs. 2 Nr. 3 BDSG erfordert, dass es sich um nicht allgemein zugängliche Daten handelt, hier sich jedoch jeder im Empfangsbereich in das ungesicherte Netz einwählen und die IP-Adresse abrufen kann.[141] Aus diesem Grund ist auch eine Strafbarkeit nach § 202b StGB und § 148 TKG zu verneinen.[142]

Bei sog. Cookies, die beim Aufbau einer Internetverbindung mit einem Server erzeugt werden, hängt der Personenbezug letztlich davon ab, ob der jeweilige Nutzer im Einzelfall bestimmt oder zumindest über Adresse, E-Mailadresse usw. bestimmbar ist.[143]

> Eine aufgerufene Internetseite kann den Browser dazu veranlassen, sog. **Cookies** zu speichern. Ein Cookie besteht aus einer Zeichenkette, die die relevante Information enthält, und einem Ablaufdatum. Wird die Internetseite ein weiteres Mal aufgerufen bevor das Ablaufdatum erreicht ist, sendet der Browser die zuvor gespeicherte Information zurück an den Server der Internetseite.

Hinzukommen muss ein Handeln gegen Entgelt (Var. 1), eine Bereicherungsab-   **63** sicht (Var. 2) oder eine Schädigungsabsicht (Var. 3); für die Auslegung kann auf die entsprechenden Merkmale bei § 203 Abs. 5 StGB zurückgegriffen werden. Die Tat kann bei Bestehen einer Garantenpflicht auch durch Unterlassen begangen werden.[144] Täter kann grundsätzlich jedermann sein, soweit er Adressat derjenigen Norm ist, auf die in § 43 BDSG Bezug genommen wird.[145]

1. Handeln gegen Entgelt (Var. 1)

Nach der Legaldefinition des § 11 Abs. 1 Nr. 9 StGB ist darunter jede in einem   **64** Vermögensvorteil bestehende Gegenleistung zu verstehen. Hierfür ist ein synallag-

---

[139] S. schon Rn. 4.
[140] LG Wuppertal MMR 2011, 65 (66); *Bär* MMR 2008, 632 (635); *Ernst/Spoenle* CR 2008, 439 (441); *Höfinger* ZUM 2011, 212 (214); aA noch AG Wuppertal MMR 2008, 632.
[141] LG Wuppertal MMR 2011, 65 (66f.); *Ernst/Spoenle* CR 2008, 439 (442); *Höfinger* ZUM 2011, 212 (214); anders *Hagemeier,* HRRS 2011, 72 (76) zum sog. Wardriving.
[142] S. dazu 4. Kap. Rn. 35, 5. Kap. Rn. 48.
[143] *Bestmann* K&R 2003, 496 (499); *Hilgendorf/Valerius,* Computer- und Internetstrafrecht, Rn. 738.
[144] Vgl. auch BGHSt 54, 44; *Mackenthun* in Taeger/Gabel, BDSG § 44 Rn. 1.
[145] Näher *Ehmann* in Simitis, BDSG § 43 Rn. 22ff.; *Mackenthun* in Taeger/Gabel, BDSG § 43 Rn. 8ff.

matisches Verhältnis zwischen der Begehung der Ordnungswidrigkeit nach § 43 Abs. 2 StGB und dem Entgelt, dh eine Vereinbarung hierüber, notwendig.[146]

2. Bereicherungsabsicht (Var. 2) und Schädigungsabsicht (Var. 3)

65   **a)** Die Bereicherungsabsicht (Var. 2) liegt vor, wenn es dem Täter darum geht, den wirtschaftlichen Wert seines Vermögens zu vermehren.[147] Dabei kommt es nicht darauf an, ob er dies durch Mehrung der Aktiva oder eine Verminderung der Passiva (zB Abwehr eines Anspruchs) erreichen möchte.[148] Nach allgemeinen Grundsätzen ist es ausreichend, dass der Täter den Vermögensvorteil als Mittel zur Erreichung eines anderweitigen Zwecks, dh als bloßes Zwischenziel, anstrebt.[149] Die Bereicherungsabsicht muss hier – anders als bei § 263 StGB – nicht auf die Erlangung eines *rechtswidrigen* Vermögensvorteils gerichtet sein.[150]

66   **b)** Die Schädigungsabsicht (Var. 3) kann auf jeden Nachteil gerichtet sein, so dass der Täter nicht zwingend einen Vermögensschaden beim Betroffenen anstreben muss. Auch ein ideeller Schaden, der etwa bei einer Verbreitung persönlicher Daten eintreten kann, genügt.[151] Die beabsichtigte Schädigung muss dabei über denjenigen Nachteil hinausgehen, der bereits durch die Begehung der Ordnungswidrigkeit nach § 43 BDSG entsteht.[152] Daher kann der Nachteil bei § 43 Abs. 2 Nr. 1 BDSG nicht allein darin liegen, dass der Täter Daten unbefugt erhebt oder verarbeitet.

IV. Rechtswidrigkeit

67   Teilweise ist schon nach den Formulierungen der einzelnen Vorschriften des § 43 BDSG erforderlich, dass die Handlung unbefugt ist. Die Rechtswidrigkeit entfällt aber auch ansonsten, wenn sie durch das BDSG oder eine andere Rechtsvorschrift gestattet ist oder der Betroffene eingewilligt hat (vgl. § 4 Abs. 1 BDSG).[153]

V. Strafantrag

68   Nach § 44 Abs. 2 BDSG wird die Tat nur auf Antrag verfolgt. Antragsberechtigt sind der Betroffene, dh derjenige, auf dessen Daten sich die Tat bezieht,[154] die verantwortliche Stelle, der Bundesbeauftragte für den Datenschutz und die Informationsfreiheit sowie die Aufsichtsbehörde.

---

[146] *Eser/Hecker* in Schönke/Schröder § 11 Rn. 60; *Hartmann* in HK § 206 Rn. 35; *Wybitul/ Reuling* CR 2010, 829 (831).
[147] RGSt 50, 277 (279); BGH NStZ 1989, 22; BGH NJW 1988, 2623; *Cramer/Perron* in Schönke/Schröder § 263 Rn. 167.
[148] BGHSt 42, 268 (271).
[149] BGHSt 16, 1; *Lackner/Kühl* § 263 Rn. 58.
[150] BGH NStZ 1993, 538 f.; *Hoyer* in SK § 203 Rn. 63; *Lenckner/Eisele* in Schönke/Schröder § 203 Rn. 74; aA *Kargl* in NK § 203 Rn. 83; *Mackenthun* in Taeger/Gabel, BDSG § 44 Rn. 3.
[151] *Lenckner/Eisele* in Schönke/Schröder § 203 Rn. 74; *Mackenthun* in Taeger/Gabel, BDSG § 44 Rn. 4.
[152] *Wybitul/Reuling* CR 2010, 829 (831).
[153] *Ambs* in Erbs/Kohlhaas § 43 Rn. 19; *Mackenthun* in Taeger/Gabel, BDSG § 44 Rn. 6; *Mitsch*, Medienstrafrecht, § 10 Rn. 26.
[154] *Mackenthun* in Taeger/Gabel, BDSG § 44 Rn. 9.

VI. Konkurrenzen

§§ 43, 44 BDSG treten hinter §§ 201 ff. StGB nicht zwingend als subsidiär zu- **69**
rück.[155] So besteht etwa mit § 202 a StGB Tateinheit,[156] während § 203 StGB[157] und
auch § 201 a StGB[158] spezieller sind.

Rechtsprechung: OLG Stuttgart NStZ 2006, 508 (Unbefugtheit der Erhebung oder Weitergabe
der Daten); LG Wuppertal MMR 2011, 65 (Schwarzsurfen).

Aufsätze: *Bär,* Wardriver und andere Lauscher – Strafrechtliche Fragen im Zusammenhang mit
WLAN, MMR 2005, 434; *Bestmann,* „Und wer muss zahlen?", Datenschutz im Internet – die Buß-
geldvorschriften, K&R 2003, 496; *Ernst/Spoenle,* Zur Strafbarkeit des Schwarzsurfens, CR 2008,
439; *Hagemeier,* Die Google WLAN-Scannung aus straf- und datenschutzrechtlicher Sicht,
HRRS 2011, 72; *Höfinger,* Zur Straflosigkeit des sogenannten „Schwarz-Surfens", ZUM 2011, 212;
Wybitul/Reuling, Umgang mit § 44 BDSG im Unternehmen: Die weitreichenden zivilrechtlichen
Folgen einer unscheinbaren Strafnorm, CR 2010, 829.

§ 18. Stasi-Unterlagen-Gesetz (§ 44)

Im Zusammenhang mit Fragen des Medienstrafrechts und der Verantwortlichkeit **70**
von Presseorganen ist § 44 Stasi-Unterlagen-Gesetz (StUG) zu beachten. Demnach
macht sich strafbar, wer geschützte Originalunterlagen oder Duplikate von Originalunterlagen mit personenbezogenen Informationen über Betroffene oder Dritte
ganz oder in wesentlichen Teilen im Wortlaut öffentlich mitteilt, soweit der Betroffene oder Dritte nicht eingewilligt hat. Damit kommt vor allem der in § 1 Abs. 1
Nr. 2 StUG verankerte Schutz zum Tragen, wonach der Einzelne davor geschützt
werden soll, dass er durch den Umgang mit den vom Staatssicherheitsdienst zu seiner Person gespeicherten Informationen in seinem Persönlichkeitsrecht beeinträchtigt wird. Die Vorschrift sanktioniert jedoch nur die öffentliche Mitteilung von
Originalunterlagen oder Duplikaten und dies auch nur dann, wenn dies zumindest
wesentliche Teile betrifft. Wird hingegen nur über den Inhalt der Unterlagen berichtet, ist der Tatbestand nicht verwirklicht.[159]

---

[155] S. jedoch *Mackenthun* in Taeger/Gabel, BDSG § 44 Rn. 5.
[156] *Gola/Schomerus* BDSG § 44 Rn. 2; *Lenckner/Eisele* in Schönke/Schröder § 202 a Rn. 13.
[157] *Fischer* § 203 Rn. 52; *Schünemann* in LK § 203 Rn. 166; vgl. aber *Bär* in Hdb. Datenschutzrecht, Kap. 5.7. Rn. 68 und Rn. 78.
[158] *Gola* RDV 2004, 215 (217).
[159] *Eberle* DtZ 1992, 263 (264); *Gounalakis/Vollmann* AfP 1992, 36 (38).

6. Kapitel: Verbreiten von rechtswidrigen Inhalten

§ 19. Verbreitung pornografischer Schriften (§ 184 StGB)

I. Grundlagen

Die einzelnen Tatbestände des § 184 StGB schützen im Wege eines abstrakten **1** Gefährdungsdelikts[1] ganz unterschiedliche Rechtsgüter. Abs. 1 Nr. 1 bis Nr. 5 und Nr. 7 dienen ausschließlich bzw. in erster Linie dem **Jugendschutz,** Nr. 6 dem **Schutz vor ungewollter Konfrontation** mit Pornografie,[2] Nr. 8 erfasst Vorbereitungshandlungen zu Nr. 1 bis Nr. 7, während Nr. 9 die Beziehungen zu ausländischen Staaten schützt.[3] Die Vorschriften sind freilich in weiten Teilen veraltet, weil sie noch an „traditionelle" Vertriebswege anknüpfen, während Pornografie inzwischen weitgehend über das Internet und Mobiltelefone verbreitet wird.[4]

II. Prüfungsschema

1. Tatbestand **2**
   a) Objektiver Tatbestand
      aa) Pornografische Schriften (§ 11 Abs. 3)
      bb) Tathandlungen nach Abs. 1 Nr. 1 bis Nr. 9
      P: Effektive technische Sicherungen (Rn. 12 f.)
      cc) Tatbestandsausschluss für Nr. 1 nach Abs. 2 S. 1 (Erzieherprivileg)
      dd) Tatbestandsausschluss für Nr. 3 a nach Abs. 2 S. 2 (gewerbliche Entleiher)
         (1) Geschäfts- oder Betriebsgeheimnis nach Abs. 1 oder Abs. 2 Nr. 1 erlangt
         (2) Verwerten oder Mitteilen
   b) Subjektiver Tatbestand
2. Rechtswidrigkeit
3. Schuld

III. Tatbestand

1. Objektiver Tatbestand

a) Zentrales Merkmal des § 184 Abs. 1 StGB, auf das sich die einzelnen Tathand- **3** lungen beziehen, ist der Begriff der **pornografischen Schriften.**

---

[1] *Fischer* § 184 Rn. 3 a; *Hilgendorf/Valerius,* Computer- und Internetstrafrecht, Rn. 267; *Kindhäuser* LPK § 184 Rn. 2; *Laue* in HK § 184 Rn. 2; *Mitsch,* Medienstrafrecht, § 3 Rn 24.
[2] *Erdemir* MMR 2003, 628 (630); *Hörnle* in MünchKomm § 184 Rn. 2 u. 8; *Laubenthal,* Sexualstraftaten, Rn. 753.
[3] Zum Ganzen nur *Perron/Eisele* in Schönke/Schröder § 184 Rn. 3.
[4] *Hörnle* in MünchKomm § 184 Rn. 4; *Perron/Eisele* in Schönke/Schröder § 184 Rn. 3.

4   **aa) Schriften** sind auf einige Dauer verkörperte Gedankenäußerungen durch Buchstaben, Bilder oder andere Zeichen, die sinnlich wahrnehmbar sind.[5] Nach **§ 11 Abs. 3 StGB** stehen Ton- oder Bildträger, Datenspeicher, Abbildungen und sonstige Darstellungen gleich. Unter dem Oberbegriff der Darstellung in § 11 Abs. 3 StGB ist jedes körperliche Gebilde von gewisser Dauer zu verstehen, das – sinnlich wahrnehmbar – einen Gedanken oder eine Vorstellung ausdrückt.[6] Damit ist schon dem Begriff nach erforderlich, dass die Inhalte für eine gewisse Dauer verkörpert und damit nicht wie das gesprochene Wort flüchtig sind.

5   Der mit dem IuKDG eingefügte Begriff des **„Datenspeichers"** soll klarstellen, dass elektromagnetische, optische, chemische und sonstige Datenspeicher, die gedankliche Inhalte verkörpern, die nur unter Zuhilfenahme technischer Geräte wahrnehmbar werden, den Schriften gleichstehen. Erfasst werden soll vor allem die Anzeige auf Bildschirmen.[7] Demnach sind nicht alle Daten, Dateien oder Inhalte einbezogen, sondern nur solche, die nicht nur kurzfristig in Datenspeichern perpetuiert sind. Erfasst sein sollen auch die elektronischen Arbeitsspeicher.[8] Es kommt nach Ansicht des Gesetzgebers also auch hier auf eine Verkörperung an.[9] Ausdrücklich ausgeschlossen sind nach Ansicht des Gesetzgebers Inhalte, die – wie Internettelefonie (VoIP)[10] oder Live-Streaming – in Echtzeit oder „Echtzeit-entsprechend" übermittelt werden.[11]

> **Voice over Internet Protocol** (kurz **VoIP**) bezeichnet ein System zur Sprachübertragung über Datennetze. Dabei wird Sprache in digitalen Datenpaketen über dasselbe Netz übertragen, das auch für E-Mails und das Abrufen von Internetseiten verwendet wird.

6   **bb) Pornografisch** ist eine Darstellung nach hM, wenn sie unter Ausklammerung sonstiger menschlicher Bezüge sexuelle Vorgänge in grob aufdringlicher Weise in den Vordergrund rückt, in ihrer Gesamttendenz ausschließlich oder überwiegend auf sexuelle Stimulation angelegt ist und dabei die im Einklang mit allgemeinen gesellschaftlichen Wertevorstellungen gezogenen Grenzen eindeutig überschreitet.[12] Hierfür ist im Wege einer normativen Betrachtung die objektive Gesamttendenz der Schrift, unabhängig von der subjektiven Intention des Verfassers, maßgeblich.[13] Es genügt weder, dass nur einzelne Teile der Schrift als pornografisch zu qualifizieren sind, noch dass sie bloße Nacktabbildungen enthält.[14]

Beispiel:[15] Ein Kalender mit Nacktabbildungen ist keine pornografische Schrift.

---

[5] BGHSt 13, 375; *Lackner/Kühl* § 11 Rn. 27.

[6] BT-Drs. 13/7385, 36; *Gössel*, Das neue Sexualstrafrecht, 2005, § 6 Rn. 20.

[7] BT-Drs. 13/7385, 36.

[8] BT-Drs. 13/7385, 36.

[9] Dagegen aber *Hörnle* in MünchKomm § 184 Rn. 16.

[10] *Duttge/Hörnle/Renzikowski* NJW 2004, 1065 (1067 f.); *Gercke/Brunst*, Internetstrafrecht, Rn. 360.

[11] BT-Drs. 13/7385, 36; *Hilgendorf/Valerius*, Computer- und Internetstrafrecht, Rn. 173.

[12] BGHSt 37, 55 (60); 23, 40 (44); KG NStZ 2009, 446 (447); ferner 2.3.1. der gemeinsamen Richtlinien der Landesmedienanstalten zur Gewährleistung des Schutzes der Menschenwürde und des Jugendschutzes (Jugendschutzrichtlinien); zu abweichenden Konzeptionen *Perron/Eisele* in Schönke/Schröder § 184 Rn. 4.

[13] BGHSt 5, 346 (348); KG NStZ 2009, 446 (447); *Laubenthal*, Sexualstraftaten, Rn. 719. Zur Verfassungsmäßigkeit BVerfGE 83, 130 ff.; BVerfG MMR 2010, 48.

[14] *Perron/Eisele* in Schönke/Schröder § 184 Rn. 4.

[15] S. KG NStZ 2009, 446.

Nach hM schließen sich Pornografie und Kunst nicht aus, so dass ein pornografi- 7
scher Roman oder pornografische Bilder zugleich Kunst iSd Art. 5 Abs. 3 GG sein
können;[16] in diesem Fall ist der Tatbestand zwar verwirklicht, jedoch kann Art. 5
Abs. 3 GG als Rechtfertigungsgrund wirken.[17]

b) Die Tathandlungen sind in Nrn. 1 bis 9 genannt, wobei für Fragen des Com- 8
puterstrafrechts nur ein Teil der Handlungen von Bedeutung ist. Der Tatbestand
der **Nr. 8** erfasst Vorbereitungshandlungen zu den nachfolgend erläuterten Tathandlungen. Strafbar ist danach das Herstellen, Beziehen, Liefern, Vorrätighalten
und das Unternehmen des Einführens pornografischer Schriften usw. zur eigenen
oder fremden Verwendung.

aa) Nr. 1 ist verwirklicht, wenn der Täter pornografische Erzeugnisse einer Per- 9
son unter 18 Jahren anbietet, überlässt oder zugänglich macht. In Abs. 2 S. 1 ist als
Tatbestandsausschluss ein sog. Erzieherprivileg enthalten. Demnach ist Nr. 1 nicht
anzuwenden, wenn der zur Sorge für die Person Berechtigte handelt; dies gilt jedoch nicht, wenn dieser durch das Anbieten, Überlassen oder Zugänglichmachen
seine Erziehungspflicht gröblich verletzt.[18] Erforderlich ist im Rahmen der Tathandlungen, dass die unmittelbare Möglichkeit der Kenntnisnahme verschafft oder
in Aussicht gestellt wird, wobei im Gegensatz zu Nr. 2 der Jugendliche mit dieser
Möglichkeit tatsächlich konfrontiert werden muss.[19] Da es sich aber um ein abstraktes Gefährdungsdelikt handelt, muss der pornografische Charakter der Schrift
für den Jugendlichen nicht erkennbar sein.[20]

(1) Unter **Anbieten**, das auch über das Internet erfolgen kann, ist die Bereit- 10
schaftserklärung zur Überlassung der Schrift zu verstehen; **Überlassen** ist die Verschaffung des Besitzes zu eigener Verfügung oder zu eigenem – ggf. auch kurzfris-
tigen – Gebrauch.[21] Das **Zugänglichmachen** schließt sowohl die unmittelbare
Zugriffsmöglichkeit auf die Sache selbst (zB Darstellungen auf DVD oder USB-
Stick) als auch die Möglichkeit der bloßen Kenntnisnahme von pornografischen
Inhalten – zB durch Vorzeigen von Bildern oder Vorspielen von Filmen – ein. Die
Inhalte müssen nicht an bestimmte Personen gerichtet sein; es genügt die Zugriffsmöglichkeit für die Allgemeinheit.[22] Der Tatbestand erfasst daher das Zur-Ver-
fügung-Stellen von Darstellungen auf Datenspeichern (Rechner, Diskette, CD-R,
USB-Stick usw.), das Versenden entsprechender E-Mails,[23] das Bereitstellen pornografischer Darstellungen über das Internet,[24] das Zeigen von pornografischen Darstellungen auf dem Computerbildschirm[25] und die Ausstrahlung im Fernsehen
via Kabel, Satellit oder Internet (Live-Streaming, Webcasting, Near-Video-On-
Demand-Verfahren). Live-Streaming meint dabei nach Ansicht des Gesetzgebers
die ausschließliche Übertragung von Rundfunk über das Internet; Webcasting soll
die zusätzliche zeitgleiche Übertragung von Rundfunkprogrammen über das Inter-

---

[16] BVerfGE 83, 130 – Josefine Mutzenbacher; *Mitsch*, Medienstrafrecht, § 3 Rn 26.
[17] *Hörnle* in MünchKomm § 184 Rn. 26; *Laubenthal*, Sexualstraftaten, Rn. 729; aA *Liesching/*
v. Münch AfP 1999, 37 (41).
[18] Näher *Perron/Eisele* in Schönke/Schröder § 184 Rn. 9a ff.
[19] *Perron/Eisele* in Schönke/Schröder § 184 Rn. 6.
[20] *Hörnle* in MünchKomm § 184 Rn. 31; *Wolters* in SK § 184 Rn. 18.
[21] Näher *Perron/Eisele* in Schönke/Schröder § 184 Rn. 7 ff.
[22] *Beisel/Heinrich* NJW 1996, 491 (495); *Perron/Eisele* in Schönke/Schröder § 184 Rn. 7 ff.; aA
Fischer § 184 Rn. 10.
[23] BGHSt 47, 55 (58 f.); *Mitsch*, Medienstrafrecht, § 3 Rn. 25.
[24] AG Waldshut-Tiengen MMR 2007, 402, zum Zugang zu Live-Cam- und Live-Chat-Ange-
boten.
[25] *Hörnle* in MünchKomm § 184 Rn. 29; *Mitsch*, Medienstrafrecht, § 3 Rn. 25.

net erfassen. Near-Video-On-Demand-Verfahren gehören ebenfalls zum Rundfunk, wenn der Startzeitpunkt vom Anbieter bestimmt wird und nicht auf individuellen Abruf der Nutzer erfolgt.[26]

11   Das bloße Bereitstellen eines allgemeinen Internet-Zugangs – etwa durch Eltern, Schulen oder Internet-Cafés – begründet hingegen nicht den Tatbestand. Ein solches Verhalten ist nämlich sozialadäquat, solange nicht weitere Hinweise – wie zB Einstellen der Startseite oder Verknüpfung auf dem Desktop – auf pornografisches Material erfolgen.[27]

12   **(2)** Fraglich ist, inwieweit **technische Sicherungen** den Tatbestand ausschließen.[28] So liegt etwa eine Ordnungswidrigkeit nach § 24 Abs. 1 Nr. 2 iVm § 4 Abs. 2 S. 2 JMStV (nur dann) nicht vor, wenn sichergestellt ist, dass pornografische Angebote nur Erwachsenen zugänglich gemacht werden; eine entsprechende Regelung findet sich auch in § 184d S. 2 StGB. In Anlehnung daran wird man auch ein Zugänglichmachen iSd § 184 StGB verneinen müssen, wenn ernsthafte Zugangshindernisse bestehen.

> **Beispiel:** Die Eltern haben auf ihrem Rechner pornografisches Material gespeichert. Der Rechner ist durch ein Passwort geschützt, das der 12-jährige O nicht kennt. – Ein Zugänglichmachen ist zu verneinen, weil aufgrund des Passwortschutzes eine effektive Sicherungsmaßnahme besteht, so dass die Möglichkeit zur Kenntnisnahme zu verneinen ist.

13   Vorkehrungen gegen die Wahrnehmung pornografischer Fernsehsendungen oder Computerdateien durch Jugendliche können damit zur Verneinung des Tatbestandes führen.[29] Bei **verschlüsselten Fernsehsendungen** im Pay-TV ist eine zweistufige Kontrolle erforderlich. Zum einen dürfen Decodiergeräte nur an volljährige Personen nach persönlicher Kontrolle des Personalausweises abgegeben werden. Zum anderen sind effektive technische Barrieren erforderlich, die den Zugang Minderjähriger zu den Filmen verhindern.[30] Die Vergabe eines PIN-Codes genügt dabei nur, wenn er sich spezifisch auf jugendgefährdende Inhalte und nicht ganz allgemein auf Sendungen im Pay-per-View-Verfahren bezieht, weil der Code dann häufig auch den Jugendlichen bekannt ist.[31] Aufgrund der Anonymität des **Internets** stellen jedoch solche Sicherungssysteme keine effektive Barriere dar, die – wie die Angabe von Personalausweis- oder Kreditkartennummer – durch einfache Täuschung umgangen werden können.[32] Erforderlich ist bei der Anmeldung auch hier eine persönliche Alterskontrolle – etwa im POST-IDENT-Verfahren – sowie eine Authentifizierung des Nutzers beim Zugriff (zweistufiges Verfahren). Zu denken ist hinsichtlich der Authentifizierung an einen PIN-Code, der ggf. in Kombination mit Hardware – wie einem speziellen USB-Stick – eingesetzt werden kann.[33] Mit den

---

[26] BT-Drs. 16/3078, 13; *Hörnle* in MünchKomm § 184 Rn. 43; krit. *Hoeren* NJW 2007, 801 (803).

[27] *Hilgendorf/Valerius*, Computer- und Internetstrafrecht, Rn. 294; *Liesching/Günther* MMR 2000, 260 (262).

[28] Zur Verfassungsmäßigkeit solcher Anforderungen BVerfG MMR 2010, 48.

[29] *Beisel/Heinrich* JR 1996, 95 (96 f.); *Laufhütte/Roggenbuck* in LK § 184 Rn. 21; *Ziethen/Ziemann* in AnwK § 184 Rn. 34.

[30] BVerwGE 116, 5 (14); s. auch BGHSt 48, 278 (285); BGH NJW 08, 1882 ff. (zu § 4 II JMStV); *Erdemir* CR 2005, 275 (277); *Hörnle* in MünchKomm § 184 Rn. 46; *Schulz/Korte* ZUM 2002, 719; dagegen aber *H. Schumann/A. Schumann*, FS Seebode, 2008, S. 357 (363); *A. Schumann* JZ 2008, 741 (742).

[31] Näher *Gercke/Brunst*, Internetstrafrecht, Rn. 292 ff.

[32] BGH NJW 2008, 1882 (1884 f.); OLG Düsseldorf MMR 2004, 409; *Erdemir* CR 2005, 275 (278); vgl. aber *Sieber* JZ 1996, 494 (496).

[33] Näher *Gercke/Brunst*, Internetstrafrecht, Rn. 297 f.; zur Altersverifikation mittels elektronischem Personalausweis *Altenhain/Heitkamp* K&R 2009, 619.

neuen Personalausweisen kann aufgrund der eID-Funktion eine zuverlässige Prüfung der Identität und des Alters auch unmittelbar beim Zugriff erfolgen.[34]

bb) Nach **Nr. 2** macht sich strafbar, wer pornografische Erzeugnisse an einem **14** Ort, der Personen unter 18 Jahren zugänglich ist oder von ihnen eingesehen werden kann, ausstellt, anschlägt, vorführt oder sonst zugänglich macht. Im Gegensatz zu Nr. 1 muss die Schrift nicht tatsächlich zugänglich geworden sein; es genügt für die vorgelagerte Strafbarkeit, dass der Jugendliche in dem Bereich, in dem sie zugänglich ist, anwesend sein könnte.[35] Als Ort iSd Vorschrift ist nur eine Räumlichkeit, nicht aber das Internet anzusehen; entscheidend ist demnach die Räumlichkeit, in der das Gerät zum Abruf steht.[36] Der Tatbestand kann daher auch beim Senden pornografischer Filme,[37] Speichern pornografischer Dateien auf dem Rechner oder Bereitstellen pornografischer Inhalte im Internet vorliegen.[38] Die Anbieter von pornografischen Inhalten können wie bei Nr. 1 die Verwirklichung des Tatbestandes durch effektive Barrieren ausschließen.[39]

cc) Für die Deliktsbegehung mittels Computer ist weiterhin **Nr. 5** von Interesse, **15** wonach bestimmte Arten der **Werbung** erfasst werden. Dadurch soll verhindert werden, dass sich Jugendliche für pornografisches Material interessieren und auf die Bezugsquellen aufmerksam gemacht werden.[40] Var. 1 erfasst das Werben an Orten, die Personen unter 18 Jahren zugänglich sind oder von ihnen eingesehen werden können, was bei Fernseh- oder Rundfunkwerbung oder Werbung im Internet der Fall ist.[41] Var. 2 pönalisiert die Werbung durch Verbreiten von Schriften außerhalb des Geschäftsverkehrs mit dem einschlägigen Handel. Weil hier nicht auf § 11 Abs. 3 StGB verwiesen wird, sind allerdings nur Schriftstücke, nicht aber Datenspeicher erfasst.[42]

dd) Nr. 6 erfasst Fälle, in denen der Täter pornografische Erzeugnisse an einen **16** Anderen gelangen lässt, ohne von diesem dazu aufgefordert zu sein.[43] Der Empfänger soll damit vor der **ungewollten Konfrontation mit Pornografie** geschützt werden. Erforderlich ist, dass das Material so in den Gewahrsam eines Anderen gelangt, dass dieser vom Inhalt Kenntnis nehmen *kann*; auf eine tatsächliche Kenntnisnahme kommt es also nicht an.[44] Das Versenden von E-Mails wird vom Tatbestand erfasst, soweit pornografische Inhalte als Attachements angehängt sind. Mangels unmittelbarer Konfrontation ist es hingegen nicht ausreichend, wenn für den Empfänger nur die Möglichkeit der Konfrontation geschaffen wird und dieser daher entsprechende Internetseiten noch über einen Link aufrufen muss.[45]

ee) Über **Nr. 7** wird sanktioniert, wer pornografische Darstellungen in einer öf- **17** fentlichen Filmvorführung gegen ein Entgelt zeigt, das ganz oder überwiegend für diese Vorführung verlangt wird. Das Merkmal der „öffentlichen Filmaufführung"

---

[34] *Hörnle* in MünchKomm § 184 Rn. 46.
[35] OLG Celle MDR 1985, 693; *Perron/Eisele* in Schönke/Schröder § 184 Rn. 10.
[36] *Hilgendorf/Valerius*, Computer- und Internetstrafrecht, Rn. 294.
[37] BT-Drs. 15/350, 21, BVerwGE 116, 5 (10 ff.).
[38] BGHSt 47, 55 (60); 46, 212.
[39] S. Rn. 12 f.
[40] Vgl. BGHSt 48, 278 (289).
[41] *Schreibauer*, Das Pornographieverbot des § 184 StGB, S. 257.
[42] *Perron/Eisele* in Schönke/Schröder § 184 Rn. 34; ferner *Hörnle* in MünchKomm § 184 Rn. 77, wonach auch E-Mails erfasst sein sollen; aA *Laubenthal*, Sexualstraftaten, Rn. 814.
[43] Näher zum Merkmal der Aufforderung *Perron/Eisele* in Schönke/Schröder § 184 Rn. 36.
[44] BGH NStZ-RR 2005, 309; *Lackner/Kühl* § 184 Rn. 6 c; aA *Schreibauer*, Das Pornographieverbot des § 184 StGB, S. 262.
[45] *Hörnle* in MünchKomm § 184 Rn. 81; *Wolters* in SK § 184 Rn. 57.

bezieht auch **Fernsehsendungen in verschlüsselter Form** ein.[46] Erforderlich ist dann jedoch, dass ein besonderes Entgelt ausschließlich für den Zugang zu pornografischen Filmen gezahlt wird. Nicht erfasst wird dagegen der individuelle Einzelabruf von Filmen im Video-on-Demand-Verfahren.[47]

2. Subjektiver Tatbestand

18   Ausreichend ist bedingter Vorsatz, soweit nicht ausdrücklich eine besondere Absicht verlangt wird (Abs. 1 Nr. 8, 9). Der Vorsatz muss sich dabei auch auf den pornografischen Charakter der Schrift beziehen. Eine sog. Unbedenklichkeitsbescheinigung der Freiwilligen Selbstkontrolle der Medienwirtschaft hat zwar keine rechtliche Verbindlichkeit, dürfte aber zumeist den Vorsatz des Täters ausschließen.[48]

IV. Rechtswidrigkeit

19   Als Rechtfertigungsgrund kommt bei § 184 StGB die Kunstfreiheit des Art. 5 Abs. 3 GG in Betracht, wenn man mit der hM davon ausgeht, dass Pornografie zugleich Kunst sein kann;[49] erforderlich ist hierzu eine Abwägung der kollidierenden Grundrechte.[50]

Rechtsprechung: BGHSt 23, 40 (Pornografiebegriff); BVerfGE 83, 130 (Pornografie und Kunst); BGHSt 47, 55 (Datenspeicher als Schrift).

Aufsätze: *Altenhain,* Die strafrechtliche Verantwortung für die Verbreitung mißbilligter Inhalte in Computernetzen, CR 1997, 485; *Beisel/Heinrich,* Die Strafbarkeit der Ausstrahlung pornographischer Sendungen in codierter Form durch das Fernsehen, JR 1996, 95; *dies.,* Die Strafbarkeit der Ausstrahlung jugendgefährdender Fernsehsendungen, NJW 1996, 491; *Erdemir,* Filmzensur und Filmverbot, 2000; *ders.,* Neue Paradigmen der Pornografie?, MMR 2003, 628; *ders.,* Jugendschutzprogramme und geschlossene Benutzergruppen, CR 2005, 275; *Möller,* Rechtsfragen im Zusammenhang mit dem Postident-Verfahren, NJW 2005, 1605; *H. Schumann/A. Schumann,* Sicherheitsdenken, Strafrechtsdogmatik und Verfassungsrecht im Jugendmedienschutz, Anmerkungen zu § 184c StGB und § 4 Abs. 2 S. 1 Nr. 1, S. 2 JMStV, FS Seebode, 2008, S. 351; *Vassilaki,* Strafrechtliche Anforderungen an Altersverifikationssysteme, K&R 2006, 211; *Wüstenberg,* Die Strafbarkeit wegen des Versendens und des Empfangens pornografischer E-Mails am Arbeitsplatz, TKMR 2003, 4.

§ 20. Verbreitung gewalt- oder tierpornografischer Schriften (§ 184a StGB)

I. Grundlagen

20   Die Vorschrift enthält ein absolutes Verbreitungsverbot für sog. **harte Pornografie.**[51] Hinsichtlich der Gewaltpornografie dient die Vorschrift dem Jugendschutz; zudem soll sie aber auch eine Gewöhnung an gewalttätige Sexualpraktiken verhindern, damit potentielle Sexualpartner nicht durch eine Nachahmung gefährdet wer-

---

[46] *Beisel/Heinrich* JR 1996, 95 (98).
[47] *Hörnle* in MünchKomm § 184 Rn. 90.
[48] *Seetzen* NJW 1976, 497, (499); enger freilich *Hörnle* in MünchKomm § 184 Rn. 102.
[49] S. Rn. 7.
[50] *Perron/Eisele* in Schönke/Schröder § 184 Rn. 5.
[51] Vgl. BGHSt 48, 278 (287); *Mitsch,* Medienstrafrecht, § 3 Rn. 28.

den.[52] Für Tierpornografie treffen beide Effekte freilich nur schwerlich zu. Weil selbst sexuelle Handlungen mit Tieren nicht strafbar sind und die Vorschrift schon ihrer Konzeption nach nicht dem Tierschutz dient, wird letztlich nur unmoralisches Verhalten sanktioniert, so dass die Frage nach der Verfassungswidrigkeit aufgeworfen werden kann.[53]

II. Prüfungsschema

1. Tatbestand   21
   a) Objektiver Tatbestand
      aa) Gewalt- oder tierpornografische Schriften (§ 11 Abs. 3 StGB)
      bb) Tathandlung
         (1) Nr. 1: Verbreiten
         (2) Nr. 2: Öffentlich Ausstellen, Anschlagen, Vorführen oder sonst Zugänglichmachen
         (3) Nr. 3: Herstellen, Beziehen, Liefern, Vorrätighalten, Anbieten, Ankündigen, Anpreisen, Unternehmen des Einführens oder Ausführens
   b) Subjektiver Tatbestand
      aa) Vorsatz
      bb) Nr. 3: Verwendungsabsicht bzw. Absicht, die Verwendung zu ermöglichen
2. Rechtswidrigkeit
3. Schuld

III. Tatbestand

1. Objektiver Tatbestand

a) Für den Pornografiebegriff kann auf die Ausführungen zu § 184 StGB verwie- 22
sen werden.[54] Der Sanktionssprung gegenüber § 184 StGB lässt sich allein mit dem Inhalt der Pornografie begründen.

aa) Gewaltpornografie (Var. 1) umfasst Schriften, die Gewalttätigkeiten zum 23
Gegenstand haben. Hierfür ist der Gesamteindruck eines objektiven Betrachters maßgeblich.[55] Dabei kann es sich um ein wirkliches, aber auch nur fiktives Geschehen handeln.[56] Gewalttätigkeiten liegen vor bei einem aggressiven, aktiven Tun, durch das unter Einsatz oder Ingangsetzen physischer Kraft unmittelbar oder mittelbar auf den Körper eines Menschen in einer dessen leibliche oder seelische Unversehrtheit beeinträchtigenden oder konkret gefährdenden Weise eingewirkt wird.[57] Zudem müssen die Gewalttätigkeiten – wie bei Vergewaltigung oder Sexu-

---

[52] *Hörnle* in MünchKomm § 184a Rn. 1; *Lackner/Kühl* § 184a Rn. 1.
[53] *Beisel* ZUM 1996, 859 ff.; *Fischer* § 184a Rn. 2, 8; *Hörnle* in MünchKomm § 184a Rn. 2; *Mitsch*, Medienstrafrecht, § 3 Rn 29.
[54] S. *Mitsch*, Medienstrafrecht, § 3 Rn 29; *Ziethen/Ziemann* in AnwK § 184 Rn. 3 ff.
[55] OLG Köln NJW 1981, 1458 (1459).
[56] BGH NStZ 2000, 307 (309).
[57] BGH NJW 1980, 65 (66); näher *Perron/Eisele* in Schönke/Schröder § 184 Rn. 3.

almord – in Zusammenhang mit den sexuellen Handlungen, dh dem pornografischen Charakter, stehen.[58]

24   Auch ein einverständliches Handeln kann, jedenfalls wenn die Grenze des § 228 StGB überschritten wird, bei der Darstellung schwerer sadistischer oder sadomasochistischer Sexualhandlungen genügen.[59]

25   **bb) Sodomiepornografie** (2. Alt.) liegt bei sexuellen Handlungen von Menschen mit Tieren vor, wozu ein Körperkontakt erforderlich ist.[60] Auch hier werden sowohl reale als auch fiktive Darstellungen erfasst.

26   **b)** Die **Tathandlungen** sind gegenüber § 184 StGB erweitert, weil jedes Verbreiten – auch unter Erwachsenen – erfasst wird. Im Gegensatz zu §§ 184 b, 184 c StGB wird der Besitz und das Verschaffen des Besitzes nicht unter Strafe gestellt. Im Übrigen kann aber auf die entsprechenden Tathandlungen dort verwiesen werden.[61]

2. Subjektiver Tatbestand

27   Bei Nrn. 1, 2 genügt bedingter Vorsatz; bezieht sich dieser nicht auf den gewalt- oder tierpornografischen Charakter, verbleibt nur § 184 StGB. Bei Nr. 3 ist – entsprechend §§ 184 b, 184 c StGB[62] – zudem die besondere Verwendungsabsicht bzw. die Absicht zur Ermöglichung der Verwendung erforderlich.

IV. Konkurrenzen

28   § 184 a StGB verdrängt § 184 Abs. 1 StGB – abgesehen von § 184 Nrn. 1, 6 StGB – im Wege der Gesetzeskonkurrenz. Hingegen geht § 184 b StGB vor, soweit kinderpornografische Schriften zugleich solche nach § 184 a StGB sind; ansonsten kommt Tateinheit in Betracht.[63]

§ 21. Verbreitung, Erwerb und Besitz kinderpornografischer Schriften (§ 184 b StGB)

I. Grundlagen

29   Neben dem Schutz Jugendlicher vor Kinderpornografie dient die Vorschrift dem Schutz von Kindern, die als Darsteller in kinderpornografischen Schriften sexuell missbraucht werden.[64] Durch umfassende Verbreitungs- (Abs. 1), Besitzverschaffungs- und Besitzverbote (Abs. 2 und Abs. 4) möchte der Gesetzgeber den Markt für kinderpornografische Produkte austrocknen.[65] Abs. 1 wurde zuletzt mit dem Gesetz zur Umsetzung des Rahmenbeschlusses zur Bekämpfung der sexuellen Ausbeutung

---

[58] Dazu *Hilgendorf/Wolf* K&R 2006, 541 (544).
[59] BGH NStZ 2000, 307 (309); *Wolters* in SK § 184 a Rn. 3; krit. aber *Fischer* § 184 a Rn. 6 f.
[60] *Lackner/Kühl* § 184 a Rn. 4; *Perron/Eisele* in Schönke/Schröder § 184 Rn. 4.
[61] Sogleich Rn. 35 ff., 57.
[62] S. Rn. 53, 57.
[63] *Perron/Eisele* in Schönke/Schröder § 184 a Rn. 8.
[64] BT-Drs. 12/3001, 4; BT-Drs. 12/4883, 8; BGHSt 47, 55 (61); 45, 41 (45); *Harms* NStZ 2003, 646; *Mitsch*, Medienstrafrecht, § 3 Rn. 31; *Wolters* in SK § 184 b Rn. 1.
[65] BT-Drs. 12/3001, 5; BT-Drs. 12/4883, 7 f.; *M. Heinrich* NStZ 2005, 361 (363).

von Kindern[66] geändert und ist daher rahmenbeschlusskonform auszulegen.[67] In näherer Zukunft sind eine neue Richtlinie der EU[68] und ein Übereinkommen des Europarats umzusetzen, wodurch Änderungen im deutschen Recht bedingt sein werden.[69]

II. Prüfungsschema

1. Tatbestand   30
   a) Objektiver Tatbestand
      aa) Abs. 1
         (1) Kinderpornografische Schriften (§ 11 Abs. 3)
         (2) Tathandlungen
            (a) Nr. 1: Verbreiten
                P: Bereitstellung von Dateien im Internet (Rn. 36 ff.)
            (b) Nr. 2: Öffentlich Ausstellen, Anschlagen, Vorführen oder
                sonst Zugänglichmachen
            (c) Nr. 3: Herstellen, Beziehen, Liefern, Vorrätighalten, Anbie-
                ten, Ankündigen, Anpreisen, Unternehmen des Einführens
                oder Ausführens
      bb) Abs. 2 und Abs. 4
         (1) Kinderpornografische Schriften (§ 11 Abs. 3), die ein tatsächli-
             ches oder wirklichkeitsnahes Geschehen wiedergeben.
         (2) Unternehmen der Besitzverschaffung für einen anderen
             (Abs. 2); Unternehmen der Besitzverschaffung für sich (Abs. 4
             S. 1) und Besitz (Abs. 4 S. 2)
             P: Bloßes Betrachten von Kinderpornografie(Rn. 51 f.)
         (3) Tatbestandsausschluss (Abs. 5) bei Handlungen, die ausschließ-
             lich der Erfüllung rechtmäßiger dienstlicher oder beruflicher
             Pflichten dienen.
   b) Subjektiver Tatbestand
      aa) Vorsatz
      bb) Abs. 1 Nr. 3: Verwendungsabsicht bzw. Absicht, die Verwendung
          zu ermöglichen
2. Rechtswidrigkeit
3. Schuld
4. Qualifikation zu Abs. 1 und 2 (Abs. 3): Gewerbsmäßigkeit; Handeln als
   Bandenmitglied

---

[66] ABl. EU 2004 L 13, 44.
[67] Zum Rahmenbeschluss *Böse,* FS Schroeder, 2006, S. 751 ff.
[68] Richtlinie 2011/93/EU des Europäischen Parlaments und des Rates vom 13. 12. 2011 zur Bekämpfung des sexuellen Missbrauchs und der sexuellen Ausbeutung von Kindern sowie der Kinderpornografie und zur Aufhebung des Rahmenbeschlusses 2004/68/JI, ABl. EU 2011 L 335, 1; dazu *Brodowski* ZIS 2010, S. 376 (381), *ders.* ZIS 2010, 749 (752), *ders.* ZIS 2011, 940 (945).
[69] Übereinkommen zum Schutz von Kindern vor sexueller Ausbeutung und sexuellem Missbrauch (Konvention Nr. 201); das Übereinkommen ist am 1.7.2010 in Kraft getreten, muss aber von Deutschland noch ratifiziert werden.

III. Tatbestand

1. Objektiver Tatbestand des Abs. 1

31   **a) Kinderpornografische Schriften** sind nach der in Abs. 1 enthaltenen Legaldefinition solche, die sexuelle Handlungen von, an oder vor Kindern (§ 176 Abs. 1 StGB) zum Gegenstand haben.

32   **aa)** Erforderlich sind demnach zwei Aspekte: Zum einen muss die Darstellung **sexueller Handlungen** Inhalt der Schrift sein. Im Einklang mit europäischen Vorgaben werden als sexuelle Handlung „von" einem Kind auch Fälle erfasst, in denen das Kind sexuell aufreizend posiert.[70] Bei nur heimlich angefertigten Nacktaufnahmen eines Kindes liegt hingegen keine sexuelle Handlung vor. Zum anderen muss die Schrift aber über den Inhalt sexueller Handlungen hinaus **pornografischen Charakter** haben; dies kann beispielsweise bei Aufklärungsmaterial sowie bei Berichten, Romanen oder Filmen zu verneinen sein.[71]

33   **bb)** Mit der Bezugnahme auf § 176 StGB wird zum Ausdruck gebracht, dass ein Kind iSd Tatbestandes nur eine **Person unter 14 Jahren** ist. Weil es auch um den Schutz kindlicher Darsteller geht, ist es unerheblich, ob das Kind als älter ausgegeben wird.[72] Soweit der Konsument dieses dann für älter hält, kann bei der Prüfung seiner Strafbarkeit jedoch der Vorsatz zu verneinen sein. Wird ein älterer Darsteller aus Sicht eines verständigen (objektiven) Betrachters als Kind ausgegeben („Scheinkind"), ist der Tatbestand ebenfalls erfüllt.[73]

34   **cc)** Während Abs. 2 und Abs. 4 zumindest die Wiedergabe eines tatsächlichen oder wirklichkeitsnahen Geschehens erfordern, erfasst Abs. 1 auch sog. „**Fiktivpornografie**", so dass auch Darstellungen in Romanen, Gedichten sowie Comiczeichnungen und virtuelle Kinderpornografie erfasst werden.[74] Für das Alter ist insoweit ebenfalls auf einen verständigen Betrachter abzustellen.[75]

35   **b)** Die **Tathandlungen** des Abs. 1 entsprechen denjenigen des § 184a StGB.

36   **aa) Nr. 1** erfasst das **Verbreiten** von Kinderpornografie. Verbreiten ist eine Tätigkeit, die darauf gerichtet ist, die Schrift ihrer körperlichen Substanz nach durch Weitergabe einem größeren Personenkreis zugänglich zu machen.[76] Da auch die Verbreitung nur unter Erwachsenen pönalisiert ist, kommt es hier auf Altersverifikationssysteme nicht an.[77] Die bloße Mitteilung des Inhalts durch Zeigen von Bildern, Filmen oder Vorlesen genügt demnach mangels körperlicher Weitergabe nicht. Das Versenden von Dateien durch E-Mail an nur einzelne Empfänger stellt kein Verbreiten dar, weil es an dem Zugänglichmachen für einen größeren Personenkreis fehlt. Umstritten ist hingegen, ob ein Verbreiten auch durch die **Bereitstellung von Dateien im Internet** erfolgen kann.

---

[70] BT-Drs. 16/3439, 9. Vgl. auch das in Art. 1 lit. a (i) RB enthaltene Merkmal „aufreizendes Zur-Schau-Stellen der Genitalien oder der Schamgegend von Kindern".

[71] *Hörnle* NJW 2008, 3521 (3535); *Perron/Eisele* in Schönke/Schröder § 184b Rn. 3; vgl. aber BT-Drs. 16/9646 38, wo dies verkannt wird.

[72] BGHSt 47, 55 (61); *Hörnle* in MünchKomm § 184b Rn. 11; aA *Lindemann/Wachsmuth* JR 2002, 206 (209).

[73] BGHSt 47, 55 (61f.); BVerfG MMR 2009, 178 zu einem „Scheinjugendlichen" iSd § 184c StGB; *Fischer* § 184b Rn. 6; *König*, Kinderpornografie im Internet, Rn. 196.

[74] *Hilgendorf/Valerius*, Computer- und Internetstrafrecht, Rn. 285; *Perron/Eisele* in Schönke/Schröder § 184a Rn. 3.

[75] BGHSt 47, 55 (61f.); BGH NStZ 2000, 307 (309).

[76] BGHSt 18, 63 (63); BGH NJW 1999, 1979 (1980).

[77] *Hörnle* in MünchKomm § 184b Rn. 19.

Beispiel: T bietet auf seiner Homepage kinderpornografisches Material an, dass der Nutzer per Download auch auf Datenträgern speichern kann.

Legt man die eben genannte Definition zugrunde, so wird bei der Bereitstellung **37** im Internet nicht die Substanz des Datenträgers weitergegeben, sondern Dritten lediglich der Inhalt zugänglich gemacht. Nach Ansicht des BGH soll für Publikationen im Internet jedoch ein „spezifischer Verbreitungsbegriff" gelten, um so effektiven Rechtsgüterschutz zu gewährleisten.[78] Zur Begründung wird darauf hingewiesen, dass der Gesetzgeber mit dem IuKDG vom 22. 7. 1991 in den Schriftenbegriff des § 11 Abs. 3 StGB elektronische Arbeitsspeicher einbezogen habe, so dass die übertragene Datei nicht dauerhaft gespeichert werden müsse. Es genüge, wenn die Datei beim Nutzer im „flüchtigen" Arbeitsspeicher angekommen sei. Unerheblich sei auch, ob dies im Wege des Uploads durch den Anbieter oder im Wege des Downloads durch den Nutzer geschehe.

Gegen diese Argumentation ist jedoch einzuwenden, dass die Einbeziehung von **38** Arbeitsspeichern in den Schriftenbegriff nicht dazu führt, dass auf das Erfordernis einer **körperlichen Weitergabe** verzichtet werden kann.[79] Denn in solchen Fällen muss zwischen den unkörperlichen Daten als Inhalt und dem Datenspeicher – zB Festplatte des Rechners oder ein USB-Stick – als körperlicher Gegenstand strikt unterschieden werden;[80] nur Letzterer kann überhaupt körperlich weitergegeben werden. Es gilt hier nichts anderes als zB bei Videobändern, bei denen es ebenfalls auf die Weitergabe des Bandes selbst ankommt. Zudem verdeutlicht § 86 Abs. 1 StGB, wo das öffentliche Zugänglichmachen in Datenspeichern ausdrücklich einbezogen ist, dass bei § 184 b StGB ein engerer Verbreitungsbegriff zugrundeliegt.[81]

bb) Nr. 2 erfasst das öffentliche Ausstellen, Anschlagen, Vorführen sowie das **39** **sonstige Zugänglichmachen.** Bei der Bereitstellung kinderpornografischer Dateien im Internet ist zwar – wie eben gezeigt – Nr. 1 zu verneinen, jedoch kann regelmäßig ein öffentliches Zugänglichmachen nach Nr. 2 angenommen werden, da hierfür bereits die bloße Zugriffsmöglichkeit des Nutzers genügt.[82] Ebenso wird das **Bereitstellen von Hyperlinks** im Internet erfasst, selbst wenn die Zieladresse durch manuelle Eingabe von Buchstaben aus Sicherheitsgründen nach Maßgabe bestimmter Regeln abgeändert werden muss.[83] Ein Zugänglichmachen kann letztlich auch bei **Internettauschbörsen** vorliegen, wenn der Nutzer Dateien auf seinem Rechner ablegt, die dann aufgrund eines installierten Programms der Tauschbörse ohne gesonderte Freigabe automatisch Dritten zur Verfügung gestellt werden.[84]

cc) Nach **Nr. 3** sind **bestimmte Vorbereitungshandlungen** (Herstellen, Beziehen, **40** Liefern, Vorrätighalten, Anbieten, Ankündigen, Anpreisen, Unternehmen des Einführens oder Ausführens) zu Taten nach Nr. 1 und Nr. 2 unter Strafe gestellt. In subjektiver Hinsicht ist hier die Verwendungsabsicht bzw. Absicht, die Verwendung zu ermöglichen, zu beachten.

---

[78] BGHSt 47, 55 (58 f.); ferner *Lackner/Kühl* § 184 Rn. 5.

[79] Anders aber ausdrücklich *Hörnle* in MünchKomm § 184 b Rn. 19, die dann auf das Verbreiten von Abbildungen abstellt.

[80] *Fischer* § 184 Rn. 35; *Hilgendorf/Valerius,* Computer- und Internetstrafrecht, Rn. 304 f.; *Kudlich* JZ 2002, 310.

[81] *Lindemann/Wachsmuth* JR 2002, 206 (208); *Perron/Eisele* in Schönke/Schröder § 184 b Rn. 5; aA BGHSt 47, 55 (58).

[82] BGHSt 47, 55 (60); s. ferner BGHSt 46, 212 (219); *Hörnle* in MünchKomm § 184 b Rn. 23. Zur Haftung beim Setzen von Hyperlinks s. 3. Kap. Rn. 11 ff.

[83] BGH StraFo 2012, 195 (196).

[84] OLG Oldenburg NStZ 2010, 93, wo freilich der Vorsatz verneint wurde; *Hörnle* in MünchKomm § 184 b Rn. 23.

2. Objektiver Tatbestand des Abs. 2

41   Abs. 2 erfasst das **Unternehmen der Besitzverschaffung für einen anderen.** Der Tatbestand soll die Weitergabe von Schriften an und innerhalb von geschlossenen Benutzergruppen im Netz erfassen; Nr. 1 und Nr. 2 liegen hier oftmals nicht vor, weil das Material nur einem überschaubaren Personenkreis und damit nicht öffentlich zugänglich gemacht wird.[85]

42   **a)** Die **kinderpornografischen Schriften müssen ein tatsächliches oder wirklichkeitsnahes Geschehen wiedergeben.** Wirklichkeitsnahe Geschehen werden erfasst, weil diese auf einer tatsächlichen sexuellen Handlung oder einem Kindesmissbrauch beruhen und erst später digital bearbeitet worden sein können. Wirklichkeitsnah ist ein Geschehen jedoch nur, wenn ein durchschnittlicher Beobachter nach dem äußeren Erscheinungsbild der Darstellung nicht sicher ausschließen kann, dass es sich um ein tatsächliches Geschehen handelt.[86] Dies kann auch bei rein computergenerierten Darstellungen der Fall sein; hingegen ist (erkennbare) Fiktivpornografie – Zeichnungen, Comics usw., Computerspiele[87] – nicht einbezogen.

43   **b)** Auf der Seite des **Besitzverschaffenden** sind bereits im Versuchsstadium (Unternehmensdelikt iSd § 11 Abs. 1 Nr. 6 StGB) alle mit der Übertragung des unmittelbaren oder mittelbaren Besitzes im zivilrechtlichen Sinn verbundenen Erwerbs- und Gebrauchsüberlassungsgeschäfte einbezogen.[88] Tatbestandsmäßig ist auch das Versenden von Dateien per E-Mail an Dritte,[89] wobei für das Unternehmensdelikt der Versuch der Besitzverschaffung durch Absenden der E-Mail genügt.[90] Bloße Angebote zur Übersendung genügen als Vorfeldhandlungen jedoch nicht.[91]

44   Hingegen ist das bloße Bereitstellen von Dateien im Internet nicht ausreichend, weil es an dem erforderlichen Übertragungsakt zur Besitzverschaffung fehlt; bei entsprechendem Vorsatz kann jedoch eine Beihilfe zu einer Tat des Nutzers nach Abs. 4, der sich durch das Herunterladen selbst den Besitz verschafft, in Betracht kommen.[92]

Beispiel:[93] T postet in einem Chat Links zu kinderpornografischen Angeboten. – Entgegen der Ansicht des BGH[94] liegt darin noch nicht das Unternehmen zur Besitzverschaffung. Zwar bedarf es nur noch einer „geringfügigen Mitwirkungshandlung" des Empfängers selbst, in dem er den Link anklickt, jedoch ist diese Handlung als wesentlicher Zwischenakt anzusehen, der letztlich zu einem eigenverantwortlichen Abruf des Empfängers führt.

45   **c) Abs. 5** normiert für Abs. 2 und Abs. 4 einen Tatbestandsausschluss für Handlungen, die ausschließlich der Erfüllung rechtmäßiger dienstlicher oder beruflicher Pflichten dienen. Zu denken ist etwa an die Wahrnehmung von Aufgaben im Rahmen der Strafverfolgung oder der Prüfung von jugendgefährdendem Schrifttum

---

[85] BT-Drs. 13/350, 20; *Amelung/Funcke-Auffermann* StraFo 2004, 265 (270).

[86] *Hörnle* in MünchKomm § 184 b Rn. 27.

[87] Dazu *Hopf/Braml* ZUM 2007, 354 (363).

[88] BT-Drs. 12/3001, 6.

[89] BGH NStZ 2005, 444; BayObLG NJW 2000, 2911; *Fischer* § 184 b Rn. 15; *Harms* NStZ 2003, 646 (647).

[90] Der hier ausreichende Versuch der Besitzverschaffung beginnt bereits mit dem Absenden der E-Mail BayObLG NJW 2000, 2911; *Hörnle* in MünchKomm § 184 b Rn. 30.

[91] *Hörnle* in MünchKomm § 184 b Rn. 31.

[92] *Hilgendorf/Valerius,* Computer- und Internetstrafrecht, Rn. 308; *Matzky* ZRP 2003, 167 (168); *Perron/Eisele* in Schönke/Schröder § 184 a Rn. 10.

[93] BGH StraFo 2012, 195.

[94] BGH StraFo 2012, 195 (197).

nach dem JuSchG, bei Pflichten von Anwälten, Ärzten oder Psychologen sowie bei der Ausführung von Forschungsvorhaben.[95]

Beispiel: Der Bundestagsabgeordnete T hat auf einem Mobiltelefon kinderpornografische Dateien gespeichert (Abs. 4). Er beruft sich darauf, dass er über die Verbreitung von Kinderpornografie im Rahmen seiner Abgeordnetentätigkeit recherchiert habe. – Für die Pflichten kommt es richtigerweise nicht darauf an, ob diese von dritter Seite auferlegt wurden, so dass auch die freie Entscheidung eines Wissenschaftlers oder Abgeordneten im Rahmen seiner beruflichen Tätigkeit erfasst wird. Freilich ist im Einzelfall genau zu prüfen, ob die Handlungen von der beruflichen Tätigkeit geprägt sind oder ob es sich letztlich um eine privaten Zwecken dienende Besitzverschaffung handelt.[96]

3. Objektiver Tatbestand des Abs. 4

Abs. 4 S. 1 stellt das Unternehmen des **Sich-Verschaffens des Besitzes** und **Abs. 4 S. 2** den **Besitz** unter Strafe. Es muss sich wie bei Abs. 2 um kinderpornografische Schriften handeln, die ein tatsächliches oder wirklichkeitsnahes Geschehen wiedergeben. Der Strafrahmen wurde mit dem SexualdelÄndG aus dem Jahre 2003 auf zwei Jahre angehoben, um den europäischen Vorgaben des Rahmenbeschlusses zur Bekämpfung der sexuellen Ausbeutung von Kindern und der Kinderpornografie gerecht zu werden und den Unrechtsgehalt stärker zu betonen.[97] Ein Nutzer, dem Schriften weitergegeben werden, verwirklicht nur Abs. 4. Er macht sich nicht zusätzlich wegen Teilnahme an einer Tat nach Abs. 2 (höherer Strafrahmen und Qualifikation nach Abs. 3) strafbar, da Abs. 4 insoweit als abschließende Regelung anzusehen ist.[98] Wie bei Abs. 2 ist auch der Tatbestandsauschluss nach Abs. 5 zu beachten. **46**

a) Das **Sich-Verschaffen des Besitzes** nach S. 1 ist ebenfalls als Unternehmensdelikt iSd § 11 Abs. 1 Nr. 6 StGB ausgestaltet. Erfasst sind auf der Seite des Empfängers bereits im Versuchsstadium alle mit der Übertragung des unmittelbaren oder mittelbaren Besitzes im zivilrechtlichen Sinn verbundenen Erwerbs- und Gebrauchsüberlassungsgeschäfte. Auch das einseitige Verschaffen durch Straftaten ist erfasst, weil dies beim Vorbesitzer zur Nachfrage nach „Ersatz" führen, so zur Förderung des Umsatzes und dem damit verbundenen Anreiz zur Begehung neuer Straftaten bei der Herstellung solcher Produkte beitragen kann.[99] Weil beim Unternehmensdelikt der Versuch einbezogen ist, können ab Beginn des Speichervorgangs auch aufgrund technischer Schwierigkeiten letztlich gescheiterte Downloads per Internet erfasst werden. Bei per E-Mail zugesendeten Dateien beginnt die Tat ebenfalls mit dem Beginn des Speicherns auf einem Datenträger.[100] **47**

b) Das **Besitzen** nach S. 2 reicht als Dauerdelikt von der Begründung des Besitzverhältnisses bis zu der Beendigung. Eigenständige Bedeutung hat dieser Auffangtatbestand[101] nur, wenn dem Besitz kein nach S. 1 strafbares Sich-Verschaffen vorausgeht.[102] Dies ist vor allem beim unvorsätzlich erlangten Besitz – zB Herunterladen des kinderpornografischen Materials durch Dritte – der Fall. Hier ist der **48**

---

[95] BT-Drs. 12/4883, 8 f.; *Fischer* § 184 Rn. 26; *Mitsch,* Medienstrafrecht, § 3 Rn. 34.

[96] Zutr. *Hörnle* in MünchKomm § 184b Rn. 41; aA *Kreutz* DÖV 2010, 599 ff.

[97] BT-Drs. 15/350, 2; zu den europäischen Vorgaben *Böse*, FS F. C. Schroeder, 2006, S. 751 (755 f.); *Eckstein* ZStW 117 (2005), 107 (125).

[98] *Eckstein* ZStW 117 (2005), 107 (140); *Fischer* § 184b Rn. 16; s. auch *Mitsch,* Medienstrafrecht, § 3 Rn 34 f.

[99] *Perron/Eisele* in Schönke/Schröder § 184a Rn. 15.

[100] BayObLG NJW 2000, 2911 f. (2911 f.); *Laufhütte/Roggenbuck* in LK § 184b Rn. 10.

[101] BGH NStZ 2009, 208 (208).

[102] Zur Kritik an der Vorschrift zB *Scheffler*, FS Herzberg, 2008, S. 627 (637 ff.).

Nutzer im Sinne eines echten Unterlassungsdelikts dann strafbar, wenn er nach Erkennen des pornografischen Inhalts der Schrift diese nicht alsbald vernichtet oder einer Behörde abliefert.[103] Erforderlich ist bei Dateien eine Löschung, die nicht ohne Weiteres rückgängig gemacht werden kann, so dass das einfache Verschieben in den Papierkorb nicht ohne Weiteres genügt.[104] Voraussetzung für den Besitz ist die mit dem Innehaben und Aufrechterhalten eines tatsächlichen Herrschaftsverhältnisses gegebene Möglichkeit, die Schrift sich und anderen zugänglich zu machen; die **tatsächliche Sachherrschaft** muss dabei vom **Besitzwillen** getragen sein.[105]

49   c) Streitig ist, ob bei **Computerdateien** das auf eine gewisse Dauer gerichtete Herrschaftsverhältnis schon mit der Darstellung auf dem Bildschirm oder dem Gelangen der Dateien in den Arbeitsspeicher des Rechners begründet wird. Die Einzelheiten hängen hier auch von der jeweiligen IT-Architektur ab.

> **Beispiel:**[106] T surft im Internet und betrachtet dabei kinderpornografische Fotos und Videos. Er möchte diese nicht speichern.

50   **aa)** Soweit die Dateien auf einem **Datenträger dauerhaft gespeichert** werden, begründet der Täter das notwendige Sachherrschaftsverhältnis, so dass eine Besitzverschaffung bzw. ein Besitz angenommen werden kann. Entsprechendes gilt auch, wenn die Daten in einem **Cache-Speicher** abgelegt werden und auch nach Abschalten des Geräts erhalten bleiben.[107] Freilich kann insoweit der für den Besitz notwendige Besitzwille[108] bzw. der Vorsatz zu verneinen sein, wenn sich der Nutzer dieser Speicherung nicht bewusst ist;[109] davon ist etwa das LG Aachen bei einer Verbindung mit der einschlägigen Seite von nur 45 Sekunden ausgegangen.[110] Werden kinderpornografische Dateien versehentlich aufgerufen und unerwünscht im Cache gespeichert, so muss der Nutzer – soweit technisch möglich – diese grds. endgültig löschen, wenn er sich der Speicherung bewusst wird. Andernfalls liegt eine Besitzstrafbarkeit nach S. 2 vor.[111]

51   **bb)** Ob auch die bloße **Speicherung im Arbeitsspeicher** genügt, ist umstritten.[112] Die bislang hM verweist darauf, dass das bloße Betrachten von kinderpornografischen Schriften online ebenso straflos sei wie offline. Um die Grenzen nicht zu verwischen, bedürfe es einer dauerhaften Speicherung auf einem Datenträger.[113] Die nur zeitweise Speicherung im Arbeitsspeicher sei nicht ausreichend, da die Daten

---

[103] BT-Drs. 12/3001, 6; OLG Oldenburg MMR 2011, 118; krit. *Lackner/Kühl* § 184 b Rn. 8.

[104] *Gercke* ZUM 2010, 633 (642); *Hörnle* in MünchKomm § 184 b Rn. 38.

[105] BT-Drs. 12/3001, 5; OLG Hamburg StraFo 2009, 165 f.; zu § 29 Abs. 1 Nr. 3 BtMG BGHSt 30, 277 (279); 26, 111 (117).

[106] OLG Hamburg NJW 2010, 1893.

[107] BGH NStZ 2007, 95 (95); OLG Hamburg StraFo 2009, 165; OLG Hamburg NJW 2010, 1893 (1894); *Harms* NStZ 2003, 646 (650); *Marberth-Kubicki*, Computer- und Internetstrafrecht, Rn. 226; *Mitsch*, Medienstrafrecht, § 3 Rn. 35.

[108] OLG Hamburg NJW 2010, 1893 (1894).

[109] StraFo 2012, 195 (197); *Fischer* § 184 b Rn. 21 b; *Harms* NStZ 2003, 646 (650); *Hörnle* in MünchKomm § 184 b Rn. 39; *Mitsch*, Medienstrafrecht, § 3 Rn. 35; vgl. aber OLG Hamburg NJW 2010, 1893 (1894).

[110] LG Aachen MMR 2008, 764; BGH NStZ 2007, 95 (95) bejaht hingegen den Vorsatz beim gezielten Aufrufen kinderpornografischer Seiten und manuellen Löschen der einschlägigen Dateien.

[111] *Harms* NStZ 2003, 646 (647); *Hörnle* in MünchKomm § 184 b Rn. 38; siehe schon oben Rn. 48.

[112] Bedeutung erlangt diese Frage auch, wenn sich hinsichtlich der Speicherung im Cache der Besitzwille bzw. der Vorsatz nicht erweisen lässt.

[113] *Fischer* § 184 b Rn. 21 b; *Harms* NStZ 2003, 646 (650); *Hilgendorf/Valerius*, Computer- und Internetstrafrecht, Rn. 306; *Lackner/Kühl* § 184 b Rn. 8; *Mitsch*, Medienstrafrecht, § 3 Rn. 35.

beim Ausschalten des Geräts endgültig verloren gehen und es daher an der Sachherrschaft fehle.[114] Die Gegenansicht bejaht hingegen auch in solchen Fällen die Besitzverschaffung bzw. den Besitz. Zunächst wird auf das geschützte Rechtsgut verwiesen, weil auch das bloße Aufrufen kinderpornografischer Seiten die Nachfrage nach solchen Produkten und den damit ggf. verbundenen Missbrauch von Darstellern steigere.[115] Ferner wird darauf verwiesen, dass nach der Entscheidung des BGHSt 47, 55 ein Verbreiten bereits vorliege, wenn die Datei in den Arbeitsspeicher des Empfängers gelangt; umgekehrt liege dann darin aber auch ein Verschaffen des Besitzes.[116] Dieser Schluss überzeugt jedoch nicht: Zum einen ist schon die Entscheidung BGHSt 47, 55 abzulehnen, weil sie die Daten als Inhalt und den Datenspeicher nicht hinreichend trennt.[117] Zum anderen kann aus dem Verbreiten auch kein Rückschluss gezogen werden, weil dieses überhaupt nicht an den Besitzerwerb des Empfängers anknüpft.[118] Zu weitgehend dürfte zudem die Ansicht sein, dass schon die gezielte Suche nach einschlägigen Seiten als Versuch iSd Unternehmensdelikts des S. 1 anzusehen ist, weil es sich hierbei um eine bloße Vorbereitung handelt und der Versuch erst mit dem unmittelbaren Ansetzen zum Aufruf der Seiten beginnt.[119]

Bei genauerer Betrachtung muss man sehen, dass das **Surfen im Internet** nicht **52** mit dem bloßen Betrachten von kinderpornografischen Schriften offline gleichgestellt werden kann. Eine solche Parallele läge nur vor, wenn dem Täter an einem fremden Rechner einschlägiges Material gezeigt wird. Beim Surfen am eigenen Rechner werden aber entsprechende Seiten aufgerufen, wobei der Nutzer die jederzeitige Speicherungsmöglichkeit und damit zumindest die Handlungsherrschaft besitzt.[120] Dennoch genügt dies nicht, um die Anforderungen, die an den Besitz gestellt werden, zu erfüllen. Abs. 4 stellt nämlich auf den Besitz an den Schriften, dh am Datenspeicher ab; die bloße Herrschaft über die flüchtigen Daten und die Möglichkeit des Speicherns oder Druckens genügen gerade nicht.[121] Für diese Lösung spricht auch die Entwicklung auf europäischer Ebene. Zwar sieht eine neue Richtlinie in Art. 5 Abs. 3 vor, dass künftig der bewusste Zugriff auf Kinderpornografie mittels Informations- und Kommunikationstechnologie pönalisiert werden muss.[122] Ungeachtet der Frage, ob eine richtlinienkonforme Auslegung (zu Lasten

---

[114] *Harms* NStZ 2003, 646 (648 f.); *Mitsch*, Medienstrafrecht, § 3 Rn 35; *Wolters* in SK § 184 b Rn. 13; vgl. aber *Eckstein* ZStW 117 (2005), 107 (120) und im Anschluss daran OLG Hamburg NJW 2010, 1893 (1896). Dazu, dass auch hier die Daten wiederhergestellt werden können, vgl. *Gercke/Brunst*, Internetstrafrecht, Rn. 331.

[115] OLG Hamburg NJW 2010, 1893 (1897); OLG Schleswig NStZ-RR 2007, 41 (42 f.); dagegen *Müller* MMR 2010, 344 f.

[116] OLG Hamburg NJW 2010, 1893 (1895 f.); OLG Schleswig NStZ-RR 2007, 41 (43).

[117] Das OLG Hamburg NJW 2010, 1893 (1896) unterliegt ebenfalls diesem Irrtum; vgl. auch *Eckstein* NStZ 2011, 18 (19 f.). Vgl. schon Rn. 38.

[118] *M. Heinrich* NStZ 2005, 361 (364).

[119] So aber OLG Schleswig NStZ-RR 2007, 41 (42); dagegen *Eckstein* NStZ 2011, 18 (21); *Fischer* § 184 b Rn. 21 c; *M. Heinrich* NStZ 2005, 361 (364).

[120] S. auch *Gercke/Brunst*, Internetstrafrecht, Rn. 330.

[121] Vgl. auch *Eckstein* NStZ 2011, 18 (20); *Hörnle* in MünchKomm § 184 b Rn. 35; *dies.* NStZ 2010, 704 ff.

[122] Richtlinie 2011/93/EU des Europäischen Parlaments und des Rates vom 13. 12. 2011 zur Bekämpfung des sexuellen Missbrauchs und der sexuellen Ausbeutung von Kindern sowie der Kinderpornografie und zur Aufhebung des Rahmenbeschlusses 2004/68/JI, ABl. EU 2011 L 335, 1; ferner Art. 21 Abs. 1 lit. c des Übereinkommens zum Schutz von Kindern vor sexueller Ausbeutung und sexuellem Missbrauch (Konvention Nr. 201); das Übereinkommen ist am 1. 7. 2010 in Kraft getreten, muss aber von Deutschland noch ratifiziert werden. Zustimmend für Fälle entgeltlicher Nutzung *Brodowski* StV 2011, 107 f.; krit hingegen *Eckstein* NStZ 2011, 21 f.

des Täters) auch vor Umsetzung der Richtlinie in nationales Recht und vor Ablauf der Umsetzungsfrist erfolgen kann, ist hier jedoch eine Änderung des nationalen Rechts erforderlich, da auch die Richtlinie zwischen Erwerb und Besitz von Kinderpornografie (Art. 5 Abs. 2) und dem bewussten Zugriff (Art. 5 Abs. 3) explizit differenziert. Das europäische Recht legt es demgemäß nicht nahe, bereits im Zugriff die Besitzbegründung zu sehen.

4. Subjektiver Tatbestand

53   Für den subjektiven Tatbestand genügt Eventualvorsatz, der vor allem auf das kindliche Alter der Darsteller bezogen sein muss. Bei Abs. 1 Nr. 3 muss zudem die besondere Absicht hinzukommen.

IV. Qualifikation des Abs. 3

54   **Abs. 3** enthält einen Qualifikationstatbestand zu Abs. 1 und Abs. 2. Der Täter muss **gewerbsmäßig** oder als **Mitglied einer Bande** handeln, die sich zur fortgesetzten Begehung solcher Taten (dh nach § 184 b StGB) verbunden hat. Anders als etwa bei § 244 Abs. 1 Nr. 3 StGB ist ein Handeln unter Mitwirkung eines anderen Bandenmitglieds nicht erforderlich.

V. Konkurrenzen, Verfall, Einziehung und Verjährung

1. Konkurrenzen

55   Soweit Abs. 1 verwirklicht ist, treten Abs. 2 und Abs. 4 im Wege der Gesetzeskonkurrenz dahinter zurück.[123] Nur eine Tat im Sinne des Abs. 4 liegt vor, wenn der Täter auf Grundlage eines Tatentschlusses während einer Internetsitzung im zeitlichen Zusammenhang mehrere Dateien aus dem Internet speichert. Bei zeitlich auseinanderfallenden Beschaffungsvorgängen ist dagegen Tatmehrheit anzunehmen.[124]

2. Verfall, Einziehung und Verjährung

56   Abs. 6 S. 1 schafft die Möglichkeit, in den Fällen des Abs. 3 den erweiterten Verfall nach § 73 d StGB anzuordnen. Für Taten nach Abs. 2 und Abs. 4 ordnet Abs. 6 S. 2 die obligatorische Einziehung an. Abs. 6 S. 3 verweist auf die fakultative Dritteinziehung nach § 74 a StGB. Für das Einstellen von Texten in eine Webseite gilt die kurze Verjährungsfrist für Presseinhaltsdelikte nicht, da es sich nicht um ein Druckwerk handelt.[125]

Rechtsprechung: BVerfG MMR 2009, 178 (Scheinjugendlicher); BGH NStZ 2007, 95 (Besitz bei Speicherung im Cache-Speicher); OLG Schleswig NStZ-RR 2007, 41 und OLG Hamburg NJW 2010, 189 (Besitz bei bloßem Surfen im Netz).

Aufsätze: *Böse*, Die Europäisierung der Strafvorschriften gegen Kinderpornografie, FS F. C. Schroeder, 2006, S. 751; *Eckstein*, Grundlagen und aktuelle Probleme der Besitzdelikte – EDV, EU, Strafrechtsänderungsgesetze, Konkurrenzen, ZStW 117, 107; *ders.*, Ist das „Surfen" im Internet

---

[123] LG Wuppertal NStZ 2008, 463 (464); *Perron/Eisele* in Schönke/Schröder § 184 b Rn. 19.
[124] BGH NStZ 2009, 208; BayObLG NJW 2003, 839 f.; *Hörnle* in MünchKomm § 184 b Rn. 48; krit. aber *Bertram* JR 2003, 211 f.
[125] BayObLG wistra 2004, 315.

strafbar? – Anmerkungen zum Urteil des OLG Hamburg vom 15. 2. 2010, NStZ 2011, 18; *Gropp*, Besitzdelikte und periphere Beteiligung. Zur Strafbarkeit der Beteiligung an Musiktauschbörsen und des Besitzes von Kinderpornografie, FS Otto, 2007, S. 249; *Harms*, Ist das „bloße" Anschauen von kinderpornographischen Bildern im Internet nach geltendem Recht strafbar?, NStZ 2003, 646; *M. Heinrich*, Neue Medien und klassisches Strafrecht – § 184 b IV StGB im Lichte der Internetdelinquenz, NStZ 2005, 361; *Hopf/Braml*, Virtuelle Kinderpornographie vor dem Hintergrund des Online-Spiels Second Life, ZUM 2007, 354; *Hörnle*, Die Umsetzung des Rahmenbeschlusses zur Bekämpfung der sexuellen Ausbeutung von Kindern und der Kinderpornografie, NJW 2008, 3521; *Reinbacher/Wincierz*, Kritische Würdigung des Gesetzentwurfs zur Bekämpfung von Kinder- und Jugendpornografie, ZRP 2007, 195; *Ritlewski*, Virtuelle Kinderpornografie in Second Life, K&R 2008, 94; *Scheffler*, Zur Strafbarkeit des Betrachtens kinderpornografischer Internet-Seiten auf dem PC, FS Herzberg, 2008, S. 627; *F. C. Schroeder*, Gesetzestechnische Mängel im Gesetz zur Umsetzung des EU-Rahmenbeschlusses zur Bekämpfung der sexuellen Ausbeutung von Kindern und der Kinderpornografie, GA 2009, 213; *Wüstenberg*, Strafrechtliche Änderungen betreffend pornografische Schriften mit Kindern und Jugendlichen in Deutschland, UFITA 2009, 497; *ders.*, Zum Vorsatz bei digitalen Besitzstraftaten, StraFo 2009, 233.

§ 22. Verbreitung, Erwerb und Besitz jugendpornografischer Schriften (§ 184 c StGB)

I. Grundlagen

Die Vorschrift, die der Umsetzung von Art. 3 des Rahmenbeschlusses zur Be- **57** kämpfung der sexuellen Ausbeutung von Kindern und der Kinderpornografie beruht, ist (mit geringerem Strafrahmen) weitgehend § 184 b StGB nachgebildet, so dass im Folgenden nur auf die wesentlichen Unterschiede einzugehen ist. Da nach Art. 1 lit. a RB unter „Kind" jede Person unter 18 Jahren zu verstehen ist, bestand für Jugendliche zwischen 14 und 18 Jahren, die von § 184 b StGB nicht erfasst werden, Umsetzungsbedarf.[126] **Rechtsgut** der Vorschrift ist der Jugendschutz und der Schutz der jugendlichen Darsteller.[127] Für das Prüfungsschema kann auf die Darstellung bei § 184 b StGB verwiesen werden.[128]

II. Wichtigste Grundzüge der Tatbestände

1. Jugendpornografische Schrift

Was die **jugendpornografischen Schriften** anbelangt, geht die Vorschrift über **58** die Mindestvorgaben des Rahmenbeschlusses hinaus, da die Einbeziehung von sexuellen Handlungen vor Jugendlichen nach dem Rahmenbeschluss nicht geboten war.[129] Auch mussten nach Art. 1 lit. b RB nur bildliche Darstellungen mit echten oder realistisch dargestellten Kindern einbezogen werden, so dass die Aufnahme von Fiktivpornografie in Abs. 1 ebenfalls nicht erforderlich war.[130] Entsprechend

---

[126] Vgl. auch Art. 1, Art. 3 Abs. 1 lit. c des Fakultativprotokolls zum Übereinkommen der Vereinten Nationen vom 20. 11. 1989 über die Rechte des Kindes betreffend den Verkauf von Kindern, die Kinderprostitution und die Kinderpornographie.

[127] BT-Drs. 16/9646, 38.

[128] S. Rn. 30.

[129] Nach Art. 1 lit. b (i) Rahmenbeschluss ist unter „Kinderpornografie" zumindest die passive Beteiligung an einer eindeutig sexuellen Handlung zu verstehen; dazu auch *Hörnle* NJW 2008, 3521 (3523 f.).

[130] BT-Drs. 16/9652, 5; *Hörnle* NJW 2008, 3521 (3524).

§ 184 b StGB sind von Abs. 1 auch Scheinjugendliche, die schon über 18 Jahre alt sind, aber für einen verständigen Betrachter eindeutig wie Jugendliche aussehen, ebenfalls erfasst.[131]

2. Besonderheiten bei den Besitzdelikten

59   Wie bei § 184 b StGB erfasst **Abs. 2** nur Darstellungen, die ein tatsächliches oder wirklichkeitsnahes Geschehen wiedergeben. **Abs. 4** ist hinsichtlich des Unternehmens des Sich-Verschaffens des Besitzes und des Besitzes auf Schriften beschränkt, die ein tatsächliches Geschehen zum Gegenstand haben. Ein solches liegt vor, wenn die sexuellen Handlungen tatsächlich vorgenommen wurden. Dabei genügt es, dass es sich um „gespielte" Szenen für pornografische Filme handelt.[132] Die Abgrenzung zu wirklichkeitsnahen Geschehen ist – zB bei digitalen Bildbearbeitungen – schwer zu ziehen. Nach **Abs. 4 S. 2** ist S. 1 nicht auf Handlungen von Personen anzuwenden, die die jugendpornografische Schrift im Alter von unter 18 Jahren mit Einwilligung der dargestellten Personen hergestellt haben.[133] Damit soll der mangelnden Strafwürdigkeit Rechnung getragen werden, wenn Jugendliche innerhalb von sexuellen Beziehungen in gegenseitigem Einverständnis von sich pornografische Schriften herstellen und diese austauschen.[134] Die neue Richtlinie der EU[135] sieht im Gegensatz zum alten Rahmenbeschluss für die Mitgliedsstaaten nicht mehr die Möglichkeit vor, in diesen Fällen auf eine Strafbarkeit zu verzichten. Unberührt bleibt von diesem Ausschluss aber schon bislang – auch bei einer Einwilligung des Darstellers – die Strafbarkeit nach Abs. 1 und Abs. 2. Für Handlungen, die ausschließlich der Erfüllung rechtmäßiger dienstlicher oder beruflicher Pflichten dienen, verweist Abs. 5 auf § 184 b Abs. 5. StGB.

§ 23. Verbreitung pornografischer Darbietungen durch Rundfunk, Medien- oder Teledienste (§ 184 d StGB)

I. Grundlagen

60   § 184 d StGB stellt über einen Verweis auf §§ 184 bis 184 c StGB die Verbreitung pornografischer Darbietungen durch Rundfunk, Medien- und Teledienste unter Strafe. Weil §§ 184 bis 184 c StGB nur Schriften iSd § 11 Abs. 3 StGB erfassen und daher eine Verkörperung des Gedankeninhalts für eine gewisse Dauer voraussetzen, sollen damit Strafbarkeitslücken bei **Live-Darstellungen** und **Live-Darbietungen** geschlossen werden.

---

[131] BVerfG MMR 2009, 178; VGH München MMR 2009, 351 (352) zu § 4 Abs. 1 S 1 Nr. 9 JMStV; krit. dagegen *F. C. Schroeder* GA 2009, 213 (218). Näher *Eisele* in Schönke/Schröder § 184 c Rn. 4; *Hörnle* in MünchKomm § 184c Rn. 8.

[132] *Fischer* § 184 c Rn. 8.

[133] Vgl. auch Art. 3 Abs. 2 lit. b Rahmenbeschluss.

[134] BT-Drs. 16/3439, 9. Zur Kritik daran, dass die Privilegierung auf jugendliche Täter beschränkt ist, *Eisele* in Schönke/Schröder § 184 c Rn. 9.

[135] Richtlinie 2011/93/EU des Europäischen Parlaments und des Rates vom 13. 12. 2011 zur Bekämpfung des sexuellen Missbrauchs und der sexuellen Ausbeutung von Kindern sowie der Kinderpornografie und zur Aufhebung des Rahmenbeschlusses 2004/68/JI, ABl. EU 2011 L 335, 1.

II. Anwendungsbereich

Die Vorschrift normiert nur die Verbreitung pornografischer Darbietungen 61 durch **Rundfunk, Medien- oder Teledienste**. Der Rundfunk umfasst alle für die Allgemeinheit bestimmten Ton- und Bildübertragungen, unabhängig davon, ob dies öffentlich-rechtlich, privatrechtlich (auch Pay-TV) oder durch Amateurfunk geschieht.[136] Erfasst sind ferner Medien- und Teledienste, die in § 1 TMG inzwischen als Telemedien einheitlich geregelt sind.[137] Aufgrund der Gleichstellung beider Dienste kommt es auf eine Differenzierung nicht an. Erfasst werden nur Live-Darbietungen, insbesondere Echtzeitübertragungen mittels Webcam im Internet sowie Live-Chats.[138] Bei auf Datenträgern verkörperten Gedankeninhalten sind bereits §§ 184 bis 184c StGB einschlägig,[139] so dass Ausstrahlungen pornografischer Filme im Near-Video-on-Demand und Video-on-Demand-Verfahren nicht erst über § 184d StGB erfasst werden.[140]

III. Tathandlungen

Strafbar ist nur das **Verbreiten**. Weil im Rahmen des § 184d StGB die Darbietun- 62 gen nicht perpetuiert sind, kann es anders als bei §§ 184 bis 184c StGB auf die körperliche Weitergabe nicht ankommen.[141] Unter Verbreiten ist daher jede Art der Übertragung einer pornografischen Darstellung an die Allgemeinheit zu verstehen, soweit diese keine Verkörperung oder Speicherung voraussetzt. Es genügt daher auch ein Zugänglichmachen der Darbietungen – etwa über das Internet – für die Allgemeinheit;[142] Darbietungen nur für einzelne Personen werden jedoch auch hier nicht erfasst.

Ein absolutes Verbreitungsverbot besteht für **harte Pornografie** iSd §§ 184a 63 bis 184c StGB sowie für die Verbreitung **weicher Pornografie** iSd § 184 Abs. 1 StGB durch Rundfunk. Nach § 184d S. 2 StGB kann der Tatbestand jedoch bei Verbreitung weicher Pornografie durch **Medien- und Teledienste** ausgeschlossen sein, wenn sichergestellt ist, dass die Darbietungen Kindern und Jugendlichen nicht zugänglich sind. Erforderlich ist demnach eine **effektive Barriere**, die bei einer persönlichen Identifizierung über biometrische Daten gegeben sein kann. Nicht ausreichend sind hingegen bloße Altersverifikationen über die Personalausweisnummer oder die Vergabe einer PIN.[143] Diese Differenzierung zwischen Rundfunk einerseits und Medien- bzw. Telediensten andererseits lässt sich jedoch aufgrund derselben Schutzrichtung nicht überzeugend rechtfertigen.[144] Angesichts des nun-

---

[136] *Hörnle* in MünchKomm § 184d Rn. 6; *Perron/Eisele* in Schönke/Schröder § 184d Rn. 3; aA für Amateurfunk *Wolters* in SK § 184d Rn. 4 Fn 8.

[137] Zur Abgrenzung *Haft/Eisele* JuS 2001, 112 (115f.); vgl. auch die inzwischen außer Kraft getretenen § 2 Mediendienste-Staatsvertrag und § 2 Teledienstegesetz.

[138] *Hörnle* in MünchKomm § 184d Rn. 7.

[139] BT-Drs. 15/350, 21, BVerwGE 116, 5 (10ff.) zu § 184 Abs. 2 StGB aF; aA jedoch *Bornemann* MMR 2012, 157 (159ff.).

[140] *Duttge/Hörnle/Renzikowski* NJW 2004, 1065 (1069).

[141] *Hilgendorf/Valerius*, Computer- und Internetstrafrecht, Rn. 315; *Perron/Eisele* in Schönke/Schröder § 184d Rn. 5.

[142] *Bornemann* MMR 2012, 157 (161); *Fischer* § 184d Rn. 5f.; *Perron/Eisele* in Schönke/Schröder § 184d Rn. 5.

[143] BGH NJW 2008, 1882 zu § 4 Abs. 2 JMStV; zu effektiven Sicherungsmaßnahmen im Rahmen des § 184 StGB bereits Rn. 12f.

[144] *Hörnle* in MünchKomm § 184d Rn. 2; vgl. aber BT-Drs. 15/1311, 24 entgegen BT-Drs. 15/350, 22.

mehr eindeutigen Wortlauts dürfte sich jedoch – anders als noch bei der Vorgänger-vorschrift des § 184 Abs. 2 StGB – eine teleologische Reduktion des Tatbestandes bei der Verbreitung durch Rundfunk selbst bei effektiven Barrieren verbieten.[145]

IV. Beteiligung

64 Ein täterschaftliches Handeln ist durch jede Person möglich, die für die Verbrei-tung mitverantwortlich ist. Bei der Verbreitung durch Rundfunk kann dies etwa der Programmdirektor oder der verantwortliche Redakteur sein. Soweit ein Internet-nutzer eine Live-Darbietung auf einem Datenträger speichert, macht er sich bereits unmittelbar gemäß §§ 184 b Abs. 4, 184 c Abs. 4 StGB strafbar, da dann eine Perpe-tuierung vorliegt.[146]

§ 24. Beleidigung (§ 185 StGB)

I. Grundlagen

65 Die Vorschriften der §§ 185 ff. StGB können auch durch den Inhalt von E-Mails, Webseiten, sozialen Netzwerken, Internetforen oder durch die Presse verwirklicht werden. Im Folgenden sollen lediglich die hierzu wichtigsten Bezüge dargestellt werden.[147] **Geschütztes Rechtsgut der Vorschriften ist die Ehre,** wobei nach dem dualistischen Ehrbegriff (normativ-faktischer Ehrbegriff) sowohl die innere als auch die äußere Ehre geschützt wird.[148] Ein Angriff auf die Ehre wird demnach ge-führt, wenn der Täter einem anderen zu Unrecht Mängel zuschreibt, die, wenn sie vorlägen, den Geltungswert des Betroffenen mindern würden.[149]

66 **Werturteile** werden nur von § 185 StGB erfasst. Bei einer **unwahren Tatsachen-behauptung** kommt es darauf an, ob diese gegenüber dem Opfer oder (auch) gegen-über Dritten abgegeben wurde. Bei Behauptungen gegenüber dem Opfer ist § 185 StGB einschlägig. Bei Behauptungen gegenüber Dritten liegt § 186 StGB (üble Nachrede) vor, wenn die Tatsache nicht erweislich wahr ist. Der qualifizierende Tat-bestand des § 187 StGB (Verleumdung) ist hingegen gegeben, wenn die Unwahrheit tatsächlich feststeht. Bei wahren Tatsachenbehauptungen kommt eine Strafbarkeit nur in engen Grenzen unter den Voraussetzungen des § 192 StGB in Betracht.

II. Prüfungsschema

67 1. Tatbestand (§ 185 Var. 1)
    a) Objektiver Tatbestand
        aa) Beleidigung: Kundgabe der eigenen Nicht- oder Missachtung
        bb) Kenntniserlangung des anderen von der Äußerung
        cc) Passive Beleidigungsfähigkeit
        P: Beleidigungsfähigkeit von Personengruppen (Rn. 75 f.)

---

[145] *Hilgendorf/Valerius,* Computer- und Internetstrafrecht, Rn. 316; *Perron/Eisele* in Schönke/Schröder § 184 d Rn. 6.
[146] Vgl. nur *Wolters* in SK § 184 d Rn. 8.
[147] Zu Einzelheiten *Eisele* BT 1 Rn. 560 ff.
[148] BGHSt 11, 67 (70 f.); *Sinn* in SSW § 185 Rn. 3.
[149] Vgl. BGHSt 36, 145 (148); OLG Düsseldorf NJW 1992, 1335.

b) Subjektiver Tatbestand
  aa) Vorsatz und
  bb) Handeln zu Zwecken des Wettbewerbs, aus Eigennutz, zugunsten
       eines Dritten oder Schädigungsabsicht
2. Rechtswidrigkeit: Ggf. Rechtfertigung nach § 193 StGB
3. Schuld
4. Strafantrag, § 194 StGB
5. Qualifikation, § 185 Var. 2: Mittels einer Tätlichkeit begangene Beleidigung

III. Tatbestand

1. Objektiver Tatbestand

Beleidigung wird als Angriff auf die Ehre eines anderen durch Kundgabe eigener   **68**
Nicht- oder Missachtung definiert.[150]

a) Der Tatbestand kann zunächst durch ein **Werturteil mit ehrenrührigem In-**   **69**
halt gegenüber dem Betroffenen oder Dritten verwirklicht werden. Für die Frage
der Missachtung muss stets vom Wortlaut der Äußerung ausgegangen werden. Entscheidend für die Frage der Ehrverletzung ist dabei nicht das subjektive Empfinden
des Opfers oder gar des Täters, sondern wie der objektive Sinngehalt der Äußerung
unter Berücksichtigung aller Umstände des Einzelfalles aus der Sicht eines durchschnittlichen Erklärungsempfängers zu verstehen ist.[151]

Beispiel:[152] T, der schon häufiger wegen Trunkenheitsfahrten Ärger mit der Polizei hatte, gründet
in einem sozialen Netzwerk die Gruppe „A.C.A.B." und stellt hierzu ein Foto des Polizisten P ein.
– Die Bezeichnung „A.C.A.B." wird in bestimmten Jugendsubkulturen und in der rechten Szene
für die englischsprachige Bezeichnung „all cops are bastards" verwendet. Angesichts dessen, dass T
ein Foto des P mit eingestellt hat, lassen sich andere Deutungsweisen ausschließen. Zudem ist P
eindeutig Adressat der Beleidigung, so dass § 185 StGB verwirklicht ist. § 201 a StGB scheidet hingegen schon deshalb aus, weil der höchstpersönliche Lebensbereich nicht betroffen ist.

b) Neben herabsetzenden Werturteilen können aber auch **unwahre Tatsachen-**   **70**
behauptungen, die gegenüber dem Betroffenen selbst geäußert werden, den Tatbestand erfüllen.[153]

Beispiel: T schreibt an O eine E-Mail, in der er ihn unzutreffend bezichtigt, sein Auto beschädigt
zu haben. – T macht sich nach § 185 StGB strafbar, soweit er zumindest mit Eventualvorsatz handelt.

aa) Enthält die Äußerung sowohl unwahre Tatsachen als auch Wertungen, so   **71**
muss nach dem Schwerpunkt der Äußerung abgegrenzt werden. So kann trotz eines
Werturteils ggf. eine unwahre Tatsachenbehauptung vorliegen, wenn hinter dem
Werturteil ein Tatsachenkern liegt.[154]

bb) **Wahre Tatsachenbehauptungen** dürfen dem Betroffenen hingegen grund-   **72**
sätzlich auch dann entgegengehalten werden, wenn damit ein ehrenrühriger Sinn

---

[150] *Maurach/Schroeder/Maiwald* BT 1 § 25, Rn. 3; *Sinn* in SSW § 185 Rn. 5.
[151] BVerfGE 93, 266 (295); BGHSt 19, 235 (237); näher *Eisele* BT 1 Rn. 574 ff.
[152] Vgl. auch OLG Stuttgart NStZ-RR 2009, 50.
[153] Die Unwahrheit ist in Zwei-Personen-Verhältnissen also ungeschriebenes Merkmal des § 185
StGB; vgl. BayObLG NJW 1959, 57; *Rengier* BT 2 § 29 Rn. 31.
[154] S. näher *Eisele* BT 1 Rn. 580 f.

verbunden ist, weil insoweit kein verdienter Geltungsanspruch berührt ist. Dabei ist zu beachten, dass der Wahrheitsbeweis nach § 190 StGB durch Strafurteil erbracht werden kann. Soweit es sich also bei der behaupteten Tatsache um eine Straftat handelt, ist demnach der Beweis der Wahrheit als erbracht anzusehen, wenn der Beleidigte wegen dieser Tat rechtskräftig verurteilt worden ist. Umgekehrt ist der Beweis der Wahrheit auf anderem Wege ausgeschlossen, wenn der Beleidigte bereits vor der Behauptung oder Verbreitung rechtskräftig freigesprochen wurde. Gemäß § 192 StGB schließt der Beweis der Wahrheit § 185 StGB nicht aus, wenn sich das Vorhandensein einer Beleidigung aus der Form der Behauptung oder Verbreitung oder aus den Umständen, unter welchen sie geschah, ergibt.

Beispiel: D hat vor einigen Jahren einen Strafbefehl wegen Diebstahls bei seinem Arbeitgeber akzeptiert. Als er sich von seiner Freundin T trennt, twittert diese sogleich „Amtlich: D ein Straftäter!"; zudem scannt sie den Strafbefehl ein und stellt diesen ins Netz. – Es handelt sich hier um eine Tatsachenbehauptung, deren Wahrheitsbeweis durch das Strafurteil nach § 190 StGB erbracht ist. Allerdings liegt ein Fall des § 192 StGB vor. Es handelt sich zunächst um eine sog. Reaktualisierung, weil eine länger zurückliegende Tatsache publiziert wird.[155] Zudem handelt es sich auch um einen sog. Publikationsexzess, bei dem sich die Beleidigung aus den Umständen der Verbreitung ergibt, weil der Vorgang in unangemessener Weise veröffentlich wurde.[156]

73   **c)** Nicht erfasst werden – soweit keine weiteren herabsetzenden Äußerungen hinzukommen – dagegen Angriffe auf **die sexuelle Selbstbestimmung**, weil § 185 StGB insoweit keinen Auffangtatbestand für Fälle darstellt, in denen die §§ 174 ff. StGB nicht verwirklicht sind.[157]

Beispiel:[158] T fährt hinter O eine Rolltreppe hinunter; dabei hält er sein Mobiltelefon unter den Rock der O und fertigt Filmaufnahmen. – T macht sich nicht nach § 185 StGB strafbar, da der Beobachtung kein ehrherabsetzenden Charakter zukommt und weitere Umstände, die auf einen solchen schließen lassen, nicht vorhanden sind; § 201 a Abs. 1 StGB ist zu verneinen, weil das Bild nicht innerhalb einer geschützten Räumlichkeit gefertigt wurde.

74   **d)** Im Einzelfall können sich auch Fragen der **passiven Beleidigungsfähigkeit** stellen. Grundsätzlich ist jeder Mensch – daher auch ein kleines Kind – beleidigungsfähig.[159] Nicht einbezogen ist jedoch nach hM die (fortbestehende) Ehre Verstorbener, da insoweit die Sondervorschrift des § 189 StGB gilt.[160] Problematisch ist die Beleidigung bei Personengemeinschaften. Insoweit ist zwischen dem Verband selbst und seinen einzelnen Mitgliedern zu differenzieren.

75   **aa)** Die **Personengemeinschaft** selbst kann dabei nach hM nur unter drei Bedingungen als beleidigungsfähig eingestuft werden: Sie muss klar abgrenzbar sein, eine rechtlich anerkannte Funktion erfüllen und einen einheitlichen Willen bilden.[161] Letzteres ist etwa bei einer Familie nicht der Fall, so dass die „Familienehre" nicht geschützt wird.

Beispiel: T gründet in einem sozialen Netzwerk die Gruppe „A.C.A.B." („all cops are bastards"; s. oben Rn. 69), ohne jedoch den Bezug zu einem bestimmten Polizisten herzustellen. – Die „Polizei" als solche wird mangels Abgrenzbarkeit und angesichts verschiedener Polizeien in den einzel-

---

[155] *Lenckner/Eisele* in Schönke/Schröder § 192 Rn. 1.
[156] Dazu OLG Frankfurt a.M. NJW 1948, 226; *Hilgendorf* in LK § 192 Rn. 7; krit. hierzu *Lenckner/Eisele* in Schönke/Schröder § 192 Rn. 1.
[157] BGHSt 36, 145 (149); *Fischer* § 185 Rn. 11.
[158] OLG Nürnberg NStZ 2011, 217; ferner OLG Düsseldorf NJW 2001, 3562.
[159] Vgl. BGHSt 7, 129 (132); näher *Zaczyk* in NK Vorbem. §§ 185 ff. Rn. 8 ff.
[160] *Rudolphi/Rogall* in SK Vorbem. § 185 Rn. 34; *Zaczyk* in NK Vorbem. §§ 185 ff. Rn. 8; s. aber *Hilgendorf* in LK § 189 Rn. 2.
[161] BGHSt 6, 186 (191); *Lackner/Kühl* Vorbem. § 185 Rn. 5; zu Einzelheiten *Eisele* BT 1 Rn. 584 ff.; krit. hingegen *Fischer* Vorbem. § 185 Rn. 12 a.

nen Bundesländern nicht erfasst.[162] Anders wäre dies nur, wenn T eine bestimmte Polizeibehörde konkret bezeichnen würde.

bb) Ferner können auch (zusätzlich) die hinter dem Verband stehenden Mitglie- **76** der durch eine **Kollektivbezeichnung** selbst beleidigt werden. Da es hier nicht um die Beleidigung des Verbandes, sondern der einzelnen Mitglieder geht, muss die Äußerung bestimmten Personen zugeordnet werden können. Dies ist der Fall, wenn der Täter mit seiner Äußerung sämtliche Personen einer Gruppe erfassen möchte.[163] Weitere Voraussetzung ist, dass sich die bezeichnete Personengruppe anhand bestimmter Merkmale deutlich aus der Allgemeinheit heraushebt sowie einen überschaubaren und deutlich abgrenzbaren Personenkreis enthält.[164]

Beispiel: T äußert im lokalen Fernsehsender, „dass die Familie des Oberbürgermeisters vollständig aus debilen und korrupten Gaunern bestehe". – Durch diese Äußerung wird jedes Familienmitglied in seiner persönlichen Ehre herabgesetzt, so dass § 185 StGB vorliegt; hingegen scheidet eine Beleidigung der Familie selbst aus.[165]

e) § 185 StGB erfasst nur die **Kundgabe** eigener Missachtung, während das Ver- **77** breiten ehrenrühriger Aussagen Dritter hingegen nicht tatbestandsmäßig ist. Die Kundgabe kann wörtlich, schriftlich, durch Symbole, Gesten und auch via Medien – wie das Internet[166] – erfolgen.

Beispiel 1:[167] T versendet eine eingescannte Fotomontage per E-Mail. Darauf sind zwei Frauenkörper zu sehen, die mit heruntergelassener Unterwäsche wie bei der Verrichtung der Notdurft auf einer Wiese sitzen. Auf die Frauenkörper wurde jeweils ein Foto des Kopfes der Oberbürgermeisterin der Stadt S gesetzt, die „leicht entrückt bis leicht gequält" schaut. Die Montage wird um den Text „Freiluftgeschäfte am Wasserbahnhof" ergänzt. Mit der Fotomontage wird auf die von der Stadt S veranlasste Schließung einer viel genutzten öffentlichen Toilettenanlage am sog. Wasserbahnhof angespielt. – Die Kundgabe kann auch durch Karikaturen oder Fotos erfolgen; allerdings ist hier schon der ehrherabsetzende Charakter der Montage fraglich, da über den Text auf die Schließung des WC und damit möglicherweise die missliche Lage von Bürgern hingewiesen wird, die eine Toilette aufsuchen möchten. Im Übrigen wäre jedenfalls eine Rechtfertigung nach § 193 StGB anzunehmen, die dem Grundrecht aus Art. 5 Abs. 1 S. 1 GG Rechnung trägt. Es liegt insoweit keine bloße Schmähkritik vor, die außerhalb des § 193 StGB liegt; vielmehr wird eine kommunalpolitisch bedeutsame Frage zum Inhalt einer kritischen Äußerung gemacht.[168]

Beispiel 2:[169] T, der mit zu hoher Geschwindigkeit mit seinem PKW auf der Autobahn unterwegs ist, sieht eine polizeiliche Kontrollstelle, an der Videoaufzeichnungen erfolgen. Er zeigt daraufhin „dicht hinter der Frontscheibe den gestreckten Mittelfinger", so dass dies aufgezeichnet wird. – Es liegt der Tatbestand des § 185 StGB vor, wenn die die Bildaufnahme auswertenden Personen dies wahrnehmen. Es genügt nämlich, wenn die Kundgabe über ein technisches Medium vermittelt wird.

f) Die Äußerung muss von einer anderen Person **zur Kenntnis** genommen wer- **78** den. Die Wahrnehmung kann dabei durch den Beleidigten selbst oder aber auch einen Dritten erfolgen.

Beispiel: T sendet eine den O beleidigende E-Mail vorab an D. – Die Tat ist bereits mit der Äußerung gegenüber D vollendet; es kommt nicht darauf an, ob auch O Kenntnis erlangt.

---

[162] BayObLG NJW 1990, 1742; OLG Düsseldorf StraFo 2003, 316; hingegen soll die Bundeswehr beleidigungsfähig sein, vgl. BGHSt 36, 83 (88); krit. insoweit aber *Hilgendorf* in LK Vorbem. § 185 Rn. 27.

[163] *Eisele* BT 1 Rn. 588 ff.; *Zaczyk* in NK Vorbem. §§ 185 ff. Rn. 27 ff.

[164] BGHSt 11, 207 (208); 2, 38 (39); krit. hinsichtlich des Kriteriums einer überschaubaren Menge aber BGHSt 36, 83 (85 ff.); *Lackner/Kühl* Vorbem. § 185 Rn. 3.

[165] S. Rn. 75.

[166] Näher *Beck* MMR 2009, 736.

[167] Vgl. auch OLG Düsseldorf OLGSt StGB § 185 Nr. 32.

[168] OLG Düsseldorf OLGSt StGB § 185 Nr. 32. Zu § 193 vgl. 6. Kap. Rn. 95.

[169] S. auch BayObLG NJW 2000, 1584.

79   Neben der Kenntnisnahme ist mit der hM zudem zu verlangen, dass der Empfänger auch die Ehrenrührigkeit der **Äußerung sinngemäß erfasst,** weil nur dann
der Geltungsanspruch verletzt ist.[170] Die Anerkennung einer **sog. belcidigungsfrei-
en Sphäre** führt zu weiteren Einschränkungen des Kundgabebegriffs. Daher werden nach hM vertrauliche Äußerungen im engsten Familienkreis bereits vom Tatbestand nicht erfasst,[171] soweit keine begründete Gefahr für die Weitergabe besteht.[172]
Diese Grundsätze sind auf ähnlich enge Vertrauensverhältnisse, wie etwa unter Ver-
lobten, Lebenspartnern oder engen Freunden auszudehnen.[173]

2. Subjektiver Tatbestand

80   In subjektiver Hinsicht ist Eventualvorsatz ausreichend; einer besonderen Belei-
digungsabsicht bedarf es nicht.

> **Rechtsprechung:** BVerfGE 90, 255 (Art. 5 GG und beleidigungsfreie Sphäre); BVerfGE 93, 266
> (Beleidigung unter Kollektivbezeichnung); BVerfG NJW 2006, 207 (Recherchepflicht und Wahr-
> nehmung berechtigter Interessen); BGHSt 6, 186 (Beleidigungsfähigkeit von Personenmehrheiten);
> BGHSt 36, 145 (Sexualbeleidigung).

> **Aufsätze:** *Beck,* Internetbeleidigung de lege lata und de lege ferenda, MMR 2009, 736; *Geppert,*
> Straftaten gegen die Ehre (§§ 185ff.), Jura 1983, 530, 580; *ders.,* Wahrnehmung berechtigter Interes-
> sen (§ 193), Jura 1985, 25; *ders.,* Zur Systematik der Beleidigungsdelikte und zur Bedeutung des
> Wahrheitsbeweises im Rahmen der §§ 185ff., Jura 2002, 820ff.; *ders.,* Zur passiven Beleidigungsfä-
> higkeit von Personengemeinschaften und von Einzelpersonen unter einer Kollektivbezeichnung,
> Jura 2005, 244.

> **Übungsfälle:** *Beck,* Der wütende Ex-Freund, ZJS 2010, 742; *Ellbogen,* Der Brand im Asylbewer-
> berheim, Jura 1998, 483; *Hecker,* Das brennende Hausboot, Jura 1999, 197; *Reinbacher,* Rassisti-
> scher Anschlag mit unerwartetem Ausgang, Jura 2007, 38; *Steinberg/Blumenthal,* Politisches Lehr-
> stück, ZJS 2011, 81.

§ 25. Üble Nachrede (§ 186 StGB)

I. Grundlagen

81   § 186 findet nur bei **Tatsachenbehauptungen gegenüber Dritten** Anwendung;[174] Tatsachenbehauptungen gegenüber dem Opfer werden von § 185 StGB
erfasst, soweit diese unwahr sind. Da es hingegen für § 186 StGB genügt, dass die
Tatsache nicht erweislich wahr ist, dh die Unwahrheit gerade nicht feststehen muss,
handelt es sich um ein abstraktes Gefährdungsdelikt, das auf der potentiellen Verbreitungsgefahr von ehrenrührigen Tatsachen beruht.[175]

---

[170] BGHSt 9, 17 (19); *Regge* in MünchKomm § 185 Rn. 28; *Rudolphi/Rogall* in SK § 185 Rn. 18.
[171] Für einen Tatbestandsausschluss zB *Rengier* BT 2 § 28 Rn. 23; *Zaczyk* in NK Vorbem.
§§ 185ff. Rn. 38; für einen Rechtfertigungsgrund zB *Hilgendorf* in LK § 185 Rn. 14.
[172] BVerfGE 90, 255 (260 f.); OLG Oldenburg GA 1954, 284.
[173] BVerfG NJW 1995, 1477, für Verlobte; BVerfG NJW 1997, 185 (186), für eheähnliche Beziehung; BVerfG NJW 2007, 1194, für Freundschaft unter Mitgefangenen.
[174] BayObLG NJW 1959, 57; OLG Köln NJW 1964, 2121 (2122); *Hilgendorf* in LK § 186
Rn. 1.
[175] *Hilgendorf* in LK § 186 Rn. 10; *Lackner/Kühl* § 186 Rn. 4; *Lenckner/Eisele* in Schönke/
Schröder § 186 Rn. 1; vgl. aber *Zaczyk* in NK § 186 Rn. 6, der auf eine Verletzung abstellt.

II. Prüfungsschema

1. Tatbestand   **82**
   a) Objektiver Tatbestand
      aa) Ehrherabsetzende Tatsache
      bb) Behaupten oder Verbreiten gegenüber Dritten
   b) Subjektiver Tatbestand
      aa) Vorsatz und
      bb) Handeln zu Zwecken des Wettbewerbs, aus Eigennutz, zugunsten
          eines Dritten oder Schädigungsabsicht
2. Objektive Strafbarkeitsbedingung: Tatsache ist nicht erweislich wahr.
3. Rechtswidrigkeit: Besonderer Rechtfertigungsgrund nach § 193 StGB
4. Schuld
5. Strafantrag, § 194
6. Qualifikationen
   a) § 186 Abs. 1 Var. 2: Öffentliche Tatbegehung oder durch Verbreiten von
      Schriften (§ 11 Abs. 3 StGB)
   b) § 188 Abs. 1: Üble Nachrede gegen Personen des politischen Lebens

III. Tatbestand

1. Objektiver Tatbestand

Nach § 186 StGB liegt eine **ehrherabsetzende Tatsache** vor, wenn diese geeignet **83**
ist, den anderen verächtlich zu machen oder in der öffentlichen Meinung herabzu-
würdigen. Tathandlungen sind das Behaupten oder Verbreiten in Beziehung auf
einen anderen (Verbreitungsdelikt), so dass die Äußerung gegenüber Dritten erfolgen muss. **Behauptet** wird eine Tatsache, wenn diese nach eigener Überzeugung als
wahr hingestellt wird; hingegen wird beim **Verbreiten** eine fremde Tatsachenbehauptung auch als Gegenstand fremden Wissens und fremder Überzeugung (dh als
Gerücht) weitergegeben.[176]

2. Subjektiver Tatbestand

Der **Vorsatz** muss sich lediglich auf das Behaupten bzw. Verbreiten der ehren- **84**
rührigen Tatsache beziehen. Da die Unerweislichkeit der Tatsache nicht Merkmal
des objektiven Tatbestandes, sondern objektive Bedingung der Strafbarkeit ist,
muss der Vorsatz diese nicht umfassen.

IV. Objektive Bedingung der Strafbarkeit

Die Nichterweislichkeit der Tatsache stellt eine objektive Bedingung der Straf- **85**
barkeit dar, die außerhalb des Tatbestandes liegt.[177] Dem Täter soll so die Schutzbe-
hauptung abgeschnitten werden, dass er die Tatsache für wahr gehalten habe. Wer-

---

[176] Näher *Eisele* BT 1 Rn. 608 ff.
[177] Vgl. BGHSt 11, 273 (274); OLG Hamm NJW 1987, 1034 (1035); *Lackner/Kühl* § 186 Rn. 7.

den die Tatsachen in ihrem wesentlichen Kern nicht erwiesen,[178] so trägt der Täter hierfür also das Risiko.

> **Beispiel:**[179] T behauptet in einem Internetforum, dass sie von Dritten gehört habe, dass es in der Familie des O zu Problemen im Bezug auf Partnerschaftsgewalt komme und man sich Sorgen um die Kinder des Ehepaares machen müsse. T kennt dabei die familiäre Situation selbst nicht näher; ob es zu Gewalt in der Ehe gekommen ist, lässt sich später nicht klären. – Die Aussage, dass es zu Partnerschaftsgewalt kommt, stellt eine Tatsachenbehauptung dar, die geeignet ist, das Ehepaar in der öffentlichen Meinung herabzuwürdigen. Weil T die Tatsache als Gegenstand fremden Wissens – Aussage Dritter – weitergibt, liegt ein vorsätzliches Verbreiten und damit der Tatbestand vor. Dass T der Aussage Dritter glaubt und diese für wahr hält, ändert nichts an der Bestrafung nach § 186 StGB, weil die Nichterweislichkeit der Tatsache eine objektive Bedingung der Strafbarkeit ist und die Frage der Partnerschaftsgewalt hier nicht geklärt werden kann.

V. Qualifikationen

86   Zu beachten ist, dass die Tat **qualifiziert** ist, wenn **sie öffentlich oder durch Verbreiten von Schriften** iSd § 11 Abs. 3 StGB erfolgt. Eine öffentliche Äußerung liegt vor, wenn sie von einem größeren und nicht näher bestimmten Personenkreis wahrgenommen werden kann; beim Verbreiten durch Schriften sind über § 11 Abs. 3 StGB Datenspeicher usw. einbezogen.[180] Eine weitere Qualifikation findet sich in § 188 Abs. 1 StGB für Fälle, in denen eine üble Nachrede gegen **eine im politischen Leben des Volkes stehende Person öffentlich, in einer Versammlung oder durch Verbreiten von Schriften** (§ 11 Abs. 3) begangen wird.

VI. Konkurrenzen

87   Soweit der Schwerpunkt einer Aussage auf einer Tatsachenbehauptung liegt, so ist bei einer Kundgabe gegenüber Dritten nur § 186 bzw. § 187 StGB gegeben. Kommt ein zusätzliches, eigenständiges Werturteil hinzu, so besteht Tateinheit mit § 185 StGB.[181] Erfolgt die Tatsachenbehauptung gegenüber Dritten und dem Opfer, ist ebenfalls Tateinheit anzunehmen.[182]

§ 26. Verleumdung (§ 187 StGB)

I. Grundlagen

88   § 187 Hs. 1 Var. 1 StGB erfasst die Behauptung oder Verbreitung einer unwahren, ehrenrührigen Tatsache gegenüber Dritten, soweit dies **wider besseren Wissens** geschieht. Die Qualifikation zu § 186 StGB setzt die **Feststellung der Unwahrheit** der behaupteten oder verbreiteten Tatsache voraus. Die in § 187 Hs. 1 Var. 2 StGB normierte Kreditgefährdung stellt hingegen ein selbstständiges Vermögensdelikt dar, das zu §§ 185 ff. StGB in Tateinheit stehen kann.

---

[178] BGHSt 18, 182 (183); *Lenckner/Eisele* in Schönke/Schröder § 186 Rn. 15.
[179] S. auch AG Rosenheim FamFR 2012, 45.
[180] Dazu 1. Kap. Rn. 4, 6. Kap. Rn. 4.
[181] BGHSt 12, 287 (292); *Lenckner/Eisele* in Schönke/Schröder § 186 Rn. 21.
[182] RGSt 41, 61 (65 f.); BayObLG NJW 1962, 1120; *Lenckner/Eisele* in Schönke/Schröder § 186 Rn. 21; vgl. aber *Rudolphi/Rogall* in SK Vorbem. § 185 Rn. 53, wonach §§ 186, 187 StGB vorrangig sind.

II. Prüfungsschema

1. Tatbestand 89
   a) Objektiver Tatbestand
      aa) Ehrherabsetzende Tatsache
      bb) Kundgabe durch Behaupten oder Verbreiten gegenüber Dritten
      cc) Unwahrheit der Tatsache
   b) Subjektiver Tatbestand
      aa) Vorsatz hinsichtlich Kundgabe der ehrenrührigen Tatsache
      bb) Wissen hinsichtlich der Unwahrheit
2. Rechtswidrigkeit
3. Schuld
4. Strafantrag, § 194 StGB
5. Qualifikationen
   a) § 187 Hs. 2: Öffentliche Tatbegehung, Tatbegehung in einer Versammlung oder durch Verbreiten von Schriften (§ 11 Abs. 3)
   b) § 188 Abs. 2: Üble Nachrede gegen Personen des politischen Lebens

III. Überblick

Die Tathandlungen des **Behauptens und des Verbreitens** entsprechen denjenigen 90 des § 186 StGB.[183] Erfasst wird aber nur die Äußerung von Tatsachen, die objektiv unwahr sind, dh deren Unwahrheit auch erwiesen ist. Die Unwahrheit ist hier nicht nur objektive Bedingung der Strafbarkeit, sondern Tatbestandsmerkmal. Neben dem Vorsatz hinsichtlich des Behauptens bzw. Verbreitens muss der Täter in subjektiver Hinsicht sichere Kenntnis von der Unwahrheit der Tatsache besitzen.

§ 27. Wahrnehmung berechtigter Interessen (§ 193 StGB)

Für die Frage der Rechtswidrigkeit ist die Wahrnehmung berechtigter Interessen 91 nach § 193 StGB als spezieller Rechtfertigungsgrund zu beachten. Dieser kann als einzelgesetzliche Ausprägung von Art. 5 GG verstanden werden.[184] Er gilt jedoch nicht in Fällen der Formalbeleidigung (§ 192 StGB) und der Verleumdung (§ 187 StGB).[185] Ebensowenig findet § 193 StGB außerhalb der Vorschriften der §§ 185 ff. StGB (analoge) Anwendung.[186]

I. Berechtigte Interessen

Erforderlich ist stets die Wahrnehmung berechtigter Interessen. Erfasst werden 92 tadelnde Urteile über wissenschaftliche, künstlerische oder gewerbliche Leistungen,

---

[183] S. Rn. 83.
[184] BVerfGE 42, 143 (152); 12, 113 (125); *Lackner/Kühl* § 193 Rn. 1.
[185] *Lenckner/Eisele* in Schönke/Schröder § 193 Rn. 2.
[186] OLG Stuttgart NStZ 1987, 121 (122); *Eisele* JR 2005, 6 (10 f.); *Rengier* BT 2 § 29 Rn. 36; aA *Geppert* Jura 1985, 25 (28).

Äußerungen zur Ausführung oder Verteidigung von Rechten, Vorhaltungen und Rügen der Vorgesetzten gegen ihre Untergebenen, dienstliche Anzeigen und Urteile von Seiten eines Beamten sowie ähnliche Fälle und Ausführungen zur Wahrnehmung sonstiger berechtigter Interessen.[187] Zu den sonstigen berechtigten Interessen gehören alle von der Rechtsordnung anerkannten öffentlichen, privaten, ideellen oder vermögensrechtlichen Interessen.[188] Die Wahrnehmung von Interessen Dritter kann ebenfalls zur Rechtfertigung führen, wenn sie dem Täter übertragen wurden oder er einer anderen Person so nahe steht, dass er sich vernünftigerweise zum Verfechter deren Interessen aufwerfen darf.[189]

II. Wahrnehmung in objektiv rechtmäßiger Weise

1. Erforderlichkeit

93   Erforderlich ist zunächst, dass die Äußerung bei einer ex ante-Betrachtung **geeignetes und mildestes Mittel** zur Wahrnehmung der Interessen ist.

> **Beispiel:** T teilt auf seiner Homepage mit, dass Beamter O vermutlich bestochen worden sei; der Vorwurf lässt sich später nicht erweisen. – Es liegt zunächst der Tatbestand des § 186 StGB vor; eine Rechtfertigung nach § 193 StGB ist nicht gegeben, da die Mitteilung von Straftaten an Private oder die Allgemeinheit nicht zur Aufklärung beiträgt und daher schon kein geeignetes Mittel ist. Anders wäre der Fall zu beurteilen, wenn T die Strafverfolgungsbehörden informiert hätte.[190]

2. Angemessenheit

94   Zudem ist im Rahmen einer **Angemessenheitsprüfung** das Recht der persönlichen Ehre gegen die widerstreitenden Interessen – wie etwa Meinungsfreiheit, Pressefreiheit oder Kunstfreiheit (Art. 5 GG) – abzuwägen.[191] Eine Rechtfertigung kommt nur in Betracht, wenn das Interesse des Täters höher zu gewichten ist.[192]

95   **a) Ehrenrührige Werturteile,** die Angriffe auf die Menschenwürde beinhalten oder nur der Diffamierung der beleidigten Person dienen (Schmähkritik) sind stets unangemessen.[193] Aufgrund des Grundrechtsschutzes des Art. 5 GG darf eine Schmähkritik jedoch nur in engen Grenzen angenommen werden. Dies ist erst der Fall, wenn nicht mehr die Auseinandersetzung in der Sache, sondern die Diffamierung der Person im Vordergrund steht.[194] Bei einer Äußerung, die der öffentlichen Meinungsbildung dient, besteht eine Vermutung für den Vorrang der Meinungsfreiheit. Dies gilt auch für Kunstwerke, Karikaturen oder Satiren. Wird der Einzelne im Rahmen einer Kollektivbezeichnung[195] nur als Angehöriger einer Gruppe erfasst, so ist dessen Rechtsgut schwächer als bei einem direkten Angriff auf das Individuum betroffen.[196]

---

[187] Zu Einzelheiten *Eisele* BT 1 Rn. 641 ff.
[188] *Kindhäuser* LPK § 193 Rn. 5; *Sinn* in SSW § 193 Rn. 14.
[189] RGSt 63, 229 (231); *Kindhäuser* LPK § 193 Rn. 6.
[190] *Sinn* in SSW § 193 Rn. 17; näher *Kindhäuser* LPK § 193 Rn. 10 ff.
[191] Näher *Schneider* in HK § 193 Rn. 2.
[192] BayObLG NJW 1995, 2501 (2503); OLG Hamm NJW 1987, 1034 (1035); *Hilgendorf* in LK § 193 Rn. 17; *Mitsch*, Medienstrafrecht, § 1 Rn 40; nach BGHSt 18, 182 (184 f.) und *Rengier* BT 2 § 29 Rn. 43 genügt auch ein gleichrangiges Interesse.
[193] BVerfGE 61, 1 (12); *Hilgendorf* in LK § 193 Rn. 25.
[194] BVerfGE 93, 266 (294); 82, 272; BVerfG NJW 2009, 3016 (3017 ff.).
[195] Dazu Rn. 76.
[196] BVerfGE 93, 266 (300 f.).

b) Bei **ehrenrührigen Tatsachenbehauptungen** ist eine leichtfertige Behauptung **96** nie angemessen. Der Täter muss sich stets ausreichend informieren und dabei gewissenhaft prüfen, ob der von ihm gemachte Vorwurf zutreffend ist.[197] Die Anforderungen hängen dabei u. a. von der Schwere des Vorwurfs und den Möglichkeiten zur Überprüfung ab; für die Presse ist jedenfalls eine sorgfältige Recherche notwendig.

Beispiel:[198] Journalist J schreibt: „Die Tatsache, dass Herr S., wie wir alle wissen, IM-Sekretär, über 20 Jahre im Dienste des Staatssicherheitsdienstes tätig, dass der die Chance erhält, 1999 hier in Berlin, auch über Berlin Ministerpräsident zu werden, d. h. dass ich sein Landeskind werde, zusammen mit anderen, das verursacht mir doch erhebliche Kopfschmerzen." Die Wahrheit oder Unwahrheit dieser Äußerung kann nicht festgestellt werden. – Weil es sich um eine ehrherabsetzende Tatsachenäußerung handelt, ist der Tatbestand des § 186 StGB verwirklicht; weil die Wahrheit nicht erwiesen ist, liegt auch die objektive Bedingung der Strafbarkeit vor. Für eine Rechtfertigung nach § 193 StGB bedarf es zunächst einer sorgfältigen Recherche. Diese Pflichten sind nicht allein deshalb erfüllt, weil J keine Nachforschungen möglich waren, die über den bereits allgemein bekannten Kenntnisstand hinausgingen. Vielmehr muss J dann darauf hinweisen, dass die Behauptungen durch das Ergebnis der Nachforschungen nicht gedeckt sind. Eine nach Kenntnisstand des Äußernden umstrittene oder zweifelhafte Tatsache darf jedenfalls nicht als feststehend hingestellt werden.[199]

III. Subjektives Rechtfertigungselement

§ 193 StGB erfordert ein Handeln „zur" Interessenwahrnehmung und damit Absicht diesbezüglich; bloße Kenntnis der Rechtfertigungslage genügt demnach nicht.[200] **97**

§ 28. Verbreiten von Propagandamitteln verfassungswidriger Organisationen (§ 86 StGB)

I. Grundlagen

§ 86 StGB schützt die **verfassungsmäßige Ordnung des Staates** als **abstraktes** **98** **Gefährdungsdelikt.**[201] Pönalisiert wird bereits das Verbreiten, Herstellen usw. von Propagandamitteln verfassungswidriger Organisationen, wofür zunehmend die neuen Medien eingesetzt werden. Die Vorschrift ist mit den in Art. 5 GG verankerten Grundrechten der Meinungsfreiheit, Informationsfreiheit und Pressefreiheit vereinbar.[202]

II. Prüfungsschema

1. Tatbestand **99**
   a) Objektiver Tatbestand
     aa) Propagandamittel (Abs. 2)
     bb) einer Organisation nach Abs. 1 Nr. 4

---

[197] BGH NJW 1952, 194; OLG Celle NJW 1988, 353 (354); *Schneider* in HK § 193 Rn. 18.
[198] Abwandlung nach BVerfG NJW 2006, 207.
[199] BVerfG NJW 2006, 207 (210); ferner BVerfGE 12, 113 (130 f.).
[200] BGHSt 18, 182 (186); *Hilgendorf* in LK § 193 Rn. 30; aA *Lackner/Kühl* § 193 Rn. 9.
[201] S. *Schroeder* JA 2010, 1 (3); *Steinmetz* in MünchKomm § 86 Rn. 1 f.
[202] BGHSt 23, 64 (70 f.).

cc) Verbreiten im Inland, Herstellen zur Verbreitung im Inland oder
Ausland, Vorrätighalten, Einführen oder Ausführen, öffentlich Zugänglichmachen in Datenspeichern
P: Begriff des Verbreitens im Internet (Rn. 101)
dd) Keine Sozialadäquanz nach Abs. 3 (Tatbestandsausschluss)
P: Vorliegen eines „ähnlichen Zwecks" (Rn. 102)
b) Subjektiver Tatbestand
aa) Vorsatz und
bb) Handeln zu Zwecken des Wettbewerbs, aus Eigennutz, zugunsten
eines Dritten oder Schädigungsabsicht
2. Rechtswidrigkeit
3. Schuld
4. Absehen von Bestrafung (Abs. 4)

III. Tatbestand

1. Objektiver Tatbestand

100   a) Es muss sich zunächst um **Propagandamittel** bestimmter verfassungswidriger
Organisationen handeln, die nach Nrn. 1 bis 4 näher bezeichnet sind. Erfasst werden gemäß Abs. 2 aber nur solche Schriften, deren Inhalt gegen die freiheitliche
demokratische Grundordnung oder den Gedanken der Völkerverständigung gerichtet ist. Über den Verweis auf § 11 Abs. 3 StGB sind vom Schriftenbegriff auch
Datenspeicher usw. erfasst.[203]

101   b) Neben dem Verbreiten im Inland und dem öffentlichen Zugänglichmachen in
Datenspeichern sind als **Tathandlungen** auch Vorbereitungsakte – Herstellen zur
Verbreitung im Inland oder Ausland, Vorrätighalten, Einführen oder Ausführen –
einbezogen. Unter **Verbreiten** ist – wie bei §§ 184ff. StGB – eine Tätigkeit zu verstehen, die darauf gerichtet ist, die Schrift ihrer körperlichen Substanz nach durch
Weitergabe einem größeren Personenkreis zugänglich zu machen.[204] Auch hier kann
diskutiert werden, ob für Inhalte im Netz und den Massenversand von E-Mail und
SMS ein spezifischer Verbreitungsbegriff anzuerkennen ist; richtigerweise erfasst
aber das Verbreiten auch hier nur die körperliche Weitergabe. Weil für Propagandamittel in Abs. 2 auf den Schriftenbegriff des § 11 Abs. 3 StGB verwiesen wird
und auch das öffentliche Zugänglichmachen in Datenspeichern erfasst wird, ist es
jedenfalls für die Variante des **Zugänglichmachens** ausreichend, dass Inhalte im
Netz ohne körperliche Übertragung abrufbar sind. Auf einen tatsächlichen Abruf
kommt es nicht an.[205]

102   c) Für Fälle der **Sozialadäquanz**, die gerade im Zusammenhang mit Verbrei-
tungshandlungen durch Medien Bedeutung erlangen, enthält Abs. 3 einen **Tatbestandsauschluss**,[206] wenn das Propagandamittel oder die Handlung der staatsbür-

---

[203] Näher 1. Kap. Rn. 4, 6. Kap. Rn. 4.
[204] S. auch 6. Kap. Rn. 36ff. Zum Streit, ob auch die in § 74d Abs. 4 StGB genannten Handlungen einbezogen sind, *Sternberg-Lieben* in Schönke/Schröder § 86 Rn. 14.
[205] OLG Stuttgart MMR 2006, 387 (388); ferner BGHSt 47, 55 (60); näher *Gercke* in Spind-
ler/Schuster, § 86 Rn. 4.
[206] BGHSt 46, 36 (43); *Mitsch*, Medienstrafrecht, § 1 Rn 18, § 3 Rn. 20; *Steinmetz* in Münch-
Komm § 86 Rn. 37.

gerlichen Aufklärung, der Abwehr verfassungswidriger Bestrebungen, der Kunst oder der Wissenschaft, der Forschung oder der Lehre, der Berichterstattung über Vorgänge des Zeitgeschehens oder der Geschichte oder ähnlichen Zwecken dient.

Beispiel:[207] T setzt auf seiner Webseite in Deutschland im Rahmen einer Internetdokumentation einen Hyperlink auf Webseiten in den USA, auf denen Kennzeichen der NSDAP und ihrer Nebenorganisationen gezeigt, der Holocaust und die Existenz von Vernichtungslagern geleugnet und eine weitere Judenvernichtung propagiert wird. Die Dokumentation distanziert sich ausdrücklich davon und enthält auch Literaturhinweise, die sich kritisch mit rechtsradikalem Gedankengut auseinandersetzen. – Zunächst stellt sich die Frage, ob deutsches Strafrecht überhaupt anwendbar ist; da T die Tathandlung (Verlinkung) jedoch in Deutschland vornimmt, folgt die Anwendbarkeit des deutschen Strafrechts und damit des § 86 Abs. 1 Nr. 4 StGB aus §§ 3, 9 StGB. Privilegierungen nach §§ 7 ff. TMG kommen nicht in Betracht, da das Setzen von Hyperlinks von diesen Vorschriften nicht erfasst wird.[208] Weil auch das öffentliche Zugänglichmachen in Datenspeichern tatbestandsmäßig ist, genügt hierfür die Abrufbarkeit der Inhalte via Internet. Da es T jedoch um Aufklärung geht, ist der Tatbestand nach § 86 Abs. 3 StGB ausgeschlossen.[209] Anders wäre aber zu entscheiden, wenn die Propagandamittel unter dem Deckmantel einer Dokumentation verbreitet werden sollen und damit das Zugänglichmachen nicht dem Informationsinteresse dient.[210]

Gegenbeispiel:[211] T stellt ein originalgetreu nachgebautes Modellflugzeug öffentlich zur Schau, auf dem – wie auf dem Original – ein Hakenkreuz angebracht ist. – Es liegt hier keiner der genannten Ausschlussgründe vor; das Ziel ein möglichst originalgetreu nachgebautes Modell herzustellen und zu präsentieren, ist auch kein „ähnlicher Zweck". T macht sich nach § 86 Abs. 1 Nr. 4 StGB strafbar, da es auch nicht darauf ankommt, ob der Täter den Inhalt billigt.[212]

2. Subjektiver Tatbestand

Für den subjektiven Tatbestand genügt grundsätzlich Eventualvorsatz. Der Täter **103** muss den Inhalt der Schrift nicht billigen.[213] Beim Herstellen „zur" Verbreitung im Inland oder Ausland ist jedoch Absicht i.S.v. dolus directus 1. Grades erforderlich.[214]

3. Absehen von Bestrafung

Soweit die Schuld des Täters gering ist, so kann das Gericht nach Abs. 4 von ei- **104** ner Bestrafung nach dieser Vorschrift absehen.

Rechtsprechung: BGHSt 46, 36 (Tatbestandsausschluss nach § 86 Abs. 3 StGB); OLG Stuttgart MMR 2006, 387 (Zugänglichmachen und Tatbestandsausschluss nach § 86 Abs. 3 StGB).

Aufsätze: *Schroeder,* Die Strafvorschriften der Bundesrepublik Deutschland gegen den Nationalsozialismus, JA 2010, 1.

Übungsfälle: *Meier/Verrel,* Prügel für die „Scheinasylanten", JuS 1994, 1039.

---

[207] OLG Stuttgart MMR 2006, 387.
[208] S. näher oben 3. Kap. Rn. 14.
[209] Ausf. OLG Stuttgart MMR 2006, 387 (388 ff.).
[210] OLG Stuttgart MMR 2006, 387 (388 f.).
[211] OLG München NStZ-RR 2005, 371.
[212] BGHSt 19, 221; *Fischer* § 86 Rn. 15.
[213] S. Rn. 102.
[214] *Fischer* § 86 Rn. 16; *Lackner/Kühl* § 86 Rn. 6; vgl. aber *Paeffgen* in NK § 86 Rn. 37, wonach sicheres Wissen erforderlich ist.

§ 29. Verwenden von Kennzeichen verfassungswidriger Organisationen (§ 86a StGB)

I. Grundlagen

105   Das **abstrakte Gefährdungsdelikt** schützt den demokratischen Rechtsstaat sowie den öffentlichen Frieden.[215]

II. Prüfungsschema

106   1. Tatbestand
      a) Objektiver Tatbestand
         aa) Nr. 1: Verbreiten oder Verwenden bestimmter Kennzeichen im Inland und zwar öffentlich, in einer Versammlung oder in vom Täter verbreiteten Schriften (§ 11 Abs. 3)
             P: Anwendbarkeit des deutschen Strafrechts (Rn. 109)
             P: Restriktive Auslegung (Rn. 110)
         bb) Nr. 2: Herstellen zur Verbreitung oder Verwendung im Inland oder Ausland in der in Nr. 1 bezeichneten Art und Weise, Vorrätighalten, Einführen oder Ausführen von Gegenständen, die derartige Kennzeichen darstellen oder enthalten
         cc) Keine Sozialadäquanz, Abs. 3 iVm § 86 Abs. 3 StGB (Tatbestandsausschluss)
      b) Subjektiver Tatbestand
      2. Rechtswidrigkeit
      3. Schuld
      4. Absehen von Bestrafung, Abs. 3 iVm § 86 Abs. 4 StGB

III. Tatbestand

1. Objektiver Tatbestand

107   **a) Kennzeichen** sind in Gegenständen verkörperte Symbole, ferner unkörperliche optische oder akustische charakteristische Erkennungszeichen einer verbotenen Organisation. Nach Abs. 2 S. 1 sind dies namentlich Fahnen, Abzeichen, Uniformstücke, Parolen und Grußformen. Den genannten Kennzeichen stehen nach S. 2 solche gleich, die ihnen zum Verwechseln ähnlich sind, dh bei objektiver Betrachtung in den wesentlichen Merkmalen mit den genannten Kennzeichen identisch sind.[216] Damit soll verhindert werden, dass durch leichtes Abändern der Kennzeichen die strafrechtliche Pönalisierung ausgehebelt wird.[217]

---

[215] BGHSt 47, 354 (359); 25, 30 (32); *Anders* in AnwK § 86a Rn. 1 f.; *Sternberg-Lieben* in Schönke/Schröder § 86a Rn. 1; aA *Maurach/Schroeder/Maiwald* BT 2 § 84 Rn. 40.
[216] BVerfG NJW 2009, 2805; BGHSt 47, 354 (357); *Lackner/Kühl* § 86a Rn. 2a.
[217] *Hilgendorf/Frank/Valerius,* Computer- und Internetstrafrecht, 1. Aufl. 2005, Rn. 513.

b) Tathandlungen sind zunächst in **Nr. 1** das Verbreiten[218] sowie das Verwenden.   108
Unter Verwenden ist jeder – auch unkörperliche – Gebrauch zu verstehen, der das
Kennzeichen wahrnehmbar macht;[219] dies muss aber öffentlich, in einer Versamm-
lung oder in vom Täter verbreiteten Schriften erfolgen. Für das Merkmal öffentlich
ist erforderlich, dass das Kennzeichen von einem größeren, nicht überschaubaren
Personenkreis wahrgenommen werden kann.[220] Das kann etwa vorliegen, wenn ein
T-Shirt mit entsprechendem Kennzeichen über das Internet vertrieben wird.[221]
Nach **Nr. 2** werden ferner die Vorbereitungshandlungen des Herstellens, Vorrätig-
haltens, Einführens und Ausführens erfasst.

aa) Die **Wahrnehmbarkeit des Kennzeichens** soll nach hM zur Handlung gehö-   109
ren, so dass der Ort der Wahrnehmung Anknüpfungspunkt einer Strafverfolgung
im Inland nach §§ 3, 9 Abs. 1 Var. 1 StGB sein kann.

Beispiel:[222] T zeigt bei einem Fußball-Länderspiel in Polen beim Abspielen der deutschen Natio-
nalhymne durch Erheben des ausgestreckten rechten Arms den sog. Hitlergruß. Dies ist auch in
Deutschland über die Live-Ausstrahlung des Spiels im Fernsehen und über Aufzeichnungen in
Nachrichtensendungen sichtbar. – Für die Anwendbarkeit des deutschen Strafrechts muss man zunächst sehen, dass § 86 Abs. 1 Nr. 1 StGB an eine Verwendung im Inland anknüpft; damit sind freilich
Taten mit Auslandsbezug nicht von vornherein ausgeschlossen, weil diese Vorschrift § 9 Abs. 1 StGB
nicht verdrängt.[223] Nach KG Berlin soll § 9 Abs. 1 Var. 1 StGB anwendbar sein, weil die Wahrnehmbarkeit zur Handlung gehört, so dass jedenfalls die „direkte oder zeitnahe Wiedergabe" in Fernsehsendungen und damit die Wahrnehmung in Deutschland ausreichend sein soll.[224] Dagegen ist aber
einzuwenden, dass es sich hierbei um Auswirkungen der Tat handelt und das KG Handlung und
Erfolg iSd § 9 Abs. 1 StGB vermengt.[225] Im Übrigen ist zu beachten, dass es sich um ein abstraktes
Gefährdungsdelikt handelt; zu einem Erfolgsort iSd § 9 Abs. 1 Var. 3 StGB gelangt man dabei nur,
wenn auch „außertatbestandliche" Erfolge bzw. Auswirkungen mit einbezogen werden.[226]

bb) Streitig ist, ob der Tatbestand **restriktiv auszulegen** ist. Dies hängt davon ab,   110
ob der Tatbestand seiner Zielrichtung nach Kennzeichen verfassungswidriger Organisationen umfassend aus der Öffentlichkeit verbannen (Tabuisierung, hM)[227]
oder ob er eine inhaltliche Solidarisierung bzw. Identifizierung mit den Kennzeichen pönalisieren möchte (Verbot der Propaganda).[228] Nach ersterer Ansicht kann
grundsätzlich auch eine neutrale oder gar ablehnende Verwendung des Kennzeichens den Tatbestand erfüllen, weil damit eine gewisse Gewöhnung bzw. Verharmlosung verbunden sein soll. Nach der zweiten Ansicht ist hingegen ein inhaltliches
Bekenntnis zum verwendeten Symbol erforderlich. Weil eine inhaltliche oder gar
kritische Auseinandersetzung mit den Kennzeichen jedoch im Lichte des Art. 5 GG
gesehen werden muss und diese gerade dem Schutz des Rechtsguts dient,[229] ist der
zweiten Ansicht zu folgen. Die Rechtsprechung nimmt freilich auch auf Grundlage
der ersten Ansicht Einschränkungen vor, wenn die Verwendung erkennbar nicht
dem Schutzzweck entgegenläuft[230], wie dies zB bei Antipropaganda der Fall ist.[231]

---

[218] S. Rn. 101; BGH NStZ 2012, 564.
[219] BGHSt 23, 267 (268); OLG München NStZ 2007, 97; *Mitsch,* Medienstrafrecht, § 3 Rn. 21.
[220] S. zB BayObLG NStZ 2003 89 f. – Hitlergruß in einer Einkaufspassage.
[221] OLG Dresden NStZ-RR 2011, 309.
[222] KG NJW 1999, 3500.
[223] KG NJW 1999, 3500 (3501).
[224] KG NJW 1999, 3500 (3502).
[225] *Heinrich* NStZ 2000, 533 (534); dazu schon 2. Kap. Rn. 4 ff.
[226] Dazu näher 2. Kap. Rn. 11.
[227] BVerfG NJW 2006, 3050 (3051); BGHSt 25, 30 (32), 52, 364 (371 f.).
[228] *Mitsch,* Medienstrafrecht, § 3 Rn. 21; *Sternberg-Lieben* in Schönke/Schröder § 86a Rn. 1;
Rudolphi in SK § 86a Rn. 6.
[229] BGHSt 25, 30 (32); vgl. auch *Fischer* § 86a Rn. 2a.
[230] BGHSt 51, 244 (244); 25, 30 (32 f.).

Im Übrigen ist auf Grundlage der Rechtsprechung die Sozialadäquanzklausel des Abs. 3 iVm § 86 Abs. 4 StGB zu beachten.

2. Subjektiver Tatbestand

111   Für den subjektiven Tatbestand genügt Eventualvorsatz. Beim Herstellen „zur" Verbreitung ist wie bei § 86 StGB Absicht iSv dolus directus 1. Grades erforderlich.[232]

3. Absehen von Bestrafung

112   Für das Absehen von Strafe verweist Abs. 3 auf die Regelung in § 86 Abs. 4 StGB.

Rechtsprechung: BGHSt 25, 30 (tatbestandliche Einschränkung); BGHSt 52, 364 (tatbestandliche Einschränkung); KG NJW 1999, 3500 (Anwendbarkeit des deutschen Strafrechts).

Aufsätze: *Stegbauer,* Rechtsextremistische Propaganda und das Kennzeichenverbot des § 86 a StGB, JR 2002, 182.

§ 30. Volksverhetzung (§ 130 StGB)

I. Grundlagen

113   Auch für die Verbreitung extremistischer Propaganda wird das Internet inzwischen in großem Umfang genutzt. Die Verbreitung erfolgt nicht nur über Webseiten, sondern auch in Foren, über Newsletter oder Mailinglisten. Häufig agieren die Täter vom Ausland aus, da dort nicht alle von § 130 StGB erfassten Tathandlungen ebenfalls pönalisiert werden. Deshalb können in diesem Zusammenhang auch Fragen der Anwendbarkeit des deutschen Strafrechts zu erörtern sein.[233] **Geschütztes Rechtsgut** ist zunächst schon ausweislich des Wortlauts des Abs. 1 der öffentliche Frieden als Allgemeinrechtsgut; zusätzlich ist aber auch die Menschenwürde des Einzelnen geschützt (vgl. auch Abs. 1 Nr. 2, Abs. 2 Nr. 1, Abs. 4).[234] Abs. 1 und 3 stellen potentielle Gefährdungsdelikte („geeignet"), Abs. 2 ein abstraktes Gefährdungsdelikt und Abs. 4 ein Erfolgsdelikt dar.[235] Der Tatbestand erfuhr in jüngerer Vergangenheit aufgrund der Umsetzung des Rahmenbeschlusses 2008/913/JI zur strafrechtlichen Bekämpfung bestimmter Formen und Ausdrucksweisen von Rassismus und Fremdenfeindlichkeit[236] und der Umsetzung des Zusatzprotokolls zum Übereinkommen des Europarats über Computerkriminalität (Übereinkommen Nr. 185) betreffend die Kriminalisierung mittels Computersystemen begangener Handlungen rassistischer und fremdenfeindlicher Art Umgestaltungen, die zum 22. März 2011 in Kraft getreten sind.[237] Insoweit ist der Tatbestand rahmenbeschluss- bzw. konventionskonform auszulegen.

---

[231] BGHSt 51, 244 (244); dazu *Hörnle* NStZ 2007, 698.

[232] *Sternberg-Lieben* in Schönke/Schröder § 86 a Rn. 9 c; s. Rn. 103.

[233] S. oben 2. Kap. Rn. 9 ff.

[234] BVerfG NJW 2009, 3503 (3504); *Lackner/Kühl* § 130 Rn. 1; diff. und zu Einzelheiten *Lenckner/Sternberg-Lieben* in Schönke/Schröder § 130 Rn. 1 a.

[235] *Lenckner/Sternberg-Lieben* in Schönke/Schröder § 130 Rn. 1 a.

[236] ABl. EU 2008 L 328, 55.

[237] Vgl. BT-Drs. 17/3123 und BT-Drs. 17/4123. Vgl. auch *Hellmann/Gärtner* NJW 2011, 961 ff.

II. Prüfungsschema

1. Tatbestand   **114**
    a) Objektiver Tatbestand
      aa) Abs. 1: Friedensstörende Aufstachelung und Aufforderung
        P: Eignung zur Friedensstörung (Rn. 121 f.)
      bb) Abs. 2: Volksverhetzung in Schriften und Darbietungen (Diskriminierungstatbestand)
        P: Begriff des Verbreitens (Rn. 125 f.)
      cc) Abs. 3: Billigen, Leugnen, Verharmlosen des NS-Völkermords
      dd) Abs. 4: Billigen, Verherrlichen, Rechtfertigen der nationalsozialistischen Gewalt- und Willkürherrschaft
      ee) Abs. 5 iVm Abs. 2: Schriften und Darbietungen (mit Inhalt des Abs. 3 und Abs. 4) zur NS-Verharmlosung
      ff) Bei Abs. 2 bis Abs. 5: Keine Sozialadäquanz, Abs. 6 iVm § 86 Abs. 3 StGB (Tatbestandsausschluss)
    b) Subjektiver Tatbestand
2. Rechtswidrigkeit
3. Schuld

III. Tatbestand

1. Objektiver Tatbestand des Abs. 1

a) Angriffsobjekte in Abs. 1 sind seit der Neufassung des Tatbestandes zur An- **115** passung an die Vorgaben des Rahmenbeschlusses nationale, rassische, religiöse oder durch ihre ethnische Herkunft bestimmte Gruppen, Teile der Bevölkerung sowie der Einzelne wegen seiner Zugehörigkeit zu einer dieser Gruppen oder zu einem Teil der Bevölkerung. Die genannten **Gruppen** können ganz oder teilweise im Ausland leben.[238] Leben sie in entsprechender Größe im Inland können sie zugleich als **Teile der Bevölkerung** angesehen werden; dabei ist zu beachten, dass der Begriff der Bevölkerung nur auf das Inland bezogen ist.[239] Erfasst sind alle zahlenmäßig nicht unerheblichen und nicht ganz unbedeutenden Personenmehrheiten, die aufgrund gemeinsamer äußerer und innerer Merkmale als unterscheidbare Teile von der Gesamtheit der Bevölkerung abgrenzbar sind.[240]

Beispiel: „Dunkelhäutige Menschen",[241] „Asylbewerber"[242] oder „Punker";[243] ferner „Katholiken", „Juden", „Beamte" und „Bauern".[244]

---

[238] *Lenckner/Sternberg-Lieben* in Schönke/Schröder § 130 Rn. 13; *Rackow* in BeckOK StGB § 130 Rn. 13.
[239] *Lenckner/Sternberg-Lieben* in Schönke/Schröder § 130 Rn. 1a; *Schlieffen* in AnwK § 130 Rn. 4.
[240] BT-Drs. 17/3124, 10; OLG Stuttgart NStZ 2010, 453 f.; *Fischer* § 130 Rn. 4.
[241] OLG Zweibrücken NStZ 1994, 490.
[242] BayObLG NJW 1994, 952.
[243] BGH NStZ-RR 2009, 13: nicht aber „Linke und Antifa-Brut".
[244] Weitere Beispiele bei *Fischer* § 130 Rn. 5.

Gegenbeispiel:[245] Nicht hinreichend bestimmt und damit kein Teil der Bevölkerung soll etwa „Gelsenkirchen" als Bezeichnung für die Fangemeinde des Fußballvereins Schalke 04 sein, weil sich diese aus wechselnden Personen zusammensetzt.

116   Ein Angriff auf Teile der Bevölkerung kann auch vorliegen, wenn eine Einzelperson stellvertretend angegriffen wird und sich der Angriff bei objektiver Betrachtung gegen Teile der Bevölkerung richtet.[246] Soweit nunmehr auch der Einzelne selbst einbezogen ist, kommt es auf seine Zugehörigkeit zu einer der Gruppen oder einem Teil der Bevölkerung an (Gruppenbezogenheit), so dass etwa Angriffe wegen Homosexualität oder Behinderung erfasst werden.[247]

117   b) Die **Tathandlungen** können sowohl über klassische Printmedien als auch über moderne Kommunikationsmittel verwirklicht werden. Dabei sind die Handlungen im Lichte des Art. 5 GG auszulegen.[248]

118   aa) Tathandlung der **Nr. 1** ist zunächst das **Aufstacheln zum Hass.** Darunter ist eine Handlung zu verstehen, die objektiv geeignet und subjektiv bestimmt ist, eine gesteigerte, über die bloße Ablehnung und Verachtung hinausgehende feindselige Haltung gegen die angegriffenen Personen zu erzeugen oder zu steigern.[249] Die **Aufforderung** ist wie bei § 111 StGB zu verstehen, so dass eine Einwirkung mit dem Ziel erforderlich ist, andere zu Gewalt- oder Willkürmaßnahmen zu motivieren. Der Begriff der Gewaltmaßnahme erfasst insbes. Gewalttätigkeiten, während sich Willkürmaßnahmen dadurch auszeichnen, dass sie diskriminierend oder im Widerspruch zu grundlegenden Geboten der Menschlichkeit stehen.[250]

119   bb) **Nr. 2** erfasst den **Angriff auf die Menschenwürde** der genannten Gruppen usw. durch Beschimpfen, böswilliges Verächtlichmachen sowie Verleumdung. Die Tathandlungen können in Anlehnung an §§ 185 ff. StGB bestimmt werden.[251] So knüpft das Verleumden an § 187 StGB an, so dass Tatsachenbehauptungen gegenüber Dritten erfasst werden, während Tatsachenbehauptungen gegenüber den Betroffenen und Werturteile von den beiden anderen Handlungen erfasst werden. Unter Beschimpfen ist eine nach Inhalt oder Form besonders schwerwiegende Kundgabe von Missachtung zu verstehen,[252] während das böswillige Verächtlichmachen Äußerungen erfasst, wodurch die Betroffen aus verwerflicher Gesinnung als der Achtung der Staatsbürger unwert und unwürdig hingestellt werden.[253]

120   Ein Angriff auf die Menschenwürde liegt nicht bereits in jeder Persönlichkeitsverletzung, sondern erst dann vor, wenn den angegriffenen Personen ihr Lebensrecht als gleichwertige Persönlichkeiten abgesprochen und sie als minderwertige Wesen behandelt werden.[254]

121   c) Die Tathandlung muss **geeignet sein**, den **öffentlichen Frieden zu stören.** Es handelt sich um ein potentielles Gefährdungsdelikt, das die konkrete Eignung zur

---

[245] OLG Braunschweig StraFo 2007, 212.

[246] BGH NJW 1968, 309 (310); OLG Stuttgart NStZ 2010, 453 f.; *Rackow* in BeckOK StGB § 130 Rn. 14.

[247] BT-Drs. 17/3124, 10.

[248] BVerfG NJW 2009, 3503 (3504).

[249] BGHSt 40, 97 (102); ferner BGHSt 21, 371 (372); *Lohse* in SSW § 130 Rn. 13; *Rudolphi/Stein* in SK § 130 Rn. 4a.

[250] *Lenckner/Sternberg-Lieben* in Schönke/Schröder § 130 Rn. 5 b.

[251] Dazu oben Rn. 65 ff.

[252] BGHSt 7, 101 (110); *Kindhäuser* LPK § 130 Rn. 12.

[253] BGHSt 7, 101 (111); BayObLG NJW 1995, 145 (145); OLG Frankfurt a. M. NStZ-RR 2000, 368.

[254] BVerfG NJW 2009, 3503 (3504); BGHSt 40, 97 (100); 16, 49 (56); *Mitsch,* Medienstrafrecht, § 3 Rn. 9.

Friedensstörung, nicht aber deren tatsächlichen Eintritt erfordert.[255] Es müssen dabei berechtigte Gründe für die Befürchtung vorliegen, dass der Angriff das Vertrauen in die öffentliche Rechtssicherheit erschüttert; hierfür spielen auch Inhalt und Intensität des Angriffs eine Rolle.[256]

Beispiel:[257] Wahlplakate mit der Aufschrift „Polen-Invasion stoppen!". Die Plakate enthielten außerdem eine grafische Darstellung von drei Krähen in Verbindung mit einem Bündel Euro-Scheinen, nach dem eine der Krähen mit dem Schnabel pickt. – Es handelt sich um einen beschimpfenden Angriff auf die Menschenwürde der in Deutschland lebenden Bevölkerungsgruppe der Polen, bei dem die Besorgnis besteht, dass es zu einer Friedensstörung kommt. Im konkreten Fall sprachen für eine konkrete Eignung zur Friedensstörung auch Proteste in der Bevölkerung gegen die Wahlplakate.

Bei der **Verbreitung über das Internet** kann für die Eignung zur Friedensstörung im Einzelfall sprechen, dass die Inhalte einer breiten Öffentlichkeit bekannt werden und aufgrund der damit verbundenen Außenwirkung die Besorgnis einer Friedensstörung eintritt.[258] Bei geschlossenen Foren kann die Eignung zur Friedensstörung aber auch zu verneinen sein, wenn weitere Personen davon keine Kenntnis erhalten.[259] **122**

2. Objektiver Tatbestand des Abs. 2

Die Volksverhetzung in Schriften und Darbietungen (Diskriminierungstatbestand) des Abs. 2 knüpft an die in Abs. 1 genannten Merkmale an, verlangt jedoch keine Eignung zur Friedensstörung. Es handelt sich daher um ein **abstraktes Gefährdungsdelikt.** Bestraft wird vielmehr die Verbreitung der Inhalte durch Schriften, Rundfunk und Telemedien. Bei Sozialadäquanz ist der Tatbestand gemäß Abs. 6 iVm § 86 Abs. 3 StGB ausgeschlossen, was vor allem für Presseberichte von Bedeutung sein kann.[260] Ähnlicher Zweck iSd Tatbestandsausschlusses ist ein Handeln des Verteidigers im Rahmen einer Strafverteidigung, wenn der Mandant wegen Volksverhetzung angeklagt ist; erforderlich ist insofern ein Bezug zur Verteidigung, dh das Handeln darf nicht verteidigungsfremd sein.[261] **123**

a) Die **Angriffsobjekte** (bestimmte Gruppen usw.) entsprechen nunmehr denjenigen des Abs. 1.[262] Der **Inhalt der Schriften** usw. knüpft an die Tathandlungen des Abs. 1 Nr. 1 und Nr. 2 an. Demnach müssen diese zum Hass gegen eine Gruppe usw. aufstacheln, zu Gewalt- oder Willkürmaßnahmen gegen diese auffordern oder ihre Menschenwürde dadurch angreifen, dass sie beschimpft, böswillig verächtlich gemacht oder verleumdet werden.[263] Über **Abs. 5** sind zudem Schriften des in Abs. 3 und Abs. 4 bezeichneten Inhalts erfasst. **124**

b) Die **Tathandlungen der Nr. 1** sind an § 184 Abs. 1 Nr. 1 StGB (vgl. § 130 Abs. 2 Nr. 1c StGB) und § 184b Abs. 1 StGB (vgl. § 130 Abs. 2 Nrn. 1a, b und d StGB) angelehnt. Das Verschaffen der Schriften und der Besitz wird von § 130 Abs. 2 StGB jedoch nicht erfasst. Verbreiten iSd Nr. 1 ist auch hier eine Tätigkeit, **125**

---

[255] BGHSt 46, 212 (218); BGH NStZ 2007, 216 (217); *Mitsch*, Medienstrafrecht, § 3 Rn. 6.
[256] BVerfG NJW 2009, 3503 (3504); BGHSt 46, 212 (218f.); 16, 49 (56); näher *Lenckner/Sternberg-Lieben* in Schönke/Schröder § 130 Rn. 11.
[257] BVerfG NJW 2009, 3503 (3504).
[258] Vgl. auch BGHSt 46, 212 (219); nach BGH NStZ 2007, 216 (217), wenn jedenfalls besondere Umstände hinzukommen.
[259] *Hilgendorf/Valerius*, Computer- und Internetstrafrecht, Rn. 383.
[260] Dazu oben Rn. 102.
[261] BGHSt 47, 278 (282f.); 46, 36 (44); *Lackner/Kühl* § 130 Rn. 11.
[262] S. oben Rn. 115f.
[263] S. Rn. 118ff.

die darauf gerichtet ist, die Schrift (§ 11 Abs. 3 StGB) ihrer körperlichen Substanz nach durch Weitergabe einem größeren Personenkreis zugänglich zu machen, wobei dieser nach Zahl und Individualität so groß sein muss, dass er für den Täter nicht mehr kontrollierbar ist.[264]

Beispiel:[265] T gibt zwei Journalisten Pressemappen mit volksverhetzendem Inhalt weiter. Die Journalisten berichten über den Inhalt später in einer Zeitung. Außerdem hält T später eine Rede vor zahlreichen Personen mit entsprechendem Inhalt. – Es liegt kein Verbreiten vor, wenn die Mappen als körperliche Gegenstände nicht einem größeren Personenkreis zugänglich werden. Die unkörperliche Weitergabe nur des Inhalts durch die Journalisten ist nicht ausreichend. In Betracht kommt aber ein öffentliches Zugänglichmachen aufgrund der Rede, da hierfür bereits die Wahrnehmung des Inhalts durch eine unbestimmte Zahl von Personen ausreichend ist.

126   Ein „spezifischer Verbreitungsbegriff", der auf das Erfordernis einer körperlichen Weitergabe verzichtet, ist auch hier entgegen der Rechtsprechung abzulehnen.[266] Bei der Bereitstellung von Dateien im Internet kann aber ein öffentliches Zugänglichmachen nach Nr. 1b angenommen werden, da hierfür bereits die bloße Zugriffsmöglichkeit des Nutzers genügt.[267] Nach Nr. 2 werden auch Darbietungen – dh Echtzeitübertragungen ohne Speicherung – mit entsprechendem Inhalt durch Rundfunk und Telemedien erfasst.[268]

Beispiel:[269] T stellt ein politisches Programm in das Internet, das den Aufruf enthält, alle Ausländer von jeder Beschäftigung in einem Arbeitsverhältnis und von der Arbeitslosenversicherung auszuschließen und sie dann als „Sozialfall" auszuweisen. Die Schulen sollen von „Fremdschülern" entlastet werden, ferner wird die „Freiräumung aller Asylunterkünfte und Ausweisung der Asylbewerber" verlangt. – T verwirklicht § 130 Abs. 2 Nr. 1b StGB,[270] indem er die Inhalte über das Internet öffentlich zugänglich macht, da zum Hass gegen die Gesamtheit der in Deutschland lebenden Ausländer aufgestachelt wird; auf die Eignung zur Friedensstörung kommt es nicht an.

3. Objektiver Tatbestand des Abs. 3

127   Abs. 3 sanktioniert das Billigen, Leugnen und Verharmlosen des NS-Völkermords. Erfasst werden soll insbes. die sog. „Auschwitzlüge", dh die Leugnung der Gaskammermorde in Auschwitz.[271] Der Tatbestand des **potentiellen Gefährdungsdelikts** ist verwirklicht, wenn der Täter eine unter der Herrschaft des Nationalsozialismus begangene Handlung der in § 6 Abs. 1 VStGB bezeichneten Art in einer Weise (Völkermord), die geeignet ist, den öffentlichen Frieden zu stören, öffentlich oder in einer Versammlung billigt, leugnet oder verharmlost.

128   a) Die Tathandlung muss sich auf eine unter der **Herrschaft des Nationalsozialismus begangene Handlung nach § 6 Abs. 1 VStGB beziehen** (zB Tötung eines Gruppenmitglieds in der Absicht, eine nationale, rassische, religiöse oder ethnische Gruppe als solche ganz oder teilweise zu zerstören). Völkerrechtsverbrechen anderer Diktaturen werden vom Tatbestand nicht erfasst.

129   b) Die einzelnen Handlungen lassen sich nur schwer abgrenzen. **Billigen** bedeutet das Gutheißen einer konkreten Tat; die bloße Verbreitung fremder Erklärungen

---

[264] BVerfG NJW 2012, 1498 (1500); BGHSt 13, 257 (258); BGH NJW 2005, 689 (690).
[265] BGH NJW 2005, 689.
[266] Näher Rn. 36 ff.
[267] S. dazu Rn. 39; vgl. aber *Morozinis* GA 2011, 475 (483 ff.).
[268] Dazu Rn. 61.
[269] BGH NStZ 2007, 216.
[270] BGH NStZ 2007, 216, nimmt aufgrund des „spezifischen Verbreitungsbegriffs" zudem Abs. 2 Nr. 1 lit. a an.
[271] Näher *Lenckner/Sternberg-Lieben* in Schönke/Schröder § 130 Rn. 16.

ohne zustimmenden Charakter genügt nicht.[272] Unter **Verharmlosen** ist sowohl das Bagatellisieren des Geschehens in tatsächlicher Hinsicht als auch das Relativieren des Unrechtsgehalts des Völkermordes zu verstehen.[273] **Leugnen** ist das Bestreiten oder Verneinen der Begehung einer Tat des Völkermords.[274] Das Billigen usw. muss **öffentlich** oder **in einer Versammlung** geschehen. Eine öffentliche Äußerung liegt vor, wenn sie von einem größeren und nicht näher bestimmten Personenkreis wahrgenommen werden kann. Bei einem **geschlossenen Internetforum** ist dies zu verneinen, wenn ein wirksamer Zugangsschutz installiert ist und nicht jedermann das Forum ohne größere Schwierigkeiten betreten kann.[275]

c) **Schriften (§ 11 Abs. 3 StGB)** mit dem in Abs. 3 bezeichneten Inhalt werden   130
nach Abs. 5 unter den Voraussetzungen des Abs. 2 erfasst.

d) Wie bei Abs. 1 muss die Tat schließlich **geeignet sein, den öffentlichen Frie-**   131
den zu stören.[276] Zu beachten ist ferner die **Sozialadäquanzklausel** des Abs. 6 iVm § 86 Abs. 3 StGB, die bereits den Tatbestand ausschließt. Diese ist jedoch zu verneinen, wenn ein Verteidiger in seinem Beweisantrag den an den Juden begangenen Völkermord leugnet.[277]

4. Objektiver Tatbestand des Abs. 4

Nach Abs. 4 ist strafbar, wer öffentlich oder in einer Versammlung den öffentli-   132
chen Frieden in einer die Würde der Opfer verletzenden Weise dadurch stört, dass er die nationalsozialistische Gewalt- und Willkürherrschaft billigt, verherrlicht oder rechtfertigt. Der Tatbestand ist verfassungsmäßig und schränkt daher als allgemeines Gesetz iSd Art. 5 Abs. 2 GG die Meinungsfreiheit des Art. 5 Abs. 1 S. 1 GG ein.[278] Er schützt nicht nur den **öffentlichen Frieden,** sondern dient auch dem **Schutz der Menschenwürde der Opfer** der nationalsozialistischen Gewalt- und Willkürherrschaft.[279] Die Verbreitung von Schriften (§ 11 Abs. 3 StGB) mit dem in Abs. 4 bezeichneten Inhalt wird nach Abs. 5 unter den Voraussetzungen des Abs. 2 pönalisiert.

a) **Billigen** ist auch hier als Gutheißen zu verstehen.[280] **Verherrlichen** meint eine   133
positive Wertung, durch die die NS-Herrschaft als anerkennens- oder nachahmenswert erscheint.[281] **Rechtfertigen** bedeutet das Verteidigen von (auch einzelnen) Menschenrechtverletzungen der NS-Herrschaft als notwendig.[282] Ein (konkludentes) Billigen, Verherrlichen oder Rechtfertigen kann anzunehmen sein, wenn sich die positive Wertung auf Verantwortungsträger oder Symbolfiguren des nationalsozialistischen Regimes bezieht und diese Person zugleich als Symbol für die

---

[272] BGHSt 22, 282 (287); OLG Rostock StraFO 2007, 426; *Hilgendorf/Valerius,* Computer- und Internetstrafrecht, Rn. 386.
[273] BGHSt 46, 36 (41); BGH NJW 2005, 689 (691); *Lenckner/Sternberg-Lieben* in Schönke/Schröder § 130 Rn. 21.
[274] Ähnlich *Krauß* in LK § 130 Rn. 130; *Ostendorf* in NK § 130 Rn. 27.
[275] *Perron/Eisele* in Schönke/Schröder § 184 b Rn. 6.
[276] S. Rn. 121 f.
[277] BGHSt 47, 278 (283); s. auch *Mitsch,* Medienstrafrecht, § 3 Rn. 13, der den Verweis auf § 86 Abs. 3 StGB als Redaktionsversehen einstuft.
[278] BVerfGE 124, 300 (321 ff.); BVerwGE 131, 216 (219 ff.) zur Frage der Verfassungsmäßigkeit; *Hörnle* JZ 2010, 310 ff.; *Lackner/Kühl* § 130 Rn. 8b.
[279] BVerwGE 131, 216 (220); s. auch schon Rn. 113.
[280] S. Rn. 129.
[281] BT-Drs. 15/5051, 5; VGH München BayVBl 2005, 755 (757); *Krauß* in LK § 130 Rn. 116; *Ostendorf* in NK § 130 Rn. 33.
[282] BT-Drs. 15/5051, 5; *Lenckner/Sternberg-Lieben* in Schönke/Schröder § 130 Rn. 22 b.

Herrschaft des Nationalsozialismus gemeint ist.[283] Das bloße Setzen eines Hyperlinks auf entsprechende Inhalte wird diese Voraussetzungen regelmäßig nicht erfüllen, so dass insoweit lediglich Beihilfe zu der Tat des Anbieters gegeben sein wird.[284]

134   **b)** Die Äußerungen müssen einen Bezug zur **nationalsozialistischen Gewalt- und Willkürherrschaft** und den damit verbundenen schweren Menschenrechtsverletzungen insgesamt herstellen. Meinungsäußerungen, die nur ein Bekenntnis zu einzelnen Maßnahmen oder zu einzelnen Aspekten der damaligen Gesellschaftsordnung darstellen, reichen nicht aus.[285] Die Äußerungen sind im Lichte des Art. 5 Abs. 1 GG auszulegen. Bei mehrdeutigen Äußerungen müssen andere Deutungen mit nachvollziehbaren Gründen ausgeschlossen werden können.[286]

135   **c)** Der öffentliche Friede muss **in einer die Würde der Opfer verletzenden Weise** gestört werden. Erforderlich hierzu ist, dass der Achtungsanspruch der Opfer der NS-Herrschaft durch die Äußerung angegriffen wird.[287] Anders als bei Abs. 1 und Abs. 3 muss hier der **öffentliche Friede tatsächlich gestört** werden. Es handelt sich daher um ein Erfolgsdelikt.[288]

136   **d)** Zu beachten ist auch hier der Tatbestandsausschluss durch die **Sozialadäquanzklausel** des Abs. 6 iVm § 86 Abs. 3 StGB.[289]

5. Subjektiver Tatbestand, Abs. 1 bis 5

137   In **subjektiver Hinsicht** ist dolus eventualis ausreichend. Dieser muss bei Abs. 1 und Abs. 3 bis 5 auch die (Eignung zur) Friedensstörung erfassen. Ein Tatbestandsirrtum iSd § 16 Abs. 1 S. 1 StGB kann daher anzunehmen sein, wenn der Täter irrig davon ausgeht, dass die Äußerung nur einem kleinen Personenkreis bekannt wird und daher keine (Eignung zur) Friedensstörung eintritt. Das Merkmal des Aufstachelns in Abs. 1 Nr. 1 verlangt jedoch schon begrifflich dolus directus 1. Grades.[290]

Rechtsprechung: BVerfGE 124, 300 (Verfassungsmäßigkeit und Voraussetzungen des Abs. 4); BVerfG NJW 2009, 3503 (Angriff auf die Menschenwürde); BGH NStZ-RR 2009, 13 (Teile der Bevölkerung); BGHSt 46, 212 und BGH NStZ 2007, 216 (Eignung zur Friedensstörung); BGHSt 46, 36 und BGHSt 47, 278 (Sozialadäquanzklausel).

Aufsätze: *Hellmann/Gärtner,* Neues beim Volksverhetzungstatbestand – Europäische Vorgaben und ihre Umsetzung, NJW 2011, 961; *Morozinis,* Die Strafbarkeit der „Auschwitzlüge" im Internet, insbesondere im Hinblick auf „Streaming-Videos" GA 2011, 475; *Stegbauer,* Die Rechtsprechung zu § 130 StGB nach der Neufassung, JR 2004, 281.

---

[283] BT-Drs. 15/5051, 5; BVerfGE 124, 300 (343 f.); *Rudolphi/Stein* in SK § 130 Rn. 30.
[284] Zur Haftung für Hyperlinks s. oben 3. Kap. Rn. 11 ff.
[285] BVerfGE 124, 300 (343); *Fischer* § 130 Rn. 34.
[286] BVerfGE 124, 300 (345); BVerfGE 93, 266 (295 f.).
[287] BT-Drs. 15/5051, 5; *Krauß* in LK § 130 Rn. 119.
[288] BT-Drs. 15/5051, 5, *Lenckner/Sternberg-Lieben* in Schönke/Schröder § 130 Rn. 22 b.
[289] S. Rn. 102; s. auch *Mitsch,* Medienstrafrecht, § 3 Rn 15, der den Verweis auf § 86 Abs. 3 StGB, wie bereits i. R. d. § 130 Abs. 3 StGB, als Redaktionsversehen einstuft.
[290] *Lenckner/Sternberg-Lieben* in Schönke/Schröder § 130 Rn. 21; *Ostendorf* in NK § 130 Rn. 37.

§ 31. Gewaltdarstellung (§ 131 StGB)

I. Grundlagen

Geschütztes Rechtsgut ist nach hM der **öffentliche Friede.**[291] Es handelt sich um **138**
ein **abstraktes Gefährdungsdelikt,** das die Darstellung von Aggressionen als Auslöser für Gewalttätigkeiten eindämmen sowie den Einzelnen vor Fehleinstellungen
und Fehlentwicklungen schützen möchte.[292] Auf den Eintritt einer Störung des öffentlichen Friedens oder die Eignung der jeweiligen Handlung hierzu kommt es
nicht an.[293]

II. Prüfungsschema

1. Tatbestand   **139**
   a) Objektiver Tatbestand
      aa) Abs. 1
         (1) Gewaltverherrlichende Schriften (§ 11 Abs. 3 StGB) iSd Abs. 1
         P: Darstellung in einer die Menschenwürde verletzenden Weise
         (Rn. 141)
         (2) Tathandlungen: Verbreiten (Nr. 1); öffentlich Ausstellen, Anschlagen, Vorführen oder sonst Zugänglichmachen (Nr. 2); Anbieten, Überlassen, Zugänglichmachen einer Person unter
         18 Jahren (Nr. 3); Herstellen, Beziehen, Liefern, Vorrätighalten,
         Anbieten, Ankündigen, Anpreisen, Unternehmen des Einführens oder Ausführens (Nr. 4)
         (3) Tatbestandsauschluss nach Abs. 3: Berichterstatterprivileg; Tatbestandsausschluss für Nr. 3 nach Abs. 4: Erzieherprivileg
      bb) Abs. 2
         (1) Gewaltverherrlichende Darbietung iSd Abs. 1
         (2) Verbreitung durch Rundfunk, Medien- oder Teledienste
         (3) Tatbestandsauschluss nach Abs. 3: Berichterstatterprivileg
   b) Subjektiver Tatbestand
      aa) Vorsatz
      bb) Abs. 1 Nr. 4: Verwendungsabsicht bzw. Absicht die Verwendung
         zu ermöglichen
2. Rechtswidrigkeit
3. Schuld

---

[291] *Lackner/Kühl* § 131 Rn. 1; *Lohse* in SSW § 131 Rn. 2; *Schäfer* in MünchKomm § 131 Rn. 1;
für einen Individualschutz aber *Ostendorf* in NK § 131 Rn. 3.
[292] BGH NStZ 2000, 307 (308); zur Verfassungsmäßigkeit BVerfGE 87, 209ff.; *Lenckner/Sternberg-Lieben* in Schönke/Schröder § 131 Rn. 2.
[293] BT-Drs. 10/2546, 21; BGH NStZ 2000, 307 (308); *Lackner/Kühl* § 131 Rn. 1; *Lenckner/
Sternberg-Lieben* in Schönke/Schröder § 131 Rn. 1; *Mitsch,* Medienstrafrecht, § 3 Rn 17.

III. Tatbestand

1. Objektiver Tatbestand des Abs. 1

140　　**a)** Die Schriften, für die auch hier § 11 Abs. 3 StGB gilt, müssen grausame oder sonst unmenschliche Gewalttätigkeiten **gegen Menschen oder menschenähnliche Wesen** schildern. Die Schilderung kann dabei in Wort und Bild erfolgen.[294] Menschenähnliche Wesen müssen bei objektiver Betrachtung nach ihrer äußeren Gestalt eine Ähnlichkeit mit Menschen haben, so dass Comic-Tiere nicht erfasst werden; die Grenzen lassen sich freilich nur schwer bestimmen.[295] **Gewalttätigkeiten** setzen den Einsatz physischer Kraft in aggressiver Weise gegen den Körper in einer die körperliche oder seelische Unversehrtheit verletzenden oder konkret gefährdenden Weise voraus.[296] Die bloße Darstellung der Folgen einer nicht geschilderten Gewalttätigkeit – wie zB das Zeigen von entstellten Leichen – ist nicht ausreichend.[297] Das Merkmal **grausam** verlangt – in Anlehnung an die Definition bei § 211 StGB[298] – das Zufügen besonderer Schmerzen oder Qualen körperlicher oder seelischer Art, das Ausdruck einer unbarmherzigen Gesinnung ist.[299] **Unmenschlich** ist eine Gewalttätigkeit, wenn in ihr eine menschenverachtende, rücksichtslose Tendenz des Täters zum Ausdruck kommt.[300]

141　　**b)** Erforderlich ist weiterhin, dass die Schilderung in einer Art geschieht, die eine Verherrlichung oder Verharmlosung solcher Gewalttätigkeiten ausdrückt oder die das Grausame oder Unmenschliche des Vorgangs in einer die Menschenwürde verletzenden Weise darstellt. **Verherrlichen** meint das Äußern einer positiven Wertung, so dass die Gewalttätigkeiten als besonders nachahmenswert erscheinen; unter **Verharmlosen** ist das Bagatellisieren bzw. Relativieren der Gewalttätigkeiten zu verstehen.[301] Die Darstellung erfolgt in einer die **Menschenwürde verletzenden Weise,** wenn diese „darauf angelegt ist, Menschen unter Missachtung ihres fundamentalen Wert- und Achtungsanspruchs zum bloßen Objekt zu machen".[302] Erfasst sind damit vor allem exzessive Gewalttätigkeiten, die die geschundene menschliche Kreatur in widerwärtiger Weise in den Vordergrund rücken, wenn dies ausschließlich zu dem Zweck, dem Betrachter Nervenkitzel besonderer Art, genüsslichen Horror oder sadistisches Vergnügen zu bieten, geschieht.[303] Die Verletzung der Menschenwürde liegt also nicht bereits in den geschilderten Gewalttätigkeiten gegenüber dem Individuum. Entscheidend ist vielmehr der Angriff auf die Menschenwürde als abstrakter Wert.[304]

---

[294] *Krauß* in LK § 131 Rn. 23; *Lenckner/Sternberg-Lieben* in Schönke/Schröder § 131 Rn. 2.
[295] BT-Drs. 15/1642, 2; *Fischer* § 131 Rn. 6 ff.; *Krauß* in LK § 131 Rn. 18; *Ostendorf* in NK § 131 Rn. 9.
[296] BVerfGE 87, 209 (227); *Ostendorf* in NK § 131 Rn. 9; *Rudolphi/Stein* in SK § 131 Rn. 6.
[297] OLG Stuttgart MMR 2006, 387 (390).
[298] BVerfGE 87, 209 (226).
[299] BT-Drs. 10/2546, 22; *Eisele* BT 1 Rn. 109; *Krauß* in LK § 131 Rn. 20.
[300] BT-Drs. 10/2546, 22; BVerfGE 87, 209 (226); OLG Koblenz NStZ 1998, 40 (41).
[301] Zu diesen Merkmalen vgl. schon Rn. 129, 133 zu § 130 StGB.
[302] BVerfGE 87, 209 (227f.); OLG Koblenz NStZ 1998, 40 (41).
[303] BVerfGE 87, 209 (227f.); OLG Koblenz NStZ 1998, 40 (41); OLG Stuttgart MMR 2006, 387 (390); s. auch BT-Drs. 10/2546, 23. Näher *Lenckner/Sternberg-Lieben* in Schönke/Schröder § 131 Rn. 1.
[304] BT-Drs. 10/2546, 23; BVerfGE 87, 209 (228); *Krauß* in LK § 131 Rn. 30.

Beispiel:[305] In einer Folge der im ZDF ausgestrahlten Sendereihe „Der Kapitän" wird u. a. eine in besonders menschenverachtender Weise ausgeführte Vergewaltigung ohne nachvollziehbaren Handlungszusammenhang gezeigt. – Es handelt sich um eine grausame oder zumindest unmenschliche Darstellung. Jedoch fehlt es am Verharmlosen oder Verherrlichen, wenn das Verhalten der Täter als abstoßend, jedenfalls aber nicht als positiv dargestellt wird. Auch kann in dieser Darstellung nach den oben genannten Grundsätzen noch keine Verletzung der Menschenwürde gesehen werden, wenn die Einzelheiten dieser Tat nicht näher dargestellt sind, weil sich diese Verletzung nicht in der bloßen Darstellung der Gewalttätigkeiten erschöpfen darf.[306]

c) Für die **Tathandlungen** kann auf §§ 184 ff. StGB verwiesen werden, wobei **142** über das sonstige Zugänglichmachen auch im Internet abrufbare Darstellungen erfasst werden.[307]

d) Nach **Abs. 3 (Berichterstatterprivileg)** ist der Tatbestand ausgeschlossen, **143** wenn die Handlung der Berichterstattung über Vorgänge des Zeitgeschehens oder der Geschichte dient. Entscheidend ist, dass es sich dem Zweck nach um eine Berichterstattung handelt und diese nicht nur missbräuchlich als Deckmantel für eine Verbreitung des Inhalts genutzt wird.[308] Nach Abs. 4 (Erzieherprivileg) ist der Tatbestand des Abs. 1 Nr. 3 ausgeschlossen, wenn der zur Sorge für die Person Berechtigte handelt, soweit dieser nicht durch das Anbieten, Überlassen oder Zugänglichmachen seine Erziehungspflicht gröblich verletzt.

2. Objektiver Tatbestand des Abs. 2

Abs. 2 erfasst die Verbreitung einer Darbietung mit dem in Abs. 1 bezeichneten **144** Inhalt durch Rundfunk und Telemedien.[309] Auch hier ist das Berichterstatterprivileg des Abs. 3 zu beachten.

3. Subjektiver Tatbestand der Abs. 1 und 2

Der subjektive Tatbestand erfordert Vorsatz, wofür dolus eventualis ausreichend **145** ist. Bei Abs. 1 Nr. 4 muss die dort genannte Verwendungsabsicht hinzukommen.

IV. Rechtswidrigkeit

Ähnlich wie bei § 184 StGB kann sich auch hier die Frage nach einer Rechtferti- **146** gung nach Art. 5 Abs. 3 GG stellen; Kunst und Gewaltdarstellungen schließen sich dabei jedenfalls nicht von vornherein aus.[310]

Rechtsprechung: BVerfGE 87, 209 (Verfassungsmäßigkeit und Tatbestandsmerkmale); OLG Koblenz NStZ 1998, 40 (Darstellung in einer die Menschenwürde verletzenden Weise); OLG Stuttgart MMR 2006, 387 (Gewalttätigkeiten).

Aufsätze: *Erdemir*, Gewaltverherrlichung, Gewaltverharmlosung und Menschenwürde, ZUM 2000, 699; *Hörnle*, Das strafrechtliche Verbot von Gewaltdarstellungen, FS Schwind, 2006, S. 337; *Höynck*, Stumpfe Waffe? Möglichkeiten und Grenzen der Anwendung von § 131 StGB auf gewalthaltige Computerspiele am Beispiel „Der Pate – Die Don Edition", ZIS 2008, 206.

---

[305] OLG Koblenz NStZ 1998, 40.
[306] OLG Koblenz NStZ 1998, 40 (41).
[307] Vgl. auch OLG Stuttgart MMR 2006, 387; dazu Rn. 36 ff.
[308] *Krauß* in LK § 131 Rn. 45; *Lackner/Kühl* § 131 Rn. 11; *Rudolphi/Stein* in SK § 131 Rn. 16.
[309] S. auch bei § 130 StGB Rn. 126.
[310] Zu § 184 StGB s. Rn. 7, 19; ferner *Fischer* § 131 Rn. 19 ff.

§ 32. Öffentliche Aufforderung zu Straftaten (§ 111 StGB)

I. Grundlagen

147   Die Vorschrift des § 111 StGB erlangt vor allem Bedeutung, wenn über das Internet zu Straftaten aufgefordert wird. So kann etwa die öffentliche Aufforderung zur Unterstützung einer terroristischen Vereinigung (§§ 129a Abs. 5 S. 2, 129b Abs. 1 StGB) erfasst werden.[311] § 111 StGB stellt einen **Auffangtatbestand** dar, der die Anstiftung zum vollendeten bzw. versuchten Delikt (§ 26 StGB) und zur versuchten Anstiftung (§ 30 Abs. 1 StGB) ergänzt. Die Tat ist ein **abstraktes Gefährdungsdelikt,** dessen Gefährlichkeit sich dadurch ergibt, dass eine größere Zahl von Personen zur Tat bestimmt werden kann (Gefahr der Massenkriminalität).[312] Das Schutzgut wird vom jeweils in Aussicht genommenen Delikt bestimmt, nach hM ist daneben auch der „innere Gemeinschaftsfriede" geschützt.[313]

II. Prüfungsschema

148   1. Tatbestand
    a) Objektiver Tatbestand
      aa) Aufforderung zu einer rechtswidrigen Tat
        P: Bestimmtheit der in Aussicht genommenen Tat (Rn. 149)
      bb) öffentlich, in einer Versammlung oder durch Verbreiten von Schriften (§ 11 Abs. 3 StGB)
    b) Subjektiver Tatbestand
    2. Rechtswidrigkeit
    3. Schuld

III. Tatbestand

1. Objektiver Tatbestand

149   **a)** Die **Aufforderung** verlangt – anders als das Bestimmen bei § 26 StGB – nicht, dass der Entschluss gerade durch die Aufforderung geweckt wurde. Es muss sich aber um eine Einwirkung handeln, die das Ziel verfolgt, andere zur Begehung strafbarer Handlungen zu motivieren.[314] Die Aufforderung muss sich auf eine rechtswidrige Tat iSd § 11 Abs. 1 Nr. 5 StGB beziehen. Es ist hierbei ausreichend, wenn die Tat ihrer Art und ihrem rechtlichen Wesen nach konkretisiert ist.[315] Die Zeit und der Ort der Tat, das genaue Tatobjekt und die Ausführung müssen – anders als bei § 26 StGB – noch nicht in wesentlichen Grundzügen feststehen.[316] Ganz unbestimmte Taten sind aber nicht ausreichend.

---

[311] S. BGH NStZ-RR 2005, 73.
[312] *Lackner/Kühl* § 111 Rn. 1.
[313] BGHSt 29, 258 (267); OLG Karlsruhe NStZ 1993, 389 (390); *Bosch* in SSW § 111 Rn. 1; dagegen *Lackner/Kühl* § 111 Rn. 1.
[314] BGHSt 32, 310; OLG Stuttgart NStZ 2008, 36 (37).
[315] BGHSt 31, 16 (22); BGH NStZ 1998, 403 (404).
[316] *Eser* in Schönke/Schröder § 111 Rn. 11; *Fischer* § 111 Rn. 4a.

Beispiel:[317] T äußert sich in einem Internetforum wie folgt: „Lassen Sie uns doch gemeinsam folgendes Gebet beten: Wenn der Islam so ist, wie R es immer wieder vorstellt, dann möge der allmächtige Schöpfer alle Anhänger jener Religion vernichten! Und wenn Herr R ein Hassprediger und Lügner ist, dann möge der allmächtige Schöpfer ihn für seine Verbrechen bestrafen und diejenigen, die trotz mehrfacher Hinweise auf die verbreiteten Unwahrheiten von R immer noch darauf bestehen, auch." – Mag hier schon der Charakter der Aufforderung zu Taten zweifelhaft sein, so fehlt es jedenfalls an der Bestimmtheit der in Aussicht genommenen Taten, die überhaupt nicht weiter präzisiert sind.

Entscheidend ist, dass sich die Aufforderung im Gegensatz zu § 26 StGB an einen **unbestimmten und nicht näher spezifizierten Personenkreis** richtet.[318] Dies ist typischerweise der Fall, wenn die Aufforderung in das Internet gestellt wird. Zu verneinen ist dies aber etwa, wenn bestimmte Personen per E-Mail oder Chat aufgefordert werden.[319] Im letzteren Fall liegt eine (versuchte) Anstiftung vor, die – wie auch die Verbrechensverabredung nach § 30 Abs. 2 StGB[320] – per Internet erfolgen kann. **150**

b) Die Tat muss öffentlich, in einer Versammlung oder durch Verbreiten von Schriften begangen werden. Eine **öffentliche** Aufforderung liegt vor, wenn unbestimmt viele Personen, die nicht durch persönliche Beziehungen innerlich verbunden sind, die Aufforderung unmittelbar wahrnehmen können.[321] Eine **Versammlung** ist gegeben, wenn eine größere Zahl von Menschen nicht nur zufällig zu einem gemeinsamen Zweck zusammenkommt.[322] Für die **Verbreitung von Schriften** ist der Verweis auf § 11 Abs. 3 StGB zu beachten, so dass auch Aufforderungen auf Webseiten erfasst sind.[323] **151**

Beispiel:[324] Nach der Ermordung eines Mädchens schreibt T in einem sozialen Netzwerk im Internet über den Tatverdächtigen: „Aufstand! Alle zu den Bullen. Da stürmen wir. Lasst uns das Schwein tothauen". Später zeigt sich, dass der Verdächtige die Tat nicht begangen hat. – T macht sich nach § 111 StGB strafbar, weil er zu § 212 (ggf. auch § 211) StGB aufruft.

2. Subjektiver Tatbestand

Für den subjektiven Tatbestand ist bedingter Vorsatz ausreichend. Dieser muss sich auf die Tathandlung, die rechtswidrige Tat sowie die Vollendung beziehen. Hinsichtlich Letzterer bedarf es keiner Absicht im Sinne von dolus directus 1. Grades.[325] **152**

IV. Rechtsfolge

Der Auffordernde wird nach Abs. 1 wie ein Anstifter erfasst, wenn die Tat vollendet wurde oder das Versuchsstadium erreicht hat. Bleibt die Aufforderung ohne Erfolg, so ist die Strafe nach Abs. 2 auf Freiheitsstrafe bis zu fünf Jahren oder Geldstrafe begrenzt. Sie darf zudem nicht schwerer sein als diejenige Strafe, die für den Fall angedroht ist, dass die Aufforderung Erfolg hat. **153**

---

[317] Vgl. OLG Oldenburg NJW 2006, 3735.

[318] *Eser* in Schönke/Schröder § 111 Rn. 4; *Heinrich*, FS Heinz, 2012, S. 728 (736 ff.).

[319] *Heinrich*, FS Heinz, 2012, S. 728 (738).

[320] Näher BGH NStZ 2011, 570.

[321] *Fischer* § 111 Rn. 5; *Pflieger* in HK § 111 Rn. 6.

[322] *Sternberg-Lieben* in Schönke/Schröder § 90 Rn. 5.

[323] Vgl. auch OLG Oldenburg NJW 2006, 3735.

[324] www.sueddeutsche.de/panorama/prozess-wegen-aufruf-zur-lynchjustiz-facebook-hetzer-zu-arrest-verurteilt-1.1369664 (Stand 20. 12. 2012).

[325] OLG Frankfurt a.M. NStZ-RR 2003, 327 (328): *Fischer* § 111 Rn. 5; *Rosenau* in LK § 111 Rn. 66; aA aber *Eser* in Schönke/Schröder § 111 Rn. 17.

Rechtsprechung: BGHSt 32, 310 (Begriff der Aufforderung); OLG Oldenburg NJW 2006, 3735 (Bestimmtheit der in Aussicht genommenen Tat).

Aufsätze: *Heinrich,* Die Veranlassung fremder Straftaten über das Medium Internet; *Rogall,* Die verschiedenen Formen des Veranlassens fremder Straftaten, GA 1979, 11.

Übungsfälle: *Mürbe,* Der Autonarr, JuS 1991, 63.

§ 33. Anleitung zu Straftaten (§ 130 a StGB)

I. Grundlagen

154 Das **abstrakte Gefährdungsdelikt**[326] schützt den **öffentlichen Frieden,** der bei Ausführung der genannten Taten angegriffen wird.[327]

II. Prüfungsschema

155
1. Tatbestand
   a) Objektiver Tatbestand
      aa) Tathandlungen
         (1) Abs. 1: Verbreiten, öffentlich Ausstellen, Anschlagen, Vorführen oder sonst Zugänglichmachen einer Schrift (§ 11 Abs. 3 StGB) iSd Abs. 1
         (2) Abs. 2 Nr. 1: Verbreiten, öffentlich Ausstellen, Anschlagen, Vorführen oder sonst Zugänglichmachen einer Schrift (§ 11 Abs. 3 StGB) iSd Abs. 2 Nr. 1
         (3) Abs. 2 Nr. 2: Geben einer Anleitung zu einer in § 126 Abs. 1 StGB genannten rechtswidrigen Tat und zwar öffentlich oder in einer Versammlung
      bb) Keine Sozialadäquanz, Abs. 3 iVm § 86 Abs. 3 StGB (Tatbestandsausschluss)
   b) Subjektiver Tatbestand
      aa) Vorsatz
      bb) Nur Abs. 2 Nr. 1 und Nr. 2: Absicht, die Bereitschaft anderer zu fördern oder zu wecken, eine solche Tat zu begehen
2. Rechtswidrigkeit
3. Schuld

III. Überblick

156 Abs. 1 verlangt eine Schrift (§ 11 Abs. 3 StGB), die geeignet ist, als Anleitung zu einer in § 126 Abs. 1 StGB genannten rechtswidrigen Tat zu dienen. Ferner muss diese nach ihrem Inhalt bestimmt sein, die Bereitschaft anderer zu för-

---

[326] *Lenckner/Sternberg-Lieben* in Schönke/Schröder § 130a Rn. 2; *Ostendorf* in NK § 130a Rn. 4; aA *Schäfer* in MünchKomm § 130a Rn. 5 (potentielles bzw. konkret-abstraktes Gefährdungsdelikt).
[327] BT-Drs. 10/6286, 5; *Rudolphi-Stein* in SK § 130a Rn. 2; vgl. aber *Fischer* § 130a Rn. 2, wonach Ziel ist, die Begehung bestimmter Straftaten zu verhindern.

dern oder zu wecken, eine solche Tat zu begehen. Letzteres ist bei den „neutralen"[328] Schriften nach Abs. 2 Nr. 1 nicht erforderlich, jedoch muss hier die Absicht (dolus directus 1. Grades) hinzutreten, die Bereitschaft anderer zu fördern oder zu wecken, eine solche Tat zu begehen. Die Tathandlungen des Verbreitens, öffentlich Ausstellens, Anschlagens, Vorführens oder sonst Zugänglichmachens entsprechen § 184b Abs. 1 Nr. 1 und Nr. 2 StGB.[329] Abs. 2 Nr. 2 erfasst mündliche Anleitungen; auch hier ist im subjektiven Tatbestand die besondere Absicht erforderlich. Im Übrigen gilt die Sozialadäquanzklausel des § 86 Abs. 3 StGB entsprechend.[330]

Übungsfall: *Rosenau/Witteck,* Der Castor-Transport und die Hakenkralle im Internet, Jura 2002, 781.

§ 34. Spezielle Jugendschutzvorschriften

I. Anwendungsbereiche

Im Bereich der Pornografie dient die Vorschrift des § 184 StGB dem Jugend- **157** schutz.[331] Zu beachten sind in diesem Zusammenhang auch spezielle Straftatbestände und Ordnungswidrigkeiten im **Jugendschutzgesetz** (JSchG) und im **Jugendmedienschutz-Staatsvertrag** (JMStV). Was den Anwendungsbereich anbelangt, treffen §§ 11ff. JSchG im Bereich der Medien Regelungen über Filmveranstaltungen sowie jugendgefährdende Trägermedien. Trägermedien sind nach § 1 Abs. 2 JSchG Medien mit Texten, Bildern oder Tönen auf gegenständlichen Trägern, die zur Weitergabe geeignet, zur unmittelbaren Wahrnehmung bestimmt oder in einem Vorführ- oder Spielgerät eingebaut sind. Beispiele sind Videokassetten, CD-R oder DVD. Dem gegenständlichen Verbreiten, Überlassen, Anbieten oder Zugänglichmachen von Trägermedien steht das elektronische Verbreiten, Überlassen, Anbieten oder Zugänglichmachen gleich. Hingegen gilt der JMStV nach dessen § 2 Abs. 1 für elektronische Informations- und Kommunikationsmedien, dh Rundfunk und Telemedien (vgl. auch § 16 JSchG).

II. Jugendschutzgesetz

1. § 27 Abs. 1 JSchG

a) Die Vorschrift des § 27 Abs. 1 JSchG pönalisiert bestimmte vorsätzliche Ver- **158** stöße gegen die Vorschriften des Gesetzes, wobei sich § 27 Abs. 1 Nr. 1 bis 4 JSchG insbes. auf § 15 JSchG bezieht. In § 27 Abs. 3 JSchG ist für einzelne Verstöße auch eine Fahrlässigkeitsstrafbarkeit vorgesehen. Die detailliert ausgestaltete Vorschrift des § 15 JSchG lehnt sich in ihren Tathandlungen an die Regelung des § 184 StGB an. Sie verbietet in Abs. 1 das Zugänglichmachen von Trägermedien, deren Aufnahme in die Liste jugendgefährdender Medien der Bundesprüfstelle (vgl. §§ 7ff. JSchG) nach § 24 Abs. 3 S. 1 JSchG bekannt gemacht ist. Gemäß § 18 Abs. 1 JSchG

---

[328] BT-Drs. 10/6635, 13; s. auch *Mitsch,* Medienstrafrecht, § 3 Rn. 54.
[329] Näher Rn. 35ff.
[330] Vgl. Rn. 102.
[331] S. oben Rn. 1.

sind in die Liste solche Trägermedien aufzunehmen, die geeignet sind, die Entwicklung von Kindern oder Jugendlichen oder ihre Erziehung zu einer eigenverantwortlichen und gemeinschaftsfähigen Persönlichkeit zu gefährden; dies gilt vor allem für unsittliche, verrohend wirkende, zu Gewalttätigkeit, Verbrechen oder Rassenhass anreizende Medien sowie für Medien, in denen Gewalthandlungen wie Mord- und Metzelszenen selbstzweckhaft und detailliert dargestellt werden oder Selbstjustiz als einzig bewährtes Mittel zur Durchsetzung der vermeintlichen Gerechtigkeit nahe gelegt wird.

159   **b)** In § 15 Abs. 2 JSchG sind bestimmte Trägermedien genannt, die auch ohne Aufnahme in die Liste nicht zugänglich gemacht werden dürfen. Hierzu zählen solche Trägermedien, die einen Inhalt iSd §§ 86, 130, 130a, 131, 184, 184a, 184b oder 184c StGB haben (Nr. 1), den Krieg verherrlichen (Nr. 2), Menschen, die sterben oder schweren körperlichen oder seelischen Leiden ausgesetzt sind oder waren, in einer die Menschenwürde verletzenden Weise darstellen und ein tatsächliches Geschehen wiedergeben, ohne dass ein überwiegendes berechtigtes Interesse gerade an dieser Form der Berichterstattung vorliegt (Nr. 3), besonders realistische, grausame und reißerische Darstellungen selbstzweckhafter Gewalt beinhalten, die das Geschehen beherrschen (Nr. 3a), die Kinder oder Jugendliche in unnatürlicher, geschlechtsbetonter Körperhaltung darstellen (Nr. 4) oder offensichtlich geeignet sind, die Entwicklung von Kindern oder Jugendlichen oder ihre Erziehung zu einer eigenverantwortlichen und gemeinschaftsfähigen Persönlichkeit schwer zu gefährden (Nr. 5). Schwer ist die Jugendgefährdung dabei, wenn sie zu einem gravierenden Erfolg führen würde; es muss folglich die abstrakte Möglichkeit einer „gravierenden sozialethischen Desorientierung bestehen, die in einem den Grundwerten der Verfassung krass zuwiderlaufenden Charakter der betreffenden Trägermedien zum Ausdruck kommt".[332] Nach § 27 Abs. 1 Nr. 5 JSchG wird zudem derjenige bestraft, der einer vollziehbaren Entscheidung der Bundesprüfstelle nach § 21 Abs. 8 Satz 1 Nr. 1 JSchG zuwiderhandelt.

2. § 27 Abs. 2 JSchG und Ordnungswidrigkeiten

160   § 27 Abs. 2 JSchG stuft vorsätzliche Ordnungswidrigkeiten nach § 28 Abs. 1 Nr. 4 bis 19 JSchG zu Straftaten hoch, wenn der Täter als Veranstalter oder Gewerbetreibender dadurch wenigstens leichtfertig ein Kind oder eine jugendliche Person in der körperlichen, geistigen oder sittlichen Entwicklung schwer gefährdet (Nr. 1) oder aus Gewinnsucht handelt oder den Verstoß beharrlich wiederholt (Nr. 2). Eine Fahrlässigkeitsstrafbarkeit nach Abs. 3 ist hier nicht vorgesehen. Im Übrigen enthält § 28 JSchG eine Vielzahl von Ordnungswidrigkeiten, die einen Bezug zu Medien aufweisen.

3. Erzieherprivileg nach § 27 Abs. 4 JSchG

161   § 27 Abs. 4 JSchG sieht entsprechend § 184 Abs. 2 StGB einen Tatbestandsauschluss für Fälle des Abs. 1 Nrn. 1, 2 und Abs. 3 Nr. 1 vor, wenn eine personensorgeberechtigte Person das Medium einem Kind oder einer jugendlichen Person anbietet, überlässt oder zugänglich macht. Dies gilt jedoch dann nicht, wenn die personensorgeberechtigte Person durch das Anbieten, Überlassen oder Zugänglichmachen ihre Erziehungspflicht gröblich verletzt.

---

[332] BGH NStZ 2009, 446 (448).

III. Jugendmedienschutz-Staatsvertrag

Zweck des **Jugendmedienschutz-Staatsvertrags** ist nach dessen § 1 der einheit- **162** liche Schutz der Kinder und Jugendlichen vor Angeboten in elektronischen Informations- und Kommunikationsmedien. Nach § 23 S. 1 JMStV macht sich strafbar, wer entgegen § 4 Abs. 2 S. 1 Nr. 3 und S. 2 JMStV Angebote verbreitet oder zugänglich macht, die offensichtlich geeignet sind, die Entwicklung von Kindern oder Jugendlichen oder ihre Erziehung zu einer eigenverantwortlichen und gemeinschaftsfähigen Persönlichkeit unter Berücksichtigung der besonderen Wirkungsform des Verbreitungsmediums schwer zu gefährden. Damit sollen Lücken im Verhältnis zu dem auf Trägermedien beschränkten § 27 JSchG geschlossen werden.[333] § 4 Abs. 2 S. 1 Nr. 3 JMStV nennt Angebote, die offensichtlich geeignet sind, die Entwicklung von Kindern und Jugendlichen oder ihre Erziehung zu einer eigenverantwortlichen und gemeinschaftsfähigen Persönlichkeit unter Berücksichtigung der besonderen Wirkungsform des Verbreitungsmediums schwer zu gefährden. Dies dürfte bei „harter" Pornografie (§§ 184a bis 184c StGB) tendenziell zu bejahen, bei einfacher Pornografie (§ 184 Abs. 1 StGB) jedoch zu verneinen sein.[334]

Nach S. 2 sind in **Telemedien** Angebote zulässig, wenn von Seiten des Anbieters **163** sichergestellt ist, dass sie nur Erwachsenen zugänglich gemacht werden (geschlossene Benutzergruppe). Hier geht es wie im Rahmen des § 184 Abs. 1 StGB um die Frage **effektiver technischer Schutzvorkehrungen.**[335] Für pornografische Fernsehinhalte im **Rundfunk** gilt dies jedoch nicht, so dass auch die Ausstrahlung im Live-Streaming bzw. Webcasting vollständig verboten ist. Nach § 23 S. 2 JMStV ist auch fahrlässiges Verhalten strafbar. In § 24 JMStV finden sich zahlreiche Ordnungswidrigkeitentatbestände, die das Verbreiten und Zugänglichmachen etwa von den Krieg verherrlichenden, gegen die Menschenwürde verstoßenden oder pornografischen Angeboten erfassen.

IV. Verhältnis zu Straftatbeständen des StGB

Problematisch kann das Verhältnis zu Strafvorschriften des StGB sein, da hier **164** – wie etwa bei § 27 Abs. 1 Nr. 1 JuSchG und § 184 Abs. 1 StGB – derselbe Unrechtsgehalt von praktisch identischen Vorschriften erfasst wird. Ist dies der Fall, so treten § 27 JSchG und § 23 JMStV hinter § 184 StGB zurück, während im Übrigen Tateinheit anzunehmen ist.[336] Bei fahrlässiger Begehung erlangen § 27 Abs. 3 JuSchG und § 23 S. 3 JMStV eigenständige Bedeutung, weil § 184 StGB nur vorsätzliches Verhalten erfasst.

Aufsätze: *Bornemann*, Jugendmedienschutz-Staatsvertrag der Länder, NJW 2003, 787; *Liesching*, Das neue Jugendschutzgesetz, NJW 2002, 3281.

Übungsfall: *Rosenau/Witteck*, Der Castor-Transport und die Hakenkralle im Internet, Jura 2002, 781.

---

[333] Krit. *Hilgendorf* K&R 2011, 229 (231); *Liesching* in BeckOK JMStV § 23 Rn. 1.
[334] Zur einfachen Pornografie KG NStZ-RR 2004, 249 (252); *Hörnle* in MünchKomm § 184 Rn. 116.
[335] Zu § 184 Rn. 12 f.; näher *Altenhain* in Hdb. Multimedia-Recht Kap. 20 Rn. 64 ff.; *Liesching* in BeckOK JMStV § 4 Rn. 17 ff.
[336] *Fischer* § 184 Rn. 46a; *Hörnle* in MünchKomm § 184 Rn. 114; *Mitsch*, Medienstrafrecht, § 9 Rn. 38; *Perron/Eisele* in Schönke/Schröder § 184 Rn. 62.

7. Kapitel: Einwirkungen durch IuK-Technologie

§ 35. Sexueller Missbrauch von Kindern (§ 176 StGB)

I. Grundlagen

§ 176 StGB schützt die **ungestörte sexuelle Entwicklung** von Personen unter 1
14 Jahren sowie die **sexuelle Selbstbestimmung** als Abwehrrecht mit dem Inhalt,
nicht zum Objekt fremdbestimmter sexueller Handlungen zu werden.[1] Während
Abs. 1 und Abs. 2 sexuelle Handlungen mit unmittelbarem Körperkontakt erfassen,
können Abs. 4 Nrn. 1, 3 und 4 einen speziellen Zusammenhang mit dem Internet –
insbes. beim sog. Cybergrooming (Nr. 3) – aufweisen.

II. Einzelheiten des Abs. 4

1. Sexuelle Handlungen vor einem Kind (Nr. 1)

a) Nr. 1 erfasst **sexuelle Handlungen** (vgl. § 184g StGB) „vor" einem Kind. 2
Dies sind solche, die der Täter an sich selbst oder an einem Dritten vornimmt. Im
Hinblick auf das geschützte Rechtsgut ist keine räumliche Nähe des Kindes erforderlich, so dass die Wahrnehmung der sexuellen Handlung seitens des Kindes auch
im Rahmen von Simultanübertragungen per Internet erfolgen kann.[2]

b) Anders als beim parallel gefassten § 174 Abs. 2 Nr. 1 StGB bedarf es neben 3
dem Vorsatz keiner besonderen Absicht der sexuellen Erregung. Jedoch wird man
zum Ausschluss sozialadäquater oder zumindest nicht strafwürdiger Handlungen
fordern müssen, dass der Täter das Opfer so in das Geschehen einbezieht, dass für
ihn die **Wahrnehmung der sexuellen Handlung durch das Opfer** iSd § 184g Nr. 2
StGB **von Bedeutung** ist.[3] Entsprechend formuliert auch die neue Richtlinie der
EU in Art. 3 Abs. 2, die freilich nur Mindestvorgaben enthält: „Wer *für sexuelle
Zwecke* veranlasst, dass ein Kind, das das Alter der sexuellen Mündigkeit noch
nicht erreicht hat, Zeuge sexueller Handlungen wird, auch ohne an diesen teilneh-
men zu müssen, wird mit Freiheitsstrafe im Höchstmaß von mindestens einem Jahr
bestraft."[4]

2. Einwirken auf ein Kind durch Schriften: Cybergrooming (Nr. 3)

Nr. 3 erfasst das Einwirken auf ein Kind durch Schriften (§ 11 Abs. 3 StGB), um 4
es zu sexuellen Handlungen zu bringen, die es an oder vor dem Täter oder einem

---

[1] Näher *Laue* in HK § 176 Rn. 1; *Perron/Eisele* in Schönke/Schröder § 176 Rn. 1.

[2] BGHSt 53, 283 ff.; *Mitsch*, Medienstrafrecht, § 3 Rn. 59; *Renzikowski* in MünchKomm § 176
Rn. 33.

[3] BGHSt 49, 376 (381) zum Beobachten einer Vergewaltigung; ferner BGH NJW 2009, 1892;
OLG Hamm NStZ-RR 2005, 110 (110 f.); *Mitsch*, Medienstrafrecht, § 3 Rn. 59; krit. jedoch
F. C. Schroeder JR 2005, 258.

[4] Richtlinie 2011/93/EU des Europäischen Parlaments und des Rates vom 13. 12. 2011 zur Bekämpfung des sexuellen Missbrauchs und der sexuellen Ausbeutung von Kindern sowie der Kinderpornografie und zur Aufhebung des Rahmenbeschlusses 2004/68/JI, ABl. EU 2011 L 335, 1;
dazu *Brodowski* ZIS 2011, 940 (945).

Dritten vornehmen oder von dem Täter oder einem Dritten an sich vornehmen lassen soll. Die Einfügung der Vorschrift wird damit begründet, dass Chatrooms und ähnliche Einrichtungen für interessierte Personen ein weltweites Forum zur Planung und Verabredung einschlägiger Straftaten bilden.[5] Strafbar soll somit insbesondere das sog. „**Cyber-Grooming**"[6] sein, dh das Ansprechen von Kindern und Jugendlichen über das Internet, um so Kontakte zu sexuellen Zwecken zu knüpfen. Die Vorschrift führt zu einer weiten Vorverlagerung der Strafbarkeit, da der Tatbestand bereits mit dem Einwirken vollendet ist und es auf ein tatsächliches Zusammentreffen von Täter und Opfer nicht ankommt.[7] Wenig sachgerecht ist es, dass damit der bloße Versuch der Verabredung via Internet unter Strafe gestellt wird, während die tatsächliche Verabredung zwischen Täter und Opfer unter Anwesenden selbst dann straflos bleibt, wenn tatsächlich ein Treffen vereinbart wird, bei dem es zu sexuellen Kontakten kommen soll.[8]

5   **a)** Erforderlich ist im objektiven Tatbestand, dass der Täter mit einer Schrift auf ein Kind einwirkt, so dass dieses die Schrift wahrnimmt.[9]

6   **aa)** Für den **Schriftenbegriff** gilt auch hier **§ 11 Abs. 3 StGB**, so dass Ton- und Bildträger, Datenspeicher, Abbildungen und andere Darstellungen gleichgestellt sind.[10] Zu den Datenspeichern gehören sowohl Inhalte auf Datenträgern (zB Festplatten, CD-R, DVD, USB-Stick) als auch in Arbeitsspeichern; es genügt, dass die Inhalte nur vorübergehend – aber nicht ganz kurzfristig – bereitgehalten werden.[11]

Beispiel: T schreibt an die 12-jährige O im Live-Chat bei Facebook, dass er sich gerne mit ihr treffen würde, um so mit O in sexuellen Kontakt zu kommen. Er gibt sich dabei als 16-Jähriger aus, obgleich er bereits 35 Jahre ist.

7   **bb)** Den Tatbestand soll nach Ansicht des Gesetzgebers auch derjenige verwirklichen, der unter **Verwendung des Arbeitsspeichers** des Rechners in Chatrooms Nachrichten[12] oder via Internet E-Mails versendet. Von vornherein ausgeschlossen bleibt dagegen die Einwirkung durch Internettelefonie (VoIP)[13] oder Live-Streaming, was der Gesetzgeber bei Schaffung des § 176 Abs. 4 Nr. 3 StGB offensichtlich verkannt hat. Aber auch bei Live-Chats kommt es auf die technische Ausgestaltung im Einzelnen an, so dass diese nur einbezogen sind, wenn die Daten – wie bei Facebook – gespeichert werden.[14] In der Literatur wird gegen die Konstruktion des Tatbestandes eingewendet, dass die Daten erst nach dem Versenden beim Empfänger in Form eines Datenspeichers vorhanden seien. Es werde also nicht mit dem Datenspeicher selbst, dh der Schrift iSd § 11 Abs. 3 StGB eingewirkt, sondern lediglich mit den Inhalten, die dann erst später in einen Datenspeicher gelangen.[15] Demnach sollen sich ähnliche Fragen wie bei den Verbreitungsdelikten der §§ 184 ff. StGB –

---

[5] BT-Drs. 15/350, 17. Zu Einzelheiten *Eisele*, FS Heinz, 2012, S. 697 (698 f.).

[6] Der Begriff leitet sich von „to groom" (pflegen, striegeln, vorbereiten) ab. Ausf. hierzu *Eisele*, FS Heinz, 2012, S. 697 ff.

[7] Zur Kritik an der Ausgestaltung der Vorschrift *Duttge/Hörnle/Renzikowski* NJW 2004, 1065 (1067 f.); *Eisele*, FS Heinz, 2012, S. 697 (701).

[8] *Fischer* § 176 Rn. 15.

[9] *Wolters* in SSW § 176 Rn. 27.

[10] BT-Drs. 15/350, 18.

[11] BT-Drs. 13/7385, 36; BGHSt 47, 55 (58); *Hörnle* in LK § 176 Rn. 89, die auch SMS einbezieht; *Renzikowski* in MünchKomm § 176 Rn. 39; krit. hingegen *Hilgendorf/Valerius*, Computer- und Internetstrafrecht, Rn. 170.

[12] BT-Drs. 15/350, 17 f.

[13] *Duttge/Hörnle/Renzikowski* NJW 2004, 1065 (1067 f.); *Gercke/Brunst*, Internetstrafrecht, Rn. 360.

[14] Vgl. hierzu auch *Hörnle* in LK § 176 Rn. 90.

[15] *Gercke* CR 2010, 798 (802); *Gercke/Brunst*, Internetstrafrecht, Rn. 360.

Problematik des spezifischen Verbreitungsbegriffs[16] – stellen. Diese Parallele, die dazu führen würde, dass § 176 Abs. 4 Nr. 3 StGB weitgehend leerläuft, überzeugt allerdings nicht. Denn anders als das Verbreiten setzt das Einwirken keine körperliche Übergabe der Schrift voraus.[17] Es genügt vielmehr, dass das Kind von dem im Datenspeicher seines Rechners niedergelegten Inhalt Kenntnis nimmt.

cc) Im Gegensatz zu § 176 Abs. 4 Nr. 4 StGB, der das Vorzeigen pornografischer **8** Abbildungen oder Darstellungen, das Abspielen von Tonträgern pornografischen Inhalts und das Einwirken durch entsprechende Reden sanktioniert, müssen die Schriften hier **weder einen pornografischen Inhalt noch überhaupt einen Sexualbezug aufweisen.**[18] Daher fällt nach hM auch das Einwirken mit Comics, Krimis oder Hörspielen unter die Vorschrift.[19] Freilich ist es wenig überzeugend, dass nur die Einwirkung mittels Schriften als besonders strafwürdig erachtet wird, während Einwirkungen mit Süßigkeiten, Spielzeug oder anderen Geschenken nicht ausreichen.[20] Ebenso wenig genügen rein verbale Überredungen selbst dann nicht, wenn diese einen eindeutigen Sexualbezug aufweisen.[21]

dd) Für das **Einwirken** genügt nicht jede Kontaktaufnahme; vielmehr ist eine **9** gewisse Hartnäckigkeit[22] bzw. eine Einflussnahme tiefergehender Art erforderlich.[23] Erfasst wird beispielsweise wiederholtes Drängen, Überreden, Versprechungen, Wecken von Neugier, Einsatz der Autorität, Täuschung, Einschüchterung oder Drohung, so dass eine einmalige einfache Aufforderung zu einem Treffen noch nicht ausreicht.[24] Im oben genannten Beispiel (Rn. 6) wäre ein tatbestandliches Einwirken daher zu verneinen.

b) Für den **subjektiven Tatbestand** genügt zunächst bedingter Vorsatz, der auch **10** das kindliche Alter umfassen muss. Ferner muss mit dem Einwirken die Absicht verbunden sein, das Kind zu sexuellen Handlungen zu bringen, die es an oder vor dem Täter oder einem Dritten oder von dem Täter oder einem Dritten an sich vornehmen lassen soll.[25] Für die Absicht des Dazu-Bringens genügt es bereits, dass es das Ziel des Täters ist, die sexuellen Handlungen in irgendeiner Art und Weise kausal herbeizuführen.[26] Nach Auffassung des Gesetzgebers muss der Täter darüber hinaus aber an den sexuellen Handlungen auch ein Interesse haben, um sozialadäquate Verhaltensweisen aus dem Tatbestand auszuklammern.[27] Ausgeschlossen werden sollen damit vor allem Fälle, in denen in Büchern, im Internet oder in Chatrooms auf Kinder eingegangen wird, „um sie darin zu unterstützen, ein positives Gefühl zu ihrem Körper und zu ihrer Sexualität zu entwickeln". Freilich lässt sich so eine praktikable Abgrenzung kaum erreichen.[28] Letztlich wird man eine Einschränkung über die Erheblichkeitsprüfung des § 184g Nr. 1 StGB bei der sexuellen Handlung suchen müssen.[29]

---

[16] S. oben 6. Kap. Rn. 36 ff.
[17] Anders aber *Gercke* CR 2010, 798 (802); *Gercke/Brunst*, Internetstrafrecht, Rn. 360.
[18] *Hörnle* in LK § 176 Rn. 88; *Fischer* § 176 Rn. 14.
[19] *Renzikowski* in MünchKomm § 176 Rn. 39.
[20] *Duttge/Hörnle/Renzikowski* NJW 2004, 1065 (1068); *Lackner/Kühl* § 176 Rn. 4a.
[21] Kritisch auch *Fischer* § 176 Rn. 14; näher *Eisele*, FS Heinz, 2012, S. 697 (702 ff.).
[22] BGHSt 45, 158 (161); *Hörnle* in LK § 176 Rn. 88.
[23] BGHSt 29, 29 (30).
[24] BGHSt 45, 158 (161); BGH NJW 1985, 924; *Eisele*, FS Heinz, 2012, S. 697 (704 f.).
[25] Dazu näher *Deckers* in AnwK § 176 Rn. 23; *Perron/Eisele* in Schönke/Schröder § 184g Rn. 4 ff., 18 f., 20, 23.
[26] *Renzikowski* in MünchKomm § 176 Rn. 48.
[27] BT-Drs. 15/350, 18.
[28] Vgl. auch *Fischer* § 176 Rn. 14; *Renzikowski* in MünchKomm § 176 Rn. 46 f.
[29] *Perron/Eisele* in Schönke/Schröder § 176 Rn. 14.

11   **c)** Aufgrund von Art. 23 des Übereinkommens des Europarats zum Schutz
von Kindern vor sexueller Ausbeutung und sexuellem Missbrauch (Konvention
Nr. 201)[30] und Art. 6 Abs. 1 der Richtlinie 2011/93/EU,[31] die sich am Europa-
rats-Übereinkommen orientiert, müssen die Mitgliedstaaten die Kontaktaufnahme
zu Kindern für sexuelle Zwecke unter Strafe stellen. Art. 6 Abs. 1 der Richtlinie
lautet:

> „Ein Erwachsener, der einem Kind, das das Alter der sexuellen Mündigkeit
> noch nicht erreicht hat, mittels Informations- und Kommunikationstechno-
> logie in der Absicht, eine Straftat nach Art. 3 Abs. 4 oder Art. 5 Abs. 6 zu
> begehen, ein Treffen vorschlägt, wird mit Freiheitsstrafe im Höchstmaß von
> mindestens einem Jahr bestraft, wenn auf diesen Vorschlag auf ein solches
> Treffen hinführende konkrete Handlungen gefolgt sind."

12   **aa)** Die europäischen Vorgaben sind zunächst enger als § 176 Abs. 4 Nr. 3 StGB,
da inhaltlich ein **„Treffen"** vorgeschlagen werden muss,[32] § 176 Abs. 4 Nr. 3 StGB
hingegen jede Einwirkung genügen lässt und die europäischen Rechtsakte auch
nicht Printmedien und Briefe als Einwirkungsmittel nennen. Da die europäischen
Rechtsakte jedoch nur Mindestvorgaben enthalten, ist die insoweit umfassendere
deutsche Regelung damit vereinbar. Andererseits sind die europäischen Vorgaben
angesichts der Verwendung des Begriffs der **Informations- und Kommunikationstechnologie** aber auch weiter, weil damit nicht nur Datenspeicher Tatmittel sein
können. Erfasst werden auch der Chatverkehr sowie Anrufe per Telefon oder Internet. Der deutsche Gesetzgeber wird hier eine Anpassung vornehmen müssen,
womit aber zugleich wesentliche Unsicherheiten, die mit dem Begriff des Datenspeichers verbunden sind, beseitigt werden.[33]

13   **bb)** Neben dem Vorsatz ist erforderlich, dass das Treffen in der **Absicht** vorgeschlagen wird, eine Straftat nach **Art. 3 Abs. 4 oder Art. 5 Abs. 6** der Richtlinie zu
begehen. Art. 3 Abs. 4 verlangt von den Mitgliedstaaten die Pönalisierung der Vornahme sexueller Handlungen mit einem Kind, das das Alter der sexuellen Mündigkeit noch nicht erreicht hat; nach Art. 5 Abs. 6 haben die Mitgliedstaaten die Herstellung von Kinderpornografie unter Strafe zu stellen. § 176 Abs. 4 Nr. 3 StGB
verzichtet bislang auf einen solchen Anknüpfung zur Kinderpornografie, so dass
hier Anpassungen notwendig werden. Zu bemerken bleibt zudem, dass die Definition für Kinderpornografie in Art. 2 lit. c ii jegliche Darstellung der Geschlechtsor-
gane eines Kindes für sexuelle Zwecke erfasst, während § 184b StGB (und auch
§ 184c StGB) eine sexuelle Handlung voraussetzt. Einbezogen ist damit in das
deutsche Recht zwar das sexuell aufreizende Posieren des Kindes, nicht aber jede

---

[30] Dieses ist am 1. Juli 2010 in Kraft getreten, muss aber von Deutschland noch ratifiziert werden;
Art. 23: Each Party shall take the necessary legislative or other measures to criminalise the inten-
tional proposal, through information and communication technologies, of an adult to meet a child
who has not reached the age set in application of Article 18, paragraph 2, for the purpose of committing any of the offences established in accordance with Article 18, paragraph 1 a, or Article 20,
paragraph 1 a, against him or her, where this proposal has been followed by material acts leading to
such a meeting.
[31] Richtlinie 2011/93/EU zur Bekämpfung des sexuellen Missbrauchs und der sexuellen Ausbeutung von Kindern sowie der Kinderpornografie und zur Aufhebung des Rahmenbeschlusses 2004/
68/JI, ABl. EU 2011, L 335, 1. Zur Begründung s. Erwägungsgrund 19.
[32] Ausführlich hierzu *Eisele*, FS Heinz, 2012, S. 697 (707 ff.).
[33] *Gercke* CR 2010, 798 (802).

Nacktaufnahme, da diese nicht zwingend eine Handlung des Kindes voraussetzt bzw. diese abgebildet sein muss.[34] Auch hier kann also Anpassungsbedarf bestehen.

3. Einwirken auf ein Kind durch Vorzeigen pornografischer Abbildungen usw. (Nr. 4)

a) Nr. 4 sanktioniert das Einwirken auf ein Kind durch Vorzeigen pornografi- **14** scher Abbildungen oder Darstellungen (vgl. § 11 Abs. 3 StGB), durch Abspielen von Tonträgern pornografischen Inhalts oder entsprechende Reden. Obgleich sogar bloße Reden einbezogen sind, werden (unbebilderte) pornografische Schriften nach dem eindeutigen Gesetzeswortlaut nicht erfasst.[35] Das **Einwirken** erfordert eine Handlung, die zur tatsächlichen Wahrnehmung der Abbildung durch das Kind führt, ohne dass hierfür jedoch eine räumliche Nähe erforderlich ist.[36] Erfasst wird daher auch die Einwirkung via Internet, soweit es sich um eine Darstellung handelt, dh die Abbildung verkörpert ist.[37] Zudem muss die Handlung auf eine psychische Einflussnahme dergestalt abzielen, dass in dem Kind sexuelle Interessen geweckt oder sonst sexuelle Impulse ausgelöst werden sollen, weil ansonsten eine Abgrenzung zu sozialadäquaten oder jedenfalls nicht hinreichend strafwürdigen Handlungen kaum möglich ist.[38]

b) In subjektiver Hinsicht ist Eventualvorsatz ausreichend. **15**

Rechtsprechung: BGHSt 49, 376 (einschränkende Auslegung des § 176 Abs. 4 Nr. 1 StGB); BGHSt 53, 283 (Simultanübertragungen im Internet bei § 176 Abs. 4 Nr. 1 StGB).

Aufsätze: *Eisele,* Cyber-Grooming und der Europäische Rechtsrahmen, FS Heinz, 2012, S. 697; *Hörnle,* Die Umsetzung des Rahmenbeschlusses zur Bekämpfung der sexuellen Ausbeutung von Kindern und der Kinderpornografie, NJW 2008, 3521.

Übungsfälle: *Kett-Straub/Stief,* All inclusive – Räuberischer Angriff auf Kraftfahrer und Schlägerei, JuS 2008, 236; *Bohnert,* Torsten und Kerstin, Jura 1989, 546.

§ 36. Verletzung des höchstpersönlichen Lebensbereichs durch Bildaufnahmen (§ 201 a StGB)

I. Grundlagen

§ 201 a StGB wurde mit dem 36. StrÄG zur Ergänzung des strafrechtlichen Per- **16** sönlichkeitsschutzes eingefügt, weil mit der Entwicklung im Bereich der Informationstechnologie neue Möglichkeiten des Eindringens in die Privatsphäre entstanden sind. Aufgrund der Digitalisierung und Miniaturisierung von Geräten wie Web- und Spycams sowie Mobiltelefonen mit Kamerafunktion können Personen unbemerkt aufgenommen werden und die Bilder über das Internet innerhalb weni-

---

[34] Vgl. BT-Drs. 16/3439, 9; dazu *Fischer* § 184b Rn. 4; *Röding* NStZ 2010, 113 (117f.); *Perron/ Eisele* in Schönke/Schröder § 184b Rn. 3 a.

[35] OLG Düsseldorf NJW 2000, 1129 (1129); *Kindhäuser* LPK § 176 Rn. 9; *Wolters* in SK § 176 Rn. 25. Zur Kritik an dieser Ausgestaltung vgl. *Renzikowski* in MünchKomm § 176 Rn. 41.

[36] BGHSt 29, 29 (29 ff.), zur fernmündlichen Einwirkung.

[37] *Renzikowski* in MünchKomm § 176 Rn. 40 f. Zum Begriff der Darstellung auch schon oben 6. Kap. Rn. 4.

[38] *Laubenthal,* Sexualstraftaten, Rn. 373; vgl. auch BGHSt 29, 29 (30): „Einflussnahme tiefergehender Art"; aA aber *Lackner/Kühl* § 176 Rn. 5; *Wolters* in SK § 176 Rn. 26; offen gelassen von OLG Hamburg StV 2009, 234 (235).

ger Sekunden weltweit verbreitet werden.[39] Die Vorschrift schützt das **Recht am eigenen Bild als Ausfluss des allgemeinen Persönlichkeitsrechts** (Art. 2 Abs. 1 iVm Art. 1 Abs. 1 GG).[40] Ergänzend ist die Strafbarkeit nach dem Kunsturhebergesetz (§ 33 iVm §§ 22, 23) zu beachten, die die Verbreitung und das öffentliche Zur-Schau-Stellen erfasst, nicht aber vor der Bildaufnahme selbst schützt.

II. Prüfungsschema

17   1. Tatbestand
     a) Objektiver Tatbestand
       aa) Abs. 1
         (1) Person in einer Wohnung oder einem gegen Einblick besonders geschützten Raum
         (2) Herstellen oder Übertragen einer Bildaufnahme
         (3) Dadurch Verletzung des höchstpersönlichen Lebensbereichs
       bb) Abs. 2
         (1) Nach Abs. 1 Nr. 1 hergestellte Bildaufnahme
         (2) Gebrauchen oder Zugänglichmachen der Bildaufnahme
       cc) Abs. 3
         (1) Befugt hergestellte Bildaufnahme
         (2) Person in einer Wohnung oder einem gegen Einblick besonders geschützten Raum
         (3) Unbefugtes Zugänglichmachen der Bildaufnahme
         (4) Dadurch Verletzung des höchstpersönlichen Lebensbereichs
         P: Präzisierung des Begriffs des höchstpersönlichen Lebensbereichs (Rn. 21)
     b) Subjektiver Tatbestand
       aa) Vorsatz
       bb) (Nur) bei Abs. 3: „wissentlich unbefugt"
   2. Rechtswidrigkeit
   3. Schuld
   4. Strafantrag, § 205

III. Tatbestände

1. Objektiver Tatbestand des Abs. 1

18   a) Abs. 1 sanktioniert das **Herstellen oder Übertragen einer Bildaufnahme,** wobei sich die abgelichtete Person in einer geschützten Räumlichkeit befunden haben muss. Aufnahmen von Personen bei Unglücken im öffentlichen Raum oder Aufnahmen am Badestrand sind nicht erfasst.[41] Hier kann aber beim Verbreiten solcher Bilder § 33 KUG einschlägig sein. Absoluter Schutz besteht für Personen, die sich in eigenen oder fremden Wohnungen befinden. Für den Wohnungsbegriff

---

[39] BT-Drs. 15/1891 6.
[40] BVerfGE 101, 361 (380); 97, 228 (268 ff.); 34, 238 (246); *Eisele* JR 2005, 6 (7); *Mitsch,* Medienstrafrecht, § 3 Rn. 102.
[41] BT-Drs. 15/1891, 6; *Eisele* JR 2005, 6 (8).

kann auf diejenigen Grundsätze zurückgegriffen werden, die für das entsprechende Merkmal beim Hausfriedensbruch in § 123 StGB entwickelt wurden, so dass zB auch Hotelzimmer erfasst werden.[42] Andere Räumlichkeiten sind hingegen nur einbezogen, wenn diese besonders gegen Einblick geschützt sind, dh ein Sichtschutz besteht. Im Hinblick auf die Beeinträchtigung des höchstpersönlichen Lebensbereichs sind Toiletten, Umkleidekabinen oder ärztliche Behandlungszimmer hierfür typische Beispiele. Nach Auffassung des Gesetzgebers ist aber auch der Garten eines Hauses eine solche Räumlichkeit, wenn er durch eine entsprechend hohe Hecke oder einen Zaun gegen Einblick geschützt ist.[43] Dabei genügt es, wenn der Sichtschutz im Einzelfall errichtet worden ist, so dass dieser nicht dauerhaft bestehen muss.[44]

Beispiel: Politiker O zieht die Gardinen in seinem Büro zu, weil er sich mit seiner Geliebten trifft. Fotograf T schiebt die Gardine durch das gekippte Fenster leicht beiseite, um O zu fotografieren. – Für die Anwendbarkeit des Abs. 1 genügt es, dass der Sichtschutz zweckgerichtet für eine bestimmte Situation errichtet worden ist.

Gegenbeispiel:[45] T fotografiert Rechtsanwalt O in einer hell erleuchteten Anwaltskanzlei hinter einem vorhanglosen Fenster, während Kriminalbeamten die Kanzlei durchsuchen. – Da die Kanzlei als Büroraum nicht als Wohnung einzustufen ist und die Räumlichkeit keinen Sichtschutz aufweist, ist Abs. 1 zu verneinen.

Es ist freilich nicht zwingend, dass wie im vorgenannten Bsp. der Sichtschutz **19** (von außen) überwunden wird. Der Tatbestand kann daher auch durch eine Person verwirklicht werden, die sich **selbst in der geschützten Räumlichkeit befindet.**[46] So etwa, wenn ohne Einwilligung Videoaufnahmen in der Wohnung angefertigt werden oder aufgrund der Installation eines Trojaners Bildaufzeichnungen mittels einer Webcam auf dem Rechner des Opfers erfolgen.[47] Ein Raum der – wie ein Geschäftsraum – einer zumindest beschränkten Öffentlichkeit zugänglich ist, ist hingegen nicht in den Schutzbereich einbezogen.[48] Öffentlichkeit ist aber nicht schon deshalb anzunehmen, weil andere Nutzer die Räumlichkeit betreten bzw. Einblick haben können. Daher sind Bereiche – wie Saunalandschaften, Duschräume in Fitness-Studios oder FKK-Bäder –, die (nur) mit Eintrittskarte betreten werden können, ebenfalls einbezogen.[49]

b) Tathandlungen sind das Herstellen und Übertragen. Unter **Herstellen** ist jede **20** Handlung zu verstehen, mit dem das Bild auf einem (Daten-)Träger gespeichert wird.[50] Einbezogen ist nur die erstmalige Perpetuierung der Aufnahme; Anschlusshandlungen wie Kopieren oder Ausdrucken, mit denen das Bild erneut abgespeichert oder sichtbar gemacht wird, können unter Abs. 2 fallen.[51] Das **Übertragen**

---

[42] *Eisele* JR 2005, 6 (8); *Rengier* BT 2 § 31 Rn. 11; *Lenckner/Eisele* in Schönke/Schröder § 201a Rn. 5; für Anlehnung an den engeren Wohnungsbegriff des § 244 Abs. 1 Nr. 3 StGB hingegen *Lackner/Kühl* § 201a Rn. 2.

[43] Vgl. BT-Drs. 15/2466, 5; ferner *Lackner/Kühl* § 201a Rn. 2; *Hoyer* in SK § 201a Rn. 17.

[44] BT-Drs. 15/2466, 5; *Lenckner/Eisele* in Schönke/Schröder § 201a Rn. 5; *Popp* in AnwK § 201a Rn. 8.

[45] OLG Karlsruhe NJW-RR 2006, 987.

[46] BT-Drs. 15/1891, 7; *Kargl* in NK § 201a Rn. 5.

[47] AG Düren K&R 2011, 216.

[48] BT-Drs. 15/1891, 7; BT-Drs. 15/2466, 5; *Koch* GA 2005, 589 (600).

[49] Vgl. *Heuchemer/Paul* JA 2006, 616 (618); *Bosch* in SSW § 201a Rn. 9; *Popp* in AnwK § 201a Rn 8; anders aber OLG Koblenz NStZ 2009, 268 (269).

[50] *Bosch* in SSW § 201a Rn. 14; *Kindhäuser* LPK § 201a Rn. 6; *Mitsch*, Medienstrafrecht, § 3 Rn. 105; *Tag* in HK § 201a Rn. 6.

[51] *Fischer* § 201a Rn. 12; *Lenckner/Eisele* in Schönke/Schröder § 201a Rn. 10; *Mitsch*, Medienstrafrecht, § 3 Rn. 105.

erfasst Echtzeitübertragungen mittels Web- oder SpyCam,[52] soweit hierbei allenfalls eine Zwischenspeicherung und daher keine dauerhafte Perpetuierung des Bildes erfolgt (sonst Herstellen).[53] Das bloße Beobachten mit (computer-)technischen Mitteln ist hingegen auch dann nicht strafbar, wenn hierzu Geräte mit Speicherungsmöglichkeit (Digitalkamera) verwendet werden.[54]

21   c) Die Auslegung des Merkmals des **höchstpersönlichen Lebensbereichs** bereitet aufgrund seiner Unbestimmtheit Probleme. Zunächst muss man sehen, dass er enger ist als der Begriff des persönlichen Lebensbereichs iSd § 171b GVG, § 68a Abs. 1 StPO. Er soll nur den gesamten unantastbaren Kernbereich privater Lebensgestaltung – wie etwa Sexualität, Krankheit und Tod – erfassen.[55] Beispiele sind Aufnahmen von Benutzern von Toiletten oder in Umkleidekabinen. Hingegen ist bei Aufnahmen in der Wohnung der höchstpersönliche Lebensbereich nicht stets betroffen, da hier auch völlig belanglose Handlungen abgebildet sein können.[56]

Beispiel:[57] Für eine Fernsehreportage filmt die T heimlich Arzt O bei einer Behandlung in seiner Praxis. – Soweit das Praxiszimmer nicht einsehbar ist, liegt eine geschützte Räumlichkeit vor. § 201a StGB ist jedoch zu verneinen, weil nicht der höchstpersönliche Lebensbereich des O verletzt wird. Soweit zugleich der Ton aufgezeichnet wird, kann sich T jedoch nach § 202 Abs. 1 Nr. 1 StGB strafbar machen.

22   Umstritten ist, ob die Person auf der Bildaufnahme (deutlich) erkennbar sein muss. Weil der Betroffene im Einzelfall auch über die abgebildete Umgebung, insbesondere seine Wohnung, identifizierbar sein kann, ist dies nicht erforderlich.[58] Jedoch ist stets zu prüfen, ob dann noch der höchstpersönliche Lebensbereich verletzt ist.[59]

2. Objektiver Tatbestand des Abs. 2

23   Abs. 2 erweitert den Schutz des Abs. 1 und bezieht das **Gebrauchen und Zugänglichmachen** einer nach Abs. 1 Nr. 1 hergestellten Bildaufnahme ein. Zu beachten ist, dass nur **nach Abs. 1 hergestellte,** nicht aber übertragene **Aufnahmen** erfasst werden. Das Speichern übertragener Aufnahmen führt daher nicht zum Gebrauchen nach Abs. 2; jedoch liegt aufgrund der Perpetuierung ein Herstellen iSd Abs. 1 vor.[60] Weil die Aufnahme durch eine Tat nach Abs. 1 hergestellt worden sein muss, werden Fotomontagen und andere Verfremdungen nur dann von Abs. 2 erfasst, wenn sich die Verletzung des höchstpersönlichen Lebensbereichs bereits aus der nach Abs. 1 hergestellten Aufnahme ergibt.[61]

Beispiel: T hat von O heimlich eine Aufnahme in ihrer Wohnung angefertigt. Am Computer retuschiert sie mit einem Bildbearbeitungsprogramm die Kleidung weg, so dass ein Nacktbildnis entsteht. – Abs. 2 ist zu verneinen, weil die Bildaufnahme zu keiner Verletzung des höchstpersönlichen Lebensbereichs und damit zu keiner Tat nach Abs. 1 führt.

---

[52] Vgl. BT-Drucks 15/2466, 5; *Kargl* in NK § 201a Rn. 6; *Mitsch,* Medienstrafrecht, § 3 Rn. 105.
[53] *Fischer* § 201a Rn. 12.
[54] BT-Drs. 15/2466, 4; *Heuchemer/Paul* JA 2006, 616 (617); *Mitsch,* Medienstrafrecht, § 3 Rn. 105.
[55] BT-Drs. 15/2466, 5; *Bosch* in SSW § 201a Rn. 12; *Flechsig* ZUM 2004, 605 (609); *Popp* in AnwK § 201a Rn. 11.
[56] Näher *Lackner/Kühl* § 201a Rn. 3; *Lenckner/Eisele* in Schönke/Schröder § 201a Rn. 9; *Mitsch,* Medienstrafrecht, § 3 Rn. 104; aA *Bosch* in SSW § 201a Rn. 13.
[57] OLG Düsseldorf GesR 2012, 53.
[58] *Ernst* NJW 2004, 1278; *Koch* GA 2005, 589 (595); *Mitsch,* Medienstrafrecht, § 3 Rn. 104; aA *Lackner/Kühl* § 201a Rn. 4.
[59] *Hoyer* in SK § 201a Rn. 12; vgl. auch OLG Koblenz NStZ 2009, 268 (269).
[60] *Fischer* § 201a Rn. 17.
[61] *Fischer* § 201a Rn. 17; *Hoyer* in SK § 201a Rn. 29.

Ein **Gebrauchen** liegt vor, wenn der Täter die Aufnahme für sich sichtbar **24** macht[62] oder sich sonst den Zugriff auf den Bildträger ermöglicht und so eine neue typische Verbreitungsgefahr schafft.[63] Erfasst wird zB das Speichern, Kopieren, aber auch das bloße Aufrufen einer entsprechenden Bilddatei oder Ansehen eines Films.[64] Ein Bild ist einem Dritten **zugänglich gemacht,** wenn der Zugriff darauf (zB über das Internet) oder die Kenntnisnahme vom Gegenstand des Bildes (zB durch Vorführen eines Films) ermöglicht wird.[65] Zu einer tatsächlichen Kenntnisnahme muss es nicht kommen.

3. Objektiver Tatbestand des Abs. 3

Anders als Abs. 1 und 2 knüpft Abs. 3 an eine **befugt hergestellte Bildaufnahme** **25** an. Erfasst wird das Zugänglichmachen der Aufnahme einer Person, die sich in einer Wohnung oder einem gegen Einblick besonders geschützten Raum befindet, wenn dadurch der höchstpersönliche Lebensbereich verletzt wird. In der Praxis stehen Fälle im Vordergrund, in denen der Betroffene zwar in die Aufnahme, nicht aber in das Zugänglichmachen eingewilligt hat.

Beispiel: O hat vor einigen Jahren ihrem Freund T die Aufnahme von intimen Bildern gestattet. T stellt diese nach der Trennung in ein Racheforum im Internet, wodurch der höchstpersönliche Lebensbereich verletzt wird.[66]

4. Subjektiver Tatbestand

Für die Tatbestände des Abs. 1 und Abs. 2 ist Eventualvorsatz ausreichend. Hin- **26** gegen muss er bei Abs. 3 „wissentlich unbefugt" handeln. Das Merkmal unbefugt soll nach Auffassung des Gesetzgebers durch die Bezugnahme des Vorsatzelements der Wissentlichkeit zum Tatbestandsmerkmal werden.[67] Der Täter muss daher wissen, dass das Zugänglichmachen der zunächst befugt erstellten Bildaufnahme unbefugt ist, dh die abgelichtete Person damit nicht einverstanden ist. Inhaltlich überzeugt diese Ausgestaltung jedoch wenig, da ansonsten das Merkmal unbefugt – entsprechend der hM zu §§ 201 ff. StGB – die Rechtfertigungsebene betrifft und eine unterschiedliche dogmatische Einordnung innerhalb derselben Vorschrift (Abs. 1 und 2: Rechtfertigungsgrund) einen Bruch im System darstellt.[68]

IV. Rechtswidrigkeit

Das Merkmal unbefugt verweist abgesehen von Abs. 3 nach hM auf die Rechts- **27** widrigkeitsebene. Als Rechtfertigungsgründe kommen vor allem Einwilligung und mutmaßliche Einwilligung in Betracht. Einen Rechtfertigungsgrund für das Handeln zur Wahrnehmung berechtigter Interessen wie in § 201 Abs. 2 Satz 3 StGB oder § 193 StGB hat der Gesetzgeber auch für die Presse bewusst nicht aufgenom-

---

[62] BT-Drs. 15/1891, 7; *Lackner/Kühl* § 201 a Rn. 6; *Lenckner/Eisele* in Schönke/Schröder § 201 a Rn. 15.

[63] Vgl. aber *Bosch* JZ 2005, 377 (380 f.).

[64] BT-Drs. 15/2466, 5; *Kargl* in NK § 201 a Rn. 9; *Lenckner/Eisele* in Schönke/Schröder § 201 a Rn. 15.

[65] BT-Drs. 15/2466, 5; *Flechsig* ZUM 2004, 605 (614); *Heuchemer/Paul* JA 2006, 616 (619).

[66] BT-Drs. 15/2466, 5.

[67] BT-Drs. 15/2995, 6; *Bosch* in SSW § 201 a Rn. 23; *Flechsig* ZUM 2004, 605 (615); *Lenckner/Eisele* in Schönke/Schröder § 201 a Rn. 16; *Popp* in AnwK § 201 a Rn. 20.

[68] *Eisele* JR 2005, 6 (10); *Fischer* § 201 a Rn. 16; *Hoppe* GRUR 2005, 990 (994); aA *Lackner/Kühl* § 201 a Rn. 8.

men. Mangels planwidriger Regelungslücke scheidet damit auch eine analoge Anwendung der genannten Vorschriften aus.[69] Außerdem lässt sich eine Rechtfertigung nicht durch eine unmittelbare Anwendung des Art. 5 GG begründen.[70] Im Einzelfall – etwa zur Aufdeckung einer Straftat durch die Presse – ist freilich ein Rückgriff auf § 34 StGB nicht ausgeschlossen.[71]

Rechtsprechung: OLG Karlsruhe NJW-RR 2006, 987 – Anwaltskanzlei (geschützte Räumlichkeiten); OLG Koblenz NStZ 2009, 268 – Sauna (geschützte Räumlichkeit).

Aufsätze: *Bosch,* Der strafrechtliche Schutz vor Foto-Handy-Voyeuren und Paparazzi, JZ 2005, 377; *Eisele,* Strafrechtlicher Schutz vor unbefugten Bildaufnahmen, JR 2005, 6; *Flechsig,* Schutz gegen Verletzung des höchstpersönlichen Lebensbereichs durch Bildaufnahmen, ZUM 2004, 605; *Heinrich,* Die strafrechtliche Verantwortlichkeit von Pressemitarbeitern bei der unbefugten Herstellung und Verbreitung fotografischer Darstellungen von Personen, ZIS 2011, 416; *Heuchemer/ Paul,* Die Strafbarkeit unbefugter Bildaufnahmen, Tatbestandliche Probleme des § 201a, JA 2006, 616; *Hoyer,* Die Verletzung des höchstpersönlichen Lebensbereichs bei § 201a, ZIS 2006, 1; *Koch,* Strafrechtlicher Schutz vor unbefugten Bildaufnahmen, Zur Einführung von § 201a, GA 2005, 589.

Übungsfälle: *Beck,* Der wütende Ex-Freund, ZJS 2010, 742; *Kaspar,* Die Erpressung der Milliardärsgattin, JuS 2009, 830.

§ 37. Recht am eigenen Bild (§ 33 KUG)

I. Grundlagen

28   Nach § 33 Kunsturheberrechtsgesetz (KUG), der dem Schutz des in Art. 2 Abs. 1 iVm Art. 1 GG verankerten **allgemeinen Persönlichkeitsrechts** dient, wird bestraft, wer entgegen §§ 22, 23 KUG ein Bildnis der betroffenen Person verbreitet oder öffentlich zur Schau stellt. Das Herstellen der Bildaufnahme kann nur unter den Voraussetzungen des § 201a StGB sanktioniert werden,[72] so dass es vor allem zur Verletzung des höchstpersönlichen Lebensbereichs kommen muss. Angesichts der unterschiedlichen Schutzrichtung kann zwischen § 201a Abs. 1 StGB und § 33 KUG Tateinheit bestehen. Wie § 201a StGB setzt auch § 33 KUG nach Abs. 2 einen Strafantrag voraus. Es handelt sich ferner nach § 374 Abs. 1 Nr. 8 StPO um ein Privatklagedelikt.

II. Prüfungsschema

29   1. Tatbestand
        a) Objektiver Tatbestand
           aa) Bildnis einer anderen Person
           bb) Verbreiten oder öffentlich Zur-Schau-Stellen
           cc) Ohne Einwilligung nach § 22 KUG
        b) Subjektiver Tatbestand

---

[69] BT-Drs. 15/2995, 6; *Kargl* in NK § 201a Rn. 19; *Mitsch,* Medienstrafrecht, § 1 Rn. 38, 41; offen gelassen von OLG Düsseldorf GesR 2012, 53 (54).
[70] OLG Düsseldorf GesR 2012, 53 (54); *Fischer* § 201a Rn. 27; vgl. aber *Flechsig* ZUM 2004, 605 (609); *Lackner/Kühl* § 201a Rn. 9.
[71] *Heinrich* ZIS 2011, 416 (419); *Lenckner/Eisele* in Schönke/Schröder § 201a Rn. 22.
[72] *Kaiser* in Erbs/Kohlhaas § 33 KUG Rn. 8; vgl. auch OLG Hamburg Urt. v. 5. 4. 2012 – 3 – 14/12 (REV), 3–14/12 (REV) – 1 Ss 29/12.

aa) Vorsatz und
bb) Handeln zu Zwecken des Wettbewerbs, aus Eigennutz, zugunsten
eines Dritten oder Schädigungsabsicht
2. Rechtswidrigkeit: Befugnisse nach § 23 KUG
P: Bildnisse aus dem Bereiche der Zeitgeschichte (Rn. 32f.)
3. Schuld
4. Strafantrag, § 33 Abs. 2 KUG

III. Überblick

Anders als § 201a StGB kennt § 33 KUG keine räumlichen Beschränkungen, so   30
dass auch die Verbreitung von Fotos unter Strafe gestellt ist, die außerhalb von
Räumlichkeiten aufgenommen sind. Anders als bei § 201a StGB sind – wie § 22 S. 3
KUG zeigt – auch Abbildungen von Verstorbenen (postmortal) geschützt.[73] Für die
Strafbarkeit ist es letztlich unerheblich, ob das Herstellen der Aufnahme befugt
oder unbefugt erfolgte.

1. Einwilligung nach § 22 KUG

Nach § 22 KUG darf ein Bildnis grundsätzlich nur mit Einwilligung des Abge-   31
bildeten **verbreitet** oder **öffentlich zur Schau gestellt** werden. Die **Einwilligung**
gilt dabei im Zweifel als erteilt, wenn der Betroffene für die Abbildung eine Ent-
lohnung erhielt. Nach dem Tode des Abgebildeten ist bis zum Ablaufe von
10 Jahren die Einwilligung der Angehörigen erforderlich. Die Einwilligung schließt
bereits den Tatbestand aus, da in diesem Fall das Verbreiten kein Unrecht darstellt.[74]

2. Befugnisse nach § 23 KUG

Keiner Einwilligung bedarf es nach § 23 Abs. 1 KUG,[75] der Art. 5 GG (Informa-   32
tionsfreiheit, Presse- und Rundfunkfreiheit sowie Kunstfreiheit) Rechnung trägt,
bei Bildnissen aus dem Bereich der Zeitgeschichte (Nr. 1), bei Bildern, auf denen
die Personen nur als Beiwerk neben einer Landschaft oder sonstigen Örtlichkeiten
erscheinen (Nr. 2), bei Bildern von Versammlungen, Aufzügen und ähnlichen Vorgängen, an denen die dargestellten Personen teilgenommen haben (Nr. 3) und bei
Bildnissen, die nicht auf Bestellung angefertigt sind, sofern die Verbreitung oder
Schaustellung einem höheren Interesse der Kunst dient. Dies gilt jedoch nach § 23
Abs. 2 KUG nicht, wenn dadurch ein berechtigtes Interesse des Abgebildeten oder
– falls dieser verstorben ist – seiner Angehörigen verletzt wird.

Nach früherer Rechtsprechung war im Rahmen der Nr. 1 zwischen sog. absolu-   33
ten Personen der Zeitgeschichte und relativen Personen der Zeitgeschichte zu differenzieren. Bei absoluten Personen der Zeitgeschichte sollte die Person bereits selbst
ein zeitgeschichtliches Ereignis sein, während bei relativen Personen der Zeitge-

---

[73] Vgl. nur *Dreier* in Dreier/Schulze §§ 22ff. KUG Rn. 1.
[74] *Dreier* in Dreier/Schulze § 22 Rn. 17; nur für die rechtsgeschäftlich wirksame Einwilligung
Kaiser in Erbs/Kohlhaas § 33 KUG Rn. 11.
[75] Zur Verfassungsmäßigkeit BVerfGE 35, 202 (224f.) – Lebach; BVerfGE 101, 361 (386f.) – Caroline von Monaco II.

schichte ein zeitgeschichtliches Ereignis hinzutreten musste.[76] Dem hatte jedoch der EGMR eine Absage erteilt und verdeutlicht, dass jede – auch in der Öffentlichkeit bekannte – Person, „eine berechtigte Erwartung" auf Schutz und Achtung ihres Privatlebens hat; anderes könne allenfalls für Personen des politischen Lebens, die amtliche Funktionen wahrnehmen, gelten.[77] Insoweit bedarf es nunmehr im Rahmen eines abgestuften Schutzkonzepts einer Abwägung zwischen dem Informationsinteresse der Öffentlichkeit und den berechtigten Interessen des Abgebildeten, wobei der Informationswert der Berichterstattung zu berücksichtigen ist.[78]

Beispiel:[79] Gegen O ist eine Hauptverhandlung wegen des Vorwurfs einer Körperverletzung terminiert. Journalist T einer Boulevard-Zeitung fotografiert O im Treppenhaus des Gerichtsgebäudes. Daraufhin schlägt O dem T mit der Kamera in das Gesicht. Am nächsten Tag erscheint in der Zeitung ein Bericht über den Prozess, dem auch ein Bild des O beigefügt ist. – Was die Strafbarkeit des T nach § 33 KUG anbelangt, ist zunächst der Tatbestand mit der Veröffentlichung des Bildes verwirklicht. Eine Rechtfertigung nach § 23 Abs. 1 Nr. 1 KUG hängt maßgeblich von der erforderlichen Abwägung (Abs. 2) ab. Zugunsten des O spricht, dass es für ihn zu einer Prangerwirkung oder Beeinträchtigung seines Anspruchs auf Vermutung der Unschuld und ggf. einer späteren Resozialisierung kommen kann; auf Seiten des T ist hingegen das Informationsinteresse der Allgemeinheit sowie die Pressefreiheit iSd Art. 5 Abs. 1 GG zu berücksichtigen. Maßgebliches Gewicht erlangt hierbei insbesondere die Schwere des Tatvorwurfs.[80] Weil es sich hier um Kleinkriminalität handelt, ist eine Befugnis zur Verbreitung zu verneinen, so dass T sich nach § 33 KUG strafbar macht. Weil auch das Fotografieren das Persönlichkeitsrecht des O verletzt, kann er sich hinsichtlich §§ 223, 224 Abs. 1 Nr. 2 StGB auf Notwehr berufen.[81]

Rechtsprechung: EGMR NJW 2004, 2647 (keine Trennung zwischen absoluten und relativen Personen der Zeitgeschichte); BVerfGE 120, 180 (konventionskonforme Auslegung).

Aufsatz: *Heinrich,* Die strafrechtliche Verantwortlichkeit von Pressemitarbeitern bei der unbefugten Herstellung und Verbreitung fotografischer Darstellungen von Personen, ZIS 2011, 416.

Übungsfälle: *Beck,* Der wütende Ex-Freund, ZJS 2010, 742; *Schütz,* Fotografieren verboten!, JuS 1995, 1121 (öffentlich-rechtlich).

§ 38. Nachstellung (§ 238 StGB)

I. Grundlagen

34   § 238 StGB erfasst auch das sog. **Cyberstalking** per Internet, E-Mail oder in sozialen Netzwerken. Die Vorschrift enthält ein **Erfolgsdelikt,**[82] das Verhaltensweisen erfasst, bei denen der Täter dem Opfer wiederholt gegen dessen Willen nachstellt. Sie schützt die **Handlungs- und Entschlussfreiheit** des Opfers hinsichtlich seiner persönlichen Lebensgestaltung.[83]

---

[76] BVerfGE 101, 361 (392 ff.) – Caroline von Monaco II; BGHZ 158, 218 (220); dazu auch *Heinrich* in Praxis-Hdb. Medienrecht Rn. 333.

[77] EGMR NJW 2004, 2647 (2650).

[78] BVerfGE 120, 180 (211 ff.) – Caroline von Monaco IV sowie die Vorinstanz BGHZ 177, 119 (123 ff.); BGH NJW 2011, 740 (741); vgl. auch *Heinrich* ZIS 2011, 416 (420 ff.); *Kaiser* in Erbs/Kohlhaas § 33 KUG Rn. 38.

[79] Nach OLG Hamburg Urt. v. 5. 4. 2012 – 3 – 14/12 (REV), 3–14/12 (REV) – 1 Ss 29/12.

[80] Vgl. auch BVerfGE 35, 202 (231); 119, 309 (321).

[81] Zur Notwehrfähigkeit des Rechts am eigenen Bild auch BGH NJW 1994, 1971 f.; näher *Perron* in Schönke/Schröder § 32 Rn. 5 a.

[82] BT-Drs. 16/3641, 14; *Küpper* in AnwK § 238 Rn. 3.

[83] BT-Drs. 15/5410, 6 und BT-Drs. 16/575, 7; *Neubacher/Seher* JZ 2007, 1029 (1030); *Rengier* BT 2 § 26 a Rn. 2; aA *Kinzig/Zander* JA 2007, 481 (482) – allgemeines Persönlichkeitsrecht; *Mitsch* NJW 2007, 1237; *Wolters* in SK § 238 Rn. 2 – jew. Rechtsfriede; näher *Eisele* BT 1 Rn. 512.

II. Prüfungsschema

1. Tatbestand   35
   a) Objektiver Tatbestand
     aa) Unbefugtes Nachstellen
     bb) durch beharrliches
       Nr. 1: Aufsuchen der räumlichen Nähe zum Opfer
       Nr. 2: Versuch der Kontaktherstellung zum Opfer unter Verwendung von Telekommunikationsmitteln oder sonstigen Mitteln der Kommunikation oder über Dritte
       P: Formen des Cyberstalkings (Rn. 38)
       Nr. 3: Aufgeben von Bestellungen von Waren oder Dienstleistungen für das Opfer unter missbräuchlicher Verwendung von dessen personenbezogenen Daten oder Veranlassen von Dritten, Kontakt mit dem Opfer aufzunehmen
       Nr. 4: Bedrohen des Opfers oder einer ihm nahe stehenden Person mit der Verletzung von Leben, körperlicher Unversehrtheit, Gesundheit oder Freiheit
       Nr. 5: Vornehmen einer anderen vergleichbaren Handlung
       P: Präzisierung des Begriffs der vergleichbaren Handlung (Rn. 43)
     cc) dadurch schwerwiegende Beeinträchtigung der Lebensgestaltung des Opfers
   b) Subjektiver Tatbestand
     aa) Vorsatz und
     bb) Handeln zu Zwecken des Wettbewerbs, aus Eigennutz, zugunsten eines Dritten oder Schädigungsabsicht
2. Rechtswidrigkeit
3. Schuld
4. Strafantrag in Fällen des Abs. 1
5. Strafschärfungen
   a) Qualifikation (§ 238 Abs. 2 StGB)
   b) Erfolgsqualifikation (§ 238 Abs. 3 StG

III. Tatbestand

1. Objektiver Tatbestand

Der Täter muss durch unbefugtes, beharrliches Nachstellen iSd Nr. 1 bis Nr. 5 **36** eine schwerwiegende Beeinträchtigung der Lebensgestaltung des Opfers verursachen.

a) Da **Nr. 1 das Aufsuchen der räumlichen Nähe** zum Opfer erfasst, hat dieser **37** Tatbestand für die Tatbegehung per Internet keine Bedeutung.

b) Hingegen erfasst die **Nr. 2** den **Versuch der Kontaktherstellung** zum Opfer **38** **unter Verwendung von Telekommunikationsmitteln** oder sonstigen Mitteln der Kommunikation oder über Dritte. Der Begriff der **Telekommunikationsmittel** kann über § 3 Nr. 22 und Nr. 23 TKG präzisiert werden: Unter Telekommunikation ist der technische Vorgang des Aussendens, Übermittelns und Empfangens von

Signalen mittels Telekommunikationsanlagen zu verstehen; Telekommunikationsanlagen sind technische Einrichtungen oder Systeme, die als Nachrichten identifizierbare elektromagnetische oder optische Signale senden, übertragen, vermitteln, empfangen, steuern oder kontrollieren können. Typische Beispiele sind die Verwendung von Telefon, Fax, SMS, E-Mail sowie das Versenden von Nachrichten in Chatrooms oder Kontaktnetzwerken **(Cyberstalking).**[84] Der Begriff der **sonstigen Mittel der Kommunikation** meint die verbale Kommunikation durch Versenden von Nachrichten sowie Ton- und Datenträger.[85]

39   **aa)** Auf das Zustandekommen eines tatsächlichen Kontakts zwischen Täter und Opfer kommt es nicht an („versucht"). Das Opfer wird diesen häufig auch vermeiden und zB das Telefonat gar nicht annehmen. Es handelt sich insoweit um ein **Unternehmensdelikt.**[86] Jedoch muss man sehen, dass immerhin eine schwerwiegende Beeinträchtigung der Lebensgestaltung des Opfers durch die Kontaktaufnahme eintreten muss. Daher muss dieses vom Versuch der Kontaktherstellung – etwa über die Anruferliste des Telefons oder das E-Mail-Postfach – zumindest Kenntnis erlangen.[87]

40   **bb)** Andererseits muss das Täterverhalten auch auf eine **Kontaktherstellung angelegt** sein. Dies ist etwa bei der Überwachung mit GPS oder bei Ortung des Mobiltelefons nicht der Fall.[88]

> **Beispiel: (Telefonterror):** T möchte sich bei seiner Ex-Freundin rächen und ruft daher täglich über 100 Mal an. Bevor O das Gespräch annehmen kann, legt er wieder auf. – Nr. 2 ist hier nicht verwirklicht, da das Verhalten des T gerade nicht auf eine Kommunikation abzielt.[89] Es bleibt jedoch Nr. 5 zu prüfen.

41   **c)** Nr. 3 erfasst die Aufgabe von **Bestellungen von Waren oder Dienstleistungen** für das Opfer unter missbräuchlicher Verwendung von dessen personenbezogenen Daten (Var. 1) oder das Veranlassen von Dritten, Kontakt mit dem Opfer aufzunehmen (Var. 2). Die Besonderheit der Nr. 3 liegt darin, dass sie Fälle mittelbarer Kontaktherstellung erfasst, bei denen der Täter dem Opfer nicht unmittelbar gegenüber tritt. Zumindest Var. 1 wird zumeist ebenfalls unter Verwendung von **technischen Kommunikationsmitteln** erfolgen, um die wahre Urheberschaft zu verschleiern. Eine missbräuchliche Verwendung von personenbezogenen Daten liegt vor, wenn diese ohne Einverständnis des Opfers eingesetzt werden.[90] Der Begriff der personenbezogenen Daten kann nach den Grundsätzen des § 3 Abs. 1 BDSG bestimmt werden. Einbezogen sind demnach Einzelangaben über persönliche oder sachliche Verhältnisse einer bestimmten oder bestimmbaren natürlichen Person wie etwa Name, Anschrift, Telefonnummer, E-Mail-Adresse, Kontodaten, Kreditkartennummern sowie Passwörter.[91] Beispiele sind ständige Bestellungen beim Pizzaservice oder Versandhandel im Namen des Opfers.

42   **d)** Nr. 4 pönalisiert **das Bedrohen des Opfers oder einer ihm nahestehenden Person** mit einer Verletzung von Leben, körperlicher Unversehrtheit, Gesundheit

---

[84] *Hoffmann,* Stalking, 2006, S. 197 ff.; *Mitsch,* Medienstrafrecht, § 3 Rn. 79; *Peters* NStZ 2009, 238 (240).

[85] *Eisele* in Schönke/Schröder § 238 Rn. 13; *Fischer* § 238 Rn. 14 b.

[86] *Eisele* in Schönke/Schröder § 238 Rn. 11; *Mitsch,* Medienstrafrecht, § 3 Rn. 79; *Wolters* in SK § 238 Rn. 11.

[87] *Neubacher/Seher* JZ 2007, 1029 (1032); *Wolters* in SK § 238 Rn. 11.

[88] *Kraus,* Zivilrechtlicher Schutz gegen Nachstellen, 76 f.

[89] *Eisele* in Schönke/Schröder § 238 Rn. 13; *Wolters* in SK § 238 Rn. 11; aA *Fischer* § 238 Rn. 14.

[90] *Steinberg* JZ 2006, 30 (32).

[91] *Eisele* in Schönke/Schröder § 238 Rn. 17; *Fischer* § 238 Rn. 15. Der Datenbegriff des § 202 a Abs. 2 StGB erlangt hingegen keine Bedeutung, vgl. *Neubacher/Seher* JZ 2007, 1029 (1033).

oder Freiheit. Da der Tatbestand keine Beschränkung enthält, kann er auch per Telefon, Internet usw. verwirklicht werden.[92]

e) **Nr. 5** ist ein Auffangtatbestand, der andere vergleichbare Handlungen erfasst **43** und der Vielgestaltigkeit des Stalkings Rechnung tragen soll.[93] Angesichts seiner vagen Fassung ist er dem Vorwurf eines **Verstoßes gegen Art. 103 Abs. 2 GG** ausgesetzt.[94] Nach Ansicht des Gesetzgebers sollen Verhaltensweisen erfasst werden, die den in Nr. 1 bis 4 genannten ihrer Bedeutung nach entsprechen, dh „sowohl quantitativ als auch qualitativ eine vergleichbare Schwere aufweisen und in ihrem Handlungs- und Erfolgsunwert diesen gleichkommen". Nicht erforderlich ist demnach eine vergleichbare Begehungsweise, die sich an die Kontaktaufnahme oder die Bedrohung der Nrn. 1 bis 4 anlehnt.[95]

Beispiel: T bestellt per Internet den Telefon- und Internetanschluss seiner Ex-Freundin ab,[96] überwacht diese mit Kameras und veröffentlicht persönliche Daten im Internet.

f) Erforderlich ist weiterhin ein **beharrliches Verhalten.** Das besondere persönli- **44** che Merkmal iSd § 28 Abs. 1 StGB[97] soll den Tatbestand einschränken, weil vor allem die Nrn. 1 und 2 auch sozialadäquates Verhalten – wie Telefonanrufe, E-Mail-Kontakt – erfassen, so dass erst eine gewisse Häufigkeit und Kontinuität zu einer unzumutbaren Belastung für das Opfer werden kann. Für ein beharrliches Verhalten genügt aber nicht nur bereits die wiederholte Begehung.[98] Vielmehr ist darüber hinaus nach hM eine besondere Hartnäckigkeit und eine Missachtung des Willens des Opfers bzw. eine Gleichgültigkeit gegenüber den Wünschen des Opfers erforderlich, die zugleich die Gefahr weiterer Begehung zum Ausdruck bringt.[99] Die Beharrlichkeit kann dabei auch in verschiedenen Verhaltensweisen nach Nrn. 1 bis 5 zum Ausdruck kommen.[100] Ferner ist ein zeitlicher und innerer Zusammenhang der einzelnen Handlungen erforderlich.[101]

g) Das Nachstellen nach Nrn. 1 bis 5 muss letztlich auch **unbefugt,** dh **gegen** **45** **den Willen des Opfers** erfolgen.[102] Da Nrn. 1, 2 und 5 Handlungen erfassen, die – wie regelmäßige Kontaktaufnahme in sozialen Netzwerken – auch bei beharrlicher Vornahme sozialadäquat sein können,[103] ist hier schon der Tatbestand ausgeschlossen. Hingegen ist bei missbräuchlicher Verwendung von Daten und Drohungen der Tatbestand der Nr. 3 und Nr. 4 zu bejahen, so dass die Befugnis zur Vornahme der Handlung nur als Rechtfertigungsgrund wirken kann.[104]

Beispiel: Reporter T einer Lokalzeitung versucht eine Stellungnahme vom Oberbürgermeister O zu erhalten, der in einen Korruptionsskandal verwickelt ist. Obgleich O schon genervt ist, schreibt

---

[92] Zu Einzelheiten *Eisele* BT 1 Rn. 520.

[93] BT-Drs. 16/3641, 14; *Rössner/Krupra* in HK § 238 Rn. 9.

[94] Zu dieser Problematik auch BT-Drs. 16/3641, 14; näher dazu *Eisele* in Schönke/Schröder § 238 Rn. 23.

[95] *Eisele* in Schönke/Schröder § 238 Rn. 17; *Fischer* § 238 Rn. 15; aA *Lackner/Kühl* § 238 Rn. 5; *Valerius* JuS 2007, 319 (322).

[96] *Neubacher/Seher* JZ 2007, 1029 (1033).

[97] *Eisele* in Schönke/Schröder § 238 Rn. 24; *Mitsch* Jura 2007, 401 (402 ff.).

[98] BT-Drs. 15/5410, 7 (zumindest fünf Handlungen bzw. Handlungsbündel); OLG Zweibrücken OLGSt StGB § 238 Nr. 2, S. 4 (zumindest zwei Nachstellungshandlungen).

[99] BT-Drs. 16/575, 7; BGHSt 54, 189 (195); OLG Brandenburg NStZ 2010, 519; *Kindhäuser* LPK § 238 Rn. 10.

[100] BGHSt 54, 189 (196).

[101] BT-Drs. 16/575, 7; BGHSt 54, 189 (195).

[102] BT-Drs. 15/5410, 7.

[103] BT-Drs. 16/575 8.

[104] *Mitsch* NJW 2007, 1237 (1240) und *ders.* Jura 2007, 401 (402); *Gazeas* JR 2007, 497 (502); *Eisele* in Schönke/Schröder § 238 Rn. 26; aA *Wolters* in SK § 238 Rn. 8.

T immer wieder E-Mails und bittet im Sekretariat um einen Interviewtermin. – Obgleich hier Verhaltensweisen nach Nr. 2 vorliegen, ist kein unbefugtes Nachstellen gegeben, soweit sich T im Rahmen des presserechtlich Zulässigen bewegt.[105]

46   h) Tatbestandlicher Erfolg der Nachstellung muss **eine schwerwiegende Beeinträchtigung der Lebensgestaltung des Opfers** sein. Eine solche liegt bei gravierenden und ernst zu nehmenden Beeinträchtigungen vor, die über durchschnittliche, regelmäßig hinzunehmende und zumutbare Beeinträchtigungen der Lebensgestaltung hinausgehen.[106] Eine solche schwerwiegende Beeinträchtigung kann auch auf der Kumulation verschiedener Opferreaktionen beruhen.[107] Dabei sind allerdings vom Opfer eine besonnene Selbstbehauptung und zumutbare Abwehr- bzw. Vorsorgehandlungen zu erwarten.[108] Schwerwiegende Beeinträchtigungen sind demnach beispielsweise der Umzug aus der Wohnung oder die Aufgabe des Arbeitsplatzes, nicht aber die Benutzung eines Anrufbeantworters, Einrichtung einer Fangschaltung oder zeitweises Abschalten des Telefons.[109]

2. Subjektiver Tatbestand

47   In subjektiver Hinsicht ist Eventualvorsatz ausreichend, der auch auf die schwerwiegende Beeinträchtigung der Lebensgestaltung beim Opfer gerichtet sein muss.

IV. Strafschärfung

48   **§ 238 Abs. 2 StGB qualifiziert die Tat,** wenn der Täter das Opfer, einen Angehörigen (§ 11 Abs. 1 Nr. 1 StGB) des Opfers oder eine andere dem Opfer nahestehende Person durch die Tat in die konkrete Gefahr des Todes oder einer schweren Gesundheitsschädigung bringt.[110] Hinsichtlich der qualifizierenden Merkmale ist Vorsatz erforderlich. **§ 238 Abs. 3 StGB** enthält eine **Erfolgsqualifikation** für Fälle, in denen der Täter den Tod des Opfers, eines Angehörigen oder einer anderen nahestehenden Person durch die Tat verursacht. Hinsichtlich der schweren Folge ist Fahrlässigkeit iSd § 18 StGB ausreichend. Die versuchte Erfolgsqualifikation und der erfolgsqualifizierte Versuch sind trotz des Verbrechenscharakters des Abs. 3 nicht strafbar, da für das Grunddelikt keine Versuchsstrafbarkeit angeordnet ist.[111]

49   Sowohl Qualifikation als auch Erfolgsqualifikation erfordern einen **gefahrspezifischen Zusammenhang** zwischen Nachstellung und straferhöhendem Merkmal. Das ist etwa der Fall, wenn das Opfer auf der Flucht vor dem nachstellenden Täter zu Tode kommt oder in den Suizid getrieben wird.[112]

---

[105] Vgl. auch BT-Drs. 16/575, 7, wo freilich die Beharrlichkeit verneint wird.
[106] BT-Drs. 16/3641, 14; BGHSt 54, 189 (197); OLG Brandenburg NStZ 2010, 519 (520).
[107] BGHSt 54, 189 (197); *Valerius* JuS 2007, 319 (323).
[108] OLG Brandenburg NStZ 2010, 519 (520); *Eisele* in Schönke/Schröder § 238 Rn. 26; *Valerius* JuS 2007 319 (323).
[109] *Küpper* in AnwK § 238 Rn. 12; *Rössner/Krupna* in HK § 238 Rn. 10.
[110] Näher dazu *Eisele* BT 2 Rn. 530.
[111] *Gazeas* JR 2007, 497 (505); *Eisele* in Schönke/Schröder § 238 Rn. 26; diff. *Lackner/Kühl* § 238 Rn. 11.
[112] BT-Drs. 16/3641, 14.

V. Konkurrenzen

Mehrere Verhaltensweisen nach Nrn. 1 bis 5, die zu demselben tatbestandlichen 50
Erfolg führen, stehen in Handlungseinheit, so dass nur eine Tat nach § 238 StGB
vorliegt.[113] Zu weiteren Tatbeständen, insbes. § 240 StGB und § 241 StGB, besteht
Tateinheit.[114]

Rechtsprechung: BGHSt 54, 189 (Voraussetzungen des Tatbestandes); OLG Brandenburg NStZ
2010, 519 (schwerwiegende Beeinträchtigung der Lebensgestaltung des Opfers).

Aufsätze: *Eiden,* § 238 StGB: Vier neue Absätze gegen den Stalker, ZIS 2008, 123; *Kinzig/
Zander,* Der neue Tatbestand der Nachstellung (§ 238 StGB), JA, 2007, 481; *Mitsch,* Der neue Stal-
king-Tatbestand im Strafgesetzbuch, NJW 2007, 1237; *ders.,* Strafrechtsdogmatische Probleme des
neuen „Stalking"-Tatbestandes, Jura 2007, 401; *Moosbacher,* Nachstellung – § 238 StGB, NStZ
2007, 665; *Rackow,* Der Tatbestand der Nachstellung (§ 238 StGB), Stalking und das Strafrecht, GA
2008, 552; *Valerius,* Der neue Straftatbestand der Nachstellung in § 238 StGB, JuS 2007, 319.

Übungsfälle: *Beck,* Der wütende Ex-Freund, ZJS 2010, 742; *Bülte,* Verhinderung und Stiftung
einer Ehe durch Nötigungsmittel, StudZR 2012, 99; *Esser/Krickl,* Von verhinderten Meistern und
hartnäckigen Liebhabern, JA 2008, 787; *Jeßberger/Book,* Studentenleben, JuS 2010, 321; *Krack/
Kische,* Nachstellung mit unverhofften Folgen, ZJS 2010, 734.

---

[113] BGHSt 54, 189 (197 ff.); für Nrn. 1-4 auch *Lackner/Kühl* § 238 Rn. 12.
[114] BGHSt 54, 189 (201 f.); *Eisele* in Schönke/Schröder § 238 Rn. 39; zu § 241 StGB *Weber* in
A/W § 9 Rn. 120.

8. Kapitel: Vermögensdelikte

§ 39. Betrug (§ 263 StGB)

I. Grundlagen

Der Tatbestand des Betruges, der nach hM das **Vermögen** schützt, gewinnt im 1
Zusammenhang mit Computer- und Internetstraftaten in zweierlei Hinsicht Bedeutung: Zum einen werden heute viele Rechtsgeschäfte per Computer und über das Internet abgeschlossen. Insoweit dient der **Computer als Tatmittel** bei der Begehung der Tat. Und zum anderen werden Täuschungshandlungen zunehmend gegenüber **Datenverarbeitungsanlagen als Tatobjekt** begangen.[1] Besondere Bedeutung erlangt in diesem Zusammenhang auch die Zahlungskartenkriminalität. Für diese Konstellation ist der Computerbetrug nach § 263a StGB zu beachten, der nach hM als Paralleltatbestand zu § 263 StGB ausgestaltet ist. § 263 StGB enthält ein Selbstschädigungsdelikt, bei dem das getäuschte Opfer aufgrund irrtumsbedingter Verfügung sein Vermögen mindert, so dass ein Vermögensschaden eintritt.[2] Nach Abs. 2 ist der Versuch auch strafbar. Zu beachten sind die in Abs. 3 enthaltenen Strafschärfungen nach der sog. Regelbeispielsmethode und die in Abs. 5 normierte Qualifikation. Nach Abs. 4 gilt das Strafantragserfordernis des § 248a StGB entsprechend.

II. Prüfungsschema

1. Tatbestand   2
   a) Objektiver Tatbestand
      aa) Täuschung eines Menschen ↔ Tathandlungen des § 263a StGB
          P: Täuschung bei Behauptung wahrer Tatsachen (Rn. 7)
      bb) Irrtum des Getäuschten
          P: Leichtfertigkeit bei Abofallen (Rn. 8)
      cc) Vermögensverfügung (auch per Computer/Internet)
      dd) Vermögensschaden
          *P: Widerrufsrecht bei Fernabsatzverträgen: §§ 312d, 355 BGB
          (Rn. 18)*
   b) Subjektiver Tatbestand
      aa) Vorsatz
      bb) Bereicherungsabsicht mit Stoffgleichheit
   c) Rechtswidrigkeit der erstrebten Bereicherung
      aa) Objektive Rechtswidrigkeit der Bereicherung
      bb) Vorsatz bzgl. Rechtswidrigkeit der Bereicherung

---

[1] *Hilgendorf/Valerius*, Computer- und Internetstrafrecht, Rn. 459f.
[2] Näher *Arzt* in A/W § 20 Rn. 28; *Satzger* in SSW § 263 Rn. 8f.

2. Rechtswidrigkeit
3. Schuld
4. Strafschärfungen
    a) Strafzumessungsregel für besonders schwere Fälle mit Regelbeispielen
       (§ 263 Abs. 3 S. 2 Nr. 1 bis 5 StGB)
    b) Qualifikation (§ 263 Abs. 5 StGB): Gewerbsmäßige Begehung als Mit-
       glied einer Bande

III. Tatbestand

1. Objektiver Tatbestand

3   Der objektive Tatbestand setzt voraus, dass der Täter durch eine Täuschung einen Irrtum erregt, der zu einer Vermögensverfügung und einem Vermögensschaden
führt. Zwischen den einzelnen Merkmalen ist zum einen (Mit-)Kausalität im Sinne
der Äquivalenztheorie erforderlich, zum anderen können aber auch die Grundsätze
der objektiven Zurechnung Anwendung finden.[3]
4   Die Täuschungshandlung im Rahmen des § 263 StGB kann grundsätzlich auch
mittels eines Computers begangen werden. Wenn etwa der Käufer über die Qualität
eines Produkts getäuscht wird, kann dies seitens des Täters mündlich, schriftlich,
aber auch elektronisch geschehen. Allerdings ist auf Opferseite erforderlich, dass
auf das Vorstellungsbild eines Menschen eingewirkt wird.

Beispiel (Internetverlosung):[4] T bietet im Internet ein Quiz an, bei dem eine Doppelhaushälfte
verlost werden soll. Er versichert den Teilnehmern die Zulässigkeit der Veranstaltung, obwohl ihm
bekannt ist, dass die Rechtslage zumindest „unklar" und daher mit einer aufsichtsbehördlichen
Untersagung des Gewinnspiels zu rechnen ist. Die Teilnehmer leisten daraufhin ihren Spieleinsatz,
den T für sich verbraucht. Das Gewinnspiel wird von den Behörden untersagt. – Es liegt hier eine
Täuschungshandlung über die Zulässigkeit des Gewinnspiels gegenüber anderen Personen vor, die
auch zu einem Schaden führt. § 263 StGB ist daher verwirklicht.

5   **a) Täuschung** ist jede intellektuelle Einwirkung auf das Vorstellungsbild eines
anderen mit dem Ziel der Irreführung über Tatsachen.[5]
6   **aa)** Unter **Tatsachen** sind alle Geschehnisse und Zustände der Vergangenheit
oder Gegenwart zu verstehen, die entweder die Außenwelt (äußere Tatsache) oder
psychische Vorgänge (innere Tatsache) betreffen und dem Beweis zugänglich sind.[6]
Äußere Tatsachen sind etwa die Zahlungsfähigkeit, die Beschaffenheit der Sache
oder die Kreditwürdigkeit,[7] innere Tatsachen die Zahlungswilligkeit,[8] bestimmte
Kenntnisse oder Intentionen. Künftige Geschehnisse und reine Meinungsäußerungen, Werturteile und Rechtsansichten[9] werden nicht erfasst.[10] Eine Täuschung kann

---

[3] *Eisele* BT 2 Rn. 520.
[4] BGH NStZ 2011, 401.
[5] BGHSt 47, 1 (3, 5); *Duttge* in HK § 263 Rn. 8; *Fischer* § 263 Rn. 14; *Kindhäuser/Nikolaus*
JuS 2006, 193 (194); *Lackner/Kühl* § 263 Rn. 6; *Wessels/Hillenkamp* BT 2 Rn. 490.
[6] RGSt 55, 129 (131); BGHSt 47, 1 (3); *Kindhäuser/Nikolaus* JuS 2006, 193 (194); *Kindhäuser* in
NK § 263 Rn. 73; *Cramer/Perron* in Schönke/Schröder § 263 Rn. 8.
[7] RGSt 2, 5 (6); BGHSt 6, 198 (199); vgl. auch *Satzger* in SSW § 263 Rn. 15.
[8] BGHSt 15, 24 (26); 6, 198 (199); OLG Köln NJW 2002, 1059; *Kindhäuser* in NK § 263 Rn. 76;
Lackner/Kühl § 263 Rn. 4.
[9] Zu sog. Abofallen *Bosch*, FS Samson, 2010, S. 241 (251 f.).
[10] BGHSt 48, 331 (344); *Kindhäuser* in NK § 263 Rn. 79 ff.; *Lackner/Kühl* § 263 Rn. 5.

explizit, aber auch konkludent erfolgen, wenn nach Auslegung unter Berücksichtigung der Besonderheiten des Einzelfalls, des Empfängerhorizonts und der Erwartungen der Beteiligten das Verhalten als schlüssige Erklärung über eine Tatsache zu verstehen ist.[11] Soweit eine Garantenstellung iSd § 13 StGB gegeben ist, kommt auch eine Täuschung durch Unterlassen in Betracht.[12] Ebenso wie bei offline-Geschäften finden diese Grundsätze auch bei **Internetverkäufen** – sei es individuell oder über Auktionshäuser – Anwendung.

Beispiel (Internetauktion): T veräußert über eBay eine Perlenkette an O. Er hat von Anfang an vor, diese nicht zu liefern. O zahlt den Kaufpreis. – Das Eingehen einer vertraglichen Verpflichtung enthält konkludent die Erklärung der Erfüllungsfähigkeit (äußere Tatsache) und des Erfüllungswillens (innere Tatsache).[13] Der Erwerber erklärt hingegen konkludent, dass er zahlungsfähig und zahlungswillig ist. T täuscht mithin über die innere Tatsache des Erfüllungswillens und begeht daher mit Zustandekommen des Vertrages einen Eingehungsbetrug.[14] Dabei ist zu beachten, dass die Verträge nach §§ 145 ff. BGB geschlossen werden und es sich um keine Auktion gemäß § 156 BGB handelt.[15] Umgekehrt kann auch O einen Betrug begehen, wenn er nicht willens oder in der Lage ist die Ware zu zahlen.

Beispiel (Internetverkauf): T bietet im Internet den „besten Kinderwagen der Welt" zum Kauf an. Auf dem hinzugefügten Foto retouchiert er einen Riss im Stoffverdeck. – Als bloßes Werturteil sind übertriebenen Anpreisungen (weltbester Kinderwagen) keine täuschungsrelevanten Behauptung,[16] soweit nicht dahinter ein im Wege des Beweises überprüfbarer Tatsachenkern steckt. Hingegen begründet das Hinzufügen des Fotos eine Täuschung, weil konkludent erklärt wird, dass keine Manipulation vorgenommen wird;[17] im Übrigen kann man aufgrund einer Garantenstellung aus Ingerenz auch zu einer Täuschung durch Unterlassen geraten.

Beispiel (Ping-Anrufe):[18] T veranlasst mit Hilfe eines Computerprogramms automatische Anrufe auf Mobiltelefone, wobei es jeweils nur einmal klingelt. O ruft daraufhin – wie von T geplant – die Nummer an, die bei den entgangenen Anrufen angezeigt wird. Dabei handelt es sich um eine teuren Mehrwertdienst (zB 0900er-Nummer); obgleich die Verbindung sogleich hergestellt ist, ertönt noch das Freizeichen, damit der Anrufer die Verbindung hält. – T kann sich nach § 263 StGB strafbar machen, da er den O über die Tatsache täuscht, dass eine Kommunikation mit ihm wünscht; zudem kann bei Verschleierung der teuren Mehrwertnummer auch hierüber getäuscht und ein Irrtum hervorgerufen werden;[19] Vermögensverfügung (Anruf), Vermögensschaden (Verbindungsentgelt) liegen ebenfalls vor; je nach Abrechnungskonstellation zwischen den Beteiligten ist jedoch die Stoffgleichheit zwischen erstrebter Bereicherung und Schaden zu verneinen, wenn das Entgelt nicht von T, sondern vom Teilnehmernetzbetreiber stammt.[20]

bb) Eine Täuschung setzt aber immer voraus, dass der Täter eine **Tatsachenbe-** 7 **hauptung** aufstellt, die unwahr ist.

Beispielsfall (Abofalle):[21] T betreibt eine Internetseite, auf der er Bastelanleitungen „kostenlos" anbietet. Zudem bietet er ein Gewinnspiel an, bei dem der Nutzer eine digitale Spiegelreflexkamera

---

[11] BGH wistra 2010, 37 (38); BGHSt 51, 165 (170); 48, 331 (344); 47, 1 (3); *Cramer/Perron* in Schönke/Schröder § 263 Rn. 14/15; *Wittig*, Wirtschaftsstrafrecht, § 14 Rn. 30.

[12] Zu Einzelheiten *Eisele* BT 2 Rn. 536 ff.

[13] BGH NJW 1990, 2476; BGHSt 27, 293 (294); 15, 24 (26); *Cramer/Perron* in Schönke/Schröder § 263 Rn. 16a; *Kindhäuser* BT 2 § 27 Rn. 18; *Wessels/Hillenkamp* BT 2, Rn. 494.

[14] Zum Eingehungsbetrug nur BGHSt 45, 1 (4f.); BGH NJW 1994, 1745 (1746); *Cramer/Perron* in Schönke/Schröder § 263 Rn. 16a; *Satzger* in SSW § 263 Rn. 44.

[15] BGHZ 149, 129 (133).

[16] BGHSt 48, 331 (344); *Fischer* § 263 Rn. 10; *Kindhäuser* in NK § 263 Rn. 88; *Tiedemann* in LK[11] § 263 Rn. 14.

[17] *Fischer* § 263 Rn. 35; *Gercke/Brunst*, Internetstrafrecht, Rn. 205.

[18] OLG Oldenburg wistra 2010, 453 m. Anm. *Seidl* jurisPR-ITR 20/2010 Anm. 3; ferner LG Offenburg BeckRS 2009, 09537.

[19] *Seidl* jurisPR-ITR 20/2010 Anm. 3.

[20] Zu Einzelheiten dieser Frage *Brand/Reschke* NStZ 2011, 379 ff.

[21] OLG Frankfurt a.M. NJW 2011, 398 ff. m. Anm. *Eisele* MMR 2011, 273 ff. Ferner dazu *Brammsen/Apel* WRP 2011, 1254; *Buchmann/Majer* CR 2011, 195; *Hansen* NJW 2011, 404; *Hövel* GRUR 2011, 253.

gewinnen kann, wenn er seine persönlichen Daten eingibt. O füllt die entsprechenden Felder aus, setzt das Akzeptanzhäkchen für das Lesen der Allgemeinen Geschäftsbedingungen (AGB) und drückt den Button „Absenden". Tatsächlich hat er die AGB – wie von T beabsichtigt – nicht gelesen; er hat daher übersehen, dass in den zehnseitigen AGB an versteckter Stelle die Kostenpflichtigkeit des Angebots erwähnt wird und demnach der Nutzer für 49 EUR monatlich ein Abonnement über Bastelanleitungen schließt. Im Rahmen dieses Abonnements erhält der Nutzer lediglich eine Linksammlung, die unentgeltlich zugängliche Bastelanleitungen im Netz verweist. Als O eine entsprechende Rechnung erhält, stellt er Strafanzeige wegen Betrugs.

8   Bei sog. **Abofallen** ist die Täuschung problematisch, weil bei aufmerksamer Betrachtung die Entgeltlichkeit für den Nutzer ersichtlich ist. Allerdings muss man sehen, dass § 263 StGB nach dem Wortlaut auch die Entstellung wahrer Tatsachen erfasst, so dass auch eine Verzerrung des Sachverhalts vom Tatbestand grundsätzlich erfasst werden kann.[22] Die Einzelheiten sind streitig:

(1) Die hM stellt in solchen Fällen auf **subjektive Kriterien** ab. Eine Täuschung liegt demnach vor, wenn der Täter die Eignung der – inhaltlich richtigen – Erklärung, einen Irrtum hervorzurufen, planmäßig einsetzt und damit unter dem Anschein „äußerlich verkehrsgerechten Verhaltens" gezielt die Schädigung des Adressaten verfolgt. Mit anderen Worten: Die Irrtumserregung darf nicht bloße Folge, sondern muss primärer Zweck der Handlung sein, was bei Eventualvorsatz zu verneinen ist.[23] Diese Ansicht führt bei Abofallen regelmäßig zur Täuschungshandlung. Zu kritisieren ist hierbei jedoch, dass dieses Kriterium praktisch kaum zu Einschränkungen führt, weil das Ziel der Schädigung des Adressaten häufig mit der vom Tatbestand vorausgesetzten Bereicherungsabsicht einhergehen wird.[24] Zudem fügt sich ein solcher Ansatz auch schwer in die Betrugsdogmatik ein und verschiebt im Einzelfall die Grenzen der Risikosphären zu Lasten des Anbieters. So ist etwa auch in der Rechtsprechung in anderen Fällen anerkannt, dass der Verkäufer einer Sache, die deutlich über dem Marktpreis veräußert wird, sich selbst dann nicht strafbar macht, wenn er bewusst einkalkuliert, dass der Käufer vom üblichen Marktpreis ausgehen wird.[25]

(2) In der Literatur wird teilweise auch – in unterschiedlicher Ausprägung – danach gefragt, ob der Vertragspartner **Vertrauen** in Anspruch genommen hat.[26] Dies überzeugt jedoch wenig, da der Begriff des Vertrauens zwangsläufig unscharf bleibt. Da bei Abofallen grundsätzlich keine Vertrauensbeziehung zum Anbieter besteht, käme man hier weitgehend zur Straflosigkeit.[27]

(3) Vorzugswürdig ist es, nach (normativen) **Risikosphären** abzugrenzen und dabei zu fragen, wer das Risiko zutreffender Information zu tragen hat. Anhaltspunkte für die Konkretisierung von Gestaltungs- und Informationspflichten können gesetzliche Regelungen liefern.[28] So ergibt sich etwa aus der Regelung des § 305c BGB, dass überraschende oder mehrdeutige Klauseln zu Lasten des Verwenders gehen und diesen daher die Informationspflicht trifft;[29] zudem kann man auf § 1 Abs. 6 PreisangabenVO (Grundsatz von Preisklarheit und Preiswahrheit) verweisen. Daneben liegt ein Verstoß gegen §§ 3, 4 Nr. 11 UWG iVm § 1 Abs. 1 und 6 PAngV (vgl. auch Nr. 21 des Anhangs zu § 3 Abs. 3 UWG, sog. Schwarze Liste) vor. Dabei muss man sehen, dass nicht jeder Verstoß gegen wettbewerbsrechtliche Vorschriften zugleich eine Betrugsstrafbarkeit begründet. Entscheidend ist vielmehr, dass die irreführende Gestaltung des Angebots den Gesamteindruck so sehr prägt, dass demgegenüber die versteckten wahren Hinweise ganz in den Hintergrund treten.[30] Nur dann wird der Verbraucher von der weiteren Überprüfung und der Einholung weiterer Informationen abgelenkt. Dies ist beispielsweise der Fall, wenn der Verbraucher die Kostenpflichtigkeit des

---

[22] *Eisele* NStZ 2010, 193 (194); *Hoffmann* GA 2003, 610 (622); vgl. aber *Schumann* JZ 1979, 488 (489).

[23] Grundlegend BGHSt 47, 1 (5) für rechnungsähnliche Angebotsschreiben; ferner BGH NStZ-RR 2004, 110 (111); OLG Oldenburg wistra 2010, 453 (454); OLG Frankfurt a.M. NJW 2011, 398 (401); *Otto*, Jura 2002, 606 (607); *Cramer/Perron* in Schönke/Schröder § 263 Rn. 12; krit. hierzu *Maurach/Schroeder/Maiwald* BT 1 § 41 Rn. 41; *Kindhäuser* in NK § 263 Rn. 105.

[24] Dazu *Krack* JZ 2002, 613; *Scheinfeld* wistra 2008, 167 (169).

[25] BGH LM Nr. 5 zu § 263 StGB; BGH MDR 1989, 1052 (1053); OLG Stuttgart NStZ 1994, 503.

[26] *Hoffmann* GA 2003, 610 (620); *Pawlik* StV 2003, 297 (300).

[27] *Eisele* NStZ 2010, 193 (195).

[28] *Eisele* NStZ 2010, 193 (194); ferner *Erb* ZIS 2011, 368 (377).

[29] Das muss aus strafrechtlicher Sicht erst recht gelten, wenn der Vertragsschluss an sich überraschend ist; vgl. *Geisler* NStZ 2002, 86 (88f.); *Hoffmann* GA 2003, 610 (621); *Pawlik* StV 2003, 297 (299).

[30] S. schon BGHSt 47, 1 (3f.).

Angebots erst aus den AGB, verlinkten Seiten oder über Sternchenhinweise entnehmen kann. Im Ausgangsfall ist daher eine Täuschung zu bejahen. Dies gilt erst recht, wenn der seit dem 1. 8. 2012 nach § 312g Abs. 3 BGB erforderliche Warnhinweis auf die Kostenpflichtigkeit des Angebots fehlt.

(4) Ergänzend ist zu bemerken, dass in diesen Fällen auch der Irrtum und der Vermögensschaden nicht ganz unproblematisch sind.[31] Ferner kann im Einzelfall ein weiterer Betrug in der selbständigen Geltendmachung der Forderung liegen, wenn etwa eine Rechnung oder Mahnung versendet wird. Neben § 263 StGB kommt im Einzelfall auch eine Strafbarkeit nach § 16 Abs. 1 UWG, der unwahre und irreführende Angaben voraussetzt, in Betracht.[32] Soweit der Betreiber der Webseite fremde Angebote übernimmt bzw. integriert, sind auch die Tatbestände der §§ 142, 143a MarkenG und §§ 106, 108a UrhG zu beachten.[33] Bei Verstößen gegen die PAngV liegt gemäß § 10 Abs. 1 Nr. 5 iVm § 1 Abs. 6 S. 2 PAngV auch eine Ordnungswidrigkeit iSd § 3 Abs. 1 Nr. 2 WiStrG vor. Letztlich kann sich auch ein Rechtsanwalt, der die Forderung für den Betreiber der Webseite geltend macht, wegen Beihilfe zum (zumindest versuchten) Betrug strafbar machen.[34]

cc) Ähnlich gelagerte Fragen stellen sich im Übrigen auch im Zusammenhang mit **9** Gewinnspielen in Fernsehsendungen, die Anrufe des Zuschauers erfordern, wenn der Moderator über die Gewinnchancen täuscht und das genaue Verfahren bei Anrufen nur über den Teletext zugänglich ist; das kann etwa der Fall sein, wenn die Möglichkeit, mit dem Anruf in die Sendung zu gelangen, als zu positiv dargestellt wird.[35]

b) Durch die Täuschung muss (mit-)kausal ein **Irrtum erregt oder unterhalten 10** werden. Irrtum ist eine Fehlvorstellung eines Menschen über Tatsachen, die Gegenstand der Täuschung sind.[36]

aa) Erforderlich ist demnach eine **kommunikative Verbindung** zwischen Täter **11** und Getäuschtem, so dass bloßes Nichtwissen (sog. ignorantia facti) keinen Irrtum begründet.[37] Soweit lediglich auf Computer, Automaten usw. eingewirkt wird, scheidet § 263 StGB ebenfalls aus. Neben § 263a StGB ist in solchen Fällen auch eine Strafbarkeit nach § 266b StGB und § 265a StGB im Blick zu behalten.

Beispiel: T erlangt die Geheimnummer des O für dessen Zahlungskarte und hebt damit Geld am Bankautomaten ab; T überweist im Wege des Phishings über das Online-Banking Geld vom Konto des O auf sein eigenes Konto; T tankt am Automaten einer Tankstelle mit einer manipulierten Tankkarte. – Soweit hier auf Geschädigtenseite keine Person getäuscht wird, sondern der Vermögensschaden aufgrund automatisierter Vorgänge eintritt, scheidet § 263 StGB aus.

bb) Zu beachten ist aber, dass beim **Einsatz von Zahlungskarten** neben einem **12** Computerbetrug iSd § 263a StGB im Einzelfall auch § 263 StGB in Betracht kommt, wenn zusätzlich zu der Beeinflussung eines Datenverarbeitungsvorgangs auch ein Mensch getäuscht wird. Soweit in solchen Konstellationen beide Tatbestände verwirklicht sind, ist § 263a StGB nach hM subsidiär.[38] Das gilt etwa für Fälle, in denen ein sog. Dialer per Download auf dem Rechner installiert wird, der – entgegen den Angaben – überteuerte Verbindungen herstellt. Ferner kann aber zugleich auch § 263a StGB verwirklicht sein, sobald der Dialer automatisch die

---

[31] S. unten Rn. 18.
[32] Näher *Brammsen/Apel* WRP 2011, 1254 (1256); ferner *Hellmann/Beckemper*, Wirtschaftsstrafrecht, Rn. 446ff.; *Rengier* in Fezer, Lauterkeitsrecht, § 16 UWG Rn. 31f.
[33] Dazu *Hövel/Hansen* CR 2010, 252ff.
[34] Vgl. AG Karlsruhe MMR 2009, 868; AG Marburg MMR 2010, 329; AG Schwandorf NJW-RR 2011, 1628f.; *Eisele* NStZ 2010, 193 (199).
[35] Hierzu *Becker/Ulbrich/Voß* MMR 2007, 149; *Eiden* ZIS 2009, 59; *Noltenius* wistra 2008, 285; *Schröder/Thiele* Jura 2007, 814.
[36] *Kindhäuser/Nikolaus* JuS 2006, 193 (196); *Cramer/Perron* in Schönke/Schröder § 263 Rn. 33 ff.
[37] Vgl. *Arzt* in A/W § 20 Rn. 53; *Hefendehl* in MünchKomm § 263 Rn. 199ff.; *Kindhäuser* in NK § 263 Rn. 170; *Satzger* in SSW § 263 Rn. 72.
[38] *Cramer/Perron* in Schönke/Schröder § 263a Rn. 41f.; *Eisele* BT 2 Rn. 694; *Rengier* BT 1 § 14 Rn. 38.

Verbindung herstellt.[39] Kann nicht geklärt werden, ob eine Täuschung und Irrtumserregung bei einem Menschen oder eine automatisierte Prüfung vorliegt, kommt
zwischen den Tatbeständen eine Wahlfeststellung in Betracht.[40]

> **Beispiel (ec-Karte):** T zahlt mit einer gestohlenen ec-Karte im Geschäft des O, indem er die Ge-
> heimzahl in das Terminal tippt. – In diesem Fall ist mit dem Kassierer eine Person anwesend, die
> auch konkludent über die Berechtigung des T zur Verwendung der Karte getäuscht wird. Dass sich
> O über die Berechtigung des T möglicherweise keine näheren Gedanken gemacht hat, ist zunächst
> unerheblich, da ein sachgedankliches Mitbewusstsein – „es ist schon alles in Ordnung" – ausrei-
> chend ist.[41] Allerdings muss man sehen, dass sich im Beispielsfall der Händler regelmäßig gar keine
> Gedanken über die Berechtigung des Käufers machen muss, weil das kartenausgebende Kreditinsti-
> tut ihm die Zahlung auch für den Fall des Missbrauchs garantiert.[42]

13   **cc)** Etwaige **Zweifel an der Wahrheit** der Behauptung schließen den Irrtum nicht
aus, sofern der Getäuschte die Wahrheit der fraglichen Tatsache nur für möglich
hält und durch die Möglichkeitsvorstellung zur Vermögensverfügung motiviert
wird.[43] Gegen das sog. **viktimodogmatische Konzept,** das hier Einschränkungen
der Betrugsstrafbarkeit befürwortet, spricht, dass letztlich die Täuschung für die
Vermögensverfügung kausal geworden ist. Ebenso wenig steht leichtfertiges Verhalten des Opfers der Annahme eines Irrtums entgegen, weil gerade leichtgläubige
Personen schutzbedürftig sind und der Täuschende sich häufig gerade diesen Umstand zu Nutze macht.

> **Beispiel (Vorschuss-Betrug/Nigeria-Connection):**[44] O erhält eine Mail aus einem afrikanischen
> Staat, wonach er bei der Abwicklung eines Erbfalls behilflich sein soll. Ein Betrag von 5 Millionen
> Euro soll auf sein Konto überwiesen werden; im Gegenzug soll er ein Drittel der Summe erhalten.
> Als er Kontakt aufnimmt, wird er gebeten, zunächst einen Vertrauensbetrag von 10 000 EUR zu
> überweisen. Nach der Überweisung wird der Kontakt abgebrochen. – Das leichtfertige Verhalten
> des O steht einem Irrtum nicht entgegen, da dieser durch die Täuschung veranlasst ist.

> **Beispiel (Abofallen):** Bei den Abofallen (Rn. 7 ff.) kann der Nutzer die Kostenpflichtigkeit des
> Angebots erkennen, wenn er die AGB nur hinreichend aufmerksam studiert.

14   Allerdings zeigt gerade das Beispiel der Abofallen, dass die äußerliche Gestaltung
des Angebots („kostenlos") den Nutzer von einer weiteren Überprüfung abhält,
was auch Zweck des Täterhandelns ist. Umstritten ist in diesem Zusammenhang, ob
europäische Regelungen eine hiervon abweichende Beurteilung erfordern. Eine
erhöhte Sorgfaltspflicht des Verbrauchers wird teilweise mit Verweise auf das euro-
parechtliche Verbraucherleitbild eines „durchschnittlich informierten, aufmerksa-
men und verständigen Durchschnittsverbrauchers",[45] das für das UWG maßgeblich
ist, gefordert.[46] Insoweit muss man allerdings sehen, dass § 263 StGB allein Individualschutz gewährt,[47] während das UWG nach dessen § 1 dem Schutz der Mitbe-

---

[39] Vgl. Rn. 28.
[40] Vgl. BGH NStZ 2008, 281.
[41] BGHSt 51, 165 (174); 24, 386 (389); *Cramer/Perron* in Schönke/Schröder § 263 Rn. 39; *Hefendehl* in MünchKomm § 263 Rn. 201.
[42] *Cramer/Perron* in Schönke/Schröder § 263 Rn. 49/50; zu Kreditkarten BGHSt 33, 244 (249 f.);
Eisele/Fad Jura 2002, 305 (308). S. auch unten Rn. 40.
[43] BGH NStZ 2003, 313 (314); *Cramer/Perron* in Schönke/Schröder § 263 Rn. 40; *Kindhäuser*
LPK § 263 Rn. 99; *Satzger* in SSW § 263 Rn. 78 ff.
[44] S. auch *Hilgendorf/Valerius,* Computer- und Internetstrafrecht, Rn. 477.
[45] Richtlinie 2005/29/EG vom 11.5.2005 über unlautere Geschäftspraktiken, ABl. EU 2005 L
149, 22.
[46] *Hecker,* Strafbare Produktwerbung, S. 214 ff., 320 ff.; *Scheinfeld* wistra 2008, 167 (171); *Soyka*
wistra 2007, 127 (129 ff.). Zum Ganzen auch *Satzger* in SSW § 263 Rn. 66 f.
[47] So zutreffend *Pawlik* StV 2003, 297 (300, Fn. 33); ferner *Brammsen/Apel* WRP 2011, 1254
(1256); *Erb* ZIS 2011, 368 (375 f.).

werber, der Verbraucherinnen und Verbraucher sowie der sonstigen Marktteilnehmer vor unlauteren geschäftlichen Handlungen dient und als Kollektivrechtsgut das Interesse der Allgemeinheit an einem unverfälschten Wettbewerb schützt. Ferner kommen bei § 263 StGB mit dem Vermögensschaden und der Bereicherungsabsicht zusätzliche Erfordernisse hinzu, die für den Unrechtsgehalt konstituierend wirken.

c) Bedingt durch Täuschung und Irrtum muss der Geschädigte eine **Vermögens-** 15 **verfügung** vornehmen (Selbstschädigungsdelikt), die sich unmittelbar mindernd auf das Vermögen auswirkt.[48] Dabei müssen nur der Getäuschte, der sich irrt und der Verfügende identisch sein, nicht hingegen Verfügender und Geschädigter, so dass auch ein **Dreiecksbetrug** in Betracht kommt.[49] Hierfür müssen die Handlungen des Verfügenden dem Geschädigten zugerechnet werden können, so dass beide aufgrund eines Näheverhältnisses eine Zurechnungseinheit bilden.[50]

An dem **Unmittelbarkeitserfordernis** fehlt es insbesondere, wenn der Ge- 16 täuschte dem Täter lediglich die tatsächliche Möglichkeit gibt, den Vermögensschaden durch weitere selbstständige deliktische Schritte herbeizuführen.[51] Solch zusätzlicher deliktischer Schritte zur Vermögensschädigung bedarf es etwa, wenn der Täter im Rahmen des sog. **Phishings** die **Geheimzahl zu einer fremden Zahlungskarte erschleicht,** um damit später Geld am Bankautomaten abzuheben. Es liegt daher mit Erlangung der Geheimzahl noch keine schadensgleiche Vermögensgefährdung bzw. ein Gefährdungsschaden vor. Hingegen kann man mit der hM die Unmittelbarkeit bejahen, wenn ein Vermögensloser eine ec-Karte oder Kreditkarte unter Hinweis auf nicht vorhandenes Vermögen erschleicht und damit ein bestimmter Kreditrahmen oder eine Garantiefunktion verbunden ist.[52]

d) Letztlich muss ein **Vermögensschaden** eintreten. Die Schadensberechnung er- 17 folgt nach dem Prinzip der **Gesamtsaldierung.** Dabei ist durch einen Vergleich der Vermögenslage vor und nach der Vemögensverfügung zu ermitteln, ob eine nachteilige Vermögensdifferenz eingetreten ist, ohne dass diese durch einen unmittelbar mit der Verfügung zusammenhängenden Vermögenszufluss wirtschaftlich voll ausgeglichen wird.[53] **Nachträgliche Kompensationen oder Ausgleichsmöglichkeiten,** wie gesetzliche Anfechtungsrechte, Schadensersatz- oder Bereicherungsansprüche, die erst durch die Täuschung entstehen, können zugunsten des Täters keine Berücksichtigung finden.[54]

Für die Beurteilung, ob ein Vermögensschaden vorliegt, bedarf es im Einzelfall 18 genauerer **zivilrechtlicher Betrachtungen.** So ist etwa bei den bereits genannten **Abofallen** (oben Rn. 7 ff.) problematisch, ob ein entgeltlicher Vertrag zustande kommt. Wenn man dies bejaht, könnte man zunächst zu einem (Gefährdungs-)

---

[48] BGHSt 14, 170 (171); *Cramer/Perron* in Schönke/Schröder § 263 Rn. 61; *Lackner/Kühl* § 263 Rn. 22; *Rengier* BT 1 § 13 Rn. 67.
[49] RGSt 73, 382 (384); BGH NJW 2002, 2117; BGHSt 18, 221 (223); *Cramer/Perron* in Schönke/Schröder § 263 Rn. 65; *Rönnau* JuS 2011, 982 (983); *Schroeder* NStZ 1997, 585 (585).
[50] Näher *Eisele* BT 2 Rn. 568 ff.
[51] BGHSt 50, 174; *Cramer/Perron* in Schönke/Schröder § 263 Rn. 61; *Jäger* JuS 2010, 761 (761 f.); *Satzger* in SSW § 263 Rn. 121; s. auch *Mitsch*, Medienstrafrecht, § 6 Rn. 12.
[52] Für die ec-Karte BGH NStZ 2011, 160; 2009, 329; BGHSt 47, 160 (167); *Rengier* BT 1 § 13 Rn. 198; *Satzger* in SSW § 263 Rn. 122; zur Kreditkarte BGHSt 33, 244 (246); *Arzt* in A/W § 20 Rn. 97; *Kindhäuser* in NK § 263 Rn. 303.
[53] BGHSt 34, 199 (203); 16, 221; *Tiedemann* in LK[11] § 263 Rn. 161; *Wittig*, Wirtschaftsstrafrecht, § 14 Rn. 100.
[54] Vgl. nur *Hefendehl* in MünchKomm § 263 Rn. 461; *Wessels/Hillenkamp* BT 2 Rn. 548.

Schaden gelangen, weil der Verpflichtung des Nutzers zur Zahlung nur eine minderwertige Leistung – die Bastelanleitungen usw. sind frei im Netz abrufbar – gegenübersteht.[55] Dem steht auch ein mögliches Anfechtungsrecht nach § 123 BGB nicht entgegen, da die Aufhebung der vertraglichen Verpflichtung angesichts der Beweislast ungewiss bleibt.[56] Da das Widerrufsrecht für Fernabsatzverträge nach § 312d Abs. 3 BGB jedoch erst erlischt, wenn der Vertrag von beiden Seiten auf ausdrücklichen Wunsch des Verbrauchers vollständig erfüllt ist, kann sich der Nutzer ohne Weiteres von seiner Verpflichtung lösen. Soweit aber ein Widerrufsrecht jederzeit realisierbar ist und der Getäuschte auch nicht vorleistungspflichtig ist, ist ein Vermögensschaden zu verneinen.[57] Entsprechendes gilt, wenn ein Vertrag nach dem seit dem 1. 8. 2012 gültigen § 312g Abs. 3 und Abs. 4 BGB nicht zustande kommt, weil die Schaltfläche auf der Internetseite nicht als sog. Warn-Button, der explizit auf die Kostenpflichtigkeit („zahlungspflichtig bestellen") hinweist, gestaltet ist.[58] Überzeugender ist es aber, mangels Rechtsbindungswillens eine vertragliche Verpflichtung zu verneinen, da auch der Betreiber der Abofalle weiß, dass der Verbraucher keinen Vertrag schließen möchte. Selbst wenn man bei Gewinnspielen oder Mitgliedschaften von einem Rechtsbindungswillen ausgeht, wird man unter Berücksichtigung des Empfängerhorizonts mit der hM allenfalls zu einem unentgeltlichen Vertrag gelangen können.[59] Entscheidend ist daher, ob bereits die Belastung mit einer vermeintlichen Verpflichtung – verbunden mit der Gefahr der späteren Inanspruchnahme und eines Prozessrisikos – einen Gefährdungsschaden darstellt oder ob dies eine nur vorbereitende Handlung ist. Für Letzteres spricht, dass ohne Zahlungsaufforderung für den Kunden, der aus seiner Sicht nur ein unentgeltliches Angebot nutzt, kein Anlass zur Zahlung besteht.[60] Anders kann aber zu entscheiden sein, wenn der Verbraucher – etwa nach Eingabe seiner Daten und erfolgreicher Anmeldung – unmittelbar auf der Internetseite auf die Zahlungspflicht unter Angabe der Überweisungsdaten hingewiesen und so das Zustandekommen eines entgeltlichen Vertrages suggeriert wird oder er gar seine Kontodaten für eine automatisierte Abbuchung eingegeben hat.[61]

2. Subjektiver Tatbestand und Rechtswidrigkeit der erstrebten Bereicherung

19   Erforderlich ist zunächst zumindest Eventualvorsatz hinsichtlich aller objektiven Tatbestandsmerkmale. Der Täter muss ferner die **Absicht** (dolus directus 1. Grades) haben, **sich oder einen Dritten rechtswidrig zu bereichern**.[62] Für die Vollendung des Betrugs genügt also im objektiven Tatbestand der Eintritt des Vermögensschadens, während die Bereicherungsabsicht ausschließlich in der Vorstellung des Täters vorhanden sein muss.[63] Dabei muss **Stoffgleichheit** zwischen dem Vermögens-

---

[55] Im Einzelfall kann freilich die Leistung den Preis wert sein, vgl. BGH ZUM 2012, 191.

[56] BGHSt 23, 300 (302); 21, 384 (386).

[57] BGH MDR/D 1971, 546; OLG Köln MDR 1975, 244; BayObLGE 1986, 62 f.; *Brammsen/ Apel* WRP 2011, 1254 (1256); *Eisele* MMR 2011, 273 (275).

[58] Zur Kritik *Buchmann/Majer* K&R 2010, 635.

[59] *Buchmann* u.a. NJW 2009, 3189; *Eisele* NStZ 2010, 193 (197); *Ellbogen/Saerbeck* CR 2009, 131 (133).

[60] Vgl. aber auch *Brammsen/Apel* WRP 2011, 1254 (1256); *Buchmann* u.a. NJW 2009, 3189 (3193).

[61] *Brammsen/Apel* WRP 2011, 1254 (1256); *Eisele* MMR 2011, 273 (275).

[62] Vgl. nur *Cramer/Perron* in Schönke/Schröder § 263 Rn. 176; *Satzger* in SSW § 263 Rn. 226.

[63] Näher *Eisele* BT 2 Rn. 636.

schaden und der erstrebten Bereicherung bestehen,[64] dh die erstrebte Bereicherung muss im Sinne einer Unmittelbarkeitsbeziehung gerade die Kehrseite des Schadens darstellen.[65]

Beispiel (Kapitalanlage):[66] T verbreitet über eine Internetseite Anlagetipps. Er empfiehlt unter Hinweis auf unzutreffende Geschäftszahlen, Aktien des Unternehmens U zu kaufen, obgleich der Preis überhöht ist und der Kurs sich nach unten entwickelt. Nachdem aufgrund verschiedener Käufe der Kurs nochmals ansteigt, veräußert er seine Aktien. Der Kurs sinkt anschließend deutlich; Käufer O macht so Verluste. – Zwar liegen die Voraussetzungen des objektiven Tatbestandes vor; jedoch beruht der mit der Kurssteigerung und dem Verkauf eigener Aktien angestrebte Gewinn, nicht unmittelbar auf den Verlusten des O. Unter den weiteren Voraussetzungen des § 264 a StGB kommt jedoch eine Strafbarkeit wegen Kapitalanlagebetrug in Betracht; ferner ist die Vorschrift des § 38 WpHG für Kursmanipulationen zu beachten.

Letztlich muss die erstrebte Bereicherung objektiv rechtswidrig sein und der Tä- **20** ter diesbezüglich zumindest mit Eventualvorsatz handeln. An der **objektiven Rechtswidrigkeit,** die dem Tatbestand zuzuordnen ist und nicht mit dem allgemeinen Merkmal der Rechtswidrigkeit als 2. Stufe des Verbrechensaufbaus zu verwechseln ist, fehlt es, wenn ein rechtlich begründeter, dh ein einredefreier und fälliger Anspruch auf den Vermögensvorteil besteht.[67]

3. Strafschärfungen

Eine **Strafzumessungsregel für besonders schwere Fälle mit Regelbeispielen** ist **21** in § 263 Abs. 3 S. 2 Nr. 1 bis 5 StGB enthalten. Erfasst wird zunächst die gewerbsmäßige oder bandenmäßige Begehung (Nr. 1). Für diese Regelbeispiele gilt § 28 Abs. 2 StGB entsprechend.[68] Nr. 2 sanktioniert das Herbeiführen eines Vermögensverlustes großen Ausmaßes (Var. 1) oder das Handeln in der Absicht, durch die fortgesetzte Begehung von Betrug eine große Zahl von Menschen in die Gefahr des Verlustes von Vermögenswerten zu bringen (Var. 2). Nach Ansicht des Gesetzgebers soll die Untergrenze des Vermögensverlustes großen Ausmaßes iSd Var. 1 bei ca. 50 000 EUR liegen.[69] Dabei muss ein tatsächlicher Verlust eintreten, so dass eine konkrete Vermögensgefährdung nicht genügt.[70] Für Straftaten, die massenhaft über das Internet begangen werden, erlangt vor allem Nr. 2 Var. 2 Bedeutung. Für den unscharfen Begriff der „großen Zahl" werden zehn bis fünfzig Personen genannt.[71] Das Merkmal „Absicht" erfasst nach hM dolus directus 1. und 2. Grades,[72] wobei die Absicht auch auf den Eintritt eines Gefährdungsschadens gerichtet sein kann. Da der Tatbestand von „Menschen" und nicht von „Personen" spricht, werden juristische Personen von diesem Regelbeispiel nicht erfasst;[73] jedoch kann hier im

---

[64] *Cramer/Perron* in Schönke/Schröder § 263 Rn. 168; *Fischer* § 263 Rn. 187.

[65] BGHSt 49, 17 (23); 6, 115 (116); *Cramer/Perron* in Schönke/Schröder § 263 Rn. 168; *Gaede* in AnwK § 263 Rn. 164 ff.; *Rengier* BT 1 § 13 Rn. 246.

[66] *Hilgendorf/Valerius,* Computer- und Internetstrafrecht, Rn. 492.

[67] BGHSt 3, 160 (162); *Wittig,* Wirtschaftsstrafrecht, § 14 Rn. 145.

[68] Zu § 263 StGB BGH wistra 2007, 183.

[69] BT-Drs. 13/8587, 43; BGHSt 48, 360 (361); BGH StV 2007, 132; *Cramer/Perron* in Schönke/Schröder § 263 Rn. 188 c; für 10 000 EUR als Grenze *Maurach/Schroeder/Maiwald* BT 1 § 41 Rn. 155 b.

[70] BGHSt 48, 354 (356 ff.); BGH StV 2007, 132; *Fischer* § 263 Rn. 217; aA *Peglau* wistra 2004, 7 (8).

[71] *Haft/Hilgendorf* BT 1 S. 100; *Rengier* BT 1 § 13 Rn. 280, jew. zehn Personen; *Cramer/Perron* in Schönke/Schröder § 263 Rn. 188 d; *Maurach/Schroeder/Maiwald* BT 1 § 41 Rn. 155 b, jew. zwanzig Personen; *Joecks* § 263 Rn. 127, jew. fünfzig Personen.

[72] *Cramer/Perron* in Schönke/Schröder § 263 Rn. 188 d; *Tiedemann* in LK[11] § 263 Rn. 299.

[73] *Wessels/Hillenkamp* BT 2 Rn. 594.

Einzelfall ein unbenannter besonders schwerer Fall außerhalb den Regelbeispielen angenommen werden. Nr. 3 erfasst Fälle, in denen der Täter eine andere Person in wirtschaftliche Not bringt, Nr. 4 den Missbrauch der Befugnisse oder Stellung als Amtsträger sowie Nr. 5 das Vortäuschen eines Versicherungsfalles. § 263 Abs. 5 StGB enthält eine **Qualifikation** für die gewerbsmäßige Begehung als Mitglied einer Bande, die sich zur fortgesetzten Begehung von Straftaten nach §§ 263, 263 a, 264 StGB und §§ 267 bis 269 StGB verbunden hat.

Rechtsprechung: BGHSt 33, 244 (Vermögensschaden bei Erschleichen einer Kreditkarte); OLG Oldenburg wistra 2010, 453 (Täuschung bei „Ping-Anrufen"); OLG Frankfurt NJW 2011, 398 (Irrtum und Vermögensschaden bei Abofallen).

Aufsätze (vgl. im Übrigen die Angaben zu § 263 a StGB): *Bosch*, „Moderne Vertriebsformen" und Schutz des „exquisit Dummen", in: FS Samson, 2010, S. 241; *Eisele*, Zur Strafbarkeit von sog. „Kostenfallen" im Internet, NStZ 2010, 19; *Fülling/Rath*, Internet-Dialer – Eine strafrechtliche Untersuchung, JuS 2005, 598; *Hatz*, Die Strafbarkeit von sog. „Abofallen" im Internet, JA 2012, 186; *Heghmanns/Kusnik*, Zur strafrechtlichen Relevanz fremd veranlasster Verluste in Online-Spielen, CR 2011, 248; *Valerius*, Täuschungen im modernen Zahlungsverkehr, JA 2007, 514, 778.

Übungsfälle: *Bülte/Becker*, Von ungedeckten Konten, unbestellten Waren und unbesetzten Kassen, Jura 2012, 319; *Eisele/Fad*, Strafrechtliche Verantwortlichkeit beim Missbrauch kartengestützter Zahlungssysteme, Jura 2002, 305; *Eisele/Vogt*, Suspekte Subventionen, JuS 2011, 437; *Fad*, Rechtsstaatliche Offensive in Schilda, Jura 2002, 632; *Hellmann/Beckemper*, Die ungetreue Finderin, JuS 2001, 1095; *Kühl/Lange*, Bankgeschäfte, JuS 2010, 42; *Ladiges*, Der geschäftstüchtige BWL-Student, JuS 2012, 50; *Laue*, Kreditkarte und Internet, JuS 2002, 359; *Petermann/Savanovic*, Gewinnmaximierung mittels Internetplattform, JuS 2011, 1003; *Popp/Schnabl*, Die erschwindelten Opernkarten, JuS 2006, 326; *Raschke/Zirzlaff*, Drei Freunde in der Mensa, ZJS 2012, 219; *Thoss*, Unerlaubte Kreditschöpfung, JA 2000, 671; *Tiedemann/Waßmer*, Streifzug durch das Betrugsstrafrecht, Jura 2000, 533; *Zöller*, Die Segnungen des bargeldlosen Zahlungsverkehrs, Jura 2003, 637.

§ 40. Computerbetrug (§ 263 a StGB)

I. Grundlagen

22   § 263 a StGB stellt einen **„Paralleltatbestand" zu § 263 StGB** dar[74] und schützt ebenfalls das Vermögen.[75] Der Schwerpunkt seines Anwendungsbereichs liegt bei der unbefugten Verwendung von Daten iSd Var. 3 und hier vor allem bei der Zahlungskartenkriminalität. Soweit durch diese Tathandlung auch § 263 StGB verwirklicht wird, tritt § 263 a StGB im Wege der Gesetzeskonkurrenz zurück.[76] § 263 a Abs. 2 StGB verweist für die Strafantragserfordernisse, besonders schwere Fälle und Qualifikationen auf den Betrugstatbestand. § 263 a Abs. 3 StGB normiert eine gesonderte Vorfeldstrafbarkeit für bestimmte Vorbereitungshandlungen.[77] Soweit Zahlungskarten zur Begehung einer Tat nach § 263 StGB gefälscht werden, sind die Tatbestände der §§ 152 a, 152 b StGB zu beachten.

---

[74] OLG Düsseldorf NStZ-RR 1998, 137; *Bär* in Wabnitz/Janovsky, 12. Kap. Rn. 9; *Krey/Hellmann/Heinrich* BT 2 Rn. 512 d; *Kindhäuser* in NK § 263 a Rn. 3; *Rengier* BT 1 § 14 Rn. 1.

[75] BGHSt 40, 331 (334); *Cramer/Perron* in Schönke/Schröder § 263 a Rn. 1; *Lackner/Kühl* § 263 a Rn. 1; *Mitsch* BT 2/2 § 3 Rn. 6.

[76] *Cramer/Perron* in Schönke/Schröder § 263 a Rn. 41 f.; *Eisele* BT 2 Rn. 694; *Rengier* BT 1 § 14 Rn. 38.

[77] Näher Rn. 59 ff.

II. Prüfungsschema

1. Tatbestand   23
   a) Objektiver Tatbestand
      aa) Tathandlungen
         (1) Var. 1: Unrichtige Gestaltung des Programms (Programmmanipulation)
             P: Objektive oder subjektive Unrichtigkeit (Rn. 28)
         (2) Var. 2: Verwendung unrichtiger oder unvollständiger Daten (Inputmanipulation)
         (3) Var. 3: Unbefugte Verwendung von Daten
             **P: Verfassungskonforme Auslegung des Merkmals „unbefugt"
             (Rn. 31)**
             P: Verwendung von Zahlungskarten (Rn. 36 ff.)
         (4) Var. 4: Sonst unbefugte Einwirkung auf den Ablauf (Ablaufmanipulation)
             P: Leerspielen von Glückspielautomaten (Rn. 53 ff.)
      bb) dadurch Beeinflussung eines Datenverarbeitungsvorgangs
   b) Subjektiver Tatbestand
      aa) Vorsatz
      bb) Bereicherungsabsicht mit Stoffgleichheit
   c) Rechtswidrigkeit der erstrebten Bereicherung
2. Rechtswidrigkeit
3. Schuld
4. Strafschärfungen
   a) Besonders schwerer Fall mit Regelbeispielen (§ 263 a Abs. 2 iVm § 263
      Abs. 3 StGB)
   b) Qualifikationen (§ 263 a Abs. 2 iVm § 263 Abs. 5 StGB)
5. Strafantrag (§ 263 a Abs. 2 iVm § 263 Abs. 4 iVm §§ 247, 248 a StGB)

III. Tatbestand

1. Objektiver Tatbestand

§ 263a StGB soll gegenüber § 263 StGB **Strafbarkeitslücken schließen,** da bei ei-   24
ner Einwirkung auf Datenverarbeitungsanlagen kein Mensch getäuscht wird und
eine Maschine nicht irren kann.[78] Bei allen Tatbestandsvarianten ist erforderlich,
dass ein Datenverarbeitungsvorgang beeinflusst wird und in Folge dessen ein Vermögensschaden eintritt. Die Merkmale Irrtum und Vermögensverfügung beim Betrug werden durch das Merkmal der **Beeinflussung des Ergebnisses eines Datenverarbeitungsvorgangs** ersetzt.[79]

---

[78] *Fischer* § 263 a Rn. 2; *Hilgendorf* in SSW § 263 a Rn. 2; *Kindhäuser* in NK § 263 a Rn. 2; *Tiedemann* in LK[11] § 263 a Rn. 2.
[79] *Cramer/Perron* in Schönke/Schröder § 263 a Rn. 18; *Kindhäuser* BT 2 § 33 Rn. 5; *Mitsch,*
Medienstrafrecht, § 3 Rn. 72.

25   Da der Tatbestand parallel zu § 263 StGB ausgestaltet ist, können für die Tatbestandsmerkmale des Vermögensschadens und der Bereicherungsabsicht die dort entwickelten Grundsätze übertragen werden.

Beispiel (Cloud Computing): Unternehmer U betreibt für O im Wege des Cloud-Computing extern die Datenverarbeitung. T gelingt es mit Hilfe des ausgespähten Passworts Manipulationen im Datenbestand vorzunehmen, so dass letztlich im Wege einer automatisierten Bearbeitung Gelder an ihn überwiesen werden und O einen Schaden erleidet. – Es handelt sich hier parallel zu § 263 StGB um einen „Dreieckscomputerbetrug", bei dem der EDV-Betreiber U und der Geschädigte nicht identisch sind. In solchen Fällen bedarf es wie bei § 263 StGB eines Näheverhältnisses,[80] das sich hier aus der rechtlichen Beauftragung des U ergibt.

26   **a)** Für alle tatbestandlichen Handlungen ist der **Datenbegriff** von Bedeutung. Dieser ist für § 263 a StGB selbständig zu bestimmen und erfasst alle codierten und codierbaren Informationen;[81] Programme, die aus Daten zusammengefügt sind, fallen – wie Var. 1 zeigt – ebenfalls unter den Tatbestand.[82] Die engere Definition des § 202 a Abs. 2 StGB, die nur nicht unmittelbar wahrnehmbare Daten einbezieht, gilt hier nicht.[83] Unter **Datenverarbeitung** ist der elektronisch technische Vorgang zu verstehen, bei dem durch Erfassung von Daten und ihre Verknüpfung durch Programme Arbeitsergebnisse erzielt werden.[84]

27   **b) Var. 1** pönalisiert die **Programmmanipulation,** die einen Spezialfall der Inputmanipulation iSd Var. 2 darstellt, da Programme ihrerseits aus Daten zusammengesetzt sind.[85] Erfasst wird die **unrichtige Gestaltung eines Datenverarbeitungsprogramms,** so dass infolge der Manipulation Daten unrichtig verarbeitet werden. Die Manipulation kann dabei an einem bestehenden Programm – etwa durch Überschreiben oder Hinzufügen von Komponenten – vorgenommen werden, aber auch in einer unrichtigen Erstellung des Programms liegen.[86] Werden bestehende Programmierungsmängel nicht behoben, kommt für Systembetreiber usw. bei Bestehen einer Garantenpflicht auch eine Strafbarkeit durch Unterlassen in Betracht.[87]

28   Dabei ist streitig, ob die **unrichtige Gestaltung objektiv oder subjektiv** zu bestimmen ist. Teilweise wird subjektiv nach dem Willen des Verfügungsberechtigten gefragt; unrichtig ist die Gestaltung demnach, wenn sie dem Willen des Verfügungsberechtigten – etwa dem Systembetreiber – widerspricht.[88] Freilich lässt sich der Verfügungsberechtigte und dessen Wille im Einzelfall mitunter nur schwer bestimmen.[89] Daher spricht mehr dafür, die Unrichtigkeit objektiv zu bestimmen.[90] Maßgeblich ist daher, ob das Programm die aus dem Verhältnis der Beteiligten zu ermittelnde Aufgabenstellung zutreffend bewältigt.[91] Der Wille des Verfügungsbe-

---

[80] *Cramer/Perron* in Schönke/Schröder § 263 a Rn. 22; *Lackner/Kühl* § 263 a Rn. 21.

[81] *Fischer* § 263 a Rn. 3; *Hilgendorf* in SSW § 263 a Rn. 3; aA *Kindhäuser* in NK § 263 a Rn. 11.

[82] BT-Drs. 10/5058, 30; *Kindhäuser* BT 2 § 28 Rn. 8; *Lackner/Kühl* § 263 a Rn. 3.

[83] *Cramer/Perron* in Schönke/Schröder § 263 a Rn. 22; *Maurach/Schroeder/Maiwald* BT 1 § 41 Rn. 229.

[84] *Fischer* § 263 a Rn. 3; *Hilgendorf* in SSW § 263 a Rn. 3; *Kindhäuser* in NK § 263 a Rn. 12.

[85] S. auch *Gercke/Brunst*, Internetstrafrecht, Rn. 175.

[86] *Fischer* § 263 a Rn. 6; *Gercke/Brunst*, Internetstrafrecht, Rn. 177; *Wohlers* in MünchKomm § 263 a Rn. 23.

[87] *Wohlers* in MünchKomm § 263 a Rn. 25.

[88] *Kindhäuser* in NK § 263 a Rn. 14; *Cramer/Perron* in Schönke/Schröder § 263 a Rn. 5.

[89] *Wohlers* in MünchKomm § 263 a Rn. 22.

[90] *Otto* BT § 52 Rn. 34; *Rengier* BT 1 § 14 Rn. 7; *Wessels/Hillenkamp* BT 2 Rn. 609; *Hilgendorf/Valerius*, Computer- und Internetstrafrecht, Rn. 459 f.

[91] *Lackner/Kühl* § 263 a Rn. 7; *Rengier* BT 1 § 14 Rn. 7; *Tiedemann* in LK[11] § 263 a Rn. 30.

rechtigten kann dabei freilich Eingang in die Aufgabenstellung finden, so dass die Unterschiede eher gering sein dürften.[92]

Beispiel (Mobiltelefone und Dialer):[93] T bietet Programme für Mobiltelefone an, die den genauen Standort des Nutzers bestimmen. O installiert ein solches Programm. Später erhält er eine Rechnung über mehrere hundert Euro, weil T das Programm so ausgestaltet hat, dass unbemerkt auch umfangreiches Kartenmaterial heruntergeladen wird, für das er eine erhebliche Gebühr erhält. – T macht sich nach § 263a Abs. 1 Var. 1 StGB strafbar, weil das Programm unter Zugrundelegung objektiver Kriterien nicht der Aufgabenstellung entsprach, dadurch das Ergebnis eines Datenverarbeitungsvorgangs beeinflusst wurde und O ein Schaden entstand; T handelte auch bin Bereicherungsabsicht. Zudem kann hier aber auch bereits ein Betrug vorliegen, wenn der Nutzer beim Download über die Ausgestaltung getäuscht wird, so dass § 263a StGB dahinter zurücktritt.[94] Wird der Dialer ohne Kenntnis des Nutzers beim Surfen oder Abruf von E-Mails installiert, kommt lediglich § 263a StGB in Betracht.[95]

c) Var. 2 erfasst die **Input- bzw. Eingabemanipulation durch Verwendung un-** 29 **richtiger oder unvollständiger Daten,** die in den Verarbeitungsvorgang eingegeben werden. Das Programm ist in solchen Fällen zwar richtig gestaltet und läuft auch fehlerfrei ab, jedoch werden unzutreffende Ausgangsdaten eingegeben.[96] Dies ist etwa der Fall, wenn in Programme, die Vermögensleistungen berechnen, die grundlegenden Daten – wie zB Lebens- oder Dienstalter, bestimmte Zeiträume (wie Studiendauer) oder das Einkommen – unzutreffend eingegeben werden, so dass das Programm auf dieser Basis ein unzutreffendes Ergebnis errechnet. Dasselbe gilt bei Telefonkarten und anderen Wertkarten, die durch Manipulation aufgeladen werden, weil damit unzutreffend ein nicht vorhandenes Guthaben behauptet wird.[97] Letztlich kann Var. 2 auch verwirklicht werden, wenn sich der Nutzer eines Internetangebots unter falschem Namen anmeldet, um entgeltliche Leistung ohne Zahlung in Anspruch zu nehmen.[98]

Streitig ist vor allem, ob die Geltendmachung eines nichtbestehenden Anspruchs 30 im **automatisierten Mahnverfahren** nach § 698 Abs. 1 S. 2 ZPO den Tatbestand begründet. Hierfür könnte sprechen, dass unzutreffende Daten bzgl. des Anspruchs eingegeben werden.[99] Dagegen spricht allerdings, dass § 263a StGB einen Paralleltatbestand zu § 263 StGB darstellt[100] und im nichtautomatisierten Mahnverfahren der Rechtspfleger auch nicht die Schlüssigkeit des Anspruchs prüft.[101] Damit liegt in Fällen der Beteiligung eines Menschen mangels Irrtum auch kein (Dreiecks-) Betrug vor,[102] so dass im automatisierten Verfahren unter dem Blickwinkel des § 263a StGB nichts anderes gelten kann.

---

[92] *Kindhäuser* in NK § 263a Rn. 15.
[93] Zu sog. Dialern *Buggisch* NStZ 2002, 178ff.; *Fülling/Rath* JuS 2005, 598 (600f.).
[94] *Hilgendorf/Valerius*, Computer- und Internetstrafrecht, Rn. 477; krit. *Buggisch* NStZ 2002, 178 (181).
[95] Näher *Gercke/Brunst*, Internetstrafrecht, Rn. 210.
[96] *Wohlers* in MünchKomm § 263a Rn. 26.
[97] *Gercke/Brunst*, Internetstrafrecht, Rn. 181; *Hecker* JA 2004, 762 (768); *Hilgendorf/Valerius*, Computer- und Internetstrafrecht, Rn. 502; *Schnabel* NStZ 2001, 374 (375). Zu weiteren Tatbeständen 9. Kap. Rn. 70.
[98] *Petermann/Savanovic* JuS 2011, 1003 (1004f.).
[99] *Haft* NStZ 1987, 6 (8); *Kindhäuser* in NK § 263a Rn. 18.
[100] S. Rn. 22.
[101] Der Antrag wird nur in den Fällen des § 691 ZPO zurückgewiesen. S. dazu auch *Kindhäuser* § 263a Rn. 19.
[102] *Cramer/Perron* in Schönke/Schröder § 263a Rn. 6; *Hilgendorf* in SSW § 263a Rn. 6; *Hoyer* in SK § 263a Rn. 30. Zum Betrug *Eisele* BT 2 Rn. 545; *Cramer/Perron* in Schönke/Schröder § 263 Rn. 73; vgl. aber OLG Düsseldorf NStZ 1991, 586.

31   d) Die **unbefugte Verwendung von Daten nach Var. 3** stellt im Zusammenhang mit dem Missbrauch von Zahlungskarten den Hauptanwendungsfall des § 263 a StGB dar. Hinsichtlich des Merkmals des Verwendens muss man sehen, dass nach hM die Daten **unmittelbar in einen Datenverarbeitungsvorgang eingegeben werden müssen,** so dass nicht jede Verwendung von Daten ausreicht.[103] So kann die auf Urheberrechtsverstößen begründete Kenntnis von Daten über den Spielablauf bei Glücksspielautomaten nicht Var. 3 begründen, wenn mit Hilfe dieses Wissens nur die Tasten des Spielautomaten gedrückt werden, die Daten aber nicht in den Rechenprozess eingegeben werden. In diesem Fall kann aber die Var. 4 einschlägig sein.

32   aa) Da das bloße Verwenden von Daten noch kein Unrecht begründet, schränkt das **Merkmal „unbefugt"** bereits den Tatbestand ein.[104] Um die tatbestandliche Bestimmtheit im Hinblick auf Art. 103 Abs. 2 GG zu sichern, bedarf es insoweit einer restriktiven Auslegung. Dabei stehen sich im Wesentlichen drei Auffassungen gegenüber:

33   **(1) Betrugsspezifische Auslegung** (hM): Nach dieser Ansicht muss stets eine täuschungsgleiche Handlung vorliegen.[105] Hätte der Täter die Handlung gegenüber einem Menschen vorgenommen, so müsste dies als Täuschung zu bewerten sein, auf der dann der Irrtum beruht. Für diese Auslegung spricht die systematische Stellung des § 263 a StGB als „Paralleltatbestand" zu § 263 StGB. Außerdem sollten durch die Einführung des Computerbetrugs Strafbarkeitslücken geschlossen werden, die dadurch entstanden sind, dass in diesen Fällen kein Mensch getäuscht wird und eine Maschine nicht irren kann. Eine Täuschungsäquivalenz scheidet auf dieser Grundlage insbesondere dann aus, wenn das Opfer überhaupt keine Prüfung der Angaben des Täters vornimmt.[106]

34   **(2) Subjektive Auslegung:** Demnach handelt unbefugt, wer Daten entgegen dem ausdrücklichen oder mutmaßlichen Willen des Verfügungsberechtigten verwendet.[107] Freilich spricht gegen diese Auffassung, dass praktisch jede Vertragswidrigkeit, dh jeder zivilrechtliche Verstoß, der dem Willen des Verfügungsberechtigten widerspricht, den Tatbestand begründet.[108]

35   **(3) Computerspezifische Auslegung:** Im Rahmen dieser Auslegung wird teilweise darauf abgestellt, ob sich der der Datenverwendung entgegenstehende und die Verwendung unbefugt machende Wille im Computerprogramm niedergeschlagen hat.[109] Teilweise wird der Tatbestand nur bejaht, wenn die Eingabe computerspezifischer Daten (wie PIN oder Passwort) einen dem Täter nicht zustehenden Zugang zu der Datenverarbeitung ermöglicht.[110] Wiederum andere fragen danach, ob durch

---

[103] *Cramer/Perron* in Schönke/Schröder § 263 a Rn. 6; *Kindhäuser* in NK § 263 a Rn. 20; *Rengier* BT 1 § 14 Rn. 10; aA BayObLG NJW 1991, 438 (440); BayObLG JR 1994, 289 (291); *Hilgendorf* JuS 1997, 130 (131).

[104] *Cramer/Perron* in Schönke/Schröder § 263 a Rn. 9; *Kindhäuser* BT 2 § 28 Rn. 22; *Rengier* BT 1 § 14 Rn. 11.

[105] BGH NStZ 2005, 213; BGHSt 47, 160 (163); OLG Karlsruhe NJW 2009, 1287 (1288); *Lackner/Kühl* § 263 a Rn. 13; *Wessels/Hillenkamp* BT 2 Rn. 610; *Wohlers* in MünchKomm § 263 a Rn. 47;

[106] BGHSt 47, 160 (163); OLG Karlsruhe NJW 2009, 1287 (1288).

[107] BGHSt 40, 331 (334 f.); *Kindhäuser* in NK § 263 a Rn. 27; *Mitsch* BT 2/2 § 3 Rn. 23. *Hilgendorf* JuS 1999, 542 (543 f.), stellt darauf ab, ob die Datenverarbeitung eine „intellektersetzende Funktion" hat.

[108] Vgl. etwa *Wohlers* in MünchKomm § 263 a Rn. 44.

[109] OLG Celle NStZ 1989, 367; *Lenckner/Winkelbauer* CR 1986, 654 (657).

[110] *Achenbach* JR 1994, 293 (295); *ders.,* FS Gössel, 2002, S. 481 (494 f.).

eine Datenmanipulation das System nicht ordnungsgemäß bedient wird.[111] Insgesamt ist diesen Ansichten gemein, dass sie den Tatbestand zu sehr beschränken und die parallele Ausgestaltung zum Betrugstatbestand negieren.[112]

bb) Die Auslegung des Tatbestandes lässt sich am besten anhand des klassischen Fallbeispiels der **Verwendung fremder ec-Karten am Geldautomaten** aufzeigen: **36**

(1) Strafbarkeit Dritter bei Einsatz gestohlener oder gefälschter ec-Karten am Geldautomaten

Fall (ec-Karte):[113] T entwendet bei O eine ec-Karte samt Geheimzahl (PIN), die **37** auf einem Zettel vermerkt ist. Nach Abheben eines Geldbetrages in Höhe von 1000 EUR am Geldautomaten der Bank B, lässt er O unbemerkt die Karte – wie von Anfang an beabsichtigt – wieder zukommen.[114]

Lösung: Nach der computerspezifischen Lösung hängt es davon ab, welchem **38** Ansatz man folgt; so liegt hier etwa keine ordnungswidrige Bedienung des Systems vor, so dass nach dieser Meinung der Tatbestand zu verneinen wäre. Die subjektive Ansicht käme hingegen zur Unbefugtheit, weil die Verwendung der Daten auf der Karte und der PIN dem Willen des Karteninhabers widerspricht. Nach der hM müsste eine täuschungsgleiche Handlung vorliegen.[115] Da T im (parallelen) Fall einer Auszahlung des Geldes am Schalter den Mitarbeiter der Bank über seine Berechtigung – dh beim Abheben in eigenem Namen über die Identität, beim Abheben in fremdem Namen über das Vorliegen einer Vollmacht – täuschen müsste, wäre ebenfalls eine unbefugte Datenverwendung anzunehmen. Auch die weiteren Voraussetzungen des Tatbestandes, insbes. die Beeinflussung eines Datenverarbeitungsvorgangs durch dessen Ingangsetzen sowie ein Vermögensschaden bei der Bank, liegen vor. Im Fall eines nicht autorisierten Zahlungsvorgangs hat nach § 675u BGB der Zahlungsdienstleister (Bank) keinen Anspruch auf Erstattung seiner Aufwendungen. Er ist verpflichtet, dem Kunden den Zahlungsbetrag unverzüglich zu erstatten und ggf. das Konto wieder auf den Stand zu bringen, auf dem es sich ohne die Belastung durch den nicht autorisierten Zahlungsvorgang befunden hätte. Ein möglicher Ersatzanspruch gegen O nach § 675v BGB kann diesen Vermögensverlust nicht kompensieren.[116]

Hinweise zu weiteren Tatbeständen: § 242 StGB an der Karte scheidet mangels Zueignungsabsicht aus. Hinsichtlich der Sachsubstanz (Karte) folgt dies daraus, dass T diese zurückgeben will, er also keinen Vorsatz bezüglich einer dauerhaften Enteignung besitzt. Unter Sachwertgesichtspunkten scheidet § 242 StGB aber ebenfalls aus, da die Karte lediglich als Automatenschlüssel dient, nicht aber eine Forderung gegen die Bank verkörpert.[117] Ebensowenig kommt ein Diebstahl am Geld in Betracht; die hM geht zwar davon aus, dass das Geld nicht an den unberechtigten Kartennutzer übereignet wird und damit fremd ist,[118] jedoch hat T den Gewahrsam nicht gebrochen, weil ein den Tatbestand ausschließendes Einverständnis in die Wegnahme des vom Automaten freigege-

---

[111] *Arloth* Jura 1996, 354 (357); *Neumann* StV 1996, 375.

[112] *Fischer* § 263a Rn. 10; *Tiedemann* in LK[11] § 263a Rn. 45; *Wohlers* in MünchKomm § 263a Rn. 41.

[113] BGHSt 35, 152.

[114] Nach BGHSt 35, 152.

[115] BGH NStZ 2005, 213; BGHSt 47, 160 (163); OLG Karlsruhe NJW 2009, 1287 (1288); *Cramer/Perron* in Schönke/Schröder § 263a Rn. 9; *Wessels/Hillenkamp* BT 2 Rn. 610.

[116] BGH NStZ 2008, 396 (397); BGH NJW 2001, 1508 (1509); *Fischer* § 263 Rn. 155; *Maurach/Schroeder/Maiwald* BT 1 § 41 Rn. 110.

[117] BGHSt 35, 152 (156 ff.); *Krey/Hellmann/Heinrich* BT 2 § 13 Rn. 513e; näher *Eisele* BT 2 Rn. 66.

[118] BGHSt 35, 152 (161 ff.); *Heinrich* in A/W § 15 Rn. 16; *Lackner/Kühl* § 242 Rn. 23; aA OLG Hamburg NJW 1987, 336; *Otto* JZ 1993, 559 (566 f.).

benen Geldes vorliegt.[119] Soweit man demnach zu einer Strafbarkeit wegen Unterschlagung am Geld kommt,[120] tritt diese im Wege der formellen Subsidiarität (§ 246 Abs. 1 aE) hinter § 263 a StGB zurück.[121] § 266 b StGB scheidet von vornherein aus, weil Täter des untreueähnlichen Sonderdelikts nur der berechtigte Karteninhaber sein kann.[122] § 265 a Abs. 1 Var. 1 StGB ist zu verneinen, weil der Mechanismus nicht ordnungswidrig betätigt wurde; nach zweifelhafter hM erfasst die Vorschrift zudem keine Warenautomaten, sondern nur Leistungsautomaten.[123] In Tateinheit zu § 263 a StGB tritt eine Strafbarkeit nach § 269 StGB wegen Fälschung beweiserheblicher Daten beim Abheben am Geldautomat.[124]

39   Nimmt der Täter keine fremde Karte weg, sondern fälscht er – zB im Wege des **Skimmings**[125] – eine Zahlungskarte, so liegt bei deren Einsatz am Geldautomaten ebenfalls § 263 a Abs. 1 Var. 3 StGB vor.[126] Hinsichtlich des Herstellens der Karte sind dann ferner §§ 152 a, 152 b, 267, 269 StGB zu prüfen.[127]

40   **(2) Strafbarkeit Dritter bei Einsatz gestohlener oder gefälschter ec-Karten zur Zahlung von Waren oder Dienstleistungen.** Entsprechende Fragen sind bei der **Verwendung fremder Karten zur Zahlung von Waren und Dienstleistungen** zu erörtern. Zu unterscheiden ist das electronic-cash-Verfahren und das elektronische Lastschriftverfahren. Beim **electronic-cash-Verfahren,** das – wie am Geldautomaten – die Eingabe der PIN erfordert, findet bei jeder Zahlung eine Bonitätsprüfung statt. Die Zahlung wird nur autorisiert, wenn entweder auf dem Chip der ec-Karte ein ausreichend hoher Kreditrahmen gespeichert ist oder wenn sich die Bonität des Kunden aus einer Online-Abfrage beim kartenausgebenden Kreditinstitut ergibt. Mit der positiven Bonitätsprüfung ist eine Zahlungsgarantie verbunden, so dass der Händler einen direkten Anspruch gegen das kartenausgebende Kreditinstitut erhält. Zunächst kommt in solchen Fällen – anders als am Geldautomaten – auch § 263 StGB in Betracht, weil das anwesende Kassenpersonal über die Befugnis zur Zahlung mit der Karte getäuscht werden kann. Weil dem Händler aufgrund der Garantiefunktion der ec-Karte allerdings die Zahlung garantiert ist, muss er sich über die Berechtigung zur Kartennutzung keine Gedanken machen, so dass ein Irrtum zu verneinen ist; zudem erleidet er aus diesem Grund auch keinen Schaden.[128] Daraus folgt zugleich, dass nach der betrugsspezifischen Auslegung auch § 263 a StGB zu Lasten der Bank zu verneinen ist, weil dem Zahlungsvorgang kein Täuschungswert innewohnt.[129]

41   Beim **elektronischen Lastschriftverfahren,** das für den Händler finanziell günstiger ist, unterschreibt der Kunde hingegen nur eine Ermächtigung zum Lastschrifteinzug, für dessen Realisierung der Händler letztlich das Risiko trägt. Eine Legitimation über die PIN und eine Autorisierung durch das kartenausgebende Institut erfolgen nicht. Weil hier mangels Garantiefunktion die Berechtigung zur Karten-

---

[119] BGHSt 38, 120 (122 f.); 35, 152 (158 ff.); OLG Stuttgart NJW 1987, 666; *Lackner/Kühl* § 242 Rn. 14; *Rengier* BT 1 § 2 Rn. 34 f.; aA BayObLG NJW 1987, 663 f.; *Mitsch* BT 2/1 § 1 Rn. 77.

[120] Vgl. etwa *Ranft* JA 1984, 1 (7).

[121] *Krey/Hellmann/Heinrich* BT 2 § 13 Rn. 513 d.

[122] BGH NStZ 1992, 278 (279); *Weber* in A/W § 23 Rn. 51; *Fischer* § 266 b Rn. 3; *Lackner/Kühl* § 266 b Rn. 2; weiter *Perron* in Schönke/Schröder § 266 b Rn. 7, wonach auch der vom Inhaber zur Verwendung der Karte – soweit zulässig – ermächtigte Dritte einbezogen sein soll.

[123] Dazu Rn. 66.

[124] Dazu 9. Kap. Rn. 30.

[125] S. dazu 4. Kap. Rn. 23 ff.

[126] BGHSt 38, 120 f.; *Eisele/Fad* Jura 2002, 305 (309); *Kindhäuser* in NK § 263 a Rn. 46; *Cramer/Perron* in Schönke/Schröder § 263 a Rn. 10.

[127] Dazu 9. Kap. Rn. 54 f.

[128] Vgl. *Tiedemann* in LK[11] § 263 a Rn. 52; *Cramer/Perron* in Schönke/Schröder § 263 Rn. 49/50.

[129] *Krey/Hellmann/Heinrich* BT 2 § 13 Rn. 518 e; *Rengier* BT 1 § 14 Rn. 27; aA *Tiedemann* in LK[11] § 263 a Rn. 52.

nutzung für den Händler entscheidend ist, macht er sich zumindest im Wege des sachgedanklichen Mitbewusstseins darüber Gedanken, so dass ein Irrtum iSd § 263 StGB anzunehmen ist. Da Vermögensverfügung (über die Ware) und Vermögensschaden ebenfalls vorliegen, kann eine Betrugsstrafbarkeit bejaht werden. § 263 a Abs. 1 Var. 3 StGB scheidet hingegen aus, weil es an einer computerbedingten Vermögensminderung fehlt; automatisiert sind nur die Kartenprüfung und der Ausdruck des Lastschriftbelegs.[130] Die Vermögensminderung liegt aber in der Weggabe der Ware.

Beispiel (electronic-cash-Verfahren): T entwendet bei O dessen ec-Karte der Bank B samt vermerkter PIN. Im Geschäft des U bezahlt er damit ein Fernsehgerät, indem er die Karte nach Aufforderung des Kassierers in das Kartenlesegerät hineinsteckt und die PIN eingibt. – § 263 StGB scheidet aufgrund der Garantiefunktion mangels Irrtums aus; deshalb fehlt es auch an einem täuschungsgleichen Verhalten iSd § 263 a Abs. 1 Var. 3 StGB (s. o.).

Beispiel (elektronisches Lastschriftverfahren): Im vorgenannten Beispiel zahlt T im Wege des elektronischen Lastschriftverfahrens und unterschreibt den Abrechnungsbeleg mit dem Namen des O. – T täuscht den U nunmehr über das wirksame Zustandekommen einer Abbuchungsermächtigung zu Lasten des O, so dass § 263 StGB zu bejahen ist. § 263 a StGB ist hingegen zu verneinen, weil die Vermögensminderung nicht computerbedingt eintritt.[131] Bei Unterschreiben des Abrechnungsbelegs mit fremden Namen, liegt ferner eine Urkundenfälschung (§ 267 Abs. 1 Var. 1 und Var. 3 StGB) vor.

(3) Strafbarkeit Dritter bei absprachewidrigem Einsatz überlassener Karten 42 und Online-Banking. Von den Fällen entwendeter oder verfälschter Karten sind Konstellationen zu unterscheiden, in denen der Karteninhaber die Karte dem Täter **überlässt** und dieser die Karte **absprachewidrig einsetzt.** § 266 b StGB kann in solchen Fällen von vornherein nicht zur Anwendung gelangen, weil die Vorschrift nur den Missbrauch durch den Karteninhaber selbst erfasst. Ob § 263 a Abs. 1 Var. 3 StGB vorliegt, ist umstritten:

Beispiel (ec-Karte):[132] O befindet sich für vier Wochen in einem Reha-Zentrum. Er bittet den T, für ihn 200 EUR am Geldautomaten abzuheben, damit er am Kiosk einkaufen kann, und überlässt ihm ec-Karte samt PIN. T hebt spontan 300 EUR ab und verwendet 100 EUR für sich.

Nach subjektiver Auslegung läge ein unbefugtes Handeln iSd Var. 3 vor, weil T die 43 Daten nicht entsprechend dem Willen des Verfügungsberechtigten benutzt hat. Streitig ist die Lösung auf Grundlage der betrugsspezifischen Auslegung: Teilweise wird die Unbefugtheit verneint, da T durch Überlassung von Karte und PIN zur Nutzung der Daten beauftragt sei, dies mit der Erteilung einer Vollmacht vergleichbar sei, und daher seinem Handeln kein Täuschungswert zukomme.[133] Für die gegenteilige Auffassung spricht jedoch, dass die Überlassung der Karte noch nicht die Ermächtigung zur Abhebung von Geld in beliebiger Höhe gesehen werden kann; für den Fall des Abhebens des Geldes am Bankschalter könnte nämlich auch eine auf einen bestimmten Geldbetrag beschränkte Vollmacht erteilt werden. Dann würde der Täter aber den Bankangestellten über das Bestehen einer (unbeschränkten) Vollmacht täuschen.[134]

---

[130] Vgl. auch *Wohlers* in MünchKomm § 263 a Rn. 49.

[131] BGH MMR 2012, 127; BGH NJW 2003, 1404.

[132] OLG Köln NJW 1992, 125.

[133] OLG Dresden wistra 2007, 236; OLG Düsseldorf NStZ-RR 1998, 137; OLG Köln NJW 1992, 125; *Tiedemann* in LK¹¹ § 263 a Rn. 50; *Cramer/Perron* in Schönke/Schröder § 263 a Rn. 12.

[134] *Heinrich* in A/W § 21 Rn. 40; *Lackner/Kühl* § 263 a Rn. 14; *Kindhäuser* in NK § 263 a Rn. 51; *Rengier* BT 1 § 14 Rn. 20; aA *Cramer/Perron* in Schönke/Schröder § 263 a Rn. 12; *Hoyer* in SK § 263 a Rn. 39.

Neben § 263a StGB kommt auch hier eine Strafbarkeit nach § 269 StGB in Betracht.[135] Entsprechendes gilt auch für Fälle, in denen T für O beim **Online-Banking** tätig wird und einen Teilbetrag auf sein eigenes Konto überweist.[136]

44   **cc)** Fraglich ist, ob sich auch der **Karteninhaber** selbst nach § 263a StGB strafbar machen kann, wenn er trotz Überschreitung eines bestimmten Limits Geld am Bankautomaten abhebt.

> **Beispiel (ec-Karte):**[137] T hat bei der Stadtsparkasse S ein Konto mit einem Guthaben von 500 EUR sowie eine ec-Karte hierzu. Der persönliche Dispositionskredit beträgt 1000 EUR. An den Geldautomaten der Sparkasse ist nach dem Verfügungsrahmen wöchentlich eine Abbuchung von 3000 EUR möglich. T hebt mit der ec-Karte zunächst 1000 EUR ab und dann später nochmals 1500 EUR, so dass das Konto ein Minus von 2000 EUR aufweist.

45   **(1) Inanspruchnahme des Dispositionskredits:** In diesen Fällen muss man zunächst sorgfältig zwischen der Überziehung des Kontos, des Kreditrahmens und des Verfügungsrahmens unterscheiden. § 263a StGB scheidet in jedem Fall aus, wenn der Täter nur sein Konto im Rahmen eines Dispositionskredits überzieht.[138] Hier fehlt es nach der betrugsrelevanten Auslegung an einem täuschungsäquivalenten Verhalten und damit an der Unbefugtheit. Ein Angestellter am Schalter würde nämlich nur prüfen, ob der Kunde sein Kreditlimit überschreitet, nicht aber, ob das Konto im „Minus" ist und der Kunde dieses Minus später wieder ausgleichen kann. Zum selben Ergebnis gelangt auch die subjektive Auslegung, weil die Inanspruchnahme des Dispositionskredits gestattet ist und im Interesse der Bank liegt, die hierfür entsprechende Zinsen erheben kann.

46   **(2) Überschreitung des Kreditrahmens:** Der Verfügungsrahmen bestimmt, wieviel Geld der Kunde innerhalb eines bestimmten Zeitraums – zB einer Woche – abheben darf. Er soll den Auszahlungsbetrag begrenzen, um die Verluste bei missbräuchlicher Kartennutzung in Grenzen zu halten.[139] Der Karteninhaber darf nach den Geschäftsbedingungen der Banken Verfügungen jedoch nur im Rahmen des Kontoguthabens oder des Kreditrahmens vornehmen, selbst wenn – wie im oben genannten Beispiel – der Verfügungsrahmen größer ist.[140]

47   Bei **Überschreitung des Kreditrahmens** – im Beispiel durch den zweiten Abhebungsvorgang – **am Geldautomaten des eigenen Kreditinstituts** wird unter Zugrundelegung der betrugsspezifischen Auslegung mitunter ein unbefugtes Handeln angenommen. Bei einem Abhebevorgang am Bankschalter müsste der Kunde den Angestellten über den Kontostand täuschen, damit er überhaupt einen über das Kreditlimit hinausgehenden Betrag ausgezahlt bekommt.[141] Dafür spricht, dass in der Praxis der Banken idR der Kreditrahmen zwar erhöht werden kann, dies aber jeweils eine Prüfung der finanziellen Situation des Kunden im Einzelfall voraussetzt und sich daher der Angestellte hierüber Gedanken machen muss.[142] Allerdings verzerrt eine solche Betrachtung den computertechnischen Ablauf, wo diese Frage eben gerade nicht geprüft wird. Auch kann bei institutsfremden Automaten gar nicht am Schalter abgehoben werden, so dass dieses Kriterium hier ganz versagen würde. Gegen eine Strafbarkeit spricht letztlich, dass Verstöße im

---

[135] Hierzu näher *Eisele/Fad* Jura 2002, 305 (310).
[136] *Kindhäuser* in NK § 263a Rn. 57; aA *Cramer/Perron* in Schönke/Schröder § 263a Rn. 14.
[137] BGHSt 47, 160ff.
[138] *Rengier* BT 1 § 14 Rn. 22; unklar BGHSt 47, 160 (162f.).
[139] Dazu *Brand* JR 2008, 496 (502); *Gössmann* WM 1998, 1264 (1272).
[140] Einzelheiten bei *Eisele* BT 2 Rn. 684; *Brand* JR 2008, 496 (502).
[141] So *Lackner/Kühl* § 263a Rn. 14; *Tiedemann* in LK[11] § 263a Rn. 51; *Wessels/Hillenkamp* BT 2 Rn. 615.
[142] BGHSt 47, 160 (163); OLG Karlsruhe NJW 2009, 1287 (1288); *Altenhain* JZ 1997, 752 (758).

Innenverhältnis zwischen Kunden und Bank unter Ausnutzen der mit der Karte verbundenen Befugnis nur untreueähnliches Unrecht begründen.[143] Dieses kann aber nur über die mildere Vorschrift des § 266b StGB erfasst werden; dessen Voraussetzungen sind freilich gar nicht verwirklicht, weil Konstellationen im sog. Zwei-Partner-System nicht erfasst werden.[144] Vor allem aber muss man sehen, dass die Buchung solcher Verfügungen auf dem Konto nach den AGB der Kreditinstitute zu einer geduldeten Kontoüberziehung iSd § 505 BGB führt, was gegen eine strafrechtliche Pönalisierung – auch auf Grundlage der subjektiven Ansicht[145] – spricht.[146]

Nicht anderes gilt auch beim **Abheben am institutsfremden Geldautomaten**, da **48** die AGB der Banken und Sparkassen diesbezüglich nicht unterscheiden und sogar Kartenzahlungen an automatisierten Kassen mit einbeziehen. Zudem wird am institutsfremden Automat regelmäßig auch nur der Verfügungsrahmen, nicht aber der Kreditrahmen geprüft.[147] Letztlich erhält das fremde Institut aufgrund der Vereinbarungen zwischen den Kreditinstituten aufgrund eines abstrakten Zahlungsversprechens einen garantieähnlichen Zahlungsanspruch gegen die kartenausgebende Bank, so dass es sich unter Zugrundelegung der betrugsspezifischen Auslegung über die Voraussetzungen der Auszahlung keine Gedanken machen müsste und daher auch kein Irrtum vorliegen würde.[148]

dd) Weitere Fälle. (1) Einsatz gefälschter Überweisungsträger und Verwen- 49 dung fremder Kartendaten.[149] Fälscht der Täter Überweisungsformulare, indem er die Daten eines Dritten einträgt, dann mit dessen Namen unterschreibt und so Gelder auf sein eigenes Konto transferiert, macht er sich nach § 263 StGB oder § 263a Abs. 1 Var. 3 StGB strafbar. Bei Überprüfung des Überweisungsträgers durch Angestellte liegt eine Täuschung über den Aussteller und dessen Berechtigung iSd § 263 StGB vor; erfolgt eine elektronische Verarbeitung, so gelangt man aufgrund der Täuschungsäquivalenz zu § 263a Abs. 1 Var. 3 StGB. Lässt sich der Prüfungsvorgang nicht mehr aufklären, ist zwischen beiden Vorschriften Wahlfeststellung zulässig. Die eben geschilderten Grundsätze gelten auch, wenn der Täter mit Hilfe fremder Kreditkartendaten Waren oder Dienstleistungen per Internet oder Mobiltelefon in Anspruch nimmt.

(2) Verwendung von durch Phishing erlangten Daten. Auch im Falle des Phis- **50** hings kommt § 263a Abs. 1 Var. 3 StGB in Betracht, wenn der Täter die erlangten Daten im Wege des Online-Bankings verwendet.[150]

Beispiel (Phishing): O erhält eine E-Mail, deren Absender scheinbar seine Bank ist, während sie tatsächlich von T stammt. Unter dem Vorwand, dass das System zu Sicherheitszwecken geändert werden muss, soll er die für Online-Transaktionen notwendigen Informationen (Passwort, PIN und TAN) mitteilen. Mit diesen Daten überweist T durch Einloggen in das Online-Banking einen Betrag von 1000 EUR auf sein eigenes Konto. – Unter Zugrundelegung der betrugsspezifischen

---

[143] BGHSt 47, 160 (163f.); OLG Stuttgart NJW 1988, 981 (982); *Heinrich* in A/W § 21 Rn. 43; *Krey/Hellmann/Heinrich* BT 2 § 13 Rn. 513c.
[144] S. dazu näher Rn. 81.
[145] Für eine Strafbarkeit aber *Hilgendorf* in SSW § 263a Rn. 17; *Mitsch* BT 2/2 § 3 Rn. 21ff.
[146] *Eisele* BT 2 Rn. 685; zur zivilrechtlichen Rechtslage *Schürnbrand* in MünchKomm-BGB § 505 Rn. 1ff.
[147] Dazu *Brand* JR 2008, 496 (501).
[148] Das fremde Kreditinstitut erleidet aufgrund der garantierten Zahlung auch keinen Vermögensschaden. Im Ergebnis auch *Fischer* § 263a Rn. 14a; *Wohlers* in MünchKomm § 263a Rn. 46 f.; *Rengier* BT 1 § 14 Rn. 26; *Zielinski* JR 2002, 343; aA *Wessels/Hillenkamp* BT 2 Rn. 615.
[149] Vgl. BGH NStZ 2005, 213.
[150] Dazu *Eisele* CR 2011, 131ff.; *Gaede* in AnwK § 263a Rn. 16; *Goeckenjan* wistra 2008, 128 (131f.); *Heghmanns* in Achenbach/Ransiek Teil 6/1, Rn. 218.

Auslegung handelt T bei der Online-Überweisung unbefugt,[151] da er im Falle einer Auszahlung des Geldes am Schalter den Mitarbeiter über seine Berechtigung täuschen müsste. Eine Strafbarkeit nach § 263 StGB oder § 263a Abs. 1 Var. 3 StGB bereits durch Versenden der E-Mail an O scheidet hingegen aus, weil dadurch noch nicht unmittelbar ein Vermögensschaden eintritt, sondern es erst noch der Preisgabe der Daten durch das Opfer und das Tätigwerden im Online-Banking bedarf.[152]

51　　Entsprechendes gilt letztlich auch, wenn der Täter sich mithilfe von Computerprogrammen oder Piratenkarten unberechtigt Zugang zu **Pay-TV-Programmen** verschafft.[153] Allerdings ist hier bereits streitig, ob ein Vermögensschaden begründet wird.[154] Jedenfalls fehlt es aber am Erfordernis der Stoffgleichheit im Rahmen der Bereicherungsabsicht, weil der Schaden nicht unmittelbar auf der Manipulation der Datenverarbeitung, sondern erst der Nichtbekanntgabe der Nutzung und der damit verbundenen unterlassenen Geltendmachung der Forderung des Anbieters beruht.[155]

52　　**(3) Telefonieren mit fremden Mobiltelefonen.** Beim unbefugten Telefonieren mit fremden Mobiltelefonen kommt eine Strafbarkeit nach § 263a Abs. 1 Var. 3 StGB auf Grundlage der subjektiven Auslegung in Betracht, weil durch Nutzung von Daten der SIM-Karte eine Datenverarbeitung in Gang gesetzt wird und diese Nutzung dem Willen des berechtigten Mobilfunkkunden widerspricht. Nach der betrugsspezifischen Auslegung fehlt es hingegen an einem täuschungsähnlichen Verhalten, weil es für einen Menschen unerheblich wäre, ob der Täter zur Nutzung des Mobilfunkgerätes berechtigt ist oder nicht; für Abrechnungszwecke ist es nur entscheidend, ob das Gespräch von der jeweiligen Anschlussnummer geführt wird.[156] Auch § 265a StGB scheidet aus, weil der Schutzzweck nicht die unbefugte Nutzung erfasst und auch kein Erschleichen vorliegt.[157]

53　　**e) Var. 4 erfasst sonst unbefugte Einwirkungen auf den Ablauf.** Das Wort „sonst" macht deutlich, dass die Vorschrift einen Auffangtatbestand darstellt.[158] Tatbestandlich kann demnach jede Datennutzung sein; eine Eingabe der Daten in den Datenverarbeitungsvorgang selbst ist demnach nicht erforderlich.[159] Das Merkmal der Unbefugtheit begrenzt auch hier den Tatbestand[160] und ist betrugsspezifisch auszulegen.[161]

54　　**aa) Bedeutung** hat der Tatbestand bislang beim **Leerspielen von Glücksspielautomaten** erlangt.[162] Dabei geht es um Sachverhalte, in denen der Täter sich illegal

---

[151] AG Hamm CR 2006, 70f.; *Fischer* § 263a Rn. 11a; *Popp* MMR 2006, 84f.; *Cramer/Perron* in Schönke/Schröder § 263a Rn. 14; *Stuckenberg* ZStW 118 (2007), 878 (908ff.).

[152] Näher zum Phishing 4. Kap. Rn. 8f. und 22.

[153] *Hilgendorf/Valerius,* Computer- und Internetstrafrecht, Rn. 520, 522; *Wohlers* in Münch-Komm § 263a Rn. 52.

[154] Dafür *Hilgendorf/Valerius,* Computer- und Internetstrafrecht, Rn. 522; dagegen *Beucher/Engels* CR 1998, 101 (104).

[155] *Gercke/Brunst,* Internetstrafrecht, Rn. 192; *Heghmanns* in Achenbach/Ransiek Teil 6/1, Rn. 216; *Wohlers* in MünchKomm § 263a Rn. 66.

[156] *Kretschmer* Jura 2006, 219 (227).

[157] Vgl. aber *Kretschmer* Jura 2006, 219 (227).

[158] BGHSt 40, 331 (334); *Fischer* § 263a Rn. 18; *Tiedemann* in LK[11] § 263a Rn. 24; *Cramer/Perron* in Schönke/Schröder § 263a Rn. 16; aA *Kindhäuser* BT 2 § 28 Rn. 28.

[159] OLG München NJW 2007, 3734, zum frühzeitigen Abbruch von Telefonverbindungen, so dass das Entgelt nicht von der Telefonkarte abgebucht werden kann, aber bereits eine vereinbarte Gutschrift erlangt wird.

[160] *Kindhäuser* in NK § 263 Rn. 29; *Cramer/Perron* in Schönke/Schröder § 263a Rn. 14. *Hoyer* in SK § 263a Rn. 46.

[161] Für eine computerspezifische Auslegung von Var. 4 hingegen *Gercke/Brunst,* Internetstrafrecht, Rn. 185f.

[162] Vgl. BGHSt 40, 331; *Duttge* in HK § 263a Rn. 24.

Kenntnisse über diejenigen Programme verschafft, die solche Geldspielautomaten steuern. Mithilfe dieser Kenntnisse vermag er dann zum richtigen Zeitpunkt die entsprechenden Spieltasten zu drücken und so erhebliche Gewinne zu realisieren. Eine Strafbarkeit nach Var. 3 scheidet zunächst aus, weil mit dem bloßen Drücken der Spieltasten keine Daten in den Datenverarbeitungsvorgang eingegeben werden; vielmehr werden die illegal erlangten Daten lediglich als Hintergrundwissen genutzt.[163] Folgt man der betrugsspezifischen Auslegung, so kommt man aufgrund täuschungsäquivalenten Verhaltens jedoch zu Var. 4, da der Spieler bei persönlicher Zulassung zum Spiel durch den Gerätebetreiber konkludent[164] erklären würde, den Spielablauf nicht zu kennen.[165] Weil das Spielen in Kenntnis der Daten dem Willen des Automatenbetreibers widerspricht, gelangt auch die subjektive Auslegung zu diesem Ergebnis.[166] Mit der computerspezifischen Auslegung kann man hingegen auch zu einem anderen Ergebnis kommen, weil das Gerät selbst die Befugnis des Spielers nicht prüft.[167]

bb) Bei **Tankautomaten** kommt zunächst § 263a Abs. 1 Var. 3 StGB in Betracht, **55** wenn der Täter gestohlene oder verfälschte Zahlungskarten einsetzt. Fraglich ist, ob Var. 4 vorliegt, wenn der Karteninhaber einen Defekt des Geräts ausnutzt und so nichts abgerechnet wird. Dies ist auf Grundlage der betrugsspezifischen Ansicht zu verneinen, weil das bloße Ausnutzen eines Defekts auch bei Anwesenheit des Personals keine konkludente Täuschung darstellen würde.[168] Weil die Funktionstüchtigkeit des Geräts in die Risikosphäre des Tankstellenbetreibers fällt, gibt der Kunde, der nur eine Leistung entgegennimmt, insoweit auch keine Erklärung ab. Auch eine Strafbarkeit wegen Täuschung durch Unterlassen kommt nicht in Betracht, da eine Garantenpflicht aus Ingerenz nur bestehen würde, wenn der Täter den Defekt durch Manipulation herbeigeführt hätte. Es liegt daher allenfalls eine Strafbarkeit nach § 246 StGB vor, wenn man annimmt, dass die Übereignung unter Eigentumsvorbehalt (§§ 929 S. 1, § 158 Abs. 1 BGB) steht und das Eigentum erst bei vollständiger Kaufpreiszahlung übergeht.[169]

f) Alle Tatvarianten setzen voraus, dass das **Ergebnis eines Datenverarbeitungs-** **56** **vorgangs beeinflusst wird.** Scheitert die Beeinflussung an technischen Sicherheitsmaßnahmen, so kommt nur ein Versuch in Betracht.[170] Die Beeinflussung setzt nach hM keinen bereits laufenden Datenverarbeitungsvorgang voraus, so dass erst Recht der intensivere Eingriff des Ingangsetzens der Datenverarbeitung – etwa durch Einführen einer Karte in den Geldautomaten – erfasst wird.[171] Das Verarbeitungser-

---

[163] BGHSt 40, 331 (334); *Lackner/Kühl* § 263a Rn. 22; *Mitsch* BT 2/2 § 3 Rn. 25; *Rengier* BT 1 § 14 Rn. 32; vgl. aber auch BayObLG JR 1994, 289 (290); *Heinrich* in A/W § 21 Rn. 47. Zu den ähnlich gelagerten Fällen der Wettmanipulation *Eisele* BT 2 Rn. 689.

[164] Andernfalls könnte man aufgrund der illegalen Kenntniserlangung eine Aufklärungspflicht aus Ingerenz und damit ein Unterlassen annehmen; vgl. *Wessels/Hillenkamp* BT 2 Rn. 617.

[165] BGHSt 40, 331 (335); BayObLG NStZ 1994, 287 (289); *Mitsch* BT 2/2 § 3 Rn. 25; *Cramer/Perron* in Schönke/Schröder § 263a Rn. 17.

[166] *Mitsch* BT 2/2 § 3 Rn. 25.

[167] *Arloth* Jura 1996, 354 (357); zur computerspezifischen Auslegung oben Rn. 34.

[168] Anders das OLG Braunschweig NJW 2008, 1464 m. Anm. *Niehaus/Augustin* JR 2008, 436, das im Wege der subjektiven Auslegung auf den Willen des Automatenaufstellers abstellt.

[169] BGH NStZ 2012, 324, lässt die Eigentumslage offen; näher *Eisele* BT 2 Rn. 690.

[170] *Gercke/Brunst*, Internetstrafrecht, Rn. 189.

[171] BGHSt 38, 120 (121); *Mitsch* BT 2/2 § 3 Rn. 27; *Rengier* BT 1 § 14 Rn. 16; *Cramer/Perron* in Schönke/Schröder § 263a Rn. 18; aA LG Wiesbaden NJW 1989, 2552; *Kleb-Braun* JA 1986, 249 (259); *Gercke/Brunst*, Internetstrafrecht, Rn. 189, nehmen im Wege einer Gesamtbetrachtung einen laufenden Prozess an, wenn innerhalb eines in Betrieb befindlichen Systems nur eine neue Anwendung gestartet wird.

gebnis muss wie bei § 263 StGB **unmittelbar zu einer Vermögensminderung** führen, die dann in den Vermögensschaden mündet.[172] Sind noch weitere Zwischenschritte erforderlich, so kann sich an das Verhalten aber eine Tat nach § 242 StGB oder § 263 StGB anschließen.

Beispiel (elektronische Versichertenkarte):[173] T wird die Mitgliedschaft von der Krankenversicherung K gekündigt, weil er keine Beiträge mehr entrichtet. Dennoch legt er bei Arztbesuch seine Versicherungskarte vor, die dort von der Arzthelferin in den Computer eingelesen wird. K übernimmt deshalb die Behandlungskosten. – Eine Strafbarkeit nach § 263 a StGB scheidet aus, weil der Datenverarbeitungsvorgang, der durch das Einlesen der Karte gestartet wurde, noch zu keiner unmittelbaren Vermögensminderung führt. Die Behandlung begründet jedoch eine täuschungsbedingte Vermögensverfügung des Arztes iSd § 263 StGB. Weil zwischen Arzt und Krankenkasse aufgrund der rechtlichen Beziehungen ein Näheverhältnis besteht und der Arzt mit Erbringung seiner Leistung die Krankenkasse zur Vergütung (Vermögensschaden) verpflichtet,[174] ist ein Dreiecksbetrug zu Lasten der Krankenkasse gegeben.

57   Nicht erfasst wird der **sog. Zeitdiebstahl** bei lediglich unbefugter Nutzung von Computersystemen, da keine Ergebnisse eines Datenverarbeitungsvorgangs derart beeinflusst werden, dass hierauf der Vermögensschaden gründet.[175]

2. Subjektiver Tatbestand und Rechtswidrigkeit der erstrebten Bereicherung

58   Hinsichtlich der subjektiven Tatseite gelten die für § 263 StGB entwickelten Grundsätze.[176] Die Stoffgleichheit zwischen angestrebtem Vorteil und Vermögensschaden kann man etwa in den Fällen Zeitdiebstahls und der unberechtigten Nutzung von **Pay-TV-Programmen** verneinen.[177]

3. Vorbereitungsstrafbarkeit nach Abs. 3

59   **a)** Abs. 3 wurde aufgrund des **Rahmenbeschlusses** zur Bekämpfung von Betrug und Fälschung im Zusammenhang mit unbaren Zahlungsmitteln[178] eingefügt. Strafbar ist demnach, wer Computerprogramme, deren Zweck die Begehung einer Tat nach Abs. 1 ist, herstellt, sich oder einem anderen verschafft, feilhält, verwahrt oder einem anderen überlässt, um einen Computerbetrug zu begehen.[179] Der Tatbestand enthält damit eine **Vorverlagerung der Strafbarkeit,**[180] die sich bei § 263 StGB – zB Vorbereitung von Urkunden zur Täuschung – nicht findet. Nach Abs. 4 ist im Gegenzug eine Strafaufhebung wegen tätiger Reue nach den Vorschriften des § 149 Abs. 2 und Abs. 3 StGB möglich.

60   **b)** Fraglich ist zunächst, wann ein Programm den **Zweck hat, einen Computerbetrug nach Abs. 1 zu begehen.** Dabei muss man erkennen, dass der „Zweck" des Programms zur Begehung solcher Taten enger zu verstehen ist, als die „Eignung"

---

[172] *Bär* in Wabnitz/Janovsky 12. Kap. Rn. 26; *Heinrich* in A/W § 21 Rn. 34; *Tiedemann* in LK[11] § 263 a Rn. 65; *Otto* BT § 52 Rn. 47; *Rengier* BT 1 § 14 Rn. 4.

[173] OLG Hamm NStZ 2006, 574.

[174] S. OLG Hamm NStZ 2006, 574 (575).

[175] *Tiedemann* in LK[11] § 263 a Rn. 60 und Rn. 66; ferner *Fischer* § 263 a Rn. 11 b. Ferner kann auch die Bereicherungsabsicht verneint werden; vgl. *Gercke/Brunst*, Internetstrafrecht, Rn. 192; *Wohlers* in MünchKomm § 263 a Rn. 66.

[176] *Bär* in Wabnitz/Janovsky 12. Kap. Rn. 28; *Eisele* BT 2 Rn. 633 ff.

[177] Dazu Rn. 51.

[178] ABl. EG 2001 L 149, 1.

[179] Näher zu den Tathandlungen *Wohlers* in MünchKomm § 263 a Rn. 69.

[180] Begründung zum Gesetzentwurf, S. 15 f.

des Programms zur Begehung von Taten (vgl. § 149 StGB).[181] Jedoch stellt die Eignung des Programms immerhin eine Mindestvoraussetzung dar.[182] Das Programm muss zwar nicht ausschließlich,[183] aber richtigerweise in erster Linie dazu dienen, es zu einem Computerbetrug einzusetzen,[184] was sich auch objektiv manifestiert haben muss.[185] Dass das Programm zu solchen Taten lediglich geeignet ist oder im Einzelfall missbraucht werden kann, genügt nicht.[186] Erfasst werden daher etwa Trojaner, die schon nach der Programmgestaltung nur dem Ausspähen dienen, sowie Programme zum Abfangen und Entschlüsseln von Zahlungskartendaten.[187] Nicht erfasst werden hingegen – wie bei dem entsprechend gefassten § 202 c StGB[188] – sog. **dual use-tools**, die sowohl illegalen als auch legalen Zwecken – wie zB der Sicherheitsüberprüfung von IT-Systemen – dienen können.

c) Zudem ist erforderlich, dass das Programm **unmittelbar** dem Computerbetrug **61** dienen muss. Soweit das Computerprogramm nicht der Begehung, sondern nur der Vorbereitung des Computerbetrugs dient, ist der Tatbestand zu verneinen.

Beispiel (Skimming): T stellt ein Programm her, mit dem im Wege des Skimmings[189] Magnetstreifen fremder ec-Karten am Geldautomaten mittels einer Vorrichtung kopiert werden können. Später möchte er mit Hilfe dieser Daten auf Kartenblanketten Geld abheben. – § 263a Abs. 3 StGB ist zu verneinen, weil das Programm nicht unmittelbar der Begehung eines Computerbetrugs dient. Vielmehr muss erst in einem weiteren Schritt das Blankett hergestellt werden und dieses dann auch noch am Geldautomaten eingesetzt werden.[190]

Rechtsprechung: BGHSt 35, 152 (Bankautomatenmissbrauch durch nichtberechtigten Kontoinhaber); BGHSt 38, 120 (Abheben mit gefälschter Codekarte); BGHSt 40, 331 (Leerspielen von Geldspielautomaten); BGHSt 47, 160 (Abheben durch berechtigten Inhaber unter Kontoüberziehung); OLG Köln NJW 1992, 125 (Abheben durch berechtigten Kontoinhaber); OLG Düsseldorf NStZ-RR 1998, 137 (absprachewidriges Abheben durch einen Dritten bei überlassener Karte).

Aufsätze: *Arloth,* Computerstrafrecht und Leerspielen von Geldspielautomaten, Jura 1996, 354; *Brand,* Missbrauch eines Geldausgabeautomaten durch den berechtigten EC-Karteninhaber, JR 2008, 496; *Buggisch,* Dialer-Programme, Strafrechtliche Bewertung eines aktuellen Problems, NStZ 2002, 178; *Eisele/Fad,* Strafrechtliche Verantwortlichkeit beim Missbrauch kartengestützter Zahlungssysteme, Jura 2002, 305; *Fülling/Rath,* Internet-Dialer, Eine strafrechtliche Untersuchung, JuS 2005, 598; *Hecker,* Herstellung, Verkauf, Erwerb und Verwendung manipulierter Telefonkarten, JA 2004, 762; *Hilgendorf,* Grundfälle zum Computerstrafrecht, JuS 1997, 130; *ders.,* Scheckkartenmissbrauch und Computerbetrug, JuS 1999, 542; *Kempny,* Überblick zu den Geldkartendelikten, JuS 2007, 1084; *Kudlich,* Computerbetrug und Scheckkartenmissbrauch durch berechtigten Karteninhaber, JuS 2003, 537; *Oglakcioglu,* Eine „schwarze Liste" für Juristen, JA 2011, 588; *Ranft,* „Leerspielen" von Glücksspielautomaten, JuS 1997, 19; *Schnabel,* Telefon-, Geld-, Prepaid-Karte und Sparcard, NStZ 2005, 18; *Seidl/Fuchs,* Zur Strafbarkeit des sog. „Skimmings", HRRS 2011, 265; *dies.,* Die Strafbarkeit des Phishing nach

---

[181] Näher zur umstrittenen Bestimmung des „Zwecks" des Programms *Fischer* § 263a Rn. 30 ff.; *Perron* in Schönke/Schröder § 263a Rn. 33.

[182] *Gercke/Brunst,* Internetstrafrecht, Rn. 194; *Mitsch,* Medienstrafrecht, § 3 Rn. 74.

[183] BT-Drs. 15/1720, 11.

[184] Zu § 202c StGB oben 4. Kap. Rn. 49; *Husemann* NJW 2005, 104 (107); *Lackner/Kühl* § 263a Rn. 26 b.

[185] Vgl. zur objektiven Bestimmung des Zwecks auch BT-Drs. 15/1720, 10 f.

[186] BVerfG ZUM 2009, 745 ff. zu § 202c StGB; BVerfG NJW 2006, 2318 (2319) zu § 22 b Abs. 1 Nr. 3 StVG; *Eisele* in Schönke/Schröder § 202c Rn. 4; *Heghmanns* in Achenbach/Ransiek Teil 6/1, Rn. 222; *Hilgendorf* in SSW § 263a Rn. 38.

[187] *Fischer* § 263a Rn. 32.

[188] S. oben 4. Kap. Rn. 49.

[189] Dazu oben 4. Kap. Rn. 23 ff.

[190] *Eisele* CR 2011, 131 (135); *Gercke* CR 2005, 606 (608); *Popp* MMR 2006, 84 (85); *Perron* in Schönke/Schröder § 263a Rn. 33 a; *Hoyer* in SK § 263a Rn. 59; aA *Goeckenjan* wistra 2008, 128 (132).

Inkrafttreten des 41. Strafrechtsänderungsgesetzes, HRRS 2010, 85; *Tysziewicz,* Skimming als Aus-spähen von Daten gemäß § 202 a StGB?, HRRS 2010, 207.

Übungsfälle: *Beck/Valerius,* Fall 7: Sicherheit im Internet, S. 89; *Bülte/Becker,* Von ungedeckten Konten, unbestellten Waren und unbesetzten Kassen, Jura 2012, 319; *Fad,* Rechtsstaatliche Offensi-ve in Schilda, Jura 2002, 632; *Hellmann/Beckemper,* Die ungetreue Finderin, JuS 2001, 1095; *Jerou-schek/Kölbel,* Widerspenstige Automaten, JuS 2001, 780; *Kretschmer,* Der erfolglose Literat, Jura 2006, 219; *Kühl/Lange,* Bankgeschäfte, JuS 2010, 42; *Laue,* Kreditkarte und Internet, JuS 2002, 359; *Petermann/Savanovic,* Gewinnmaximierung mittels Internetplattform, JuS 2011, 1003; *Raschke/Zirzlaff,* Drei Freunde in der Mensa, ZJS 2012, 219; *Theile,* Kriminogener Hedonismus, JA 2011, 32; *Tiedemann/Waßmer,* Streifzug durch das Betrugsstrafrecht, Jura 2000, 533.

§ 41. Erschleichen von Leistungen (§ 265 a StGB)

I. Grundlagen

62   § 265 a StGB soll als Auffangtatbestand Strafbarkeitslücken im Betrugsstrafrecht schließen. Gegenüber anderen Delikten ist die Vorschrift daher formell subsidiär. Sie dient ebenfalls dem **Schutz des Vermögens.**[191] Der Versuch ist nach Abs. 2 strafbar. Unter den Voraussetzungen der §§ 247, 248 a StGB ist nach Abs. 3 ein Strafantrag erforderlich.

II. Prüfungsschema

63   1. Tatbestand
       a) Objektiver Tatbestand
          aa) Erschleichen
             (1) Var. 1: einer Leistung eines Automaten
                P: Erfassung von Warenautomaten (Rn. 65)
             (2) Var. 2: einer Leistung eines öffentlichen Zwecken dienenden Telekommunikationsnetzes
                P: Entschlüsselung von Pay-TV durch manipulierte Decoder (Rn. 68)
             (3) Var. 3: einer Beförderung durch ein Verkehrsmittel
             (4) Var. 4: eines Zutritts zu einer Veranstaltung oder Einrichtung
          bb) Entgeltlichkeit der in Anspruch genommenen Leistungen
       b) Subjektiver Tatbestand
          aa) Vorsatz und
          bb) Absicht (dolus directus 1. Grades), das Entgelt nicht zu entrichten
    2. Rechtswidrigkeit
    3. Schuld
    4. Formelle Subsidiarität
    5. Strafantrag (§ 265 a Abs. 3 iVm §§ 247, 248 a StGB)

---

[191] BayObLG NJW 1986, 1504; *Hellmann* in NK § 265 a Rn. 7; *Lackner/Kühl* § 265 a Rn. 1; *Per-ron* in Schönke/Schröder § 265 a Rn. 1.

III. Tatbestand

1. Objektiver Tatbestand

Der objektive Tatbestand differenziert zwischen vier tatbestandlichen Varianten. **64** Für Computerstraftaten erlangen vor allem die Leistungserschleichung hinsichtlich Automaten (Var. 1) und Telekommunikationsnetzen (Var. 2) an Bedeutung. Auf die Erschleichung der Beförderung durch ein Verkehrsmittel (Var. 3) oder eines Zutritts zu einer Veranstaltung oder Einrichtung (Var. 4) soll daher nicht näher eingegangen werden.

Aus der subjektiven „Absicht, das Entgelt nicht zu entrichten" folgt, dass diese **65** nur verwirklicht sind, wenn der Täter **entgeltliche Leistungen** erschleicht.[192]

a) **Var. 1** soll nach hM nur bei sog. **Leistungsautomaten**, nicht aber Warenauto- **66** maten anwendbar sein. Leistungsautomaten unterscheiden sich von Warenautomaten dadurch, dass sie unkörperliche Leistungen erbringen. Beispiele sind etwa digitale Waagen, Musikboxen oder Spielautomaten ohne Gewinnmöglichkeit. Beispiele für Automaten, die körperliche Leistungen erbringen, sind Zigarettenautomaten, Fahrkartenautomaten, Bankautomaten oder Spielautomaten, die Gewinne auszahlen. Für die hM kann angeführt werden, dass bei Warenautomaten strafrechtlicher Schutz bereits durch § 242 StGB gewährt wird.[193] Dagegen kann man aber einwenden, dass § 242 StGB bei mangelnder Zueignungsabsicht nicht greift und mit der Einbeziehung von Warenautomaten vor allem Abgrenzungsschwierigkeiten zwischen Leistungs- und Warenautomaten vermieden werden können.[194]

Das **Erschleichen** setzt eine **ordnungswidrige oder missbräuchliche Betätigung** **67** des Automatenmechanismus voraus.[195] Dies ist etwa der Fall, wenn der Mechanismus zum Geldeinwurf mittels eines Drahtes, gefälschter Zugangs- oder Zahlungskarten[196] oder nachgemachter oder ausländischer Münzen überwunden wird. Hingegen führt die unbefugte Nutzung einer fremden Zahlungskarte – wenn man auch Warenautomaten einbezieht – nicht zum Erschleichen, da diese in Verbindung mit der Geheimzahl äußerlich korrekt eingesetzt wird. Dasselbe gilt auch in den Fällen des Leerspielens von Glücksspielautomaten,[197] da auch hier der Automat ordnungsgemäß bedient wird. Und letztlich gilt nichts anderes, wenn lediglich ein technischer Defekt ausgenutzt wird.[198]

Beispiel (Piratenkarte beim Pay-TV): Wird ein Decoder zur Entschlüsselung von Pay-TV mit einer manipulierten Karte betrieben, so wird der Mechanismus ordnungswidrig überwunden. Die hM qualifiziert den Decoder auch als Leistungsautomat, obgleich dieser im Eigentum des Täters stehen kann und die Ausstrahlung der Sendungen unabhängig vom Einsatz des Decoders erfolgt.[199]

---

[192] OLG Karlsruhe NJW 2009, 1287 (1288); *Kindhäuser* LPK § 265a Rn. 12; *Maurach/Schroeder/Maiwald* BT 1 § 41 Rn. 207.

[193] *Kindhäuser* LPK § 265a Rn. 14; *Perron* in Schönke/Schröder § 265a Rn. 4; *Rengier* BT 1 § 16 Rn. 3.

[194] *Duttge* in HK § 265a Rn. 16; *Otto* BT § 52 Rn. 15; *Wohlers* in MünchKomm § 265a Rn. 11 ff.

[195] OLG Karlsruhe NJW 2009, 1287 (1288); *Duttge* in HK § 265a Rn. 14; *Perron* in Schönke/Schröder § 265a Rn. 9.

[196] *Wohlers* in MünchKomm § 265a Rn. 45.

[197] S. schon Rn. 54.

[198] OLG Karlsruhe wistra 2003, 116 (117); *Hellmann* in NK § 265a Rn. 24; *Saliger* in SSW § 265a Rn. 11.

[199] *Beucher/Engels* CR 1998, 101 (104f.); *Dressel* MMR 1999, 390 (394); *Hellmann* in NK § 265a Rn. 26. Zu Var. 2 unten Rn. 68f.

Weil auch ein Erschleichen vorliegt (sogleich Rn. 68), liegt der Tatbestand vor. Hingegen ist § 263 a StGB mangels Stoffgleichheit[200] und § 268 StGB[201] zu verneinen.

Beispiel (Münzeinwurf): T sieht, dass an einem Spielautomaten eine Münze klemmt und dieser daher fortwährend läuft. Er nutzt dies und spielt unentgeltlich. – § 265 a Abs. 1 Var. 1 StGB ist zu verneinen, weil mangels Manipulation kein Erschleichen vorliegt.

68   **b) Var. 2** erfasst das **Erschleichen der Leistung eines Telekommunikationsnetzes:** Der Begriff des Telekommunikationsnetzes umfasst alle Telefon- und auch Datenübertragungsnetze, so dass vor allem auch das Internet einbezogen ist (vgl. auch § 3 Nr. 27 TKG).[202] Eine Einschränkung ergibt sich aber daraus, dass § 265 a StGB nur Fernmeldedienste, die an die Allgemeinheit gerichtet sind – „öffentlichen Zwecken dienend" –, schützen möchte, nicht aber Privatpersonen vor unbefugter Nutzung ihrer Kommunikationseinrichtungen.[203] Nicht erfasst wird daher der Fall, dass jemand unbefugt **fremde Mobilfunkkarten** nutzt,[204] der Arbeitnehmer am Arbeitsplatz unbefugt **teure Privatgespräche** führt oder sich große Datenmengen aus dem Internet lädt, zumal es in solchen Fällen häufig auch am Merkmal des Erschleichens fehlen wird. Nicht erfasst wird auch das **„Schwarzsurfen",** bei dem sich der Täter in fremde WLAN-Netze einwählt, weil ein privates WLAN nicht entgeltlich zur Nutzung zur Verfügung gestellt wird und auch nicht öffentlichen Zwecken dient.[205]

Hinweis zu § 263 a StGB: Auch ein (versuchter) Computerbetrug scheidet aus, weil es an einem täuschungsäquivalenten Verhalten fehlt, da dem Nutzer bei unverschlüsseltem WLAN automatisch eine IP-Adresse zugewiesen wird und eine Zugangsberechtigung daher gar nicht geprüft wird.[206] Anders ist hingegen bei einer Verschlüsselung zu entscheiden, weil hier mit der Verwendung des Schlüssels die Berechtigung zur Nutzung suggeriert wird; soweit der Betreiber des WLAN jedoch einen Flatrate-Tarif hat, wird regelmäßig kein Vermögensschaden vorliegen.[207]

69   Ein **Erschleichen** liegt auch hier nur vor, wenn der Täter in ordnungswidriger Weise die technischen Schutzvorkehrungen umgeht.[208] Dies ist etwa der Fall, wenn der Täter Kabelfernsehen durch Ausschaltung von Sicherungseinrichtungen an den Verteilerpunkten nutzt oder Codierungen beim **Pay-TV** mittels Manipulationen am Decoder überlistet, weil insoweit nicht zwingend ein Eingriff in die Übermittlungsleistung des Netzes selbst erfolgen muss.[209] Mangels Erschleichen nicht erfasst wird hingegen das bloße **„Schwarzhören"** bzw. **„Schwarzfernsehen",** bei dem die Rundfunknutzung nicht bei der GEZ angemeldet ist. Jedoch ist zu beachten, dass eine Ordnungswidrigkeit gemäß § 9 Abs. 1 des Rundfunkgebührenstaatsvertrags in Betracht kommt.[210] Dasselbe gilt für das eben bereits angesprochene „Schwarzsurfen" im privaten WLAN.[211]

---

[200] S. Rn. 51.

[201] S. 9. Kap. Rn. 22.

[202] *Perron* in Schönke/Schröder § 265 a Rn. 5.

[203] BGH NStZ 2005, 213; OLG Karlsruhe NStZ 2004, 333 (334); *Fischer* § 265 a Rn. 18; *Kindhäuser* LPK § 265 a Rn. 19.

[204] BGH NStZ 2005, 213.

[205] LG Wuppertal MMR 2011, 65 (66); *Bär* MMR 2005, 434 (438); *Buermeyer* HRRS 2004, 285 (289); *Höfinger* ZUM 2011, 212 (215).

[206] LG Wuppertal MMR 2011, 65 (66); *Bär* MMR 2005, 434 (437); *Höfinger* ZUM 2011, 212 (215). Siehe auch 4. Kap. Rn. 15, 34 ff., 5. Kap. Rn. 44 ff., 62.

[207] Näher *Buermeyer* HRRS 2004, 285 (288).

[208] *Kindhäuser* LPK § 265 a Rn. 19; *Rengier* BT 1 § 16 Rn. 5; *Perron* in Schönke/Schröder § 265 a Rn. 10.

[209] *Hellmann* in NK § 265 a Rn. 31; *Hoyer* in SK § 265 a Rn. 19; *Saliger* in SSW § 265 a Rn. 14; *Wohlers* in MünchKomm § 265 a Rn. 21, 48; aA *Beucher/Engels* CR 1998, 101 (104); *Hilgendorf/Valerius*, Computer- und Internetstrafrecht, Rn. 650.

[210] *Hellmann* in NK § 265 a Rn. 30; *Tiedemann* in LK[11] § 265 a Rn. 44.

[211] *Buermeyer* HRRS 2004, 285 (288); *Höfinger* ZUM 2011, 212 (215).

2. Subjektiver Tatbestand

Erforderlich ist zumindest Eventualvorsatz, der sich auch auf die Entgeltlichkeit 70
der in Anspruch genommenen Leistung erstrecken muss. Ferner muss Absicht (dolus directus 1. Grades[212]) vorliegen, das Entgelt nicht zu entrichten.

IV. Subsidiaritätsklausel

Die Subsidiaritätsklausel nach § 265a Abs. 1 aE StGB greift grundsätzlich bei al- 71
len Delikten mit schwererer Strafdrohung, aber gleicher Schutzrichtung – insbes.
§§ 242, 263, 263a StGB – ein. Mit Delikten anderer Schutzrichtung – etwa § 202a
StGB oder § 269 StGB – besteht Idealkonkurrenz.[213]

Rechtsprechung: BGH NStZ 2005, 213 (unbefugtes Nutzen einer fremden Mobilfunkkarte);
LG Wuppertal MMR 2011, 65 (Schwarzsurfen); OLG Karlsruhe NJW 2009, 1287 (Begriff des Automaten).

Aufsätze: *Bär,* Wardriver und andere Lauscher – Strafrechtliche Fragen im Zusammenhang mit
WLAN, MMR 2005, 434; *Ernst/Spoenle,* Zur Strafbarkeit des Schwarzsurfen, CR 2008, 439;
Höfinger, Zur Straflosigkeit des sogenannten „Schwarz-Surfens", ZUM 2011, 212; *Kretschmer,* Der
erfolglose Literat, Jura 2006, 219.

Übungsfälle: *Beucher/Engels,* Harmonisierung des Rechtsschutzes verschlüsselter Pay-TV-
Dienste gegen Piraterieakte, CR 1998, 101; *Laue,* Kreditkarte und Internet, JuS 2002, 359; *Martin,*
Die „Mehrweg"-Fahrkarte, JuS 2001, 364.

§ 42. Missbrauch von Scheck- und Kreditkarten
(§ 266b StGB)

I. Grundlagen

§ 266a StGB ist ein **Sonderdelikt,** das nur durch den berechtigten Inhaber einer 72
Zahlungskarte begangen werden kann.[214] Der Tatbestand soll Lücken bei der Untreue nach § 266 StGB schließen, die aufgrund des Erfordernisses der Vermögensbetreuungspflicht bestehen. Insoweit ist der Karteninhaber nämlich gegenüber dem
kartenausgebenden Kreditinstitut nicht vermögensbetreuungspflichtig, so dass Verstöße im Innenverhältnis nicht erfasst werden können.[215] Die Vorschrift schützt
nach hM allein das **Vermögen als Individualrechtsgut,** nicht aber die Funktionsfähigkeit des bargeldlosen Zahlungsverkehrs als Allgemeinrechtsgut.[216] Der Bezug zu
den Computerdelikten folgt wie bei § 263a StGB daraus, dass solche Karten an
Geldautomaten oder elektronischen Kassensystemen eingesetzt werden.

---

[212] *Kindhäuser* BT 2 § 33 Rn. 20; *Lackner/Kühl* § 265a Rn. 7; *Perron* in Schönke/Schröder § 265a
Rn. 12.
[213] *Heinrich* in A/W § 21 Rn. 25; *Hellmann* in NK § 265a Rn. 51; *Perron* in Schönke/Schröder
§ 265a Rn. 14
[214] *Hilgendorf* in SSW § 266b Rn. 4; *Rengier* BT 1 § 19 Rn. 3; *Weber* in A/W § 23 Rn. 51.
[215] *Lackner/Kühl* § 266b Rn. 1; *Perron* in Schönke/Schröder § 266b Rn. 1.
[216] *Kindhäuser* LPK § 266b Rn. 1; *Radtke* in MünchKomm § 266b Rn. 1; dafür, dass der Bargeldlose Zahlungsverkehr mitgeschütztes Rechtsgut ist, jedoch BGHSt 47, 160 (168).

II. Prüfungsschema

<table>
<tr><td>73</td><td>

1. Tatbestand
   a) Objektiver Tatbestand
      aa) Täter: Berechtigter Karteninhaber
      bb) Scheck- (Var. 1) oder Kreditkarte (Var. 2)
         P: Einstufung von Zahlungskarten (Rn. 76 ff.)
      cc) Missbrauch der Möglichkeit, den Aussteller zu einer Zahlung zu
         veranlassen
         P: Vier- bzw. Fünf-Partner-System (Rn. 79)
      dd) Vermögensschaden
   b) Subjektiver Tatbestand
      aa) Vorsatz und
      bb) Handeln zu Zwecken des Wettbewerbs, aus Eigennutz, zugunsten
         eines Dritten oder Schädigungsabsicht
2. Rechtswidrigkeit
3. Schuld
4. Strafantrag (§ 266 b Abs. 2 iVm § 248 a)

</td></tr>
</table>

III. Tatbestand

1. Objektiver Tatbestand

74　　**a)** Täter des § 266 b StGB **kann** nur der **berechtigte Karteninhaber** sein, dem die Karte von einem Kreditinstitut überlassen wurde. Bei gestohlener oder gefälschter Karte ist der Tatbestand daher nicht anwendbar; die Strafbarkeit richtet sich in solchen Fällen in erster Linie nach § 263 a StGB. Für außenstehende Dritte, die sich als Anstifter oder Gehilfe an diesem Sonderdelikt beteiligen, ist die Strafmilderung nach § 28 Abs. 1 StGB zu beachten.

75　　Eine Strafbarkeit des Karteninhabers selbst scheidet aber auch dann aus, wenn er die Karte nur einem **Dritten zur Verfügung** stellt und dieser dann bei Einsatz der Karte das Konto überzieht.[217] Zwar verstößt der Karteninhaber mit der Weitergabe gegen seine vertraglichen Pflichten im Verhältnis zum Kreditinstitut, jedoch setzt der Tatbestand voraus, dass er unter Verwendung der Karte selbst Leistungen in Anspruch nimmt.[218]

76　　**b)** Nicht ganz eindeutig sind die Begriffe „**Scheckkarte**" und „**Kreditkarte**".

77　　**aa)** Umstritten ist, ob es nach Beendigung des Euroscheckverkehrs zum 31. 12. 2001 überhaupt noch **Scheckkarten** iSd Tatbestandes gibt. Soweit sich auf Zahlungskarten aus Gründen der Kontinuität immer noch die Bezeichnung „ec" findet, steht diese jedenfalls nicht mehr für „eurocheque", sondern für „electronic cash". Daher kann man in der Erfassung anderer Zahlungskarten einen Verstoß gegen das Analogieverbot iSd Art. 103 Abs. 2 GG sehen.[219] Zwar konnten auch die früheren

---

[217] BGH NStZ 1992, 278 (279); *Esser* in AnwK § 266 b Rn. 1.
[218] *Kindhäuser* LPK § 266 b Rn. 12 f.; *Lackner/Kühl* § 266 b Rn. 1; *Wittig* in BeckOK StGB § 266 b Rn. 15.
[219] *Radtke* in MünchKomm § 266 b Rn. 20; *Perron* in Schönke/Schröder § 266 b Rn. 3.

Scheckkarten außerhalb ihrer Scheckfunktion zum Abheben am Geldautomaten eingesetzt werden,[220] jedoch verneinte die hM die Anwendbarkeit des Tatbestandes in diesen Fällen, weil die Garantiefunktion – zumindest bei institutseigenen Automaten mangels Dreipersonenverhältnis – gar nicht zum Tragen kam.[221] Entsprechendes gilt auch für Zahlungen im **elektronischen Lastschriftverfahren**, da insoweit keine Garantiewirkung existiert.[222]

bb) Mit Kreditkarten sind nur **klassische Universalkreditkarten** (American 78 Express, Diners Club, Mastercard, Visacard) gemeint.[223] Daran hat sich auch durch die Bedeutungslosigkeit des Merkmals der Scheckkarte nichts geändert. Daher steht Art. 103 Abs. 2 GG der Annahme entgegen, dass einfache Zahlungskarten wie maestro-Karten usw. nunmehr als Kreditkarten iSd Var. 2 einzustufen sind.[224] Zudem muss man sehen, dass § 152b Abs. 4 StGB ausdrücklich zwischen „Kreditkarten, Euroscheckkarten und sonstigen Karten" differenziert.

(1) Herkömmlicherweise werden von Var. 2 Fälle im sog. **„Drei-Partner-System"** 79 (American Express, Diners Club) erfasst. Das Kreditkartenunternehmen schließt hier nicht nur einen Vertrag mit dem Kunden, sondern auch einen Rahmenvertrag mit Vertragsunternehmen, bei denen der Kunde dann mit der Karte bezahlen kann. Bei ordnungsgemäßer Zahlung erhält das Vertragsunternehmen vom Kreditkartenunternehmen eine garantierte Zahlung iSd § 152b Abs. 4 Nr. 1 StGB.[225]

Schaubild: „Drei-Partner-System"

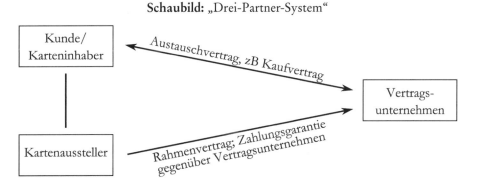

Beispiel (Internetbuchung per Kreditkarte): Obgleich das Konto des T bereits überzogen ist, bucht er mit seiner Kreditkarte bei einer Fluggesellschaft über das Internet vertragswidrig einen Flug. – Es liegt der Missbrauch einer Kreditkarte iSd Var. 2 vor, da das Kreditkartenunternehmen im Außenverhältnis wirksam verpflichtet wird, T aber im Innenverhältnis pflichtwidrig handelt. Auch erleidet das Kreditkartenunternehmen einen Vermögensschaden, da es gegenüber der Fluggesellschaft die Zahlung garantiert. § 263 StGB zu Lasten der Fluggesellschaft oder des Kreditkartenunternehmens (Dreiecksbetrug) liegt nicht vor, weil sich das Vertragsunternehmen aufgrund seines Anspruchs gegen das kartenausgebende Institut keine Gedanken über die Bonität des Kunden machen muss und daher keinem Irrtum unterliegt.[226]

---

[220] Daher weiterhin für die Anwendbarkeit der Scheckkartenvariante *Weber* in A/W § 23 Rn. 48a; vgl. ferner *Kindhäuser* in NK § 266b Rn. 21.

[221] BGHSt 47, 160 (164f.); *Fischer* § 266b Rn. 8; *Maurach/Schroeder/Maiwald* BT 1 § 45 Rn. 78; *Perron* in Schönke/Schröder § 266b Rn. 8; aA etwa *Hilgendorf* JuS 1997, 130 (135f.). Näher *Radtke* in MünchKomm § 266b Rn. 16ff.

[222] *Fischer* § 266b Rn. 6a; *Radtke* in MünchKomm § 266b Rn. 11. Näher Rn. 41.

[223] Anders aber *Brand* JR 2008, 496 (499); *Rengier* BT 1, § 19 Rn. 23.

[224] *Lackner/Kühl* § 263 Rn. 4; *Perron* in Schönke/Schröder § 266b Rn. 5a; *Wessels/Hillenkamp* BT 2 Rn. 796.

[225] Näher *Eisele* BT 2 Rn. 929f.

[226] Siehe schon Rn. 40 für das electronic-cash-Verfahren.

80 (2) In der Praxis hat sich inzwischen ein sog. **„Vier- bzw. Fünf-Partner-System"** (Visa und Mastercard) durchgesetzt.[227] Bei diesem vergibt das Kreditkartenunternehmen nur Lizenzen an Kreditinstitute, die dann als Kartenaussteller auftreten, gibt jedoch selbst keine Karten mehr an Kunden aus. Zudem werden Lizenzen an sog. Acquiringunternehmen vergeben, die ihrerseits Vertragsunternehmen anwerben und diesen gegenüber die Zahlung garantieren. Die Acquiringunternehmen nehmen dann wiederum bei den Kreditinstituten, die letztlich das Ausfallsrisiko tragen, Rückgriff. Unter Zugrundelegung dieser Konstruktion ist das Erfordernis „den Aussteller zu einer Zahlung zu veranlassen" nicht ganz unproblematisch. Zwar liegt hier – wie im klassischen Drei-Parteien-System – ein Verstoß gegen die vertraglichen Vereinbarungen mit dem kartenausgebenden Kreditinstitut vor. Jedoch wird nach außen das Acquiringsunternehmen verpflichtet, ohne dass sich hierfür eine entsprechende Rechtsmacht im Vertragverhältnis mit dem Kreditinstitut findet. Dennoch wird man es genügen lassen müssen, wenn auf Grundlage der gesamten Vertragskonstruktion des Kreditkartengeschäfts der Karteninhaber das Kreditinstitut durch sein rechtsgeschäftliches Handeln gegenüber dem Acquirer zu einem garantieähnlichen Ausgleich verpflichtet.[228]

Schaubild: „Vier- bzw. Fünf-Partner-System"

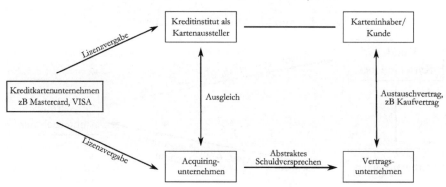

81 (3) Nach ganz überwiegender Ansicht werden **Kundenkarten** im sog. **„Zwei-Parteien-System" mangels Garantiefunktion** nicht erfasst. Bei solchen Spezialkreditkarten, die zumeist von Warenhäusern ausgegeben werden, wird dem Kunden lediglich die Forderung beim Einkauf gestundet.[229] Dritte sind in den Finanzierungsvorgang nicht involviert. Dass unter dem Merkmal der „Zahlung" auch das Erbringen einer Warenleistung seitens des Kartenausstellers zu verstehen ist, überzeugt angesichts des klaren Wortlauts nicht.[230] Zudem muss man berücksichtigen, dass §§ 152a, 152b StGB nur solche Karten als Zahlungskarten einstufen, die von einem Kreditinstitut oder Finanzdienstleistungsinstitut herausgegeben werden. Auch verlangt § 152b Abs. 4 StGB für Kreditkarten eine Garantiefunktion, die im Zwei-Parteien-System gerade nicht gegeben ist.

---

[227] Näher BGHZ 150, 286 ff.; *Brand* WM 2008, 2194 (2197 ff.); *Rengier,* FS Heinz, 2012, S. 808 (815 ff.); *Schmalenbach* in BeckOK BGB, § 675 f Rn. 57 ff.

[228] Vgl. *Rengier* BT 1 § 19 Rn. 16; *ders.,* FS Heinz, 2012, S. 808 (819 ff.); *Wittig* § 21 Rn. 19 und Rn. 23.

[229] *Esser* in AnwK § 266 b Rn. 7; *Hoyer* in SK § 266 b Rn. 11.

[230] Vgl. auch BGHSt 38, 281 (282 f.); *Lackner/Kühl* § 266 b Rn. 4; *Perron* in Schönke/Schröder § 266 b Rn. 5.

c) Der **Missbrauch** der Möglichkeit, den Aussteller zu einer Zahlung zu veranlas- 82
sen, ist ähnlich wie bei der Untreue iSd § 266 StGB zu interpretieren. Der Karteninhaber muss also unter Überschreitung der Grenzen im Innenverhältnis (rechtliches Dürfen) wirksam nach außen handeln (rechtliches Können).[231] Ausreichend ist
dabei der Missbrauch der tatsächlichen Rechtsmacht, die eine wirksame Zahlungspflicht auslöst,[232] so dass der rechtsgeschäftliche Bezug gegenüber § 266 StGB gelockert ist.

d) Durch den Missbrauch muss beim Kartenaussteller ein **Vermögensschaden** 83
eintreten. Hierfür kann auf die für § 263 StGB und § 266 StGB geltenden Grundsätze verwiesen werden.[233]

2. Subjektiver Tatbestand

Für den subjektiven Tatbestand genügt wie bei § 266 StGB Eventualvorsatz.   84

IV. Konkurrenzen

Soweit Konkurrenzprobleme mit § 263a StGB entstehen, geht der mildere 85
§ 266b StGB mit seinem geringeren Strafrahmen im Wege der Spezialität vor.[234]
Soweit eine zahlungsunfähige Person § 263 StGB durch Erschleichen einer Kreditkarte begründet, tritt § 266b StGB bei späterer Verwendung zu Lasten des
kartenausgebenden Instituts als mitbestrafte Nachtat zurück.[235] Die Annahme von
Tateinheit[236] oder Tatmehrheit[237] überzeugt nur, wenn man als zusätzliches Schutzgut auch die Funktionsfähigkeit des bargeldlosen Zahlungsverkehrs ansieht.

Rechtsprechung: BGHSt 38, 281 (Kundenkarte ist keine Kreditkarte); BGHSt 47, 160 – Codekarte (Benutzung der Karte an institutsfremden Geldautomaten); BGH NStZ 1992, 278 (Unbe-
rechtigte Weitergabe einer Kreditkarte an Dritte).

Aufsätze: *Altenhain*, Der strafbare Missbrauch kartengestützter elektronischer Zahlungssysteme,
JZ 1997, 752; *Brand*, EC-Kartenmissbrauch und untreuespezifische Auslegung, WM 2008, 2194;
Eisele/Fad, Strafrechtliche Verantwortlichkeit beim Missbrauch kartengestützter Zahlungssysteme,
Jura 2002, 305; *Hilgendorf*, Grundfälle zum Computerstrafrecht, JuS 1997, 130; *Kempny*, Überblick
zu den Geldkartendelikten, JuS 2007, 1084; *Rengier*, Kreditkartenmissbrauch durch den berechtig-
ten Karteninhaber – Faktische Grundlagen und Legitimation des § 266b Abs. 1 2. Var. StGB, FS
Heinz, 2012, S. 808.

Übungsfälle: *Laue*, Kreditkarte und Internet, JuS 2002, 359; *Thoss*, Unerlaubte Kreditschöpfung,
JA 2000, 671; *Zöller*, Die Segnungen des bargeldlosen Zahlungsverkehrs, Jura 2003, 637.

§ 43. Unerlaubtes Veranstalten eines Glücksspiels (§ 284 StGB)

I. Grundlagen

§§ 284ff. StGB haben inzwischen erhebliche Bedeutung für Glücksspiele gewon- 86
nen, die über das Internet abgewickelt werden. Zu nennen sind etwa virtuelle Spiel-

---

[231] BGH NStZ 1992, 278 (279); *Kindhäuser* LPK § 266b Rn. 14; *Weber* in A/W § 23 Rn. 37.
[232] S. *Perron* in Schönke/Schröder § 266b Rn. 8f.; *Radtke* in MünchKomm § 266b Rn. 37.
[233] S. oben Rn. 17ff.; ferner *Eisele* BT 2 Rn. 923.
[234] BGH NStZ 1987, 120; *Perron* in Schönke/Schröder § 266b Rn. 14.
[235] *Otto* BT § 54 Rn. 55; *Perron* in Schönke/Schröder § 266b Rn. 14; für ein Zurücktreten des
§ 263 StGB als mitbestrafte Vortat *Wessels/Hillenkamp* BT 2 Rn. 798.
[236] BGHSt 47, 160 (167f., 170); *Rengier* BT 1 § 19 Rn. 11.
[237] *Hoyer* in SK § 266b Rn. 8.

casinos, Pokerspiele oder Gewinnspiele, die in Verbindung mit Werbemaßnahmen angeboten werden. Dabei ist es für den Nutzer ein Leichtes, an Glücksspielen im Ausland teilzunehmen, die im Inland nicht angeboten werden oder gar unzulässig sind. Das Schutzgut ist sehr umstritten; richtigerweise geht es um den **Schutz des Vermögens der Spieler vor Gefahren der Manipulation beim Glücksspiel.**[238] Während § 284 StGB den Veranstalter eines Glücksspiels bestraft, wird der Spieler nur von § 285 StGB erfasst. § 287 StGB pönalisiert als Spezialvorschrift die unerlaubte Veranstaltung einer Lotterie oder einer Ausspielung. In § 284 Abs. 4 StGB und § 287 Abs. 2 StGB ist eine Vorbereitungsstrafbarkeit für die Werbung für unerlaubte Glücksspiele bzw. Lotterien vorgesehen.

II. Prüfungsschema § 284 Abs. 1 StGB

87

1. Tatbestand
   a) Objektiver Tatbestand
      aa) Öffentliches Glücksspiel
      bb) Veranstalten, Halten oder Bereitstellen von Einrichtungen
          P: Vermittlung ausländischer Angebote im Inland (Rn. 89f.)
      cc) Ohne behördliche Erlaubnis
          P: Zugang zu ausländischen Angeboten im Inland (Rn. 91f.)
   b) Subjektiver Tatbestand
2. Rechtswidrigkeit
3. Schuld
4. Qualifikation (§ 284 Abs. 3 StGB):
   Nr. 1: Gewerbsmäßiges Handeln
   Nr. 2: Handeln als Mitglied einer Bande, die sich zur fortgesetzten Begehung solcher Taten verbunden hat.

III. Tatbestand

1. Objektiver Tatbestand

88   a) Nach § 3 Abs. 1 Glücksspielstaatsvertrag liegt ein **Glücksspiel** vor, wenn im Rahmen eines Spiels für den Erwerb einer Gewinnchance ein Entgelt verlangt wird und die Entscheidung über den Gewinn ganz oder überwiegend vom Zufall abhängt; die Entscheidung über den Gewinn hängt demnach in jedem Fall vom Zufall ab, wenn dafür der ungewisse Eintritt oder Ausgang zukünftiger Ereignisse maßgeblich ist. Typische Beispiele sind Poker, Roulette, Oddsetwetten mit festen Gewinnquoten,[239] aber auch Geldspielautomaten. Vom Glücksspiel ist das Geschicklichkeitsspiel abzugrenzen: Während beim Glücksspiel das Ergebnis hauptsächlich vom Zufall abhängig ist, stehen beim **Geschicklichkeitsspiel** Wissen, Können, Geschicklichkeit usw. im Vordergrund, wobei das Bild eines Durchschnittsspielers

---

[238] *Heine* in Schönke/Schröder § 284 Rn. 2 b; *Krehl* in LK Vorbem. § 284 Rn. 6; für eine staatliche Lenkung der Spielmöglichkeiten, um die Spielsucht zu beschränken, BGHSt 11, 209 (210); Bay-ObLG NStZ 1993, 491 f.; s. auch BVerfGE 28, 119 (148).

[239] BVerfGE 115, 276 (292); BVerwGE 114, 92 (94); BGH NStZ 2003, 372 (373); *Fischer* § 284 Rn. 10; *Krehl* in LK § 284 Rn. 5.

maßgeblich ist.[240] Kein Glücksspiel ist auch das **Unterhaltungsspiel,** bei dem der zu gewinnende und der zu verlierende Vermögenswert nach der Verkehrsanschauung und den Verhältnissen der Spieler ganz unerheblich ist und die reine Unterhaltung im Vordergrund steht.[241]

b) **Öffentlich** ist das Spiel nur, wenn für einen größeren, nicht fest umgrenzten **89** Personenkreis die Möglichkeit besteht, sich an ihm zu beteiligen.[242] Dies wird bei Veranstaltungen via Internet jedoch zumeist der Fall sein. Nach Abs. 2 gelten als öffentlich veranstaltet auch Glücksspiele in Vereinen oder geschlossenen Gesellschaften, in denen Glücksspiele gewohnheitsmäßig veranstaltet werden. Nicht einbezogen sind hingegen private Pokerrunden, bei denen der Teilnehmerkreis von vornherein begrenzt ist.

c) **Tathandlungen** sind das Veranstalten oder Halten eines Glücksspiels sowie **90** das Bereitstellen der Einrichtungen hierzu. Das bloße Spielen wird von § 285 StGB erfasst. Veranstalten (Var. 1) ist die unmittelbare Eröffnung einer Spielgelegenheit unter Schaffung der rechtlichen und organisatorischen Rahmenbedingungen in verantwortlicher Weise.[243] Für das Halten (Var. 2) ist ein Leiten des Spiels oder das eigenverantwortliche Überwachen des Spielverlaufs erforderlich; das bloße Zurverfügungstellen von Spieleinrichtungen genügt hierfür nicht.[244] Das Bereitstellen von Einrichtungen (Var. 3) begründet eine selbstständige Vorbereitungsstrafbarkeit. Erfasst wird das Zugänglichmachen von Spieleinrichtungen wie Karten, Spielautomaten usw., die ihrer Natur nach dazu bestimmt sind, zu Glücksspielen benutzt zu werden.[245]

Beispiel (Sportwetten):[246] T legt in seinen Geschäftsräumen Wettprogramme für Sportwetten aus. Die Kunden können auf den Gewinn einer Mannschaft oder aber auch auf einen bestimmten Spielausgang setzen. Die Tippzettel werden T übergeben und der Einsatz an ihn gezahlt. T gibt die Tipps daraufhin in einen Computer ein, von welchem die Daten online an die Firma F, Isle of Man, weitergeleitet werden. T zahlt in seinen Räumen die Gewinne nach festen Quoten aus und rechnet monatlich mit F ab. Er erhält monatlich 4000 EUR, während er die Gewinnüberschüsse an F überweisen muss. Eine behördliche Erlaubnis besitzt er nicht.

Im Beispiel kommt angesichts der umfassenden Tätigkeiten des T zunächst ein **91** Veranstalten in Betracht, weil dieses nicht notwendig voraussetzt, dass der Täter mit eigenen finanziellen Interessen am Ergebnis des Spielbetriebes tätig wird.[247] Jedenfalls stellt er aber durch seinen Geschäftsbetrieb iSd Var. 3 „Einrichtungen hierzu bereit".[248] Zudem läge auch ein Werben nach § 284 Abs. 4 StGB vor,[249] das gegenüber Abs. 1 jedoch subsidiär ist.[250] Für andere Fälle muss man sehen, dass das reine Vermitteln für sich genommen Var. 1 oder Var. 2 nicht begründet.[251] Auch das Bereitstellen von Einrichtungen Var. 3 liegt nicht zwingend vor, da hierfür die

---

[240] BGHSt 2, 274 (276); *Mitsch* BT 2/2 § 5 Rn. 168; *Temming* in HK § 284 Rn. 5; zu Internetauktionen *Rotsch/Heissler* ZIS 2010, 403.
[241] RGSt 6, 70 (74); *Krehl* in LK § 284 Rn. 12; *Lackner/Kühl* § 284 Rn. 7; *Wohlers* in NK § 284 Rn. 14.
[242] Vgl. § 3 Abs. 2 Glücksspielstaatsvertrag; RGSt 57, 190 (193); *Rosenau* in SSW § 284 Rn. 9.
[243] BGH NStZ 2003, 372 (373); BayObLG NJW 1993, 2820 (2821); *Hoyer* in SK § 284 Rn. 18; *Wohlers* in NK § 284 Rn. 7.
[244] BayObLG NJW 1993, 2820 (2822); *Heine* in Schönke/Schröder § 284 Rn. 13.
[245] *Hoyer* in SK § 284 Rn. 20; *Temming* in HK § 284 Rn. 11; *Wohlers* in NK § 284 Rn. 20.
[246] BGH NJW 2007, 3078; BGH NStZ 2003, 372.
[247] BGH NJW 2007, 3078 f.; BGH NStZ 2003, 372 (373 f.); OLG Hamburg MMR 752 (753); *Hilgendorf/Valerius*, Computer- und Internetstrafrecht, Rn. 669.
[248] BGH NStZ 2003, 372 (373 f.); dagegen aber *Horn* NJW 2004, 2047 (2053).
[249] *Heine* in Schönke/Schröder § 284 Rn. 12a.
[250] *Fischer* § 284 Rn. 26.
[251] *Heine* in Schönke/Schröder § 284 Rn. 13; *Horn* NJW 2004, 2047 (2052 f.).

bloße Erleichterung einer Kontaktaufnahme nicht genügt; jedenfalls bei Vermittlung eines genehmigten Spielangebots ist schon der notwendige deliktische Bezug nicht gegeben.[252]

92   **d)** Das öffentliche Glücksspiel ist nur tatbestandsmäßig, wenn keine **behördliche Erlaubnis** vorliegt.[253] Das Glücksspielstrafrecht ist verwaltungsakzessorisch, da Art, Umfang und Wirksamkeit der Erlaubnis sich nach Maßgabe des Verwaltungsrechts bestimmen.[254] Eine Erlaubnis liegt daher auch vor, wenn diese zwar rechtswidrig, aber wirksam ist. Grundsätzlich bedarf es einer Erlaubnis der zuständigen Landesbehörde nach deutschem Recht (§ 4 Abs. 1 Glücksspielstaatsvertrag), wobei das Veranstalten und das Vermitteln öffentlicher Glücksspiele im Internet verboten ist (§ 4 Abs. 4 Glücksspielstaatsvertrag). Dahinter steht der Zweck der Vorschrift, der die Bevölkerung vor den Gefahren des Glücksspiels durch staatliche Kontrolle schützen möchte. Daher genügen Konzessionen ausländischer Staaten grundsätzlich nicht.[255] Streitig ist allerdings, ob Genehmigungen von EU-Mitgliedstaaten Wirksamkeit auch in Deutschland entfalten.[256] Dafür könnte sprechen, dass die Niederlassungsfreiheit nach Art. 49 AEUV und die Dienstleistungsfreiheit nach Art. 56 AEUV betroffen sind und nach der Rechtsprechung des EuGH der Eingriff nur gerechtfertigt sein kann, wenn die Spielsucht durch eine staatliche Kanalisierung eingedämmt werden soll und nicht fiskalische Gründe im Vordergrund stehen.[257] In einer jüngeren Entscheidung hat der EuGH allerdings auch ausgesprochen, dass eine generelle Pflicht zur gegenseitigen Anerkennung von Erlaubnissen gegenwärtig nicht besteht.[258]

93   **e)** Bei **Internetangeboten aus dem Ausland,** die im Inland abrufbar sind, sind zwei Fragen auseinanderzuhalten: Zum einen geht es darum, ob auch eine ausländische Erlaubnis den Tatbestand ausschließt.[259] Zum anderen muss geprüft werden, ob deutsches Strafrecht nach den §§ 3 ff. StGB überhaupt anwendbar ist, wenn sich der Server im Ausland befindet und dort auch die Wettaktivitäten usw. abgewickelt werden.[260] Da bereits das Veranstalten usw. pönalisiert wird, erfordert der Tatbestand keinen Erfolg iSd § 3 iVm § 9 Abs. 1 StGB. Weil die Tathandlung aber im Ausland liegt und die bloße Auswirkung im Inland noch keine Inlandshandlung begründet,[261] wird damit die Anknüpfung zum Problem. Dies hat auch der Gesetzgeber gesehen und daher auf die Tathandlung des „Werbens" verwiesen.[262] Letztlich geht es hier um die allgemeine Frage, inwieweit bei abstrakten Gefährdungsdelik-

---

[252] *Fischer* § 284 Rn. 21; *Heine* wistra 2003, 441 (447); *Petropoulos* wistra 2006, 332 (335).

[253] *Hoyer* in SK § 284 Rn. 21; *Kindhäuser* LPK § 284 Rn. 3; *Lackner/Kühl* § 284 Rn. 12; *Rosenau* in SSW § 284 Rn. 16; *Wohlers* in NK § 284 Rn. 21; für einen Rechtfertigungsgrund OLG Celle NJW 1969, 2250; *Maurach/Schroeder/Maiwald* BT 1 § 44 Rn. 9.

[254] *Fischer* § 284 Rn. 14; *Heine* in Schönke/Schröder § 284 Rn. 18.

[255] OLG Hamburg MMR 2002, 471 (473); *Heine* wistra 2003, 441 (446); *Krehl* in LK § 284 Rn. 2 a.

[256] Dafür etwa OLG München NJW 2008, 3151 (3155); *Lackner/Kühl* § 283 Rn. 12; *Petropoulos* wistra 2006, 332 (335). Dagegen BGH NJW 2002, 2175 (2176); OLG Celle ZUM 2007, 540; *Groeschke/Hohmann* in MünchKomm § 284 Rn. 22; *Krehl* in LK § 283 Rn. 22 a. Näher *Fischer* § 284 Rn. 15 a ff.

[257] EuGH NJW 2004, 139 (140 f.); *Heine* in Schönke/Schröder § 284 Rn. 1 a, 22 d.

[258] EuGH MMR 2010, 844.

[259] S. Rn. 92.

[260] Vgl. aber *Wohlers* in NK § 284 Rn. 18, der die Problematik über den Glücksspielbegriff und die Erlaubnis lösen möchte; dagegen *Hilgendorf/Valerius*, Computer- und Internetstrafrecht, Rn. 671.

[261] BGHSt 46, 212 (214 f.); *Heinrich* NStZ 2000, 533; *Heghmanns* JA 2001, 276 (277 u. 279); aA aber KG NJW 1999, 3500 (3502) zu § 86 a StGB.

[262] BT-Drs. 13/9064, 21.

ten, deren Handlung im Ausland vorgenommen wird, deutsches Strafrecht anwendbar ist.[263]

2. Subjektiver Tatbestand

Ausreichend ist dolus eventualis. Die irrige Annahme, dass eine behördliche Erlaubnis tatsächlich erteilt ist, lässt nach § 16 Abs. 1 S. 1 StGB den Vorsatz entfallen[264]. Dagegen stellt der Irrtum über die Notwendigkeit einer (deutschen) Erlaubnis für das Glücksspiel einen Verbotsirrtum i.S.v. § 17 StGB dar.[265]   **94**

3. Werben für Glücksspiele nach § 284 Abs. 1 StGB

§ 284 Abs. 4 StGB pönalisiert das Werben für unerlaubte Glücksspiele nach   **95** Abs. 1, dh für solche Glücksspiele, die von keiner Erlaubnis gedeckt sind. Die mit dem 6. StrRG 1998 eingeführte Vorschrift zielt auch gegen die Werbung ausländischer Anbieter gegenüber dem inländischen Publikum für behördlich nicht genehmigte Glücksspiele, die unter Zuhilfenahme elektronischer Möglichkeiten unmittelbar vom inländischen Aufenthaltsort des Spielteilnehmers aus abgewickelt werden können.[266] Werben ist ein planmäßiges Vorgehen mit dem Ziel, andere für die Beteiligung am Glücksspiel zu gewinnen.[267] Darunter können etwa Werbe- bzw. Spam-Mails fallen.[268] Der bloße Hinweis auf vorhandene Angebote[269] bzw. das einfache Setzen eines Hyperlinks genügt hierfür nicht, weil der der Werbung immanente Aufforderungs- bzw. Anpreisungscharakter fehlt und der Internetnutzer daher nicht zu dem Angebot „gelenkt" wird; es fehlt damit an der Zielrichtung, unerlaubtes Glückspiel zu unterstützen, zumal ein Hyperlink ein unerlässliches Organisationsinstrument des Internets ist.[270]

Beispiel: T wirbt auf einer Internetseite mit Werbebannern für Angebote ausländischer Anbieter, die als unerlaubtes Glücksspiel einzustufen sind; die Angebote können per Hyperlink unmittelbar aufgerufen werden. – T verwirklicht § 284 Abs. 4 StGB, da über den bloßen Link hinaus mit den Werbebannern der Aufforderungscharakter zum Ausdruck kommt.[271] Eine Haftungserleichterung nach TMG[272] kommt selbst für Diensteanbieter nicht in Betracht, da für die Werbung als eigene Information gemäß § 7 Abs. 1 TMG die Verantwortlichkeit nach den allgemeinen Gesetzen besteht.[273]

Erforderlich ist bei ausländischen Angeboten stets, dass auch eine Spielbeteili-   **96** gung im Inland möglich ist; die bloße Werbung für Glücksspielveranstaltungen im Ausland wird nicht erfasst.[274]

---

[263] Dazu näher 2. Kap. Rn. 10.

[264] *Fischer* § 284 Rn. 25; *Heine* in Schönke/Schröder § 284 Rn. 23.

[265] OLG Hamm JR 2004, 478 (479); *Hoyer* in SK § 284 Rn. 23; *Temming* in HK § 284 Rn. 15.

[266] BT-Drs. 13/8587, 67 f.; BT-Drs. 13/9064, 21; BGH NJW 2002, 2175; *Heine* in Schönke/Schröder § 284 Rn. 25 a; *Krehl* in LK § 284 Rn. 25.

[267] *Lackner/Kühl* § 284 Rn. 15; *Heine* in Schönke/Schröder § 284 Rn. 25 a; *Wohlers* in NK § 284 Rn. 25.

[268] *Leupold/Bachmann/Pelz* MMR 2000, 648 (655).

[269] *Krehl* in LK § 284 Rn. 25; *Lackner/Kühl* § 284 Rn. 15; ferner BGHSt 33, 16 (18) und BayObLG NStZ-RR 1996, 135 jew. zu § 129a StGB.

[270] LG Berlin MMR 2002, 119 (120); *Hilgendorf/Valerius,* Computer- und Internetstrafrecht, Rn. 675.

[271] LG Hamburg MMR 2007, 608 (609); *Hilgendorf/Valerius,* Computer- und Internetstrafrecht, Rn. 675; *Leupold/Bachmann/Pelz* MMR 2000, 648 (655).

[272] Näher 3. Kap. Rn. 11 ff.

[273] *Leupold/Bachmann/Pelz* MMR 2000, 648 (655).

[274] BGH NJW 2002, 2175; *Hilgendorf/Valerius,* Computer- und Internetstrafrecht, Rn. 670; *Krehl* in LK § 283 Rn. 25; *Wohlers* in NK § 284 Rn. 25; enger *Leupold/Bachmann/Pelz,* MMR 2000, 648 (655); aA *Hoyer* in SK § 284 Rn. 27.

Rechtsprechung: EuGH MMR 2010, 844 (Berücksichtigung ausländischer Genehmigungen); BVerfGE 115, 276 (Unvereinbarkeit des staatlichen Wettmonopols mit Art. 12 GG); BGHSt 36, 74 (Glücksspiel in Abgrenzung zum Geschicklichkeitsspiel); BGHSt NStZ 2003, 372 (Begriff des Glücksspiels).

Aufsätze: *Barton/Gercke/Janssen,* Die Veranstaltung von Glücksspielen durch ausländische Anbieter per Internet unter besonderer Berücksichtigung der Rechtsprechung des EuGH, wistra 2004, 321; *Duesberg,* Die Strafbarkeit des Online-Pokers, JA 2008, 270; *Fritzemeyer/Rinderle,* Das Glücksspiel im Internet, CR 2003, 599; *Leupold/Bachmann/Pelz,* Russisches Roulette im Internet? Zulässigkeit von Glücksspielen im Internet unter gewerbe- und strafrechtlichen Gesichtspunkten, MMR 2000, 648; *Mosbacher,* Ist das ungenehmigte Veranstalten und Vermitteln von Sportwetten noch strafbar?, NJW 2006, 3529; *Rotsch/Heissler,* Internet-"Auktionen" als strafbares Glücksspiel gem. § 284 StGB, ZIS 2010, 403.

Übungsfall: *Safferling/Scholz,* Sportwetten in Europa, JA 2009, 353.

9. Kapitel: Urkundendelikte

§ 44. Urkundenfälschung (§ 267 StGB)

I. Grundlagen

§ 267 StGB schützt als Allgemeinrechtsgut die **Sicherheit und Zuverlässigkeit** 1
des Beweisverkehrs mit Urkunden.[1] Die Versuchsstrafbarkeit ist in Abs. 2 angeordnet. Abs. 3 enthält Strafschärfungen nach der Regelbeispielsmethode, Abs. 4
Qualifikationen. Im Zusammenhang mit dem Computerstrafrecht geht es vor allem
um Fragen des Urkundenbegriffs.

II. Prüfungsschema

1. Tatbestand   2
   a) Objektiver Tatbestand
      aa) Tatobjekt: Urkunde
         (1) Perpetuierungsfunktion
             P: Abgrenzung zur technischen Aufzeichnung nach § 268 StGB
             und beweiserheblichen Daten nach § 269 StGB (Rn. 4)
         (2) Beweisfunktion
         (3) Garantiefunktion
             P: Abgrenzung zu Abbildungen (Rn. 6f.)
      bb) Tathandlungen: Herstellen einer unechten Urkunde (Var. 1); Verfäl-
          schen einer echten Urkunde (Var. 2); Gebrauchen einer unechten
          oder verfälschten Urkunde (Var. 3)
   b) Subjektiver Tatbestand
      aa) Vorsatz
      bb) Handeln zur Täuschung im Rechtsverkehr (dolus directus 1. oder
          2. Grades) oder zur fälschlichen Beeinflussung einer Datenverar-
          beitung im Rechtsverkehr (§ 270 StGB)
2. Rechtswidrigkeit
3. Schuld
4. Strafschärfungen
   a) Strafzumessungsregel für besonders schwere Fälle mit Regelbeispielen
      (§ 267 Abs. 3 S. 2 StGB)
   b) Qualifikation (§ 267 Abs. 4 StGB)

---

[1] *Brehmeier-Metz* in AnwK Vorbem. § 267 Rn. 2; *Kindhäuser* LPK § 276 Rn. 1; *Mitsch*, Medienstrafrecht, § 3 Rn. 84.

III. Tatbestand

1. Objektiver Tatbestand

3   **Urkunde** ist jede verkörperte menschliche Gedankenerklärung (Perpetuierungs-funktion), die zum Beweis im Rechtsverkehr geeignet und bestimmt ist (Beweis-funktion) und die ihren Aussteller erkennen lässt (Garantiefunktion).[2]

4   **a) Perpetuierungsfunktion:** Erforderlich ist eine wenigstens für die Beteiligten verständliche und visuell wahrnehmbare **verkörperte menschliche Gedankener-klärung.** Diese kann – wie heute die meisten Textdokumente – auch mithilfe eines Computers erstellt sein.[3] Davon abzugrenzen sind **technische Aufzeichnungen,** die nur maschinell erstellte Informationen enthalten und von § 268 StGB geschützt werden. Ebenfalls nicht erfasst sind **mündliche Gedankenerklärungen,** die auf Datenträgern verkörpert sind, jedoch visuell nicht wahrnehmbar sind.[4]

5   **b) Beweisfunktion und Garantiefunktion:** Die Gedankenerklärung muss ferner objektiv geeignet und subjektiv bestimmt sein, eine außerhalb ihrer selbst liegende Tatsache im Rechtsverkehr zu **beweisen.**[5] Ferner muss die Urkunde ihren Aussteller erkennen lassen, der als **Garant** hinter der Erklärung steht. Nach der sog. Geistig-keitstheorie ist hierfür maßgebend, wer sich – nach dem Anschein der Urkunde – nach außen hin als Urheber zu der Erklärung bekennt und sich die Erklärung im Rechtsverkehr (geistig) zurechnen lassen muss.

6   **aa)** Diese beiden Funktionen werden von der hM bei **Fotokopien, Abschriften und Ausdrucken eingescannter Dokumente**[6] verneint,[7] obgleich sich der Rechts-verkehr zunehmend Mehrfachfertigungen bedient.[8] Die Beweisbestimmung ist dem-nach zu verneinen, weil sie nur über Inhalt und Fassung ihrer Vorlage berichten, die Garantiefunktion, weil der Aussteller der Kopie usw. (nicht des Originals!) nicht erkennbar ist.

7   **bb)** Freilich sind von diesem Grundsatz folgende Ausnahmen anzuerkennen:[9]
– Der Aussteller erstellt Kopien oder Computerausdrucke, um die **Originalur-kunde im Rechtsverkehr zu ersetzen** oder mehrere Fassungen der Urkunde im Rechtsverkehr verwenden zu können.[10] Funktion und Inhalt von Original und Kopie sind hier identisch.
– Der Täter erweckt den **Anschein einer Originalurkunde** und möchte sie als Ori-ginal des ursprünglichen Ausstellers ausgeben. Dafür spricht, dass hinsichtlich der Kopie usw. für einen durchschnittlichen Betrachter eine objektive Verwechs-lungsgefahr mit der Originalurkunde besteht.[11]

---

[2] BGHSt 24, 140 (141); 3, 82 (84 f.); *Cramer/Heine* in Schönke/Schröder § 267 Rn. 2; *Koch* in HK § 267 Rn. 5; *Mitsch,* Medienstrafrecht, § 3 Rn. 82; *Rengier* BT 2 § 32 Rn. 1.
[3] BGH NStZ 1999, 620; *Koch* in HK § 267 Rn. 8.
[4] *Cramer/Heine* in Schönke/Schröder § 267 Rn. 6; *Zieschang* in LK § 267 Rn. 10.
[5] RGSt 40, 78; 17, 107; BGHSt 4, 60 (61); *Hoyer* in SK § 267 Rn. 7; *Lackner/Kühl* § 267 Rn. 11.
[6] Vgl. BGH NStZ-RR 2011, 213 (214); BGH NStZ 2010, 703 (704).
[7] BGHSt 24, 140; BayObLG NStZ 1994, 88; OLG Düsseldorf NJW 2001, 167; *Kindhäuser* LPK § 267 Rn. 26 f.
[8] Daher aA *Freund* JuS 1991, 723 (725); *Mitsch* NStZ 1994, 88 f.
[9] Näher *Eisele* BT 1 Rn. 811 ff.
[10] BGHSt 2, 35 (38); 1, 117 (120); OLG Stuttgart NStZ 2007, 158 f.; *Kindhäuser* LPK § 267 Rn. 28 iVm Rn. 25; *Lackner/Kühl* § 267 Rn. 16; *Mitsch,* Medienstrafrecht, § 3 Rn. 82.
[11] BGH NStZ 2010, 703 (704); BGH NJW 1965, 642 (643); OLG Nürnberg StV 2007, 133 (134); *Mitsch,* Medienstrafrecht, § 3 Rn. 82; *Weidemann* in BeckOK StGB § 267 Rn. 15.

– Ist die Kopie mit einem **Beglaubigungsvermerk** versehen, handelt es sich um eine zusammengesetzte Urkunde. Inhalt dieser ist jedoch nicht die Erklärung des Originals, sondern der Beglaubigungsvermerk mit der Aussage, dass Abschrift und Original übereinstimmen.[12]

Beispiel (Telefax): T übermittelt mit Hilfe eines Faxgeräts einen alten Vertrag des O und verwendet diesen so. Ferner schließt er im Namen des O einen Kaufvertrag per Faxgerät. – Soweit T mit dem Faxgerät das Original vervielfältigt, wird das Gerät nur als Fernkopierer genutzt; es handelt sich daher – soweit keiner der genannten Ausnahmefälle gegeben ist – um keine Urkunde.[13] Anders ist der Neuabschluss des Vertrages zu beurteilen. Hier liegt das Original im Faxgerät des T, so dass die Fernkopie dieses gegenüber dem Empfänger ersetzen soll.

c) Für die Frage der **Unechtheit der Urkunde** nach § 267 Abs. 1 Var. 1 und **8** Var. 3 StGB kommt es nicht darauf an, ob deren Inhalt der Wahrheit entspricht. Entscheidend ist vielmehr, ob im Zusammenhang mit der Garantiefunktion über die Identität des Ausstellers getäuscht wird. Unecht ist die Urkunde damit, wenn sie nicht von demjenigen stammt, der aus ihr als Aussteller hervorgeht, wenn also über die Identität des Ausstellers getäuscht wird.[14] Dagegen begründet die sog. schriftliche Lüge, bei der der tatsächliche Aussteller eine unzutreffende Behauptung aufstellt, keine Unechtheit.

d) **Herstellen einer unechten Urkunde (Var. 1)** ist jede zurechenbare – nicht **9** notwendig eigenhändige – Verursachung der Existenz der unechten Urkunde.[15] **Verfälschen einer echten Urkunde (Var. 2)** ist jede nachträgliche Veränderung des gedanklichen Inhalts einer bereits vorhandenen echten Urkunde, durch die der Anschein erweckt wird, als habe der Aussteller die Erklärung mit dem Inhalt abgegeben, den die Urkunde erst durch die Verfälschung erlangt hat.[16] **Ein Gebrauchen** unechter oder verfälschter Urkunden **(Var. 3)** liegt vor, wenn die Urkunde demjenigen, der durch sie getäuscht werden soll, so zugänglich gemacht wird, dass dieser sie wahrnehmen kann, wozu bereits die **Möglichkeit der Kenntnisnahme** genügt.[17]

2. Subjektiver Tatbestand

Neben dem Vorsatz hinsichtlich der objektiven Tatbestandsmerkmale (dolus **10** eventualis genügt) muss der Täter **zur Täuschung im Rechtsverkehr** handeln. Nach hM genügt hierfür auch wissentliches Handeln (dolus directus 2. Grades),[18] dh der Täter muss zumindest wissen, dass er ein rechtlich erhebliches Verhalten erreicht oder auf das Rechtsleben einwirkt.[19] Zu beachten ist, dass nach § 270 StGB der Täuschung im Rechtsverkehr die **fälschliche Beeinflussung einer Datenverarbeitung im Rechtsverkehr** gleichsteht. Mit dieser Ergänzung sollen Lücken ge-

---

[12] RGSt 34, 360 (361 f.); *Lackner/Kühl* § 267 Rn. 8; *Zieschang* in LK § 267 Rn. 107, 112.

[13] BGH NStZ 2010, 703 (704); OLG Zweibrücken NJW 1998, 2918; OLG Oldenburg NStZ 2009, 391; *Beckemper* JuS 2000, 123 ff.; für Urkundenqualität *Cramer/Heine* in Schönke/Schröder § 267 Rn. 43; *Heinrich* in A/W § 31 Rn. 13. Näher *Nestler* ZJS 2010, 608 (609 ff.).

[14] BGHSt 33, 159 (160); *Brehmeier* in AnwK § 267 Rn. 16; *Cramer/Heine* in Schönke/Schröder § 267 Rn. 48; *Mitsch*, Medienstrafrecht, § 3 Rn. 84.

[15] *Erb* in MünchKomm § 267 Rn. 177; *Hoyer* in SK § 267 Rn. 64.

[16] RGSt 62, 11 (12); BGH GA 1963, 16 (17); *Cramer/Heine* in Schönke/Schröder § 267 Rn. 64; *Kindhäuser* LPK § 267 Rn. 44; *Lackner/Kühl* § 267 Rn. 20; *Rengier* BT 2 § 33 Rn. 21.

[17] *Koch* in HK § 267, Rn. 22; *Lackner/Kühl* § 267 Rn. 23; *Mitsch*, Medienstrafrecht, § 3 Rn. 84.

[18] BGH NStZ 1999, 619; *Brehmeier-Metz* in AnwK § 267 Rn. 30; *Fischer* § 267 Rn. 42; *Rengier* BT 2 § 33 Rn. 39; aA *Hoyer* in SK § 267 Rn. 91 f. (nur dolus directus 1. Grades); *Puppe* in NK § 267 Rn. 103 (auch dolus eventualis).

[19] BGHSt 33, 105 (109); *Cramer/Heine* in Schönke/Schröder § 267 Rn. 87 b; *Kindhäuser* BT 1 § 55 Rn. 71 f.; *Mitsch*, Medienstrafrecht, § 3 Rn. 84; *Rengier* BT 2 § 33 Rn. 40.

schlossen werden, die darauf beruhen, dass Urkunden zunehmend automatisiert von Informationssystemen ausgewertet werden und daher gar nicht mehr gegenüber Menschen eingesetzt werden.[20] Dies ist etwa der Fall, wenn ein gefälschter, mit Namen des wahren Kontoinhabers unterzeichneter Überweisungsträger maschinell eingelesen und das Geld aufgrund computertechnischer Datenverarbeitung transferiert wird. Wird dagegen auf Täterseite ebenfalls ein Computer eingesetzt, so fehlt es regelmäßig an einer verkörperten Gedankenerklärung, so dass § 267 StGB ausscheidet; jedoch kann hier § 269 StGB eingreifen.

Rechtsprechung: BGHSt 24, 140 (Urkundenqualität von Fotokopien); BGH NStZ 2010, 703 (Urkundenqualität von eingescannten Dokumenten).

Aufsätze: *Beck*, Kopien und Telefaxe im Urkundenstrafrecht, JA 2007, 423; *Engert/Franzmann/Herschlein*, Fotokopien als Urkunden, § 267, JA 1997, 31; *Geppert*, Zur Urkundsqualität von Durchschriften, Abschriften und insbesondere Fotokopien, Jura 1990, 271; *Nestler*, Zur Urkundenqualität von Fotokopien und (Computer-)Faxen, ZJS 2010, 608.

Übungsfälle: *Eisele/Fad*, Strafrechtliche Verantwortlichkeit beim Missbrauch kartengestützter Zahlungssysteme, Jura 2002, 305; *Eisele/Vogt*, Suspekte Subventionen, JuS 2011, 437; *Fahl*, Sommerurlaub in den Alpen, Jura 2009, 234; *Hellmann/Beckemper*, Die ungetreue Finderin, JuS 2001, 1095; *Hoffmann-Holland/Singelnstein/Simonis*, Parken und Tanken, JA 2009, 513; *Kühl/Lange*, Bankgeschäfte, JuS 2010, 42; *Petermann/Savanovic*, Gewinnmaximierung mittels Internetplattform, JuS 2011, 1003; *Theile*, Kriminogener Hedonismus, JA 2011, 32.

§ 45. Fälschung technischer Aufzeichnungen (§ 268 StGB)

I. Grundlagen

11   § 268 StGB schützt als Paralleltatbestand zu § 267 StGB die technische Informationsgewinnung und das Vertrauen, dass die technische Aufzeichnung ohne Manipulationen zustande gekommen ist und damit auch die **Sicherheit und Zuverlässigkeit des Beweisverkehrs**.[21] Nach Abs. 4 ist der Versuch strafbar. Nach Abs. 5 gelten die Regelbeispiele des § 267 Abs. 3 StGB und die Qualifikation des § 267 Abs. 4 StGB entsprechend. Da die Vorschrift auch Datenverarbeitungen erfasst und Aufzeichnungen zunehmend digitalisiert erfolgen, ist ihr Anwendungsbereich vor allem von § 269 StGB abzugrenzen.

II. Prüfungsschema

12   1. Tatbestand
         a) Objektiver Tatbestand
             aa) Tatobjekt: Technische Aufzeichnung (Legaldefinition, Abs. 2)
                 P: Erfordernis der selbsttätigen Aufzeichnung (Rn. 16)

---

[20] *Erb* in MünchKomm § 270 Rn. 1; *Koch* in HK § 270 Rn. 1.
[21] BGHSt 40, 26 (30); OLG München NStZ 2006, 576; *Hecker* JuS 2002, 224 (225); *Kindhäuser* LPK § 268 Rn. 1; *Mitsch*, Medienstrafrecht, § 3 Rn. 87.

bb) Tathandlungen:
    (1) Herstellen einer unechten Aufzeichnung (Abs. 1 Nr. 1 Var. 1);
    störende Einwirkung (Abs. 3)
    P: Grenzen der störenden Einwirkung (Rn. 21)
    (2) Verfälschen einer echten Aufzeichnung (Abs. 1 Nr. 1 Var. 2)
    (3) Gebrauchen einer unechten oder verfälschten Aufzeichnung
    (Abs. 1 Nr. 2)
  b) Subjektiver Tatbestand
    aa) Vorsatz
    bb) Handeln zur Täuschung im Rechtsverkehr; Gleichstellung nach
    § 270 StGB
2. Rechtswidrigkeit
3. Schuld
4. Strafschärfungen des § 267 StGB (§ 268 Abs. 5 StGB)

III. Tatbestand

1. Objektiver Tatbestand

a) Anstelle des Erfordernisses einer menschlichen Gedankenerklärung bei § 267 **13**
StGB setzt § 268 StGB eine **technische Aufzeichnung** voraus. Da diese geräteauto-
nom erfolgen muss, handelt es sich um keine Erklärung eines Menschen, so dass
auch kein Aussteller iSd Garantiefunktion aus ihr hervorgeht. Im Einzelfall kann
aber auch aus einer rein technischen Aufzeichnung eine Urkunde werden.

Beispiel (Fahrtenschreiber): T hat in seinem LKW ein digitales EU-Kontrollgerät. T manipuliert
das Gerät so, dass die Geschwindigkeit um 10 km/h zu niedrig aufgezeichnet wird.[22] Später druckt T
eine Papieraufzeichnung aus, unterschreibt diese mit dem Namen eines Kollegen, um darzulegen,
dass er den LKW zur fraglichen Zeit geführt hat. – Hinsichtlich der Manipulation des Geräts
kommt § 268 StGB in Betracht; mit der Unterschrift auf dem Ausdruck stellt T aber auch eine unechte Urkunde her, weil er den Eindruck erweckt, als stamme diese Erklärung von seinem Kollegen.

b) § 268 Abs. 2 StGB enthält für die technische Aufzeichnung eine **Legaldefini-** **14**
tion: Es muss sich um eine Darstellung von Daten-, Mess-, Rechenwerten, Zuständen, Geschehensabläufen handeln, die durch ein technisches Gerät ganz oder zum
Teil selbsttätig bewirkt wird, bei der der Gegenstand der Aufzeichnung allgemein
oder für Eingeweihte erkennbar ist und die zum Beweis einer rechtlich erheblichen
Tatsache bestimmt ist.

aa) Es muss sich stets um eine **Darstellung** von **Daten-, Mess-, Rechenwerten,** **15**
Zuständen, Geschehensabläufen handeln.[23] Daten sind speicherbare Informationen aller Art, die einer weiteren Verarbeitung in einer Datenverarbeitungsanlage
unterliegen.[24] Erforderlich ist stets, dass die Darstellung im Sinne der Perpetuierungsfunktion eine gewisse **Dauerhaftigkeit** aufweist. Für die Perpetuierung genügt hier – anders als bei § 267 StGB – jede Fixierung auf einem Datenträger; auf
die optische Wahrnehmbarkeit kommt es nicht an. Nicht einbezogen sind Anzeige-
geräte, die unmittelbar nach der Wiedergabe des Messergebnisses wieder in ihre

---

[22] Zur streitigen Frage des Austauschs der Fahrtenschreiberschaublätter BGHSt 40, 26; Bay-
ObLG VRS 46 (1974), 124; näher *Eisele* BT 1 Rn. 876 f.
[23] Näher zu diesen Begriffen *Cramer/Heine* in Schönke/Schröder § 268 Rn. 11 ff.
[24] BT-Drs. V/4094, 37.

Ursprungsstellung zurückgehen.[25] Die Manipulation des Tachometers im KFZ wird daher nicht erfasst. Streitig ist, ob der Perpetuierungsfunktion Genüge getan ist, wenn ein Zählgerät (zB Wasser-, Stromzähler) Werte fortlaufend addiert, so dass der einzelne Wert nur Teil der Gesamtaddition ist. Die hM verneint dies, weil es an der notwendigen Verkörperung in einem vom Anzeigegerät selbstständigen, abgetrennten Teil des Geräts fehlt.[26] Für den wichtigen Fall des Kilometerzählers ist allerdings die Strafvorschrift des § 22 b StVG zu beachten.

16   **bb)** Die Aufzeichnung muss **durch ein technisches Gerät ganz oder zum Teil selbsttätig bewirkt** sein. Entscheidendes Moment ist die **Selbsttätigkeit,** die dann vorliegt, wenn der Aufzeichnungsvorgang wenigstens zum Teil automatisiert ist[27] und zudem Informationen durch das Gerät neu erzeugt werden.[28] Mangels selbsttätiger Aufzeichnung wird daher das Schreiben eines Textes auf dem Computer nicht erfasst; es liegt beim Ausdruck vielmehr eine verkörperte Gedankenerklärung eines Menschen iSd § 267 StGB vor. Ebenso scheiden geräteautonome Reproduktionen aus, weil hier keine neuen Informationen erzeugt werden. Nicht erfasst werden daher reine Fotografien, Fotokopien, Ton-, Filmaufnahmen oder Scans. Einbezogen sind dagegen Bilder einer automatischen Kamera zur Verkehrsüberwachung (Radarfallen), weil diese Messwerte (Geschwindigkeit, Uhrzeit usw.) mit einbeziehen.[29] Weitere Beispiele sind Computer zum Erstellen von Kontoauszügen, Parkscheinautomaten.[30]

17   **cc)** Die Darstellung muss ferner den **Gegenstand der Aufzeichnung allgemein oder für Eingeweihte erkennen lassen.**[31] Hierunter wird überwiegend verstanden, dass das Objekt, auf das sich die Aufzeichnung bezieht, individualisierbar sein muss.[32] Dabei kann sich der **Beweisbezug** aber auch erst durch weitere Handlungen oder Zwischenschritte ergeben, so dass dieser nach hM nicht notwendig das Ergebnis des Aufzeichnungsvorgangs selbst sein muss.[33]

> **Beispiel (Computertomograf):** Der Arzt klebt auf Aufnahmen eines Computertomografen zur Individualisierung die Namen der Patienten oder die Versichertennummer.

18   Die technische Aufzeichnung muss im Übrigen auch **zum Beweis geeignet und bestimmt sein,**[34] wobei es unerheblich ist, ob die Beweisbestimmung schon bei der Herstellung oder erst später gegeben wird.

19   **c)** Die **Echtheit bzw. Unechtheit** der technischen Aufzeichnung ist tatbestandstypisch zu bestimmen. Da es bei § 268 StGB auf den Aussteller iSd Garantiefunktion nicht ankommt, sondern auf den unbeeinflussten Ablauf der Aufzeichnung, ist diese unecht, wenn sie überhaupt nicht oder nicht in ihrer konkreten Gestalt aus einem in seinem automatischen Ablauf unberührten Herstellungsvorgang stammt, obgleich sie diesen Anschein hat.[35] Das ist etwa der Fall, wenn der Täter einen

---

[25] *Cramer/Heine* in Schönke/Schröder § 268 Rn. 9; *Kindhäuser* LPK § 268 Rn. 8; *Wessels/ Hettinger* BT 1 Rn. 863.
[26] BGHSt 29, 204 (205); *Puppe* in NK § 268 Rn. 24; *Zieschang* in LK § 268 Rn. 6; aA OLG Frankfurt a. M. NJW 1979, 118; *Cramer/Heine* in Schönke/Schröder § 268 Rn. 9; *Hoyer* in SK § 268 Rn. 10.
[27] *Brehmeier-Metz* in AnwK § 268 Rn. 5; *Schroeder* JuS 1991, 301.
[28] *Fischer* § 268 Rn. 10; *Koch* in HK § 268 Rn. 10; *Rengier* BT 2 § 34 Rn. 6.
[29] OLG München NStZ 2006, 576; *Koch* in HK § 268 Rn. 10.
[30] Vgl. auch OLG Köln NJW 2002, 527; *Hecker* JuS 2002, 224 ff.
[31] *Cramer/Heine* in Schönke/Schröder § 268 Rn. 18.
[32] *Cramer/Heine* in Schönke/Schröder § 268 Rn. 18; *Zieschang* in LK § 268 Rn. 20.
[33] *Cramer/Heine* in Schönke/Schröder § 268 Rn. 19 ff.; *Lackner/Kühl* § 268 Rn. 5.
[34] Näher *Eisele* BT 1 Rn. 869.
[35] BGHSt 28, 300 (303); *Cramer/Heine* in Schönke/Schröder § 268 Rn. 31; *Kindhäuser* LPK § 268 Rn. 9.

Computerauszug nachahmt (Imitation), weil damit der unzutreffende Anschein erweckt wird, als stamme dieser aus einem selbsttätigen Aufzeichnungsvorgang.

d) Die Tathandlungen **Herstellen, Verfälschen und Gebrauchen** entsprechen 20 denjenigen bei § 267 StGB. Zu beachten ist § 268 Abs. 3 StGB, der es als Unterfall des Abs. 1 Nr. 1 Var. 1[36] der Herstellung einer unechten technischen Aufzeichnung gleichstellt, dass der Täter durch störende Einwirkung auf den Aufzeichnungsvorgang das Ergebnis der Aufzeichnung beeinflusst.

Beispiel (Radarmessgerät): T verändert die Einstellungen an einem Radarmessgerät, so dass dieses jeweils 10 km/h weniger misst. – § 268 Abs. 1 Nr. 1 Var. 1 StGB ist hier zu bejahen, da der Eindruck erweckt wird, als sei die selbsttätige Aufzeichnung manipulationsfrei zu Stande gekommen.

Die störende Einwirkung setzt bereits nach dem Wortlaut einen **menschlichen** 21 **Eingriff** voraus. Nicht erfasst wird daher das **Ausnutzen bloßer technischer Defekte** des Geräts, wie etwa das Weiterfahren eines Lkw mit defektem Fahrtenschreiber.[37] In diesen Fällen sind die Ergebnisse zwar inhaltlich unrichtig, jedoch ist dies – wie auch bei § 267 StGB – nicht entscheidend; vielmehr handelt es sich um einen selbsttätigen Aufzeichnungsvorgang, der keiner Beeinflussung unterlag.[38] Eine abweichende Beurteilung ist nur erforderlich, wenn das Gerät zuvor von einem Dritten manipuliert wurde oder ein Garant eine Manipulation durch Dritte nicht hindert (Unterlassungsdelikt).[39] Keine störende Einwirkung auf den Aufzeichnungsvorgang liegt auch bei reinen **Input-Manipulationen** vor, weil hier lediglich unzutreffende Ausgangsdaten eingegeben werden, der Vorgang selbst jedoch unbeeinträchtigt bleibt.

Beispiel (Computerprogramm): T gibt unrichtige persönliche Daten in ein Computerprogramm ein, so dass dieses günstigere Konditionen bereitet. – § 268 StGB scheidet aus, da der Aufzeichnungsvorgang korrekt abläuft. Es kann jedoch § 263 a Abs. 1 Var. 2 StGB verwirklicht sein.

Nicht erfasst wird daher auch die unbefugte Nutzung von Pay-TV mittels manipuliertem Decoder.[40] Und ebenso liegt keine störende Einwirkung vor, wenn nur das **Ergebnis eines ungestörten Ablaufs beeinträchtigt** wird, etwa eine Gegenblitzanlage eingesetzt wird, um die Fotos einer Radaranlage unbrauchbar zu machen.[41]

2. Subjektiver Tatbestand

Für Vorsatz und das Handeln zur Täuschung im Rechtsverkehr kann ebenfalls 23 auf die Ausführungen zu § 267 StGB verwiesen werden. Auch hier ist § 270 StGB zu beachten.

Rechtsprechung: BGHSt 28, 300 (Echtheit der Aufzeichnung); BGHSt 29, 204 (Begriff der technischen Aufzeichnung); BGHSt 40, 26 (störende Einwirkung auf den Aufzeichnungsvorgang).

Aufsätze: *Freund,* Grundfälle zu den Urkundendelikten, JuS 1994, 207; *Hecker,* Der manipulierte Parkschein hinter der Windschutzscheibe – ein (versuchter) Betrug? – OLG Köln NJW 2002, 527, JuS 2002, 224.

---

[36] BGHSt 28, 300 (303); BayObLG VRS 55, 425 (426); *Zieschang* in LK § 268 Rn. 30.
[37] BGHSt 28, 300 (306); *Brehmeier-Metz* in AnwK § 268 Rn. 14; *Erb* in MünchKomm § 268 Rn. 45.
[38] BGHSt 28, 300 (306); *Koch* in HK § 268 Rn. 16.
[39] BGHSt 28, 300 (304) und (307); *Brehmeier-Metz* in AnwK § 268 Rn. 14; *Erb* in MünchKomm § 268 Rn. 44.
[40] *Dressel* MMR 1990, 390 (395); *Hilgendorf/Valerius,* Computer- und Internetstrafrecht, Rn. 645.
[41] OLG München NStZ 2006, 576; LG Flensburg NJW 2000, 1664; ferner *Kindhäuser* BT 1 § 56 Rn. 13; *Zieschang* in LK § 268 Rn. 32.

Übungsfälle: *Hellmann/Beckemper,* Die ungetreue Finderin, JuS 2001, 1095; *Hoffmann-Holland/Singelnstein/Simonis,* Parken und Tanken, JA 2009, 513.

§ 46. Fälschung beweiserheblicher Daten (§ 269 StGB)

I. Grundlagen

24 Die Vorschrift schützt die **Sicherheit und Zuverlässigkeit des Beweisverkehrs mit Daten.** Sie schließt als Paralleltatbestand Lücken des § 267 StGB, der nur verkörperte Gedankenerklärungen, die optisch wahrnehmbar sind, erfasst. Der Versuch ist nach Abs. 2 strafbar, Abs. 3 verweist auf die Strafschärfungen des § 267 StGB.

II. Prüfungsschema

25
1. Tatbestand
 a) Objektiver Tatbestand
  aa) Tatobjekt: Beweiserhebliche Daten
  bb) Tathandlungen
   (1) Var. 1: Speichern, so dass „Quasiurkunde" vorliegt
   P: Skimming, Phishing, Anmeldung bei Internetdiensten (Rn. 31 ff.)
   (2) Var. 2: Verändern
   (3) Var. 3: Gebrauchen falsch gespeicherter oder veränderter Daten
 b) Subjektiver Tatbestand
  aa) Vorsatz
  bb) Handeln zur Täuschung im Rechtsverkehr; Gleichstellung nach § 270 StGB
2. Rechtswidrigkeit
3. Schuld
4. Strafschärfungen des § 267 StGB (§ 269 Abs. 3 StGB)

III. Tatbestand

1. Objektiver Tatbestand

26 **a)** Tatobjekt sind **beweiserhebliche Daten.** Daten sind alle Informationen, die Gegenstand eines Datenverarbeitungsprozesses sein können. Anders als § 274 Abs. 1 Nr. 2 StGB verweist die Vorschrift nicht auf die einengende Definition des § 202a Abs. 2 StGB. Die Daten müssen zum Zeitpunkt der Manipulation noch nicht gespeichert sein, vielmehr genügt es, wenn die Speicherung erst später erfolgt.[42] Die Daten müssen jedoch in ihrer Kombination **beweiserheblich** sein. Das

---

[42] BT-Drs. 10/5058, 34; *Cramer/Heine* in Schönke/Schröder § 269 Rn. 7; *Lackner/Kühl* § 269 Rn. 7.

ist der Fall, wenn sie dazu bestimmt sind, bei einer Verarbeitung im Rechtsverkehr als Beweisdaten für rechtserhebliche Tatsachen benutzt zu werden.[43] Typische Fälle sind etwa Daten auf Zahlungskarten oder andere Geldwertkarten.

b) Die **Tathandlungen** sind an § 267 StGB angelehnt. **Var. 1** ist in Parallele zum **27** Herstellen einer unechten Urkunde verwirklicht, wenn Daten so gespeichert werden, dass im Falle ihrer Wahrnehmbarkeit eine unechte Urkunde vorläge. Es ist also hypothetisch zu prüfen, ob die Voraussetzungen des § 267 Abs. 1 Var. 1 StGB gegeben wären, wenn die Daten als verkörperte Gedankenerklärung – etwa im Falle eines Ausdrucks – visuell wahrnehmbar wären. Weil sich die Kopie einer Datei nicht vom Original unterscheidet und auch das Original auf verschiedenen Orten gespeichert oder kopiert werden kann, wird man hier – anders als bei gescannten Dokumenten[44] – auch Kopien von Datenurkunden in den Schutzbereich einbeziehen müssen.[45]

aa) Die **Unechtheit** erfordert auch hier eine Täuschung über die Identität des **28** Ausstellers, so dass bloße inhaltliche Datenlügen auszuscheiden sind.[46] Soweit also etwa der Aussteller eines Online-Formulars dort falsche Angaben macht, die aber seine Identität unberührt lassen, ist der Tatbestand nicht verwirklicht. Im Einzelfall kann es jedoch bei computertechnischen Vorgängen schwierig sein, den Aussteller zu bestimmen, da § 269 StGB zahlreiche Sachverhalte erfasst. So kann der Computer beispielsweise als elektronische Schreibmaschine eingesetzt werden, dem Abruf von Datenbanken oder dem Versenden von E-Mails dienen sowie bei spezifischen Internetanwendungen eingesetzt werden. Wird – wie etwa bei Online-Anmeldungen – der Name des Nutzers verwendet, so ist für die Bestimmung des Ausstellers hierauf abzustellen. Soweit (ausnahmsweise) eine **digitale Signatur** verwendet wird, kann auch auf diese abgestellt werden.[47] Im Übrigen wird man es aber genügen lassen müssen, dass der Aussteller über entschlüsselbare Kennungen (zB eine Geheimzahl), die eine eindeutige Zuordnung ermöglichen, bestimmt wird.[48] Bei E-Mails kann die jeweilige Adresse auf den Aussteller hindeuten; soweit ein Text jedoch über eine fremde E-Mail-Adresse versendet wird, kann hier auch eine abweichende Bezeichnung im Dokument entscheidend sein.[49]

bb) Umstritten ist, ob die **IP-Adresse,** die einem bestimmten Rechner zugewie- **29** sen ist, eine maßgebliche Kennung ist.

Jedem mit dem Internet verbundenen Gerät ist eindeutig eine **IP-Adresse** zugewiesen. Jedes zu versendende Datenpaket ist mit dieser IP-Adresse adressiert, sodass es den richtigen Empfänger erreicht.

Gegen das Vorliegen einer Kennung spricht schon, dass diese nur der Identifizierung des Rechners, nicht aber des Nutzers dient.[50] Zudem kann die IP-Adresse des jeweiligen Rechners wechseln (sog. dynamische IP-Adresse), so dass diese allenfalls mittelbar Anhaltspunkte zur weiteren Ermittlung des Ausstellers bieten kann und

---

[43] *Lackner/Kühl* § 269 Rn. 4; *Zieschang* in LK § 268 Rn. 9.
[44] S. Rn. 6.
[45] *Heghmanns* in Achenbach/Ransiek Teil 6/1, Rn. 178; *Puppe* in NK § 269 Rn. 27; *Radtke* ZStW 115 (2003), 16 (36).
[46] Näher *Eisele*, FS Puppe, 2011, S. 1091 (1097 ff.); ferner *Erb* in MünchKomm § 269 Rn. 31.
[47] S. *Radtke* ZStW 115 (2003), 26 (58); *Welp* CR 1992, 354 (360).
[48] Eingehend *Eisele*, FS Puppe, 2011, S. 1091 (1099 f.).
[49] *Eisele*, FS Puppe, 2011, S. 1091 (1100).
[50] Vgl. auch *Fischer* § 269 Rn. 5 a.

vor allem bei der Nutzung von öffentlich zugänglichen Rechnern letztlich kaum ein geeignetes Kriterium ist. Würde man auf die IP-Adresse abstellen, wären nicht einmal nachgeahmte Webseiten von Kreditinstituten, mit Hilfe derer Kontendaten, Passwörter usw. im Rahmen des sog. Phishing erlangt werden sollen, unechte Urkunden, weil insoweit keine Täuschung über den Aussteller vorläge – die IP-Adresse ist ja gerade zutreffend. Anderes würde nur dann gelten, wenn ausnahmsweise auch die IP-Adresse der Seite im Wege des sog. **IP-Spoofing** zusätzlich verfälscht wird.[51] Richtigerweise muss in solchen Fällen auf die Internetadresse und vor allem die Ausstellerangaben auf der Webseite selbst abgestellt werden.

30   cc) Zunächst sind Fälle zu betrachten, in denen der Täter fremde **Zahlungskarten am Geldautomaten** oder **zur Zahlung von Waren** mittels PIN im electronic-cash-Verfahren (point-of-sale-Verfahren, POS)[52] einsetzt. Anknüpfungspunkt für die Tat ist das Einführen der Karte in den Bankautomaten bzw. in das Händlerterminal und die Eingabe der Geheimzahl, wodurch Daten gespeichert werden. Die Daten sind im Rechtsverkehr zum Beweis geeignet und bestimmt (Beweisfunktion), zudem erscheint der Karteninhaber als Aussteller der Erklärungen (Garantiefunktion), so dass die Voraussetzungen einer „Quasiurkunde" gegeben sind. Damit ergibt sich aber zugleich, dass diese unecht ist, weil die gespeicherten Erklärungen nicht vom Karteninhaber, sondern vom Täter stammen, der die Karte mittels verbotener Eigenmacht erlangt hat.[53] Man könnte nun einwenden, dass beim Abheben am Bankautomaten ein ausgedruckter Kontoauszug diese Daten (PIN usw.) gerade nicht enthält. Darauf kommt es aber richtigerweise nicht an, weil für den Tatbestand die tatsächlich eingegebenen Daten entscheidend sind und nicht ein in dieser Hinsicht unvollständiger Ausdruck des Kontoauszugs.[54] Dafür spricht auch folgende Überlegung: Würde der Täter die Handlung gegenüber einer Person vornehmen, dh das Geld am Schalter abheben oder im Wege des elektronischen Lastschriftverfahrens bezahlen, so würde er unter dem Namen des Karteninhabers auftreten und den Beleg mit dessen Namen unterschreiben, so dass eine Identitätstäuschung gegeben wäre. Zu einem anderen Ergebnis (straflose Inhaltslüge) könnte man nur gelangen, wenn man davon ausginge, dass der Täter lediglich behaupten würde, zum Abheben des Geldes vom Karteninhaber ermächtigt zu sein, und deshalb den Beleg „im Auftrag" des Karteninhabers unterschreiben würde. Dies ist aber lebensfremd, weil die Nutzung fremder Karten auch mit Zustimmung des Karteninhabers seitens des Kreditinstituts gar nicht gestattet ist.

31   dd) Entsprechendes gilt auch, wenn der Täter im Wege des **Skimmings** fremde Konto- und Zugangsdaten auf dem Chip- oder Magnetstreifen einer gefälschten Zahlungskarte speichert, weil hier über das Kreditinstitut als Aussteller der Zahlungskarte getäuscht wird.[55]

32   ee) Beim sog. **Phishing,** bei dem der Täter mittels E-Mail den Empfänger zur Preisgabe persönlicher Daten bewegt, sind zwei Schritte zu unterscheiden.[56] Zunächst geht es um Fälschung von E-Mails oder Webseiten zur Erlangung der Zugangsdaten, dann um die Nutzung der Daten im Zuge des **Online-Bankings.**

---

[51] *Hilgendorf/Valerius,* Computer- und Internetstrafrecht, Rn. 632; *Popp* MMR 2006, 84 (85).
[52] Dazu schon 8. Kap. Rn. 40 f.
[53] Vgl. *Kindhäuser* BT 1 § 56 Rn. 24; *Puppe* in NK § 269 Rn. 33.
[54] *Eisele* BT 1 Rn. 890; *Stuckenberg* ZStW 118 (2006), 878 (906).
[55] *Brehmeier-Metz* in AnwK § 269 Rn. 12; *Eisele/Fad,* Jura 2002, 305 (309). Näher zum Skimming oben 4. Kap. Rn. 23 ff.
[56] Umfassend zum Phishing etwa *Gercke* CR 2005, 606; *Goeckenjan* wistra 2008, 128; *Heghmanns* wistra 2007, 167; *Stuckenberg* ZStW 118, 878.

Beispiel: T versendet an Bankkunden E-Mails, die nach ihrer äußeren Gestaltung und der E-Mail-Adresse („sparkasse-x-stadt") den Eindruck erwecken, als stammten sie von ihrem Kreditinstitut. Die Kunden werden darin unter dem Vorwand einer Sicherheitsprüfung aufgefordert, ihre persönlichen Zugangsdaten für das Online-Banking auf einer von T vorinstallierten Internetseite, zu der sich in den E-Mails ein Link findet, einzugeben. Die Internetseite ist der Originalseite des Kreditinstituts nachgeahmt. O gibt, nachdem er eine solche E-Mail erhalten hat, die Daten auf der Webseite ein. Mit den so erlangten Daten überweist T zu Lasten des O im Wege des Online-Bankings 1000 EUR.

Die **E-Mail und die verlinkte Webseite** beinhalten beweiserhebliche Daten, da **33** sie in einem späteren Gerichtsverfahren als Beweismittel herangezogen werden können.[57] Zudem erweckt die E-Mail den Anschein des Versandes im Rahmen eines bestehenden Vertragsverhältnisses.[58] E-Mail und Webseite lassen mit dem Kreditinstitut auch den Aussteller erkennen. Dies wäre nur dann anders zu beurteilen, wenn ein Fantasiename verwendet wird (zB „sparbank-entenhausen"), so dass ein Fall von sog. offener Anonymität vorliegen würde, bei dem ersichtlich kein Garant hinter der Erklärung steht.[59] Weil tatsächlicher Aussteller (Täter) und scheinbarer Aussteller (Kreditinstitut) auseinanderfallen, ist auch die Unechtheit zu bejahen. Ferner besteht beim Versenden für das Tatopfer die Möglichkeit, von ihr Kenntnis zu nehmen, so dass auch ein Gebrauchen iSd Var. 3 vorliegt.[60] Fällt das Speichern und Gebrauchen zusammen, so erlangt das Gebrauchen keine selbstständige Bedeutung.[61] Auch das Nutzen der Daten im Wege des **Online-Bankings** verwirklicht § 269 StGB, da der Täter mit Eingabe der persönlichen beweiserheblichen Daten den Anschein erweckt, als sei der Kontoinhaber Auftraggeber der Überweisung.[62] Letztlich ist über § 269 Abs. 3 StGB auch das Regelbeispiel des § 267 Abs. 3 Nr. 3 StGB zu beachten, wenn – wie bei massenhaften E-Mails – durch eine große Zahl von unechten oder verfälschten Datenurkunden die Sicherheit des Rechtsverkehrs erheblich gefährdet wird.

Hinweise zu weiteren Tatbeständen: Eine Strafbarkeit nach §§ 263, 263a Abs. 1 Var. 3 StGB durch Versenden der E-Mail oder Schalten der Webseite scheidet aus, weil dadurch nicht unmittelbar ein Vermögensschaden eintritt; auch liegt keine Vorbereitungsstrafbarkeit nach § 263a StGB vor.[63] Weil die Daten vom Opfer willentlich übermittelt werden, scheiden richtigerweise insoweit auch §§ 202a, 202c StGB aus.[64] Hinsichtlich der Verwendung der Daten im Online-Banking ist eine Strafbarkeit nach § 263a Var. 3 StGB gegeben,[65] während § 202a StGB streitig ist.[66] §§ 303a Abs. 1, 303b Abs. 1 Nr. 1 StGB scheiden aus, weil die Daten weder gelöscht noch sonst in einer Weise verändert werden.[67]

ff) Zunehmend diskutiert werden Konstellationen, in denen sich ein Internetnut- **34** zer bei Anbietern **unter falschem Namen registriert**.[68] Bedeutung haben in jüngerer Zeit insbesondere Fälle erlangt, in denen sich Nutzer bei der Internetplattform

---

[57] *Buggisch* NJW 2004, 3519 (3520); *Gercke* CR 2005, 606 (609); *Gercke/Brunst*, Internetstrafrecht, Rn. 242.

[58] *Goeckenjan* wistra 2008, 128 (130); *Rengier* BT 2 § 35 Rn. 4.

[59] *Graf* NStZ 2007, 129 (131f.); allg. zur offenen Anonymität *Erb* in MünchKomm § 267 Rn. 151; *Hoyer* in SK § 267 Rn. 52; *Puppe* in NK § 267 Rn. 77.

[60] *Buggisch* NJW 2004, 3519 (3521); *Heghmanns* wistra 2007, 167 (168); *Stuckenberg* ZStW 118, 878 (884).

[61] *Stuckenberg* ZStW 118 (2007), 878 (884f.).

[62] *Rengier* BT 2 § 35 Rn. 4; *Stuckenberg* ZStW 118 (2007), 878 (906).

[63] S. oben 8. Kap. Rn. 61.

[64] S. oben 4. Kap. Rn. 22.

[65] S. oben 8. Kap. Rn. 50.

[66] S. oben 4. Kap. Rn. 22.

[67] *Knupfer* MMR 2004, 641 (642); *Popp* MMR 2006, 84 (86).

[68] Ausf. *Eisele*, FS Puppe, 2011, S. 1091; ferner *Petermann* JuS 2010, 774; *Willer* NStZ 2010, 553 (555).

eBay unter falschem Namen angemeldet haben, um dort Waren zu verkaufen und zu ersteigern. Auch hier ist die Frage zu beantworten, ob eine unechte „Quasiurkunde" vorliegt.

35   Die gespeicherten Daten sind jedenfalls – entgegen der Ansicht des OLG Hamm[69] – **beweiserheblich,** da mit der Anmeldung des Accounts ein Nutzungsvertrag mit Rechten und Pflichten geschlossen wird und über die Internetplattform Rechtsgeschäfte abgewickelt werden sollen.[70] Anders mag man allenfalls hinsichtlich der Errichtung eines kostenfreien E-Mail-Kontos entscheiden.[71] Für die Beweiseignung kommt es auch nicht auf die Verwendung einer **digitalen Signatur** an.[72] Dafür spricht schon, dass das Signaturgesetz zeitlich nach § 269 StGB geschaffen wurde und die Materialien auf keinerlei Einschränkung des Tatbestandes hindeuten.[73] Auch sollen mit dem Erfordernis der Beweiseignung letztlich nur für den Beweisverkehr irrelevante Äußerungen ausgeschlossen werden, während es auf zivilrechtliche Beweisfragen nicht weiter ankommt.[74] Letztlich muss man sehen, dass es auch im Rahmen des § 267 StGB nicht entscheidend ist, ob die Fälschung durch bestimmte Umstände – wie etwa eine eigenhändige Unterschrift – erschwert wird.[75] Auch die **Garantiefunktion** ist mit der Eingabe des Namens, der Adresse usw. gewahrt. Offene oder versteckte Anonymität liegt gerade nicht vor, weil der Nutzer wirksame Rechtsgeschäfte schließen möchte.[76] Dass der Nutzer während der Online-Auktion für die weiteren Beteiligten ggf. nur unter einem Pseudonym sichtbar ist, ist für die Erkennbarkeit des Ausstellers hinsichtlich des Anmeldevorgangs unerheblich. Mit der Angabe des falschen Namens liegt auch eine Identitätstäuschung und damit die **Unechtheit** vor. Es handelt sich nicht nur um eine straflose Namenslüge, bei der der wahre Namen unerheblich ist.[77] Vielmehr ist aufgrund der Beweissituation die zutreffende Namensangabe für die Internetplattform von Bedeutung.[78] Letztlich ist in dem Absenden der elektronischen Anmeldung auch ein **Speichern** nach Var. 1 zu sehen.

Hinweis zu § 263a StGB: Im Einzelfall kann gegenüber der Internetplattform oder anderen Anbietern auch § 263a Abs. 1 Var. 2 StGB vorliegen, wenn die Verwendung unrichtiger Kundendaten dazu führt, dass eine entgeltliche Leistung in Anspruch genommen wird (Vermögensverfügung), ohne dass hierfür eine Gegenleistung erfolgt.[79]

36   **c) Var. 2** ist parallel zum Verfälschen einer echten Urkunde nach § 267 Abs. 1 Var. 2 StGB ausgestaltet. Hier müssen Daten so verändert werden, dass im Falle visueller Wahrnehmbarkeit eine verfälschte Urkunde vorliegen würde. Typische Beispiele sind das unbefugte Wiederaufladen einer Wertkarte durch Veränderung

---

[69] OLG Hamm StV 2009, 475 (476).

[70] So KG K&R 2009, 807 (809f.); *Eisele,* FS Puppe, 2011, S. 1091 (1095f.); *Jahn* JuS 2009, 662 (663); *Petermann* JuS 2010, 774 (777); *Willer* NStZ 2010, 553 (555).

[71] Vgl. *Buggisch* NJW 2004, 3519 (3520); *Petermann* JuS 2010, 774 (776); aA *Hilgendorf* in SSW § 269 Rn. 7.

[72] Vgl. aber OLG Hamm StV 2009, 475 (476).

[73] *Eisele,* FS Puppe, 2011, S. 1091 (1097f.); *Erb* in MünchKomm § 269 Rn. 18; *Puppe* BGH-FG, Bd. 4, 2000, S. 569 (572); *Stuckenberg* ZStW 118 (2006), S. 878 (888).

[74] KG K&R 2009, 807 (810f.); *Jahn* JuS 2009, 662 (664).

[75] KG K&R 2009, 807 (811); *Erb* in MünchKomm § 269 Rn. 18; *Stuckenberg* ZStW 118 (2006), 878 (887f.).

[76] *Eisele,* FS Puppe, 2011, S. 1091 (1101f.); *Petermann* JuS 2010, 774 (777).

[77] Vgl. aber OLG Hamm StV 2009, 475 (476); *Willer* NStZ 2010, 553 (557).

[78] KG K&R 2009, 807 (809f.); *Eisele,* FS Puppe, 2011, S. 1091 (1101f.); *Petermann* JuS 2010, 774 (777).

[79] Zur Fallbearbeitung *Petermann/Savanovic* JuS 2011, 1003 (1004f.).

des Guthabens[80] sowie das Verändern des Kreditrahmens oder der Kontonummer bei einer Zahlungskarte.[81] Teilweise wird auch das **Abschalten des SIM-Locks bei einem Prepaid-Mobiltelefon** erfasst, weil damit dem (ursprünglichen) Aussteller jeweils eine andere Erklärung untergeschoben werde, als er tatsächlich abgegeben habe. So lasse sich etwa in den Fällen des Prepaid-Mobiltelefons diesem nach Beseitigung der Sperre die Erklärung entnehmen, dass dieses in jedem beliebigen Netz betrieben werden könne.[82] Freilich kann man daran kritisieren, dass die Daten im Gerät selbst nur die technische Sperrung bewirken und sich die Erklärung des Mobilfunkbetreibers letztlich nur aus dem Vertrag mit dem Nutzer ergibt; zudem kann man auch ein Handeln zur Täuschung im Rechtsverkehr bzw. zur fälschlichen Beeinflussung einer Datenverarbeitung im Rechtsverkehr bezweifeln, weil die Prüfung des SIM-Lock nach dem Kauf gerade nicht vorgesehen ist.[83]

d) Nach **Var. 3** wird – ebenfalls in Parallele zu § 267 StGB – das Gebrauchen **37** falsch gespeicherter oder veränderter Daten erfasst.

2. Subjektiver Tatbestand

Hinsichtlich des Vorsatzes und des Handelns zur Täuschung im Rechtsverkehr **38** gelten die Ausführungen bei § 267 StGB entsprechend. Vor allem im Rahmen von § 269 StGB gewinnt die Vorschrift des § 270 StGB an Bedeutung, die die fälschliche Beeinflussung einer Datenverarbeitung der Täuschung im Rechtsverkehr gleichstellt und damit verdeutlicht, dass nicht zwingend eine Person Täuschungsadressat sein muss.

IV. Konkurrenzen

Auf Konkurrenzebene gelten die für § 267 StGB entwickelten Grundsätze ent- **39** sprechend. Hat der Täter zum Zeitpunkt des Speicherns bereits bestimmte Vorstellungen über die spätere Verwendung und entspricht der spätere Gebrauch dieser Absicht, so ist von einer Fälschung beweiserheblicher Daten im Rechtssinne auszugehen. Dogmatisch kann dies als deliktische Einheit beider Akte begründet werden, wobei die Tat mit dem Speichern vollendet und mit dem Gebrauchen beendet ist. Vertretbar ist auch, das Gebrauchen als straflose Nachtat oder das Speichern als straflose Vortat einzustufen.[84] Mit §§ 267, 268 StGB kann Tateinheit bestehen,[85] während §§ 152a, 152b StGB als speziellere Vorschriften § 269 StGB verdrängen.[86]

Rechtsprechung: BGH NStZ-RR 2003, 265 (Tatbestandsvarianten des § 269 StGB); OLG Hamm StV 2009, 475 und KG Berlin K&R 2009, 807 (Beweiserheblichkeit und Garantiefunktion bei Anmeldung im Internet unter falschem Namen).

Aufsätze: *Eisele,* Fälschung beweiserheblicher Daten bei Anmeldung eines eBay-Accounts unter falschem Namen, FS Puppe, 2011, S. 1091; *Eisele/Fad,* Strafrechtliche Verantwortlichkeit beim Missbrauch kartengestützter Zahlungssysteme, Jura 2002, 305; *Hecker,* Herstellung, Verkauf, Erwerb und Verwendung manipulierter Telefonkarten, JA 2004, 762; *Laue,* Kreditkarte und Internet,

---

[80] Zu Telefonkarten BGH NStZ-RR 2003, 265 f.; *Hecker* JA 2004, 762 (764).
[81] AG Böblingen WM 1990, 64 (65); *Cramer/Heine* in Schönke/Schröder § 269 Rn. 17; *Puppe* in NK § 269 Rn. 33.
[82] AG Göttingen MMR 2011, 626 (627).
[83] *Kusnik* CR 2011, 718 (720); *Neubauer* MMR 2011, 628.
[84] Näher *Eisele* BT 1 Rn. 838 ff.
[85] *Erb* in MünchKomm § 269 Rn. 41.
[86] BT-Drs. 15/1720, 9; BGH NStZ 2005, 329; *Erb* in MünchKomm § 269 Rn. 41; *Puppe* in NK § 269 Rn. 39; aA BGHSt 46, 48 (52); *Lackner/Kühl* § 152b Rn. 7; *Wittig* in SSW § 269 Rn. 12.

JuS 2002, 359; *Petermann,* Die Einrichtung gefälschter Internetaccounts – ein Anwendungsfall des § 269 StGB, JuS 2010, 774; *Petermann/Savanovic,* Gewinnmaximierung mittels Internetplattform, JuS 2011, 1003; *Stuckenberg,* Zur Strafbarkeit von „Phishing", ZStW 118 (2006), 878; *Willer,* Die Onlineauktion unter falschem Namen und der Straftatbestand der Fälschung beweiserheblicher Daten isd § 269 StGB, NStZ 2010, 553.

Übungsfälle: *Fad,* Rechtsstaatliche Offensive in Schilda, Jura 2002, 632 (633 f.); *Hellmann/ Beckemper,* Die ungetreue Finderin, JuS 2001, 1095; *Laue,* Kreditkarte und Internet, JuS 2002, 359; *Petermann/Savanovic,* Gewinnmaximierung mittels Internetplattform, JuS 2011, 1003.

§ 47. Urkundenunterdrückung (§ 274 StGB)

I. Grundlagen

40   § 274 StGB möchte den Bestand der genannten Beweismittel gewährleisten und schützt daher das **Beweisführungsrecht** an der Urkunde, der technischen Aufzeichnung, den beweiserheblichen Daten usw.[87] Nach Abs. 2 ist auch hier der Versuch strafbar.

II. Prüfungsschema

41   1. Tatbestand
        a) Objektiver Tatbestand
           aa) Tatobjekt: Echte Urkunde iSd § 267 StGB oder technische Aufzeichnung iSd § 268 StGB (Nr. 1); beweiserhebliche Daten iSd
               § 202 a StGB (Nr. 2)
           bb) Kein alleiniges Beweisführungsrecht (Nr. 1) bzw. keine alleinige
               Verfügungsbefugnis des Täters (Nr. 2)
           cc) Tathandlung: Vernichten, Beschädigen, Unterdrücken (Nr. 1); Löschen, Unterdrücken, Unbrauchbarmachen, Verändern (Nr. 2)
        b) Subjektiver Tatbestand
           aa) Vorsatz
           bb) Nachteilszufügungsabsicht (dolus directus 1. oder 2. Grades)
           P: Nutzen fremder Zahlungskarten (Rn. 47)
     2. Rechtswidrigkeit
     3. Schuld

III. Tatbestand

1. Urkundenunterdrückung, Nr. 1

42   **a)** Die Urkunde iSd § 267 StGB bzw. die technische Aufzeichnung iSd § 268 StGB muss zunächst **echt** sein, da Fälschungen nicht schutzbedürftig sind.[88] Ferner

---

[87] *Freund* in MünchKomm § 274 Rn. 2; *Heghmanns* in Achenbach/Ransiek Teil 6/1, Rn. 164; *Mitsch,* Medienstrafrecht, § 3 Rn. 89; *Zieschang* in LK § 274 Rn. 1.
[88] *Kindhäuser* BT 1 § 57 Rn. 5; *Kindhäuser* LPK § 274 Rn. 2.

darf das Tatobjekt dem Täter **nicht oder nicht ausschließlich gehören.** Entscheidend hierfür sind nicht die Eigentumsverhältnisse, sondern die Frage, wer mit der Urkunde bzw. technischen Aufzeichnung im Rechtsverkehr Beweis erbringen darf. Das Tatobjekt gehört nicht mehr dem Täter allein, wenn ein Dritter zumindest auch ein Beweisführungsrecht besitzt.[89] Ein alleiniges **Beweisführungsrecht** des Inhabers besteht nach hM bei amtlichen Ausweisen wie etwa Reisepass, Personalausweis, Führerschein. Daran ändern auch öffentlich-rechtliche Vorlegungsvorschriften, die bloßen Überwachungsaufgaben dienen, nichts.[90]

b) Vernichtet ist die Urkunde bzw. die technische Aufzeichnung, wenn ihr In- **43** halt ganz beseitigt wird, so dass sie als Beweismittel nicht mehr vorhanden ist.[91] Ein **Beschädigen** liegt vor, wenn Veränderungen so vorgenommen werden, dass der Wert als Beweismittel beeinträchtigt ist, die Beweisqualität – in Abgrenzung zur Vernichtung – aber nicht aufgehoben ist.[92] Ein **Unterdrücken** ist gegeben, wenn der Berechtigte auch nur vorübergehend an der Benutzung als Beweismittel gehindert wird, dh die Urkunde bzw. technische Aufzeichnung als Beweismittel entzogen oder vorenthalten wird.[93]

2. Datenunterdrückung, Nr. 2

a) Die Datenunterdrückung nach Nr. 2 ergänzt den Strafrechtsschutz nach § 269 **44** StGB.[94] Weil Nr. 2 für den **Datenbegriff** jedoch auf § 202a Abs. 2 StGB verweist, müssen die Daten nicht zwingend „urkundengleich" sein. Es ist weder eine dauerhafte Speicherung (Perpetuierungsfunktion) noch die Erkennbarkeit des Ausstellers (Garantiefunktion) erforderlich;[95] vielmehr genügt es, dass die Daten beweiserheblich sind. Damit wird gegenüber § 269 StGB die Schutzrichtung verschoben, so dass bei der Datenveränderung auch schriftliche Lügen einbezogen werden.[96] Für die **alleinige Verfügungsbefugnis** ist in Parallele zu Nr. 1 das Beweisführungsrecht an den Daten entscheidend[97] und nicht etwa das Eigentum am Datenträger.[98]

b) Daten werden **gelöscht,** wenn sie vollständig oder unwiederbringlich un- **45** kenntlich gemacht werden, so dass sie sich nicht mehr rekonstruieren lassen.[99] Ein **Unterdrücken** liegt vor, wenn die Daten dem Zugriff des Verfügungsberechtigten entzogen werden.[100] **Unbrauchbar gemacht** sind die Daten, wenn sie in ihrer Gebrauchsfähigkeit so beeinträchtigt werden, dass sie nicht mehr ordnungsgemäß verwendet werden und damit ihren bestimmungsgemäßen Zweck nicht mehr erfüllen können.[101] Eine **Veränderung** ist gegeben, wenn die Daten einen anderen In-

---

[89] BayObLG NJW 1980, 1057 (1058); *Fischer* § 274 Rn. 3.

[90] BayObLG NJW 1997, 1592; *Cramer/Heine* in Schönke/Schröder § 274 Rn. 5; *Kindhäuser* LPK § 274 Rn. 7; aA *Puppe* in NK § 274 Rn. 4.

[91] *Brehmeier-Metz* in AnwK § 274 Rn. 11; *Kindhäuser* LPK § 274 Rn. 10; *Mitsch,* Medienstrafrecht, § 3 Rn. 89.

[92] OLG Düsseldorf NJW 1983, 2341 (2342); *Koch* in HK § 274 Rn. 7; *Mitsch,* Medienstrafrecht, § 3 Rn. 89; *Zieschang* in LK § 274 Rn. 34.

[93] RGSt 57, 310 (312); OLG Koblenz NStZ 1995, 50 (51); *Kindhäuser* LPK § 274 Rn. 11; *Wessels/Hettinger* BT 1 Rn. 893.

[94] *Cramer/Heine* in Schönke/Schröder § 274 Rn. 22c; *Hoyer* in SK § 274 Rn. 18.

[95] *Brehmeier-Metz* in AnwK § 274 Rn. 5; *Cramer/Heine* in Schönke/Schröder § 274 Rn. 22c; aA *Otto,* BT, § 72 Rn. 9.

[96] *Cramer/Heine* in Schönke/Schröder § 274 Rn. 22e; *Gercke/Brunst,* Internetstrafrecht, Rn. 249.

[97] *Lackner/Kühl* § 274 Rn. 5; *Wittig* in SSW § 274 Rn. 16.

[98] Vgl. auch *Gercke/Brunst,* Internetstrafrecht, Rn. 249.

[99] *Brehmeier-Metz* in AnwK § 274 Rn. 11; *Zieschang* in LK § 274 Rn. 39.

[100] *Hoyer* in SK § 274 Rn. 20 iVm § 303a Rn. 9; *Wittig* in SSW § 274 Rn. 16.

[101] *Lackner/Kühl* § 274 Rn. 20 iVm § 303a Rn. 3; *Zieschang* in LK § 274 Rn. 44.

formationsgehalt erhalten und dadurch der ursprüngliche Verwendungszweck beeinträchtigt wird.[102]

3. Subjektiver Tatbestand

46   Der Täter muss **vorsätzlich** (zumindest mit Eventualvorsatz) sowie mit **Nachteilszufügungsabsicht** handeln. Für die Nachteilszufügungsabsicht genügt das sichere Wissen (dolus directus 2. Grades),[103] dass die Tat notwendigerweise einen Nachteil zur Folge haben wird. Der Nachteil ist nicht iSe Vermögensschadens zu verstehen; vielmehr genügt jede Beeinträchtigung fremder Rechte.[104] Ausgenommen ist nach hM jedoch die Vereitelung eines staatlichen Straf- und Bußgeldanspruchs, da die bloße Selbstbegünstigung auch von § 258 StGB nicht erfasst wird[105] und auch § 263 StGB solche Ansprüche nicht schützt[106].

Beispiel (digitaler Fahrtenschreiber): T hat die Lenk- und Ruhezeiten überschritten. Um ein Bußgeld zu vermeiden, löscht er mittels Manipulation die Daten aus dem digitalen Fahrtenschreiber. – § 274 Abs. 1 Nr. 2 StGB scheidet mangels Nachteilszufügungsabsicht aus.

47   Die Absicht muss ferner darauf gerichtet sein, dass der Beweisführungsberechtigte die Urkunde in einer aktuellen Beweissituation nicht verwenden kann und der Nachteil gerade durch diese **Beeinträchtigung des Beweisführungsrechts** eintritt.[107]

Beispiel (Kreditkarte): T nimmt dem O die Kreditkarte weg, um damit eigene Einkäufe zu zahlen. Später möchte er die Karte unbemerkt zurückgeben. – § 274 Abs. 1 Nr. 1 StGB ist hier zu verneinen, weil dem O das Beweisführungsrecht nicht in einer bestimmten Beweissituation entzogen werden soll, solange O die Karte aus Sicht des T nicht gerade selbst zum Abheben benutzen möchte. Was den Vermögensschaden des O anbelangt, so beruht dieser nur auf der unbefugten Verwendung der Karte, nicht jedoch spezifisch auf der Beeinträchtigung der Beweisführungsmöglichkeit.[108]

IV. Konkurrenzen

48   Wird neben § 274 StGB auch § 303 StGB oder § 303a StGB verwirklicht, so treten diese Delikte als typische Begleittaten im Wege der Konsumtion zurück, während zu § 269 StGB Tateinheit bestehen kann.[109]

Rechtsprechung: BGHSt 29, 192 (Urkundenunterdrückung durch den Eigentümer der Urkunde); BGH wistra 2010, 483 (keine Nachteilszufügungsabsicht bei Vereitelung eines staatlichen Straf- oder Bußgeldanspruchs).

---

[102] *Brehmeier-Metz* in AnwK § 274 Rn. 17; *Fischer* § 274 Rn. 8; *Zieschang* in LK § 274 Rn. 45.

[103] BGH NJW 1953, 1924; BayObLG NJW 1968, 1896 (1897); *Cramer/Heine* in Schönke/Schröder § 274 Rn. 15; *Heghmanns* in Achenbach/Ransiek Teil 6/1, Rn. 167; *Mitsch,* Medienstrafrecht, § 3 Rn. 89; aA *Hoyer* in SK § 274 Rn. 14; *Puppe* in NK § 274 Rn. 12.

[104] BGHSt 29, 192 (196); *Koch* in HK § 274 Rn. 17; *Lackner/Kühl* § 274 Rn. 7; *Rengier* BT 2 § 36 Rn. 8.

[105] BGH wistra 2010, 483; BayObLG NZV 1989, 81; *Cramer/Heine* in Schönke/Schröder § 274 Rn. 16; *Kindhäuser* LPK § 274 Rn. 14; aA AG Elmshorn NJW 1989, 3295; *Puppe* in NK § 274 Rn. 14.

[106] BayObLG NZV 1989, 81; OLG Zweibrücken GA 1978, 316; *Hefendehl* in MünchKomm § 274 Rn. 413.

[107] BayObLG NJW 1968, 1896 (1897); OLG Düsseldorf NStZ 1981, 25 (26); *Heghmanns* in Achenbach/Ransiek Teil 6/1, Rn. 167; *Hoyer* in SK § 274 Rn. 16; *Rengier* BT 2 § 36 Rn. 9.

[108] *Rengier* BT 2 § 36 Rn. 9; s. auch *Fischer* § 274 Rn. 9f.

[109] *Cramer/Heine* in Schönke/Schröder § 274 Rn. 22g.

Aufsätze: *Geppert,* Zum Verhältnis der Urkundendelikte untereinander, insbesondere zur Abgrenzung von Urkundenfälschung und Urkundenunterdrückung, Jura 1988, 158.

Übungsfälle: *Brüning,* Ein Jurist auf Abwegen, ZJS 2010, 98; *Fad,* Rechtsstaatliche Offensive in Schilda, Jura 2002, 632; *Hoffmann-Holland/Singelnstein/Simonis,* Parken und Tanken, JA 2009, 513; *Kempny,* Überblick zu den Geldkartendelikten, JuS 2007, 1084; *Schmitz,* Der „Bettelstudent" – Zwangsvollstreckung, Verkauf der Pfandsache und Überziehung des Kreditrahmens, Jura 2001, 335.

§ 48. Fälschung von Zahlungskarten (§§ 152a, 152b StGB)

I. Grundlagen

§ 152a StGB normiert die Fälschung von Zahlungskarten ohne Garantiefunktion, **49** § 152b StGB die Fälschung von Zahlungskarten mit Garantiefunktion. Die **abstrakten Gefährdungsdelikte** schützen die **Sicherheit und Funktionsfähigkeit des bargeldlosen Zahlungsverkehrs.**[110] Bedeutung erlangen die Vorschriften vor allem im Zusammenhang mit dem Skimming. Der **Versuch** ist nach § 152a Abs. 2 StGB und § 152b Abs. 1 iVm §§ 23 Abs. 1, 12 Abs. 1 StGB (Verbrechen) strafbar. Nach dem jeweiligen Abs. 5 sind über § 149 StGB bestimmte **Vorbereitungshandlungen** strafbar, wobei die Möglichkeit einer Strafbefreiung wegen tätiger Reue bei vollendetem Delikt zu beachten ist. Gegenüber §§ 267, 269 StGB gehen die Vorschriften im Wege der Gesetzeskonkurrenz (Spezialität) vor.

II. Prüfungsschema

1. Tatbestand **50**
   a) Objektiver Tatbestand
      aa) Inländische oder ausländische Zahlungskarten, Schecks oder Wechsel (§ 152a StGB); Zahlungskarten mit Garantiefunktion oder Euroscheckvordrucke (§ 152b StGB)
      P: Vorliegen der Garantiefunktion (Rn. 53)
      bb) Tathandlungen:
         (1) Nr. 1: Nachmachen oder Verfälschen
         P: Herstellen von Kartenblanketten (Rn. 54)
         (2) Nr. 2: Falsche Zahlungskarten usw. sich oder einem anderen verschaffen, feilhalten, einem anderen überlassen oder gebrauchen
   b) Subjektiver Tatbestand
      aa) Vorsatz
      bb) Handeln zur Täuschung im Rechtsverkehr mit Gleichstellung nach § 270 StGB oder Handeln, um eine solche Täuschung zu ermöglichen
2. Rechtswidrigkeit
3. Schuld
4. Qualifikation (§§ 152a Abs. 3, § 152b Abs. 2 StGB): Gewerbsmäßigkeit oder Handeln als Mitglied einer Bande, die sich zur fortgesetzten Begehung von solchen Straftaten verbunden hat.

---

[110] BT-Drs. 13/8527, 29; *Sternberg-Lieben* in Schönke/Schröder § 152a Rn. 1.

III. Tatbestand

1. Objektiver Tatbestand

51　Zunächst muss man beachten, dass trotz der sprachlichen Fassung im Plural („Zahlungskarten") die Vorschriften auch Tathandlungen erfassen, die nur auf eine einzelne Zahlungskarte bezogen sind.[111]

52　**a) Zahlungskarten iSd § 152a StGB** sind nach Abs. 4 Karten, die von einem Kreditinstitut (§ 1 Abs. 1 KWG) oder Finanzdienstleistungsinstitut (§ 1 Abs. 1a KWG) ausgegeben wurden und durch Ausgestaltung oder Codierung besonders gegen Nachahmung gesichert sind. Eine Zahlungskarte setzt ferner voraus, dass der Inhaber oder Benutzer der Karte in die Lage versetzt wird, Geld oder einen monetären Wert zu übertragen.[112] Nicht einbezogen sind daher **Leistungskarten,** die nur den unentgeltlichen Zugang zu einer Automatenleistung ermöglichen.[113] Daher wird eine elektronische Karte zum Ausdruck von Bescheinigungen usw. nicht erfasst. Ebenfalls keine Zahlungskarten sind **Telefonkarten** und **Kundenkarten von Warenhäusern,** da diese nicht von einem Kreditinstitut oder einem Finanzdienstleistungsinstitut ausgegeben werden und lediglich bargeldlose Einkäufe ermöglichen sollen.[114]

53　**b) Zahlungskarten iSd § 152b StGB** sind nach der Legaldefinition des Abs. 4 **Zahlungskarten mit Garantiefunktion,** dh Kreditkarten (American-Express-Karte, Mastercard, Visa-Card), Euroscheckkarten und sonstige Karten (ec- bzw. maestro-Karten[115]), die es ermöglichen, den Aussteller im Zahlungsverkehr zu einer garantierten Zahlung zu veranlassen, und durch Ausgestaltung oder Codierung besonders gegen Nachahmung gesichert sind. Nach Abschaffung des Euroscheckverkehrs zum 1. 1. 2002 haben Euroscheckkarten ihre Bedeutung verloren. Das Kürzel „ec" auf Zahlungskarten wurde aus Gründen der Kontinuität und des Vertrauens beibehalten, bedeutet jedoch nicht mehr „eurocheque", sondern „electronic cash".[116] Entscheidend für die Anwendung des Tatbestandes ist nur, dass es sich um eine Zahlungskarte mit Garantiefunktion handelt, nicht aber, ob sie nach der Vorstellung des Täters auch in einem Verfahren eingesetzt werden soll, in dem die Garantiefunktion Bedeutung erlangt; daher wird auch der geplante Einsatz im elektronischen Lastschriftverfahren erfasst.[117] Zur Begründung lässt sich darauf abstellen, dass zum Zeitpunkt des Nachmachens der konkrete Einsatz häufig noch gar nicht feststehen oder sich zumindest nicht erweisen lassen wird. Zudem bringt der Rechtsverkehr solchen Karten grundsätzlich ein besonderes Vertrauen entgegen, weil sie von den Kreditinstituten erst nach Bonitätsprüfung ausgestellt werden.[118] Nicht erfasst werden aber auch hier sog. Kundenkarten (Spezialkreditkarten), die

---

[111] BGHSt 46, 146 (150 ff.); BGH NJW 2000, 3580; *Eisele* JA 2001, 747 (748); *Puppe* in NK § 152a Rn. 11; *Ruß* in LK § 152a Rn. 4, 6.

[112] BT-Drs. 15/1720, 9; *Erb* in MünchKomm § 152a Rn. 3; *Weidemann* in BeckOK StGB § 152a Rn. 4.

[113] BT-Drs. 15/1720, 9; *Fischer* § 152a Rn. 4b.

[114] *Puppe* in NK § 152a Rn. 6; *Sternberg-Lieben* in Schönke/Schröder § 152a Rn. 3.

[115] BGH NStZ 2012, 318; *Ruß* in LK § 152b Rn. 2; *Wittig* in SSW § 152b Rn. 4f.; da es an einem selbstständigen Zahlungsanspruch fehlt, soll bei maestro-Karten nach aA nur § 152a StGB Anwendung finden; vgl. *Fischer* § 152b Rn. 5; *Heger* wistra 2010, 281 (284 ff.).

[116] Dazu *Husemann* NJW 2004, 104 (108 f.).

[117] BT-Drs. 15/1720, 9; BGHSt 46, 146 (149); BGH NStZ-RR 2008, 280; *Lackner/Kühl* § 152b Rn. 2; *Weidemann* in BeckOK StGB § 152b Rn. 4.

[118] *Eisele* JA 2001, 747 (748).

dem Karteninhaber lediglich beim Einkauf in den Filialen des Unternehmens einen Kredit gewähren.[119]

c) Streitig ist, ob auch bei der **Herstellung eines unbedruckten Kartenblanketts** 54 ein Nachmachen einer Zahlungskarte anzunehmen ist.

Beispiel (Skimming): T montiert am Einzugsfach eines Geldautomaten ein Lesegerät, so dass beim Einführen der Karte durch den Kunden der Inhalt des Magnetstreifens ausgelesen wird. Ferner wird mithilfe einer Miniaturkamera, die über der Tastatur installiert ist, die Eingabe der PIN aufgezeichnet. T kopiert diese Daten auf ein Kartenblankett mit Magnetstreifen, so dass er damit Geld abheben kann.

Die Anwendbarkeit der §§ 152 a, 152 b StGB wird in solchen Fällen teilweise von 55 vornherein verneint, weil das Kartenblankett von keinem Kreditinstitut ausgegeben wird.[120] Jedoch wird man hier den Begriff des Nachmachens, der an § 146 StGB angelehnt ist,[121] näher in den Blick nehmen müssen.[122] Beim Nachmachen muss der Anschein echten Geldes erweckt werden, so dass es nach dem Gesamtbild geeignet ist, einen Arglosen im gewöhnlichen Zahlungsverkehr zu täuschen. An die Verwechslungsgefahr sind dabei keine zu hohen Anforderungen zu stellen,[123] so dass auch frei erfundenes Geld falsches Geld sein kann.[124] Kein Nachmachen liegt vor, wenn dem Betrachter sofort ins Auge springt, dass es sich nicht um echtes Geld handelt.[125] Bei einem Kartenblankett würde daher nach dem äußeren Erscheinungsbild keine Verwechslungsgefahr mit einer Zahlungskarte bestehen. Allerdings wird beim Einsatz am Geldautomaten die Verwechslungsgefahr nicht durch das Erscheinungsbild, sondern durch die Form und Codierung der Karte begründet, so dass auch für diese Karten ein Bereich existiert, in dem eine Verwechslungsgefahr besteht. Insoweit kommt es dann nur darauf an, ob die Karte nach computertechnischer Prüfung akzeptiert wird;[126] eine offensichtliche Fälschung liegt insoweit nur vor, wenn die technische Prüfung damit von vornherein nicht überlistet werden kann.[127] Hierfür spricht letztlich, dass dem Handeln des Täters zur Täuschung im Rechtsverkehr nach § 270 StGB die fälschliche Beeinflussung einer Datenverarbeitung gleichgestellt ist.[128]

Hinweis zu § 267 StGB: Anders als bei einer täuschend echten Nachahmung einer Zahlungskarte scheidet bei einem Kartenblankett jedoch eine Strafbarkeit nach § 267 Abs. 1 Var. 1 StGB aus, weil dieses keinen Aussteller erkennen lässt.

d) Auch die **weiteren Tathandlungen** sind an §§ 146 ff. StGB angelehnt. Ein 56 **Verfälschen** liegt vor, wenn bei einer echten Zahlungskarte die in ihr gespeicherten Informationen – zB über den Gültigkeitszeitraum einer Karte – verändert werden.[129] Der Täter **verschafft** die Karte sich oder einem anderen, wenn er eigene oder fremde Verfügungsmacht begründet. Wird keine Verfügungsmacht des Empfängers

---

[119] *Erb* in MünchKomm § 152 b Rn. 4; *Fischer* § 152 a Rn. 4 f.
[120] *Lackner/Kühl* § 152 a Rn. 7; *Sternberg-Lieben* in Schönke/Schröder § 152 a Rn. 5.
[121] S. auch BGHSt 46, 146 (152); *Wittig* in SSW § 152 a Rn. 12.
[122] Näher zum Folgenden *Eisele* CR 2011, 131 (133 f.).
[123] BGH NStZ 2003, 368 (369); BGH NJW 1995, 1844 f.; *Sternberg-Lieben* in Schönke/Schröder § 152 a Rn. 5 iVm § 146 Rn. 5.
[124] BGHSt 30, 71 (72); *Erb* in MünchKomm § 146 Rn. 16.
[125] Vgl. BGH MDR 1952, 563.
[126] *Erb* in MünchKomm § 152 a Rn. 6; *Fischer* § 152 a Rn. 11; *Puppe* in NK § 152 a Rn. 16.
[127] Insoweit steht der Annahme des Tatbestandes nicht entgegen, dass die Karten aufgrund des hohen Sicherheitsstandards in Deutschland idR nur im Ausland eingesetzt werden können; näher *Eisele* CR 2011, 131 (133 f.).
[128] Dazu, dass § 270 StGB auch im Rahmen der §§ 152 a und § 152 b StGB Anwendung findet, vgl. BGHSt 46, 146 (152 f.).
[129] Näher zu den Tathandlungen *Puppe* in NK § 152 a Rn. 16 ff.

begründet, kommt ein **Überlassen** in Betracht. Feilhalten setzt ein offenes Anbieten der Ware zum Verkauf an das Publikum voraus.[130] Das **Gebrauchen** ist wie bei § 267 StGB verwirklicht, wenn die Zahlungskarte so zugänglich gemacht wird, dass sie wahrgenommen werden kann.[131]

2. Subjektiver Tatbestand

57   Neben zumindest bedingtem Vorsatz ist auch ein Handeln zur Täuschung im Rechtsverkehr (mit Gleichstellung nach § 270 StGB) oder ein Handeln, um eine solche Täuschung zu ermöglichen, erforderlich. Auch insoweit genügt nach hM wie bei § 267 StGB dolus directus 1. und 2. Grades.

3. Strafbarkeit von Vorbereitungshandlungen

58   **a)** Zu beachten ist zunächst, dass ein Versuch beim Skimming noch nicht mit dem Anbringen des Skimminggeräts am Bankautomaten vorliegt, weil es für den Versuch auf den Beginn der Fälschungshandlung selbst ankommt.[132] Nach § 152a Abs. 5 und § 152b Abs. 5 StGB werden Vorfeldhandlungen über § 149 StGB pönalisiert, die der Vorbereitung der Fälschung von Zahlungskarten dienen. Dabei wird ua auch das Herstellen, Verschaffen, Feilhalten, Verwahren oder Überlassen von Computerprogrammen oder ähnlichen Vorrichtungen erfasst, die ihrer Art nach zur Begehung der Tat geeignet sind. Die Aufnahme der Computerprogramme erfolgte zur Umsetzung von Art. 3 Abs. 1 lit. d des Rahmenbeschlusses des Rates über die Verstärkung des mit strafrechtlichen und anderen Sanktionen bewehrten Schutzes gegen Geldfälschung im Hinblick auf die Einführung des Euro,[133] da diese zuvor nicht erfasst waren.[134] Das Programm muss dabei nach seiner (spezifischen) Art zur Begehung der Fälschung geeignet sein. Nicht ausreichend ist, dass ein Programm – wie zB ein Grafikprogramm – gleichermaßen zu legalen wie deliktischen Zwecken eingesetzt werden kann.[135]

59   **b)** Erfasst werden aber Programme, die gerade dem Übertragen und Codieren von Magnetstreifen dienen und beim **Skimming** verwendet werden.[136] Als „ähnliche Vorrichtungen" können auch Datensätze, die auf den Magnetstreifen kopiert werden und keine Computerprogramme sind, erfasst werden, da es auf die Körperlichkeit der Vorlagen insoweit nicht mehr ankommt.[137] Streitig ist, ob auch Skimminggeräte erfasst werden, die an Geldautomaten angebracht werden und dort die Daten fremder Karten auslesen sollen, solange diese noch keine Datensätze gespeichert haben. Dies ist richtigerweise zu verneinen, weil damit erst die Datensätze erlangt werden sollen; so hat auch der BGH das Merkmal „ähnliche Vorrichtungen" für ein Kreditkartenlesegerät verneint, da dieses nach seiner Art nicht unmittelbar zur Begehung einer Fälschung geeignet sei und die gefälschten Karten nicht mithilfe des Skimmers selbst hergestellt würden.[138]

---

[130] BGHSt 23, 286 (288); *Sternberg-Lieben* in Schönke/Schröder § 146 Rn. 15 a.
[131] Enger *Puppe* in NK § 152a Rn. 18, die auf das Verwenden als Zahlungsinstrument abstellt.
[132] Vgl. BGH NStZ 2011, 89; BGH NStZ-RR 2011, 367 (368).
[133] ABl. EG 2000, L 140, 1; vgl. auch BT-Drs. 8998, 9.
[134] BGH wistra 2004, 265 (266); *Vogel* ZRP 2002, 7 (9).
[135] *Ruß* in LK § 149 Rn. 3; § 152a Rn. 11; *Sternberg-Lieben* in Schönke/Schröder § 149 Rn. 3. Siehe auch 4. Kap. Rn. 49 zu § 202c StGB und 8. Kap. Rn. 59 zu § 263 StGB.
[136] *Erb* in MünchKomm § 152a Rn. 13, § 149 Rn. 6; *Fischer* § 149 Rn. 3; *Puppe* in NK § 149 Rn. 7.
[137] *Erb* in MünchKomm § 152a Rn. 13, § 149 Rn. 6; *Puppe* in NK § 149 Rn. 9.
[138] BGH wistra 2004, 265 (266); *Ruß* in LK § 149 Rn. 3; zu § 263a StGB *Cramer/Perron* in Schönke/Schröder § 263 Rn. 33; aA *Fischer* § 149 Rn. 3; *Rudolphi/Stein* in SK § 149 Rn. 2. Offen gelassen von BGHSt 56, 170 (171).

c) Verschafft sich der Täter in einem Akt mehrere gefälschte Karten, um diese **60**
einzusetzen, so bildet diese Vorbereitungshandlung mit dem späteren Gebrauch der
Karte nur eine **Tat im Rechtssinne.**[139]

Rechtsprechung: BGHSt 46, 146 (tatbestandliche Voraussetzungen); BGH NStZ 2011, 89 (Versuch); BGH NStZ 2012, 318 (maestro Karten als Karten mit Garantiefunktion).

Aufsätze: *Eisele,* Payment Card Crime: Skimming, CR 2011, 131; *Heger,* Zur Strafbarkeit der Fälschung von Maestro-Karten, wistra 2010, 281; *Seidl/Fuchs,* Zur Strafbarkeit des sog. „Skimmings", HRRS 2011, 265; *Tysziewicz,* Skimming als Ausspähen von Daten gemäß § 202 a StGB?, HRRS 2010, 207.

Übungsfälle: *Bieber,* Die Bankomat-Kriminellen, JuS 1989, 475; *Theissen,* Staatsanwaltliche Entschließung, JA 2010, 645.

---

[139] BGH NStZ 2008, 568.

10. Kapitel: Urheberstrafrecht

§ 49. Grundlagen

Das Urheberrecht hat in jüngerer Zeit vor allem durch die vielfältigen Verbrei- **1** tungsmöglichkeiten des Internets, die in manchen Bereichen die traditionellen Vertriebswege weitgehend abgelöst oder jedenfalls zurückgedrängt haben, eine Renaissance erfahren.[1] Spektakuläre Fälle wie Strafverfahren gegen die Betreiber der Internetseite *kino.to*[2] oder die Verhaftung des Betreibers der Seite *megaupload.com*, Kim Schmitz, in Neuseeland zeigen, dass neben den bürgerlich-rechtlichen Vorschriften (§§ 97ff. UrhG) auch die strafrechtliche Verantwortlichkeit (§§ 106ff. StGB) zunehmend Bedeutung erlangt, weil hier mit recht geringem Aufwand riesige Gewinne generiert werden können.[3]

I. Überblick und geschützte Rechtsgüter

Die urheberstrafrechtlichen Vorschriften sind als (unechte) Blankettstrafgesetze **2** **zivilrechtsakzessorisch** ausgestaltet. Die Vorschriften des Allgemeinen Teils des StGB gelten nach Art. 1 EGStGB auch für das Nebenstrafrecht. § 106 StGB erfasst urheberrechtlich geschützte Werke, wobei der Schutz – im Einklang mit dem ultima ratio-Grundsatz – durch das Strafrecht nicht umfassend ist, sondern sich nur auf **Verwertungsrechte** sowie die von den Urhebern eingeräumten **ausschließlichen Nutzungsrechte** bezieht.[4] Die Verletzung verwandter Schutzrechte wird von § 108 UrhG erfasst. Urheberpersönlichkeitsrechte sind durch § 107 UrhG nur marginal einbezogen. Schließlich pönalisiert § 108b UrhG die Umgehung wirksamer technischer Schutzmaßnahmen. Bei der Prüfung der Strafbarkeit muss zwischen den Anbietern urheberrechtlich geschützter Inhalte und der Strafbarkeit der Endnutzer unterschieden werden. In den Fällen §§ 106 bis 108, § 108b UrhG bedarf es eines Strafantrags, es sei denn die Strafverfolgungsbehörde hält wegen des besonderen öffentlichen Interesses an der Strafverfolgung ein Einschreiten von Amts wegen für geboten. § 110 UrhG gestattet die Einziehung von Tatobjekten aus Taten nach §§ 106, 107 Abs. 1 Nr. 2, §§ 108 bis 108b UrhG.

Mit dem am 1. Januar 2008 in Kraft getretenen 2. Gesetz zur Regelung des Urhe- **3** berrechts in der Informationsgesellschaft sollte den Anforderungen der Digitalisierung Rechnung getragen werden.[5] Da damit die Richtlinie 2001/29/EG des europäischen Parlaments und des Rates vom 22. Mai 2001 zur Harmonisierung bestimmter Aspekte des Urheberrechts und der verwandten Schutzrechte in der In-

---

[1] *Heinrich* in Praxis-Hdb. Medienrecht Rn. 313.
[2] Vgl. LG Leipzig Urt. v. 11. 4. 2012 – 11 KLs 390 Js 183/11 im Verfahren gegen den Chef-Programmierer von *kino.to*, MMR-Aktuell 2012, 330987; weiterführend *Fangerow/Schulz* GRUR 2010, 677.
[3] *Heinrich* in Praxis-Hdb. Medienrecht Rn. 313; *Möller* in Wabnitz/Janovsky Kap. 15 Rn. 47.
[4] *Hilgendorf/Valerius*, Computer- und Internetstrafrecht, Rn. 697; *Nordemann* in Achenbach/Ransiek Teil 11/1 Rn. 5.
[5] BGBl. I 2007, 2513; BT-Drs. 16/1828, 14.

formationsgesellschaft umgesetzt wurde,[6] ist auf eine richtlinienkonforme Auslegung zu achten. Der Gesetzgeber hat bewusst davon abgesehen, eine Bagatellklausel oder einen Strafausschließungsgrund für eine geringe Zahl illegaler Vervielfältigungen zum privaten Gebrauch aufzunehmen, weil in diesen Fällen das Strafverfahren ggf. nach §§ 153ff. StPO eingestellt werden kann.[7]

II. Strafanwendungsrecht

4   Die §§ 3ff. StGB werden im Bereich des Urheberstrafrechts aufgrund der §§ 120ff. UrhG modifiziert. So genießen nur deutsche Staatsangehörige einen vollständigen inländischen urheberrechtlichen Schutz, während dieser für Ausländer nur eingeschränkt ausgestaltet ist. Maßgeblicher Anknüpfungspunkt ist das **Territorialitätsprinzip.** Der Bestand eines Schutzrechts, sein Inhalt und Umfang sowie die Inhaberschaft richten sich nach dem Recht desjenigen Staates, für dessen Territorium es Wirkung entfalten soll (Recht des Schutzlandes).[8] Dies bedeutet, dass der Schutz nach den deutschen urheberrechtlichen Vorschriften auch nur in Deutschland Wirksamkeit entfaltet und auch nur durch eine inländische Handlung verletzt werden kann,[9] was vor allem bei Straftaten via Internet zu berücksichtigen ist. Daraus folgt zugleich, dass die Regelung des § 7 StGB, die an die Staatsangehörigkeit anknüpft, nicht zur Anwendung gelangt. Erfolgt die Verletzungshandlung also ausschließlich im Ausland, so steht das Territorialitätsprinzip der Anwendbarkeit des deutschen Urheberstrafrechts entgegen.[10]

§ 50. Unerlaubte Verwertung (§ 106 UrhG)

I. Prüfungsschema

5
> 1. Tatbestand
>   a) Objektiver Tatbestand
>   aa) Tatobjekt: Werk, Bearbeitung oder Umgestaltung
>   bb) Tathandlung: Vervielfältigung, Verbreiten, öffentliche Wiedergabe
>   cc) Tatbestandsausschluss: Gesetzlich zugelassener Fall
>   *P: Musiktauschbörsen und Filmportale (Rn. 13ff.)*
>   b) Subjektiver Tatbestand
>   aa) Vorsatz
>   bb) Handeln zu Zwecken des Wettbewerbs, aus Eigennutz, zugunsten
>   eines Dritten oder Schädigungsabsicht
> 2. Rechtswidrigkeit: Ausschluss durch Einwilligung (hM)
> 3. Schuld
> 4. Strafantrag, § 109

---

[6] ABl. EG 2001 L 167, 10.
[7] BT-Drs. 16/1828, 18.
[8] BGHSt 49, 93 (97f.).
[9] BGHSt 49, 93 (97); *Heinrich* in MünchKomm Vorbem. UrhG Rn. 32; *Hilgendorf/Valerius*, Computer- und Internetstrafrecht, Rn. 688ff.; *Weber*, FS Stree/Wessels, 1993, S. 613 (622).
[10] BGHSt 49, 93 (98); *Mitsch*, Medienstrafrecht, § 8 Rn. 10; *Sternberg-Lieben* NJW 1985, 2121 (2124); *Weber*, FS Stree/Wessels, 1993, S. 613 (622).

II. Grundzüge des § 106 UrhG

Nach § 106 UrhG macht sich strafbar, wer in anderen als den gesetzlich zugelas- **6** senen Fällen ohne Einwilligung des Berechtigten ein Werk oder eine Bearbeitung oder Umgestaltung eines Werkes vervielfältigt, verbreitet oder öffentlich wiedergibt. Abs. 2 stellt auch den Versuch unter Strafe.

1. Objektiver Tatbestand

a) In § 2 UrhG sind die **geschützten Werke** genannt, die nach Abs. 2 eine per- **7** sönliche geistige Schöpfung erfordern. Dazu gehören etwa die hier bedeutsamen Film- und Musikwerke sowie Computerprogramme. Der Tatbestand bezieht ferner **Bearbeitungen und Umgestaltungen** iSd § 23 UrhG ein, die unabhängig davon Schutz erfahren, ob diese als persönliche geistige Schöpfungen des Bearbeiters anzusehen und daher gemäß § 3 UrhG als selbständige Werke geschützt sind.[11] Ihre Verwertung bedeutet insoweit bereits einen Eingriff in das Originalwerk, so dass es sich letztlich um einen klarstellenden Hinweis handelt.[12]

b) Unter **Vervielfältigung** ist jede körperliche Festlegung zu verstehen, die ge- **8** eignet ist, ein Werk auf irgendeine Weise den menschlichen Sinnen unmittelbar oder mittelbar zugänglich zu machen.[13] Nach § 16 Abs. 1 UrhG umfasst das Vervielfältigungsrecht das Recht, Vervielfältigungsstücke des Werkes herzustellen, egal ob vorübergehend oder dauerhaft, in welchem Verfahren und in welcher Zahl. Eine Vervielfältigung ist nach § 16 Abs. 2 UrhG auch die Übertragung des Werkes auf Vorrichtungen zur wiederholbaren Wiedergabe von Bild- oder Tonfolgen (Bild- oder Tonträger); entscheidend ist also die körperliche Fixierung. Es genügt ferner eine vorübergehende Speicherung, ggf. auch von nur kurzen Sequenzen, sofern diesen Werksqualität zukommt.[14]

Beispiele:[15] Speichern von Dateien auf Datenträger (zB Up- und Download), Brennen, Scannen, Ausdruck von Internetseiten auf Papier; nicht aber das Setzen von Hyperlinks oder die Anzeige von Suchmaschinen, weil damit lediglich der Zugang zu einer Seite erleichtert wird.[16]

aa) **Verbreiten** bedeutet nach § 17 Abs. 1 UrhG das Original oder Vervielfälti- **9** gungsstücke des Werkes der Öffentlichkeit anzubieten oder in Verkehr zu bringen. Erfasst wird nur die Verwertung des Werks in körperlicher Form,[17] so dass etwa die Weitergabe auf CD oder USB-Stick erfasst wird.[18]

bb) Die Online-Nutzung, dh das Zurverfügungstellen von Dateien über das In- **10** ternet, fällt hingegen unter das Merkmal der **öffentlichen Wiedergabe** nach § 15 Abs. 2 UrhG, worunter nach Nr. 2 auch die öffentliche Zugänglichmachung (drahtgebunden oder drahtlos) nach § 19a UrhG fällt. Nach § 15 Abs. 3 UrhG ist die Wiedergabe öffentlich, wenn sie für eine Mehrzahl von Mitgliedern der Öffentlich-

---

[11] *Gercke/Brunst*, Internetstrafrecht, Rn. 429; *Nordemann* in Achenbach/Ransiek Teil 11/1 Rn. 91.
[12] BT-Drs. IV/270, 108; krit. *Lampe* UFITA 83 (1978), 15 (28).
[13] BGHZ 17, 266 (270); *Heerma* in Wandtke/Bullinger § 16 Rn. 2.
[14] Dazu unten Rn. 23.
[15] Vgl. näher *Bär* in Wabnitz/Janovsky Kap. 12 Rn. 85; *Schulze* in Dreier/Schulze § 16 Rn. 7.
[16] BGHZ 156, 1 (11); *Hilgendorf/Valerius*, Computer- und Internetstrafrecht, Rn. 703; s. auch unten Rn. 22.
[17] BGHZ 11, 135 (144); BGH NJW 1986, 1251; *Mitsch*, Medienstrafrecht, § 8 Rn. 19; *Nordemann* in Achenbach/Ransiek Teil 11/1 Rn. 59.
[18] *Kaiser* in Erbs/Kohlhaas § 17 UWG Rn. 1; *Schulze* in Dreier/Schulze § 16 Rn. 6.

keit bestimmt ist; zur Öffentlichkeit gehört dabei jeder, der nicht mit demjenigen, der das Werk verwertet, oder mit den anderen Personen, denen das Werk in unkörperlicher Form wahrnehmbar oder zugänglich gemacht wird, durch persönliche Beziehungen verbunden ist. Werden also Musiktitel oder Filme nur persönlich verbundenen Personen über das Internet zur Verfügung gestellt, so liegt darin keine öffentliche Wiedergabe.[19] Das Setzen eines Hyperlinks auf urheberrechtlich geschützte Werke stellt schon kein Zugänglichmachen dar, wenn das Werk bereits über die entsprechende Seite aufrufbar ist; dieses ist dann bereits zugänglich, so dass über den Link lediglich der Zugang erleichtert wird.[20]

11   c) Der Tatbestand des § 106 UrhG ist bereits nach seinem Wortlaut ausgeschlossen, wenn ein **gesetzlich zugelassener Fall** vorliegt. Ein solcher kann nach den Grundsätzen der §§ 44a ff. UrhG (Schranken des Urheberrechts) oder nach Erlöschen des Urheberrechts (§§ 64ff. UrhG) anzunehmen sein. Für Computerprogramme (§§ 69a ff. UrhG) und Datenbankenhersteller (§ 87a ff. UrhG) sind Sonderregelungen zu beachten.[21] Die **Einwilligung** des Nutzers stellt dagegen nach hM nur einen Rechtfertigungsgrund dar, obgleich dies zu einer abweichenden Berücksichtigung gegenüber den Schrankenregelungen führt.[22] Die wichtigsten Schrankenregelungen werden sogleich im Zusammenhang mit bedeutsamen Fallkonstellationen dargestellt.

2. Subjektiver Tatbestand

12   Für den subjektiven Tatbestand ist Eventualvorsatz ausreichend. Dabei ist im Einzelfall genau zu prüfen, ob der Täter auch die für die Tathandlung maßgeblichen technischen Grundlagen erfasst. Bedeutsam ist dies etwa, wenn der Nutzer einer Tauschbörse die hierzu erforderliche Software installiert und nicht weiß, dass die Standardeinstellungen zu einer öffentlichen Wiedergabe von urheberrechtlich geschützten Werken führen, die auf seinem Rechner abgelegt sind.[23]

III. Bedeutsame Fallkonstellationen

13   Viel diskutiert ist die Strafbarkeit im Zusammenhang mit sog. Musiktauschbörsen und Filmportalen.

1. Online-Tauschbörsen

14   a) Aus technischer Sicht sind bei Tauschbörsen das Client-Server-Modell und das inzwischen gängige Peer-to-Peer-Modell zu unterscheiden. Beim **Client-Server-Modell** sind die Rechner der Nutzer bzw. Kunden (Clients) untereinander nicht unmittelbar verbunden, vielmehr sind diese jeweils mit einem externen Server verbunden, auf dem die Dateien (Files) im Wege des Uploads abgelegt und archiviert

---

[19] *Gercke/Brunst*, Internetstrafrecht, Rn. 436.

[20] BGHZ 156, 1 (11); *Hilgendorf/Valerius*, Computer- und Internetstrafrecht, Rn. 703; vgl. auch unten Rn. 22.

[21] Dazu näher *Heghmanns* in Achenbach/Ransiek Teil 6/1, Rn. 122 ff.

[22] *Dreier* in Dreier/Schulze § 106 Rn. 8; *Heinrich* in MünchKomm § 106 UrhG Rn. 114; *Letzgus*, FS Rebmann, 1989, S. 277 (290); *Mitsch*, Medienstrafrecht, § 8 Rn. 25; für die Einwilligung als Tatbestandsmerkmal: *Nordemann* in Achenbach/Ransiek Teil 11/1, Rn. 78; für den Doppelnatur *Hildebrandt* in Wandtke/Bullinger § 106 Rn. 25. Näher *Gercke/Brunst*, Internetstrafrecht, Rn. 455.

[23] *Gercke/Brunst*, Internetstrafrecht, Rn. 452; s. unten Rn. 15; ausf. zum Vorsatz *Mitsch*, Medienstrafrecht, § 8 Rn. 11f., 24.

werden. Möchte ein anderer Client nun ein Werk nutzen, kann er dieses im Wege des Downloads auf seinem Rechner herunterladen. Die Up- und Download-Funktion sowie die Verwaltung der Files auf dem Server werden mittels einer speziellen Software gewährleistet, die auf dem jeweiligen Rechner zu installieren ist.[24] Beim Client-Server-Modell sind also mit Up- und Download jeweils zwei Schritte erforderlich.

Das **Peer-to-Peer-Modell (P2P-File-Sharing-System)** benötigt hingegen keinen 15 externen Server, vielmehr sind die einzelnen Rechner der Nutzer untereinander verbunden, so dass von jedem Rechner aus, der online ist, Dateien zugänglich gemacht und auf jeden Rechner Dateien heruntergeladen werden können. Soweit es – wie etwa bei *napster.de* – auch einen zentralen Server gibt, übernimmt dieser Servicefunktionen, in dem etwa ein Index aller verfügbaren Titel zur Verfügung gestellt wird und der Abruf der Titel vom Rechner anderer Nutzer technisch ermöglicht wird.[25] Der Austausch der Files findet hier also in einem Schritt unmittelbar zwischen den einzelnen Nutzern statt.

Schaubild: Client-Server-Modell   **Schaubild:** Peer-to-Peer-Modell

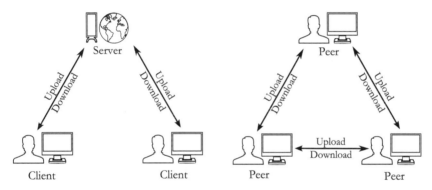

b) Musikstücke sind nach § 2 Nr. 2 UrhG geschützte Werke. Sowohl beim Client- 16 Server-Modell als auch beim Peer-to-Peer-Modell liegt eine **Vervielfältigung** nach § 106 UrhG vor, so dass es darauf ankommt, ob ein gesetzlich zugelassener Fall vorliegt.

aa) Im vorliegenden Zusammenhang bedeutsam ist insbesondere die Schranken- 17 regelung des **§ 53 UrhG**, die die Vervielfältigung zum privaten und sonstigen eigenen Gebrauch regelt und damit trotz Beschränkungen durch den 2. Korb der Urheberrechtsnovelle an dem Recht auf Privatkopie festhält.[26] Aus der umfassenden Vorschrift ist § 53 Abs. 1 S. 1 UrhG herauszuheben, wonach einzelne Vervielfältigungen zum privaten Gebrauch auf einem beliebigen Träger zulässig sind, sofern diese weder unmittelbar noch mittelbar Erwerbszwecken dienen und zur Vervielfältigung nicht eine offensichtlich rechtswidrig hergestellte oder öffentlich zugänglich gemachte Vorlage verwendet wurde. Unter privatem Gebrauch wird der Gebrauch in der Privatsphäre zur Befriedigung rein persönlicher Bedürfnisse durch die eigene Person oder die mit ihm durch ein persönliches Band verbundenen Per-

---

[24] Zum Ganzen *Heinrich* in Praxis-Hdb. Medienrecht Rn. 325.
[25] *Heinrich* in Praxis-Hdb. Medienrecht Rn. 328; *Kreutzer* GRUR 2001, 193 (195); *Marberth-Kubicki,* Computer- und Internetstrafrecht, Rn. 279 ff.
[26] BT-Drs. 16/1828, 26.

sonen, dh der engste Familien- und Freundeskreis, verstanden.[27] Erfasst wird von
dem Recht auf Privatkopie unter diesen Bedingungen daher auch das Anfertigen
von Kopien für Dritte. Es handelt sich hierbei auch um eine „einzelne" Vervielfältigung.[28]

18   **bb)** Beim **Peer-to-Peer-Modell** könnte § 53 Abs. 1 S. 1 UrhG jedoch ausgeschlossen sein, wenn es sich bei dem auf dem anderen Rechner gespeicherten Werk um
eine *„offensichtlich rechtswidrig hergestellte Vorlage"* handelt. Da die Weitergabe
unmittelbar zwischen den Nutzern erfolgt, muss die Vorlage jedoch nicht zwingend
rechtswidrig iSd § 53 Abs. 1 S. 1 UrhG auf denjenigen Rechner gelangt sein, der das
Werk zur Verfügung stellt. So etwa, wenn eine CD oder DVD regulär erworben
und dann zum Abspielen auf dem Rechner gespeichert wurde. Dann stellt nämlich
diese ursprüngliche Speicherung ebenfalls eine zulässige Vervielfältigung zum privaten Gebrauch dar.[29] Die Vorlage kann also, muss aber nicht rechtswidrig hergestellt
sein. Soweit es sich im Einzelfall um eine rechtswidrig hergestellte Vorlage handelt,
stellt sich die Frage, ob dies „offensichtlich" ist, dh subjektiv nach dem Bildungs-
und Kenntnisstand des jeweiligen Nutzers[30] keine ernsthaften Zweifel an der
Rechtswidrigkeit bestehen.[31] Mit diesem Erfordernis soll der Nutzer von überzogenen Prüfungspflichten freigestellt werden. Weil für den Nutzer, der eine solche
Datei von einem anderen Nutzer erhält, regelmäßig aber nicht erkennbar ist, ob
diese zuvor legal oder illegal gespeichert wurde, handelt es sich jedenfalls nicht um
eine *„offensichtlich rechtswidrig hergestellte Vorlage",* so dass nicht schon aus diesem Grund § 53 Abs. 1 S. 1 UrhG als Tatbestandsausschluss zu verneinen ist.[32]

19   Mit dem am 1. Januar 2008 in Kraft getretenen 2. Gesetz zur Regelung des Urheberrechts in der Informationsgesellschaft wurde als weiterer Ausschlussgrund jedoch die *„offensichtlich rechtswidrig öffentlich zugänglich gemachte Vorlage"* aufgenommen.[33] Erfasst werden also Fälle, in denen die Vorlage zwar rechtmäßig als
Privatkopie gespeichert wird, dann aber rechtswidrig öffentlich zugänglich gemacht
wird. Weil der Urheber nach §§ 15 Abs. 2 Nr. 2, 19a UrhG das ausschließliche
Recht zur öffentlichen Zugänglichmachung (öffentlichen Wiedergabe) hat und dem
Anbieter ein solches Nutzungsrecht grundsätzlich nicht eingeräumt ist, handelt es
sich um eine offensichtlich rechtswidrig öffentlich zugänglich gemachte Vorlage, so
dass die Schrankenregelung des § 53 Abs. 1 S. 1 UrhG zu Gunsten des Nutzers
nicht vorliegt.[34] Es liegt mit der Speicherung des Nutzers also eine unerlaubte Vervielfältigung iSd § 106 UrhG vor.[35] Weil der Nutzer einer solchen Tauschbörse in
der Regel zugleich aber auch Dateien für Dritte zur Verfügung stellt, macht er sich
– wenn er sich dessen bewusst ist und daher Vorsatz vorliegt[36] – deswegen auch
wegen öffentlicher Wiedergabe in Form der öffentlichen Zugänglichmachung (§ 15

---

[27] BGH GRUR 1978, 474 (475); *Dreier* in Dreier/Schulze § 53 Rn. 7; *Heinrich* in MünchKomm
§ 106 UrhG Rn. 94.

[28] *Dreier* in Dreier/Schulze § 53 Rn. 9; *Lüft* in Wandtke/Bullinger § 53 Rn. 13. Vgl. auch BGH
NJW 1978, 2596 (2597): 7 Stücke.

[29] BT-Drs. 16/1828, 26; *Heinrich* in Praxis-Hdb. Medienrecht Rn. 328.

[30] BT-Drs. 16/1828, 26; *Fangerow/Schulz* GRUR 2010, 677 (679); für einen objektiven Maßstab
jedoch *Reinbacher,* Strafbarkeit der Vervielfältigung, S. 220.

[31] *Dreier* in Dreier/Schulze § 53 Rn. 12.

[32] Vgl. etwa *Dreier* in Dreier/Schulze § 53 Rn. 7.

[33] BGBl. I 2007, 2513. Zur alten Rechtslage *Röhl/Bosch* NJW 2008, 1415 (1416).

[34] BT-Drs. 16/1828, 26, wonach das Filesharing in Peer-to-Peer-Tauschbörsen erfasst werden
sollte; *Röhl/Bosch* NJW 2008, 1415 (1417).

[35] *Dreier* in Dreier/Schulze § 53 Rn. 11; *Heinrich* in Praxis-Hdb. Medienrecht Rn. 328.

[36] *Heinrich* in Praxis-Hdb. Medienrecht Rn. 329.

Abs. 1 Nr. 2 UrhG) strafbar.[37] Ein Verbreiten liegt hingegen nicht vor, weil insoweit keine körperliche Fixierung und damit auch keine körperliche Verwertung vorliegt.

cc) Beim **Client-Server-Modell** stellt sich zunächst die Frage, ob eine private 20 Vervielfältigung vorliegt. Dies ist beim Upload von Files von vornherein zu verneinen, da die Vervielfältigung die Privatsphäre verlässt und das Werk für die Allgemeinheit bereit gestellt wird;[38] zugleich kann hierin eine öffentliche Wiedergabe in Form der öffentlichen Zugänglichmachung nach §§ 15 Abs. 2 Nr. 2, 19a UrhG liegen, wenn die Datei für Dritte dadurch abrufbar wird.[39] Deshalb ist hinsichtlich des Uploads kein Tatbestandsausschluss anzunehmen. Differenzierter ist der Download zu betrachten, da dieser regelmäßig nur der persönlichen Nutzung dient. Entscheidend ist wiederum, ob es sich um eine *„offensichtlich rechtswidrig hergestellte Vorlage"* handelt. Dass die Vorlage rechtswidrig hergestellt ist, ergibt sich hier bereits aus dem Upload-Vorgang,[40] der zu einer Strafbarkeit nach § 106 UrhG führt.[41] Da der Nutzer von überzogenen Prüfungspflichten freigestellt werden soll, wird die Offensichtlichkeit aber von der hM verneint, weil zB durchaus denkbar ist, dass Interpreten ihre Stücke zur Steigerung des Bekanntheitsgrades in das Netz einstellen und sie so auch in Tauschbörsen gelangen.[42] Anders wird man aber zumindest bei aktuellen Stücken von Musikgruppen entscheiden müssen, die bekanntermaßen nicht unentgeltlich erhältlich sind.[43] Zudem kann es sich hier auch um eine *„offensichtlich rechtswidrig öffentlich zugänglich gemachte Vorlage"* handeln.

2. On-Demand- und Live-Streaming

a) Hinsichtlich der Verbreitung von Spielfilmen und TV-Serien, aber auch von 21 Musiktiteln wird regelmäßig das **On-Demand-Streaming** verwendet, bei dem der Nutzer zu einem von ihm bestimmten Zeitpunkt bestimmte Filme abrufen kann. Es handelt sich hierbei um eine permanente Datenübertragung von dem Server des Anbieters in den Arbeitsspeicher des Rechners des Nutzers, wobei die Daten dann mittels Plug(in)-Players abgespielt werden. Um Schwankungen bei der Datenübertragung auszugleichen und einen kontinuierlichen Ablauf des Films zu gewährleisten, werden die Daten „gepuffert" und hierzu im Cache oder auch auf der Festplatte zwischengespeichert. Daher startet das Abspielen nicht schon bei der Datenübertragung, sondern erst nach der Zwischenspeicherung. Dadurch kann der Film zudem vor- und zurückgespult werden. Je nach technischen Einstellungen und verwendeter Software werden die gespeicherten Daten ständig durch neue Daten überschrieben oder erst beim Ausschalten des Rechners gelöscht.[44] Freilich kann der Cache auch so eingestellt werden, dass die Dateien nicht automatisch gelöscht werden; Dateien im DivX-Format, die mit dem DivX-Player abgespielt werden, werden sogar automatisch und dauerhaft auf der Festplatte im Ordner „Temporary

---

[37] Vgl. auch *Marberth-Kubicki*, Computer- und Internetstrafrecht, Rn. 282; *Schwartmann* K&R Beihefter 2/2011, S. 9.

[38] *Röhl/Bosch* NJW 2008, 1415 (1416).

[39] *Schwartmann* K&R Beihefter 2/2011, S. 4.

[40] *Heinrich* in Praxis-Hdb. Medienrecht Rn. 327; eine genaue Analyse findet sich bei *Reinbacher*, Strafbarkeit der Vervielfältigung, S. 200 ff.

[41] BT-Drs. 16/1828, 26; *Heinrich* in MünchKomm § 106 UrhG Rn. 98.

[42] *Gercke* ZUM 2006, 593 (596); *Heghmanns* MMR 2004, 14 (16); *Röhl/Bosch* NJW 2008, 1415 (1416f.).

[43] Für eine Bejahung der Offensichtlichkeit *Dreier* in Dreier/Schulze § 53 Rn. 12; *Heinrich* in Praxis-Hdb. Medienrecht Rn. 327; *Lüft* in Wandtke/Bullinger § 53 Rn. 13.

[44] Im Letzteren Fall spricht man auch von „progressivem Download"; vgl. nur *Stieper* MMR 2012, 12 (13).

Downloaded Files" gespeichert.[45] Bei *kino.to* kam die Besonderheit hinzu, dass die Filme nicht auf eigenen Servern gespeichert waren, sondern mit anderen Seiten verlinkt waren, auf denen allerdings die Angebote nicht unmittelbar abgerufen werden konnten. Beim Aufrufen des Hyperlinks durch den Nutzer wurden die Daten entweder unmittelbar auf der Seite *kino.to* innerhalb eines sog. Frame angezeigt oder es wurde ein neues Fenster zum Abspielen des Films geöffnet.[46]

Ein **Frame** ist ein Darstellungsbereich einer Internetseite innerhalb dessen eine andere ggf. externe Internetseite in die aufgerufene Seite eingebunden wird.

Beim **Live-Streaming** bestimmt hingegen der Anbieter den Zeitpunkt des Abspielens, wobei der Film an alle Nutzer zeitgleich übertragen wird; um die Datenübertragung konstant zu halten, bedarf es allerdings auch hier der Speicherung im Cache des Nutzers.[47]

22   **b)** Filmwerke sind nach § 2 Nr. 6 UrhG ebenfalls geschützte Werke. Was die **Strafbarkeit** des **Anbieters** nach § 106 UrhG anbelangt, muss man sehen, dass das Setzen eines Hyperlinks – selbst bei der Darstellung in dem Frame der Seite des Anbieters – keine Vervielfältigung darstellt.[48] Allerdings liegt bei kino.to ausnahmsweise eine öffentliche Wiedergabe in Form des Zugänglichmachens vor, weil die Filme auf den abgelegten Servern selbst nicht aufgerufen werden konnten. Sind die Werke hingegen bereits zuvor zugänglich, so liegt darin keine öffentliche Wiedergabe, vielmehr wird in diesem Fall der Zugang lediglich erleichtert.[49] Nach der Schrankenregelung des § 53 Abs. 1 S. 1 UrhG ist zwar die öffentliche Wiedergabe eines veröffentlichten Werkes im Interesse der Allgemeinheit zulässig, dies jedoch nur dann, wenn die Wiedergabe keinem Erwerbszweck des Veranstalters dient, die Teilnehmer ohne Entgelt zugelassen werden und im Falle des Vortrags oder der Aufführung des Werkes keiner der ausübenden Künstler eine besondere Vergütung erhält. Dies gilt nach § 52 Abs. 3 UrhG zudem nicht für das hier vorliegende öffentliche Zugänglichmachen, das stets nur mit Einwilligung des Berechtigten zulässig ist. Letztlich zeigt § 53 Abs. 6 S. 1 UrhG, dass private Vervielfältigungsstücke weder verbreitet noch zu öffentlichen Wiedergaben benutzt werden dürfen.[50]

23   **c)** Das **bloße Betrachten eines Films,** der unter urheberrechtlichen Verstößen zugänglich gemacht wird, ist nicht nach § 106 UrhG strafbar. Mit der Speicherung im Arbeitsspeicher oder Cache werden die Werke vom **Nutzer** jedoch vervielfältigt.[51] Dass die Daten permanent überschrieben werden, ändert daran nichts, weil § 16 Abs. 1 UrhG auch die vorübergehende Vervielfältigung erfasst.[52] Entsprechendes gilt für den Umstand, dass jeweils sukzessive nur kleinere Teile des Gesamt-

---

[45] *Radmann* ZUM 2010, 387 (388).

[46] Zum Ganzen *Busch* GRUR 2011, 496 (497 f.); *Fangerow/Schulz* GRUR 2010, 677 (678); *Stieper* MMR 2012, 12 (13).

[47] *Stieper* MMR 2012, 12 (13).

[48] BGHZ 156, 1 (11); LG München MMR 2003, 197 (198); *Fangerow/Schulz* GRUR 2010, 677 (678); *Marberth-Kubicki*, Computer- und Internetstrafrecht, Rn. 266.

[49] *Fangerow/Schulz* GRUR 2010, 677 (679); *Schwartmann* K&R Beihefter 2/2011, S. 16.

[50] *Spindler* JZ 2002, 60 (68).

[51] OLG Hamburg ZUM 2001, 512 (513); *Radmann* ZUM 2010, 387 (388); *Schulze* in Dreier/Schulze § 16 Rn. 7.

[52] *Fangerow/Schulz* GRUR 2010, 677 (678).

werks vervielfältigt werden.[53] Bei sehr kurzen, nur wenige Sekunden dauernden Sequenzen kann man freilich – wenn man nicht eine Gesamtbetrachtung der sukzessiven Speicherung vornehmen möchte – die Schutzfähigkeit absprechen;[54] jedoch kann man dann auf die Leistungsschutzrechte der Film- und Tonträgerhersteller (§§ 85, 94, 95, 108 UrhG) abstellen, da es sich hier nicht um den schöpferischen Gehalt, sondern die organisatorisch-wirtschaftliche Leistung geht, so dass bereits einzelne Bilder den Schutz vor illegaler Vervielfältigung genießen.[55]

aa) Ein **Tatbestandsausschluss nach § 53 Abs. 1 S. 1 UrhG** ist zu verneinen. Es 24 handelt sich zunächst um eine *rechtswidrig hergestellte Vorlage*, weil die Speicherung der Filme auf den Servern – etwa eine beim Produzenten illegal erstellte Kopie – weder durch Einwilligung noch durch eine Schrankenregelung nach §§ 44a ff. UrhG gedeckt ist; zudem ist von einer *rechtswidrig öffentlich zugänglich gemachten Vorlage* auszugehen.[56] In der Regel wird man auch die Offensichtlichkeit der Rechtswidrigkeit bejahen können, da Kinofilme grundsätzlich nicht unentgeltlich zur Verfügung gestellt werden können;[57] auch wird man im Einzelfall von der (schlechten) Qualität des Angebots – zB Abfilmungen – Rückschlüsse ziehen können. Hingegen liegt die Rechtswidrigkeit bei anderen Portalen – wie YouTube –, die durch zahlreiche unentgeltliche Angebote gespeist werden, nicht ohne weiteres auf der Hand. Bei Live-Streaming-Angeboten wie justin.tv wird hingegen teilweise das Merkmal „öffentlich zugänglich gemachte Vorlage" verneint, weil es sich hier um eine Sendung iSd § 20 UrhG handele.[58] Aber selbst wenn man dem folgt, ist zumindest eine „rechtswidrig hergestellte Vorlage" anzunehmen, weil die Daten vor ihrer Übertragung auf dem Server des Anbieters vervielfältigt werden müssen.[59]

bb) Zu denken ist ferner an einen **Tatbestandsauschluss** aufgrund der Schran- 25 kenregelung des **§ 44a UrhG**.[60] Zulässig sind demnach vorübergehende Vervielfältigungshandlungen, die flüchtig oder begleitend sind und einen integralen und wesentlichen Teil eines technischen Verfahrens darstellen und deren alleiniger Zweck es ist, eine Übertragung in einem Netz zwischen Dritten durch einen Vermittler (Nr. 1) oder eine rechtmäßige Nutzung (Nr. 2) eines Werkes oder sonstigen Schutzgegenstands zu ermöglichen, und die keine eigenständige wirtschaftliche Bedeutung haben. Mit dieser Vorschrift soll dem Umstand Rechnung getragen werden, dass bei digitalen Werken bereits der reguläre Genuss – selbst bei modernen Fernsehgeräten[61] – eine vorübergehende Vervielfältigung erfordert.[62] Der aus technischen Gründen temporären Speicherung im Cache[63] oder auch im Arbeitsspeicher zur Privatnutzung kommt auch keine eigene wirtschaftliche Bedeutung zu, weil hierdurch keine neue Nutzungsmöglichkeit eröffnet wird.[64] Fraglich ist, ob eine rechtmäßige Nutzung iSd Nr. 2 auch vorliegen kann, wenn es sich um eine rechtswidrige

[53] *Fangerow/Schulz* GRUR 2010, 677 (678); *Heerma* in Wandtke/Bullinger § 106 Rn. 25.
[54] Vgl. auch EuGH MMR 2011, 817 (823), zu Art. 2 lit. a der Urheberrechts-Richtlinie.
[55] BGHZ 175, 135 (140); ausf. hierzu *Stieper* MMR 2012, 12 (13 f.).
[56] S. oben Rn. 19.
[57] *Fangerow/Schulz* GRUR 2010, 677 (682); *Lüft* in Wandtke/Bullinger § 53 Rn. 13; *Schwartmann* K&R Beihefter 2/2011, S. 17.
[58] *Radmann* ZUM 2010, 387 (388); *Schack* GRUR 2007, 639 (641); *Stieper* MMR 2012, 12 (17); zur Gegenansicht *Dreier* in Dreier/Schulze § 20 Rn. 16.
[59] *Stieper* MMR 2012, 12 (17).
[60] Für Leistungsschutzrechte vgl. den Verweis in §§ 85 Abs. 4, 87, Abs. 4, § 94 Abs. 4 UrhG.
[61] *Stieper* MMR 2011, 817 (827).
[62] *Stieper* MMR 2012, 12 (17).
[63] Vgl. auch BT-Drs. 15/38, 18.
[64] *Dreier* in Dreier/Schulze § 44a Rn. 9; *Fangerow/Schulz* GRUR 2010, 677 (680); vgl. aber *Radmann* ZUM 2010, 387 (391).

Vorlage handelt. Dagegen wird teilweise eingewandt, dass die Vorschrift dem Nutzer nicht die Konsumierung illegaler Inhalte ermöglichen soll.[65] Die hM geht hingegen mit Recht von einer rechtmäßigen Nutzung aus, weil § 44 a UrhG an die Rechtmäßigkeit der Vorlage gar nicht anknüpft und etwa auch das Anhören einer unerlaubt vervielfältigten CD keine urheberrechtliche Verletzungshandlung darstellt.[66] Der bloße Konsum illegaler Inhalte ist gerade nicht verboten, woran auch eine technische bedingte Zwischenspeicherung nichts ändert. Soweit also keine dauerhafte Speicherung vorliegt, ist der Tatbestand des § 106 UrhG gemäß § 44 a UrhG nach dieser Ansicht ausgeschlossen.

§ 51. Weitere Vorschriften

I. Eingriffe in verwandte Schutzrechte

26   § 108 UrhG erfasst unerlaubte Eingriffe in verwandte Schutzrechte, wie zB Leistungsschutzrechte der Film- und Tonträgerhersteller sowie Datenbankhersteller.[67] Die Vorschrift ist parallel zu § 106 UrhG ausgestaltet, so dass auch hier ggf. Schrankenregelungen und Einwilligung zu prüfen sind. Im Falle gewerbsmäßiger unerlaubter Verwertung liegt die **Qualifikation des § 108 a UrhG** vor; die Gewerbsmäßigkeit stellt einen persönlichen Strafschärfungsgrund nach § 28 Abs. 2 StGB dar.[68] In diesem Falle bedarf es keines Strafantrags nach § 109 UrhG.

II. Eingriffe in technische Schutzmaßnahmen

27   § 108 b UrhG pönalisiert unerlaubte Eingriffe in technische Schutzmaßnahmen und zur Rechtewahrnehmung erforderliche Informationen.

1. Strafbarkeit nach § 108 b Abs. 1 Nr. 1 UrhG

28   **Abs. 1 Nr. 1** erfasst Verstöße gegen § 95 a Abs. 1 UrhG. Demnach ist strafbar, wer in der Absicht, sich oder einem Dritten den Zugang zu einem nach diesem Gesetz geschützten Werk oder einem anderen nach diesem Gesetz geschützten Schutzgegenstand oder deren Nutzung zu ermöglichen, eine wirksame technische Maßnahme ohne Zustimmung des Rechtsinhabers umgeht, soweit die Tat nicht ausschließlich zum eigenen privaten Gebrauch des Täters oder mit dem Täter persönlich verbundener Personen erfolgt oder sich auf einen derartigen Gebrauch bezieht. Auf Computerprogramme ist diese Vorschrift gemäß § 69 a Abs. 5 UrhG jedoch nicht anwendbar.[69]

29   a) Nach § 95 a Abs. 2 sind **technische Maßnahmen** Technologien, Vorrichtungen und Bestandteile, die im normalen Betrieb dazu bestimmt sind, geschützte Werke oder andere nach diesem Gesetz geschützte Schutzgegenstände betreffende Hand-

---

[65] *Radmann* ZUM 2010, 387 (391); *Schwartmann* K&R Beihefter 2/2011, S. 17.

[66] *Fangerow/Schulz* GRUR 2010, 677 (6821); ferner *Stieper* MMR 2012, 12 (15); i.E. auch *Heghmanns* in Achenbach/Ransiek Teil 6/1, Rn. 135.

[67] *Heinrich* in MünchKomm § 108 UrhG Rn. 1.

[68] *Dreier* in Dreier/Schulze § 108 a Rn. 2; *Mitsch*, Medienstrafrecht, § 8 Rn. 28; *Nordemann* in Achenbach/Ransiek Teil 11/1 Rn. 133.

[69] *Heinrich* in MünchKomm § 108 b UrhG Rn. 1.

lungen, die vom Rechtsinhaber nicht genehmigt sind, zu verhindern oder einzuschränken. Technische Maßnahmen sind wirksam, soweit durch sie die Nutzung eines geschützten Werkes oder eines anderen nach diesem Gesetz geschützten Schutzgegenstandes von dem Rechtsinhaber durch eine Zugangskontrolle, einen Schutzmechanismus wie Verschlüsselung, Verzerrung oder sonstige Umwandlung oder einen Mechanismus zur Kontrolle der Vervielfältigung, die die Erreichung des Schutzziels sicherstellen, unter Kontrolle gehalten wird. Beispiele hierfür sind Passwörter, Codes zum Freischalten, Kopierschutzsperren und Verschlüsselungen.[70] **Umgangen** wird eine solche Schutzmaßnahme, wenn eine aufgrund dieser ansonsten nicht mögliche urheberrechtliche Nutzung erreicht wird.[71] Das Entfernen einer **SIM-Lock-Sperre** eines Prepaid-Mobilfunktelefons, um dieses in einem anderen Netz zu nutzen, wird mangels urheberrechtlicher Verwertung freilich nicht erfasst;[72] denn es ist nicht ausreichend, dass die Schutzmaßnahme allein zum Zweck einer Marktzugangsbeschränkung erfolgt.[73]

Eine Umgehung einer technischen Maßnahme liegt auch vor, wenn der Kopier- 30 schutz einer CD oder DVD nicht beseitigt oder ausgehebelt, sondern mitkopiert wird.[74] Der Begriff wird grundsätzlich weit verstanden.[75]

b) Die **Privilegierung des privaten Gebrauchs** (vgl. § 53 UrhG) schließt hier be- 31 reits den Tatbestand aus.[76] Entsprechendes gilt auch für die „Zustimmung", die nach allgemeinen strafrechtlichen Grundsätzen bereits zum Zeitpunkt der Tatbegehung vorliegen muss.[77] Dagegen ist die Tat auch dann strafbar, wenn die Umgehung der Schutzmaßnahme zum Zwecke einer rechtmäßigen Verwertung des Werkes vorgenommen wird; dies ist hinsichtlich des damit verbundenen geringeren Unrechtsgehalts jedoch zweifelhaft.[78] Der **subjektive Tatbestand** erfordert neben zumindest bedingtem Vorsatz hinsichtlich der objektiven Tatbestandsmerkmale auch die Absicht (dolus directus 1. Grades), den Zugang zum geschützten Werk, Schutzgegenstand oder deren Nutzung zu ermöglichen. Abs. 3 enthält eine Qualifikation zu Abs. 1 für gewerbsmäßiges Handeln.

2. Strafbarkeit nach § 108b Abs. 1 Nr. 2 UrhG

Abs. 1 Nr. 2a bezieht sich hingegen auf die Entfernung von zur Rechtewahr- 32 nehmung erforderlichen Informationen nach § 95c Abs. 1 UrhG. Erfolgt das Handeln zum Privatgebrauch, ist auch hier der Tatbestand ausgeschlossen; ebenso betrifft das Merkmal „unbefugt" den Tatbestand.[79] **Nr. 2b** schließt daran an und pönalisiert die Verbreitung usw. von einem Schutzgegenstand, bei dem eine Information für die Rechtewahrnehmung unbefugt entfernt oder geändert wurde. Die

---

[70] *Ernst* CR 2004, 39 (40); näher *Wandtke/Ohst* in Wandtke/Bullinger § 106 Rn. 18 ff.
[71] *Dreier* in Dreier/Schulze § 95a Rn. 10; *Heinrich* in MünchKomm § 108b UrhG Rn. 5.
[72] *Kusnik* CR 2011, 718 (721).
[73] BT-Drs. 15/38, 26; *Wandtke/Ohst* in Wandtke/Bullinger § 95a Rn. 53.
[74] *Ernst* CR 2004, 39 (40); *Stickelbrock* GRUR 2004, 736 (739); aA aber *Strömer/Gaspers* K&R 2004, 14 (18).
[75] *Gercke* in Spindler/Schuster § 108b Rn. 6; *Gercke/Brunst*, Internetstrafrecht, Rn. 490.
[76] *Heinrich* in MünchKomm § 108b UrhG Rn. 3; *Wandtke/Ohst* in Wandtke/Bullinger § 108b Rn. 6; für einen Strafausschließungsgrund *Marberth-Kubicki*, Computer- und Internetstrafrecht, Rn. 273.
[77] *Heinrich* in MünchKomm § 108b UrhG Rn. 1; *Hilgendorf/Valerius*, Computer- und Internetstrafrecht, Rn. 732; aA *Wandtke/Ohst* in Wandtke/Bullinger § 95a Rn. 57.
[78] *Hilgendorf/Valerius*, Computer- und Internetstrafrecht, Rn. 732.
[79] *Heinrich* in MünchKomm § 108b UrhG Rn. 1; *Mitsch*, Medienstrafrecht, § 8 Rn. 43; *Nordemann* in Achenbach/Ransiek Teil 11/1 Rn. 126.

subjektive Tatseite weist drei Elemente auf: Zunächst muss der Täter zumindest Eventualvorsatz hinsichtlich der objektiven Tatbestandsmerkmale haben; ferner muss er wissentlich (dolus directus 2. Grades) „unbefugt" handeln, dh wissen, dass er zur Entfernung nicht befugt ist; schließlich muss er dadurch wenigstens leichtfertig die Verletzung von Urheberrechten oder verwandten Schutzrechten veranlassen, ermöglichen, erleichtern oder verschleiern.

3. Strafbarkeit nach § 108 b Abs. 2 UrhG

33   Nach **Abs.** 2 ist das Herstellen, Einführen, Verbreiten, Verkaufen und Vermieten zu gewerblichen (nicht aber privaten) Zwecken von Umgehungsvorrichtungen usw. strafbar. Anders als in § 17 UrhG verlangt das Verbreiten keine körperliche Weitergabe, da der Gesetzgeber gerade den (unkörperlichen) Vertrieb von Programmen über das Internet erfassen wollte.[80]

4. Weitere Sanktionen

34   Ergänzt wird der Strafrechtsschutz in den Fällen des § 95 a UrhG durch den Ordnungswidrigkeitentatbestand des § 111 OWiG. Zu beachten sein kann ferner eine Strafbarkeit nach § 202 a StGB[81] sowie nach § 4 ZKDSchG,[82] wenn eine Vorrichtung zur Umgehung von Zugangskontrolldiensten zu gewerblichen Zwecken hergestellt, eingeführt oder verbreitet wird.

Rechtsprechung: BGHZ 11, 135 (Begriff des Verbreitens); BGHZ 156, 1 (Hyperlink und Vervielfältigen); OLG Hamburg ZUM 2001, 512 (Vervielfältigen bei Laden in den Arbeitsspeicher).

Aufsätze: *Heinrich* in Praxis-Hdb. Medienrecht Kap. 5, Medienstrafrecht; *Radmann,* Kino.to – Filmegucken kann Sünde sein, ZUM 2010, 387; *Röhl/Bosch,* Musikbörsen im Internet, Eine rechtliche Bewertung aus aktuellem Anlass, NJW 2008, 1415; *Schwartmann,* Filesharing, Sharehosting & Co., K&R Beihefter 2/2011; *Stieper,* Rezeptiver Werkgenuss als rechtmäßige Nutzung, MMR 2012, 12.

---

[80] BT-Drs. 15/38, S. 26; *Heinrich* in MünchKomm § 108 b UrhG Rn. 11 Fn. 1; *Hilgendorf/ Valerius,* Computer- und Internetstrafrecht, Rn. 730.

[81] *Hildebrandt* in Wandtke/Bullinger § 108 b Rn. 11.

[82] Gesetz über den Schutz von zugangskontrollierten Diensten und von Zugangskontrolldiensten.

11. Kapitel: Strafprozessrecht

§ 52. Strafverfolgung im Internet im Überblick

Im Folgenden sollen die wichtigsten Grundzüge strafprozessualer Ermittlungs- 1
maßnahmen im Internet dargestellt werden. Dabei ist im Hinblick auf das materielle Computerstrafrecht zum einen zu beachten, dass die nachfolgend dargestellten Ermittlungsmaßnahmen keine Straftat mit Bezug zur Informations- und Kommunikationstechnik erfordern. Vielmehr geht es um den Zugriff auf elektronisch verfügbare Daten, der – soweit die einzelne Vorschrift der StPO keine Einschränkung enthält – bei allen Straftaten von Bedeutung sein kann.[1] Zum anderen können bei Computerstraftaten selbstverständlich auch Ermittlungsmaßnahmen – wie etwa die Vernehmung von Zeugen – zentrale Bedeutung erlangen, die selbst keinen Bezug zu Computer und Internet aufweisen.

I. Vorratsdatenspeicherung

Bevor seitens der Strafverfolgungsbehörden auf Daten überhaupt zurückgegriffen 2
werden kann, müssen diese noch verfügbar sein. Es ist insoweit vor allem sehr streitig, inwieweit Anbieter von Telekommunikationsdiensten verpflichtet werden dürfen, Telekommunikationsdaten **zum Zwecke der Strafverfolgung auf Vorrat zu speichern.**[2] Nach der Richtlinie der EU über die Vorratsspeicherung von Daten[3] müssen die Mitgliedstaaten Vorschriften erlassen, die von Anbietern öffentlich zugänglicher Kommunikationsdienste und Betreibern eines Kommunikationsnetzes verlangen, bestimmte Daten zu speichern. Diese Pflicht zur Speicherung hat allgemein und verdachtsunabhängig zur Ermittlung, Feststellung und Verfolgung schwerer Straftaten zu erfolgen (Art. 1 Abs. 1 RL).[4] Sie ist als vorsorgliche Maßnahme – anders als zB bei §§ 100a, 100g, 100h, 100i StPO – nicht anlassbezogen und von der Datensicherung aufgrund gerichtlicher Anordnung („**Quick Freeze**") zu unterscheiden.[5] Das BVerfG hält die Vorratsdatenspeicherung zwar nicht grundsätzlich für unzulässig, hat jedoch die Umsetzung der Richtlinie in §§ 113a, 113b TKG für verfassungswidrig erklärt, weil der Eingriff in Art. 10 GG nicht verhältnismäßig

---

[1] Umfassend hierzu *Bär*, Handbuch zur EDV-Beweissicherung; vgl. für die Praxis auch die Checkliste bei *Bär* in KMR Vor §§ 100a–100i Rn. 39ff.

[2] Näher zur umstrittenen Vorratsdatenspeicherung *H.-J. Albrecht* (ua), Schutzlücken durch Wegfall der Vorratsdatenspeicherung?, Gutachten der kriminologischen Abteilung des Max-Planck-Instituts für ausländisches und internationales Strafrecht, 2. erw. Fassung, Juli 2011, abrufbar unter: www.mpg.de/5000721/vorratsdatenspeicherung.pdf (Stand: 20. 9. 2012); ferner *Bär* in KMR Vor §§ 100a–100i Rn. 25ff.

[3] Richtlinie 2006/24/EG über die Vorratsspeicherung von Daten RL, ABl. L 105 v. 13. 4. 2006, S. 54; zu Einzelheiten vgl. den Bewertungsbericht der Kommission, KOM (2011) 225 endg.

[4] S.a. Ratsdok. 5777/06 v. 17. 2. 2002; *Vogel*, FS Nehm, 2006, S. 81 (88); krit. Europäischer Datenschutzbeauftragter, ABl. C 298 v. 29. 11. 2005, S. 7.

[5] Näher dazu Bewertungsbericht der Kommission, KOM (2011) 225 endg.; *Eisele* in Hdb. Europäisches Strafrecht § 49 Rn. 22f. Eine Verpflichtung zur Datensicherung enthält auch Art. 16 des Übereinkommens des Europarates über Computerkriminalität (Nr. 185 – Cybercrime-Konvention).

sei.[6] Zudem ist auch § 100g StPO verfassungswidrig, soweit die Vorschrift den Zugriff der Strafverfolgungsbehörden auf Daten zulässt, die nach § 113a TKG gespeichert sind. Da die Umsetzung der Richtlinie in Deutschland bislang immer noch nicht erfolgt ist, hat die Kommission gegen Deutschland ein Vertragsverletzungsverfahren eingeleitet und Klage beim EuGH erhoben.[7] Die Kommission möchte freilich inzwischen den in verschiedenen Mitgliedstaaten erhobenen Einwänden Rechnung tragen und im Jahr 2013 den Entwurf einer neuen Richtlinie vorlegen.[8]

II. Beschlagnahme und Durchsuchung von Datenträgern nach §§ 94 ff., 102 ff. StPO

3   Soweit das Telekommunikationsgeheimnis nicht betroffen ist und auf gespeicherte oder abgestrahlte[9] Daten zugegriffen werden soll, sind §§ 94 ff., 102 ff. StPO geeignete Rechtsgrundlage zur **Durchsuchung, Sicherstellung und Beschlagnahme von Datenträgern** einschließlich der darauf gespeicherten **Daten.**[10] § 94 StPO rechtfertigt die Beschlagnahme aller Gegenstände, die als Beweismittel Bedeutung erlangen können. Auf das Vorliegen einer bestimmten Katalogtat kommt es daher nicht an. Nach allgemeinen Grundsätzen ist – vor allem was den Umfang der Beschlagnahme anbelangt – der Verhältnismäßigkeitsgrundsatz zu beachten; es ist daher im Einzelfall zB sorgfältig zu prüfen, ob der Zugriff auf alle Daten erforderlich ist und auch der Datenträger selbst beschlagnahmt werden muss.[11] Ist dies nicht der Fall, so kann das allgemeine Persönlichkeitsrecht des Art. 2 Abs. 1 iVm Art. 1 Abs. 1 GG verletzt sein, welches das Grundrecht auf Gewährleistung der Vertraulichkeit und Integrität informationstechnischer Systeme umfasst.[12]

4   Zudem sind die in § 97 StPO normierten **Beschlagnahmeverbote** zu beachten. Für die **Durchsuchung** gelten die allgemeinen Grundsätze der §§ 102 ff. StPO. Nach § 102 Abs. 1 StPO darf beim Verdächtigen eine Durchsuchung der Wohnung, anderer Räume sowie seiner Person und der ihm gehörenden Sachen nicht nur zum Zweck seiner Ergreifung, sondern auch dann vorgenommen werden, wenn zu vermuten ist, dass die Durchsuchung zur Auffindung von Beweismitteln führen wird. Die Beschlagnahme und die Durchsuchung dürfen nach §§ 98 Abs. 1, 105 Abs. 1 S. 1 StPO nur durch das Gericht, bei Gefahr im Verzug auch durch die Staatsanwaltschaft und ihre Ermittlungspersonen angeordnet werden.

III. Überwachung und Aufzeichnung der Telekommunikation nach § 100a StPO

1. Schutzbereich des Art. 10 GG

5   Unabhängig von einer solchen Speicherungspflicht stellt sich die Frage, unter welchen Umständen die laufende Telekommunikation überwacht werden darf

---

[6] BVerfGE 125, 260 ff.; dazu zB *Marlie/Bock* ZIS 2010, 524; *Wolff* NVwZ 2010, 751. Zur Verfassungsmäßigkeit der Speicherungspflicht nach § 111 TKG BVerfG NJW 2012, 1419 (1423 ff.). Ausf. zum Verhältnismäßigkeitsgrundsatz bei Ermittlungsmaßnahmen im Netz *Kleszczewski* ZStW 123 (2011), 737 (755 ff.).

[7] Kommission/Deutschland, Rechtssache C-329/12.

[8] Bewertungsbericht der Kommission, KOM (2011) 225 endg., S. 39.

[9] Siehe zu § 202b StGB schon 4. Kap. Rn. 38.

[10] BVerfGE 124, 43 (60); ferner BVerfGE 115, 166 (191 ff.); 113, 29 (51 f.), *Brodowski* JR 2009, 402 (411); zur Vorgehensweise *Bär*, Handbuch zur EDV-Beweissicherung, Rn. 390 ff.

[11] Näher BVerfGE 113, 29 (52 ff.).

[12] BVerfG NJW 2012, 1419 (1421); BVerfGE 120, 274 ff.

und inwieweit die Strafverfolgungsbehörden Zugriff auf Informationen beim Beschuldigten und Diensteanbietern nehmen dürfen.[13] Von Bedeutung ist insoweit zunächst der **Schutzbereich des Art. 10 GG**, der nicht nur den Inhalt der Telekommunikation, sondern auch ihre näheren Umstände erfasst.[14] Zur Telekommunikation gehören dabei nicht nur klassische Telefonate, sondern auch E-Mail-Verkehr, Messenger-Dienste sowie die Internettelefonie (VoIP). Soweit Daten vom eigenen Rechner noch nicht versendet worden sind oder empfangene Daten bereits gespeichert sind, ist der Schutzbereich von Art. 10 GG nicht betroffen. Hingegen sind E-Mails, die auf dem Server des Providers eingegangen sind, auch dann noch vom Telekommunikationsgeheimnis umfasst, wenn sie vom Empfänger bereits gelesen wurden.[15]

2. Voraussetzungen der §§ 100a, 100b StPO

Eine heimliche Überwachung oder Aufzeichnung der **Inhaltsdaten** der Tele-   6
kommunikation darf nach § 100a StPO nur bei Vorliegen bestimmter **schwerer Katalogtaten** erfolgen.[16] Im Zusammenhang mit Computerstraftaten sind aus § 100a Abs. 2 StPO etwa §§ 152a Abs. 3, § 153b Abs. 1 bis 4 StGB (§ 100a Abs. 2 Nr. 1 lit. e), §§ 184b Abs. 1 bis 3, 184c Abs. 3 StGB (§ 100a Abs. 2 Nr. 1 lit. g) oder §§ 263a Abs. 1 u. Abs. 2 StGB iVm § 263 Abs. 3 S. 2 und § 263 Abs. 5 StGB (§ 100a Abs. 2 Nr. 1 lit. n) zu nennen. Erforderlich ist dabei, dass bestimmte Tatsachen den Verdacht begründen, dass eine solche Tat begangen wurde (Abs. 1 Nr. 1); insoweit ist ein einfacher Tatverdacht ausreichend. Die Tat muss nicht nur abstrakt, sondern auch im konkreten Einzelfall schwer wiegen (Abs. 1 Nr. 2); damit soll dem Verhältnismäßigkeitsgrundsatz bei der Rechtfertigung des tiefgreifenden Eingriffs Rechnung getragen werden.[17] Nach der Subsidiaritätsklausel darf der Eingriff letztlich nur erfolgen, wenn die Erforschung des Sachverhalts oder die Ermittlung des Aufenthaltsortes des Beschuldigten auf andere Weise wesentlich erschwert oder aussichtslos wäre (Abs. 1 Nr. 3). Unzulässig ist die Maßnahme nach Abs. 4, wenn tatsächliche Anhaltspunkte dafür vorliegen, dass durch die Maßnahme Erkenntnisse aus dem **Kernbereich privater Lebensgestaltung** erlangt würden; die Verwertung solcher Erkenntnisse ist unzulässig.

Die Maßnahme, die nach § 100b Abs. 1 S. 1 StPO – soweit keine Gefahr im Ver-   7
zug ist – durch das Gericht auf Antrag der Staatsanwaltschaft anzuordnen ist, darf sich nach § 100a Abs. 3 StPO nur gegen den Beschuldigten oder gegen solche Personen richten, von denen auf Grund bestimmter Tatsachen anzunehmen ist, dass sie Mitteilungen für den Beschuldigten entgegennehmen bzw. weitergeben oder dass der Beschuldigte ihren Anschluss benutzt. Die Anordnung kann sich nach § 100b Abs. 2 Nr. 2 StPO nicht nur auf die Rufnummer, sondern auch auf eine „andere Kennung" beziehen. Dies erlangt Bedeutung für die **IMEI- und IMSI-Überwachung.**[18] Bei der IMSI-Überwachung bezieht sich die Anordnung auf die auf der SIM-Karte eines Mobiltelefons gespeicherte IMSI (International Mobile Subscriber Identity), während es bei der IMEI-Überwachung um die Gerätekennung des Mobilfunkgeräts selbst geht. Die (ggf. zusätzliche) Anordnung der Überwachung der IMEI (International Mobile Equipment Identity) hat den Vorteil, dass

---

[13] Zum transnationalen Zugriff näher *Bär* ZIS 2011, 53.
[14] Siehe auch oben 5. Kap. Rn. 22.
[15] Dazu schon 5. Kap. Rn. 36; ferner unten Rn. 14.
[16] Näher zu den Voraussetzungen *Bär* MMR 2008, 215 (216).
[17] Näher hierzu BT-Drs. 16/5846, 40.
[18] *Ruhmanseder* JA 2009, 57 (58).

bei Austausch der SIM-Karte keine Überwachungslücken bestehen, bis ein auf die neue IMSI bezogener Überwachungsbeschluss ergeht.[19]

IV. Zugriff auf Bestands- und Verkehrsdaten

8   Für die Prüfung der Rechtmäßigkeit einer Datenerhebung im Zusammenhang mit dem Telekommunikationsverkehr ist ferner zwischen **Bestands- und Verkehrsdaten** zu unterscheiden.

1. Bestandsdaten

9   a) Bestandsdaten sind gemäß § 3 Nr. 3 TKG „Daten eines Teilnehmers, die für die Begründung, inhaltliche Ausgestaltung, Änderung oder Beendigung eines Vertragsverhältnisses über Telekommunikationsdienste erhoben werden", wozu beispielsweise Name, Anschrift und Bankverbindung gehören.[20] Zu den Bestandsdaten gehören – da vergleichbar mit festen Telefonrufnummern – auch statische IP-Adressen, selbst wenn darüber mittelbar auch Inhalt und Umstände des Telekommunikationsakts ermittelt werden können. Solche **Bestandsdaten** fallen **nicht unter den Schutz von Art. 10 GG,** da es nur um die abstrakte Zuordnung der Nummer bzw. Adresse zum Anschlussinhaber geht und daher der Telekommunikationsverkehr selbst nicht betroffen ist.[21] Hingegen handelt es sich nach der jüngsten Rechtsprechung des BVerfG bei **dynamischen IP-Adressen** um Verkehrsdaten, für die Art. 10 GG gilt, da es zur Identifizierung einer dynamischen IP-Adresse notwendig ist, dass die nach § 96 TKG gespeicherten Verkehrsdaten gesichtet werden und so auf konkrete Telekommunikationsvorgänge zugegriffen wird.[22]

10   b) Für den **Zugriff auf Bestandsdaten** sind §§ 112, 113 TKG zu beachten. § 112 TKG regelt dabei die Verwendung von Daten iSd § 111 TKG im automatisierten Verfahren, wobei die Daten hier nicht vom Diensteanbieter, sondern von der Bundesnetzagentur an die Strafverfolgungsorgane übermittelt werden. Für nach §§ 95, 111 TKG gespeicherte Bestandsdaten gilt im Übrigen das manuelle Auskunftsverfahren nach § 113 TKG. §§ 112, 113 TKG enthalten dabei in verfassungskonformer Auslegung allerdings nur eine Rechtsgrundlage für die Übermittlung der Daten, setzen jedoch für die auskunftsberechtigten Behörden zusätzlich eine eigenständige Ermächtigungsgrundlage für die Datenerhebung voraus.[23] Auch dürfen dynamische IP-Adressen, da sie den Verkehrsdaten zuzuordnen sind,[24] nicht Gegenstand der Auskunft sein. Angesichts der Bedeutung solcher Auskünfte für die Aufklärung von Gefahren und Straftaten kann § 113 Abs. 1 S. 1 TKG jedoch für eine Übergangszeit – längstens bis zum 30. 6. 2013 – ohne spezifische Abrufnormen und zur Identifizierung von IP-Adressen eingesetzt werden. § 113 Abs. 1 S. 2 TKG, wonach Auskünfte über Zugangssicherungscodes wie PIN oder PUK auf Grundlage der § 161 Abs. 1 S. 1, § 163 Abs. 1 StPO erteilt werden können, ist wegen Verstoßes gegen das Grundrecht auf informationelle Selbstbestimmung verfassungswidrig. Das BVerfG verlangt diesbezüglich, dass sich die Voraussetzungen für die Erhe-

---

[19] BT-Drs. 16/5846, 46.
[20] *Graf* in BeckOK StPO § 100a Rn. 13; zu Einzelheiten *Bär* in KMR Vor §§ 100a–100i Rn. 8ff.
[21] BVerfG NJW 2012, 1419 (1422).
[22] BVerfG NJW 2012, 1419 (1422); *B. Gercke* GA 2012, 474 (482f.); *Kudlich* GA 2011, 193 (199ff.); vgl. aber noch BVerfG WM 2011, 211; BT-Drs. 16/5846, 86f.; LG Köln NStZ 2009, 352.
[23] BVerfG NJW 2012, 1419 (1423ff.); *Kleszczewski* in Berliner Kommentar zum TKG, § 89 Rn. 13.
[24] Siehe Rn. 9.

bung der Zugangssicherungscodes an den Anforderungen, die für nachfolgende Nutzungen gelten, orientieren.[25] Soll die Erhebung des Zugangssicherungscodes daher dazu dienen, die Telekommunikation zu überwachen, so sind die strengen Anforderungen der §§ 100 a, 100 b StPO zu beachten. Auch diese Vorschrift ist übergangsweise längstens bis 30. 6. 2013 anwendbar.[26]

2. Verkehrsdaten

a) **Verkehrsdaten** sind nach § 3 Nr. 30 TKG „Daten, die bei der Erbringung ei- 11 nes Telekommunikationsdienstes erhoben, verarbeitet oder genutzt werden". Verkehrsdaten werden auch als Verbindungsdaten bezeichnet und entsprechen weitgehend den Nutzungsdaten iSd § 15 TMG.[27] Zu den Verkehrsdaten gehören nach § 96 Abs. 1 Nrn. 1 bis 5 TKG ua die Nummer und Kennung der beteiligten Anschlüsse oder der Endeinrichtung, personenbezogene Berechtigungskennungen, bei Verwendung von Kundenkarten die Kartennummer, bei mobilen Anschlüssen die Standortdaten (Nr. 1), Beginn und Ende der jeweiligen Verbindung nach Datum und Uhrzeit und – soweit die Entgelte davon abhängen – die übermittelten Datenmengen sowie der vom Nutzer in Anspruch genommene Telekommunikationsdienst (Nr. 3).[28]

b) Verkehrsdaten iSd § 96 Abs. 1 TKG dürfen unter den **Voraussetzungen des** 12 **§ 100g StPO** erhoben werden.[29] Hierzu müssen bestimmte Tatsachen den Verdacht begründen, dass jemand eine Straftat von – auch im Einzelfall – erheblicher Bedeutung (Abs. 1 S. 1 Nr. 1) oder eine Straftat mittels Telekommunikation (Abs. 1 S. 1 Nr. 2) begangen hat. Eine Straftat von erheblicher Bedeutung liegt insbesondere bei einer Katalogtat iSd § 100 a Abs. 2 StPO vor, ohne dass eine solche freilich zwingend gegeben sein muss. Soweit eine Tat mittels Telekommunikation begangen wird, ist etwa auf Straftaten via Internet (zB §§ 184 ff., §§ 263, 263 a StGB) oder via Telefon (zB § 238 Abs. 1 Nr. 2 StGB) zu verweisen. Dabei muss die Maßnahme für die Erforschung des Sachverhalts oder die Ermittlung des Aufenthaltsortes des Beschuldigten erforderlich sein, in Fällen der Begehung mittels Telekommunikation iSd des Abs. 1 S. 1 Nr. 2 ist die Maßnahme nur zulässig, wenn die Erforschung des Sachverhalts oder die Ermittlung des Aufenthaltsortes des Beschuldigten auf andere Weise aussichtslos wäre und die Erhebung der Daten in einem angemessenen Verhältnis zur Bedeutung der Sache steht. Standortdaten dürfen in Echtzeit nur im Falle des Abs. 1 S. 1 Nr. 1 erhoben werden. Für die Anordnung wird im Übrigen auf § 100 a Abs. 3 und § 100 b Abs. 1 bis Abs. 4 StPO verwiesen.[30]

c) § 100 g Abs. 2 S. 2 StPO regelt als Sonderfall die sog. **Funkzellenabfrage.**[31] 13 Abweichend von § 100 g Abs. 2 S. 1 iVm § 100 b Abs. 2 S. 2 Nr. 2 StPO muss hier bei Straftaten von erheblicher Bedeutung in der Anordnung nicht die Rufnummer oder eine andere Kennung[32] angegeben werden; vielmehr genügt eine räumlich und zeitlich hinreichend bestimmte Bezeichnung der Telekommunikation, wenn die Erforschung des Sachverhalts oder die Ermittlung des Aufenthaltsortes des Beschuldigten auf andere Weise aussichtslos oder wesentlich erschwert wäre. Da die

---

[25] BVerfG NJW 2012, 1419 (1430); dazu *Schnabel* CR 2012, 253 ff.
[26] BVerfG NJW 2012, 1419 (1429 f.).
[27] *Graf* in BeckOK StPO § 100 a Rn. 16, 22 a.
[28] Zur Berechtigung solche Verkehrsdaten zu speichern, vgl. auch BGH NJW 2011, 1509.
[29] Dazu *Bär* MMR 2008, 215 (219 f.); *Ruhmanseder* JA 2009, 57 (59 f.).
[30] Siehe schon Rn. 7.
[31] Näher *Singelnstein* JZ 2012, 601.
[32] Siehe oben Rn. 7.

Diensteanbieter solche Daten für eine bestimmte Zeit speichern, kann auf diese Weise über die in der Funkzelle eingeloggten Mobiltelefone ermittelt werden, ob der Beschuldigte sich in diesem Bereich aufgehalten hat.[33] Im Übrigen gelten für die Funkzellenabfrage jedoch die allgemeinen Regelungen des § 100 g StPO. Im Rahmen der Verhältnismäßigkeitsprüfung ist hier jedoch insbesondere zu prüfen, inwieweit Dritte von der Abfrage betroffen sind.[34]

V. Zugriff auf beim Provider gespeicherte E-Mails

14   **Vor dem Absenden** und **nach dem Speichern** auf dem Rechner des Nutzers können E-Mails dort gemäß §§ 94 ff. StPO beschlagnahmt werden.[35] Soweit die Überwachung hingegen während des laufenden Übermittlungsvorgangs erfolgt, kommt es auf die Voraussetzungen der §§ 100 a, 100 b StPO an.[36] Fraglich ist jedoch, auf welche Rechtsgrundlage Eingriffe gestützt werden können, wenn die **E-Mails** auf dem **Server des Providers** zwischengespeichert oder gar archiviert sind. Zwar fallen E-Mails in dieser Phase noch unter den Schutz von Art. 10 GG,[37] jedoch steht damit noch nicht fest, aufgrund welcher Vorschrift auf solche Informationen zugegriffen werden kann. Nach Ansicht des BVerfG kann eine Beschlagnahme ebenfalls auf §§ 94 ff. StPO gestützt werden, wenn es sich um eine offene und punktuelle Maßnahme handelt,[38] während abweichende Ansichten die Maßnahme aufgrund ihrer Eingriffsintensität mit Recht an die höheren Anforderungen des § 99 StPO oder des § 100 a StPO knüpfen möchten.[39] Für die Anwendbarkeit der Post-Beschlagnahme nach § 99 StPO spricht zwar, dass E-Mails inzwischen häufig an die Stelle des konventionellen Briefs treten.[40] Aufgrund der engen Bezüge zum Telekommunikationsverkehr und -geheimnis ist jedoch § 100 a StPO als Grundlage für den Eingriff vorzugswürdig.[41] Soweit es um einen länger andauernden Zugriff auf solche Daten geht, die beim Diensteanbieter gespeichert sind, sind §§ 94 ff. StPO aber auch nach Ansicht des BVerfG keine hinreichende Grundlage. Der Eingriff ist daher auf § 99 StPO bzw. § 100 a StPO zu stützen. Entsprechendes gilt für die heimliche Datenerhebung, wobei freilich der Betroffene regelmäßig vor der Sicherstellung über den Eingriff zu unterrichten ist, damit er seine Rechte wirksam wahrnehmen kann.[42] Letztlich muss auch hier dem Verhältnismäßigkeitsgrundsatz Rechnung getragen werden. Jedenfalls ist der dauerhafte Zugriff auf alle E-Mails dann nicht erforderlich, wenn die Sicherung der beweiserheblichen E-Mails auf andere Weise erreicht werden kann.[43]

---

[33] *Graf* in BeckOK StPO § 100 a Rn. 125.

[34] BT-Drs. 16/5846, 55; *Ruhmanseder* JA 2009, 57 (60).

[35] BVerfGE 115, 166 (184 ff.); dazu oben Rn. 3 f.

[36] Siehe oben Rn. 6 f.

[37] Siehe oben Rn. 4.

[38] BVerfGE 124, 43 (62); dafür auch *Nack* in KK § 100 a Rn. 22. Zur Kritk *Klesczewski* ZStW 123 (2011), 737 (747 ff.).

[39] Das BVerfG schließt freilich diese Vorschriften als zusätzliche Grundlage des Eingriffs nicht aus; BVerfGE 124, 43 (63); dazu auch *Krüger* MMR 2009, 680 (683).

[40] Dafür etwa BGH NJW 2009, 1828; *Bär* in KMR § 100 a Rn. 29; *Graf* in BeckOK StPO § 100 a Rn. 30.

[41] Vgl. auch LG Hamburg MMR 2008, 186 f.; *Brodowski* JR 2009, 402 (408 ff.); *Krüger* MMR 2009, 680 (682); *Kudlich* GA 2011, 193 (203); *Störing* MMR 2008, 187 (188).

[42] BVerfGE 124, 43 (70 ff.). Zu den nachträglichen Unterrichtungspflichten bei heimlichen Eingriffen s. § 101 Abs. 4 StPO.

[43] BVerfGE 124, 43 (67 f.); *Graf* in BeckOK StPO § 100 a Rn. 30 d.

Soweit eine genaue Sichtung und Aussortierung der relevanten E-Mails nicht 15 sogleich am Zugriffsort möglich ist, kommt ggf. die vorläufige Sicherstellung größerer Teile bzw. des gesamten E-Mail-Verkehrs in Betracht, an die sich dann eine Durchsicht nach § 110 StPO anschließt, bevor schließlich die beweiserheblichen E-Mails beschlagnahmt werden können.[44] Zu beachten ist in diesem Zusammenhang auch § 110 Abs. 3 StPO, wonach sich die Durchsicht eines elektronischen Speichermediums auch auf räumlich getrennte Speichermedien – etwa beim Cloud Computing[45] – erstrecken kann, soweit von dem durchsuchten Speichermedium darauf zugegriffen werden kann und ansonsten der Verlust der gesuchten Daten zu besorgen ist (sog. **Ferndurchsuchung**).[46] Von Bedeutung ist dies, wenn ein externer Datenträger nicht rechtzeitig sichergestellt werden kann.[47]

Entsprechend der eben geschilderten Grundsätze soll auch eine **Beschlagnahme** 16 **des Accounts** eines sozialen Netzwerks gemäß § 99 StPO zulässig sein.[48] Jedoch dürfte hier schon die Vergleichbarkeit mit der Beschlagnahme herkömmlicher Post zweifelhaft sein, so dass man allenfalls auf § 100a StPO abstellen kann.[49] Dabei muss man sehen, dass bei der Beschlagnahme eines Accounts nicht nur Nachrichten, sondern auch andere Funktionen des Netzwerks – wie zB Fotos oder Timeline – sowie zahlreiche Dritte betroffen sein können, so dass jedenfalls die Rechtmäßigkeit de lege lata zweifelhaft ist.[50]

VI. Verwendung eines IMSI-Catchers

Von der Telekommunikationsüberwachung, bei der sich die Anordnung auf die 17 IMSI[51] bezieht, ist die Verwendung eines sog. **IMSI-Catchers** auf Grundlage des § 100i StPO zu unterscheiden.[52] Der IMSI-Catcher dient der Ermittlung der Gerätenummern (IMEI) und Kartennummern (IMSI) sowie des Standorts von Mobiltelefonen in bestimmten Lokalisierungsbereichen. Wie bei § 100g StPO ist nach § 100i Abs. 1 StPO zunächst erforderlich, dass bestimmte Tatsachen den Verdacht begründen, dass jemand eine Straftat, die auch im Einzelfall von erheblicher Bedeutung ist, begangen hat. Auch hier wird für die Erheblichkeit insbesondere auf die Katalogtaten nach § 100a Abs. 2 StPO verwiesen. Soweit es für die Erforschung des Sachverhalts oder die Ermittlung des Aufenthaltsortes des Beschuldigten erforderlich ist, dürfen die Gerätenummer eines Mobilfunkendgerätes und die Kartennummer der darin verwendeten Karte ermittelt werden (Abs. 1 Nr. 1), so dass nähere Erkenntnisse über die Identität des Teilnehmers oder das verwendete Mobiltelefon gewonnen werden können.[53] Mithilfe der Standortbestimmung (Abs. 1 Nr. 2) kann eine bestimmte Person, die ein Mobilfunkgerät mit sich führt, etwa zum Zwecke der Festnahme oder Vorbereitung einer Observation lokalisiert werden. Soweit personenbezogene Daten Dritter im Rahmen einer solchen Maßnahme erhoben

---

[44] BVerfGE 124, 43 (68f.).
[45] Dazu schon 5. Kap. Rn. 7.
[46] Dazu *Kudlich* GA 2011, 193 (207f.); *Marberth-Kubicki*, Computer- und Internetstrafrecht, Rn. 461.
[47] *Gercke/Brunst*, Internetstrafrecht, Rn. 965.
[48] AG Reutlingen StV 2012, 462; zur Kritik *Meinicke* StV 2012, 463f.
[49] So auch *Neuhöfer* ZD 2012, 178 (179).
[50] Zutr. *Meinicke* StV 2012, 463 (464).
[51] S. Rn. 7.
[52] Dazu BT-Drs. 16/5846, 65f.; *Bär* MMR 2008, 215 (221); zur Verfassungsmäßigkeit BVerfG NJW 2007, 351ff.
[53] BVerfG NJW 2007, 351; *Kiper/Ruhmann* DuD 1998, 155 (160).

werden, ist dies nach Abs. 2 nur zulässig, wenn die Maßnahme aus technischen Gründen zur Erreichung des Zwecks nach Abs. 1 unvermeidbar ist. Solche Daten dürfen zudem nicht über den Datenabgleich zur Ermittlung der gesuchten Geräte- und Kartennummer hinaus verwendet werden.

VII. Online-Durchsuchung und Quellen-TKÜ

18 Von der (offenen) Beschlagnahme des Rechners samt den gespeicherten Daten ist die sog. **verdeckte punktuelle Online-Durchsuchung** sowie die **verdeckte länger andauernde Online-Überwachung** zu unterscheiden. Bei solchen Maßnahmen wird auf dem Rechner oder Mobiltelefon des Beschuldigten heimlich eine Software installiert, um Daten zu kopieren und an die Ermittlungsbehörden zu übertragen. Diese ist zu repressiven Zwecken auf Grundlage der StPO unzulässig, da § 102 StPO nur offene Durchsuchungen gestattet und es sich auch nicht um eine Überwachung der Telekommunikation nach § 100a StPO handelt.[54] Insoweit ist das Grundrecht auf Gewährleistung der Vertraulichkeit und Integrität informationstechnischer Systeme betroffen.

19 Eine Besonderheit im Zusammenhang mit der Telekommunikationsüberwachung stellt die **Quellen-TKÜ** dar.[55] Diese kommt zum Einsatz, wenn die Daten beim Telekommunikationsvorgang – wie etwa bei Internettelefonaten über Skype als nutzerbasierter Dienst[56] – verschlüsselt werden, so dass eine Überwachung während der eigentlichen Kommunikation nicht erfolgversprechend ist.[57] Bei der Quellen-TKÜ werden die Daten daher mit Hilfe der Installation von Spionagesoftware auf den Rechner schon bei der Eingabe über die Tastatur oder Erfassung über Mikrofone aufgezeichnet bzw. kopiert und an die Ermittlungsbehörden übertragen. Weil durch diese Maßnahmen bereits der Telekommunikationsvorgang betroffen ist, ist die Anordnung auf § 100a StPO zu stützen.[58] Das Aufspielen der hierzu erforderlichen Software auf dem Datenträger soll im Wege der Annexkompetenz gerechtfertigt sein.[59] Dies kann man durchaus kritisch sehen, weil im Bereich der Strafverfolgung – anders als bei der Gefahrenabwehr nach § 20l S. 1 iVm § 20k BKAG – keine spezielle Rechtsgrundlage besteht und der Eingriff mit der unzulässigen Online-Durchsuchung verwandt ist.[60] Zu beachten ist, dass ein Zugriff – etwa mittels „Screenshot", dh der Fotografie des Bildschirms – auf Entwürfe beim bloßen Schreiben der E-Mail über diese Vorschrift nicht gerechtfertigt ist.[61] Damit kann

---

[54] BGHSt 51, 211ff.; *Bär* in KMR Vor §§ 100a–100i Rn. 65ff.; *Kudlich* GA 2011, 193 (203); *Ruhmanseder* JA 2009, 57 (61f.); ferner BVerfGE 120, 274ff., zur Verfassungswidrigkeit von § 5 Abs. 2 Nr. 11 VerfassungsschutzG NRW; § 20k BKAG enthält eine Regelung für verdeckte Eingriffe zu präventiven Zwecken durch das Bundeskriminalamt.

[55] Zur Zulässigkeit LG Landshut NStZ 2011, 479 (480); LG Hamburg MMR 2011, 693; *Bär* MMR 2011, 691 (692); *Nack* in KK § 100a Rn. 27; aA noch OLG Hamburg NStZ 2008, 478; *Buermeyer/Bäcker* HRRS 2009, 433ff.

[56] Zur anbietergestützten Telefonie *Klesczewski* ZStW 123 (2011), 737 (741).

[57] LG Landshut NStZ 2011, 479 (480); näher *Bär* MMR 2008, 215 (216); *Graf* in BeckOK StPO § 100a Rn. 107a ff.; *Ruhmanseder* JA 2009, 57 (59).

[58] LG Landshut NStZ 2011, 479 (480); LG Hamburg MMR 2011, 693 (694); *Ruhmanseder* JA 2009, 57 (59).

[59] LG Landshut NStZ 2011, 479 (480); LG Hamburg MMR 2011, 693 (694); *Bär* MMR 2011, 691 (692).

[60] *Becker/Meinicke* StV 2011, 50ff.; *Klesczewski* ZStW 123 (2011), 737 (744); *Kudlich* GA 2011, 193 (206f.); zum sog. „Staatstrojaner" *Braun/Roggenkamp* K&R 2011, 681 (684).

[61] LG Landshut NStZ 2011, 479 (480); *Brodowski* JR 2009, 402 (410); *Graf* in BeckOK StPO § 100a Rn. 30 f.

eine wirksame Überwachung dann nicht stattfinden, wenn E-Mails schon vor ihrem Versand verschlüsselt werden.

VIII. Recherchen im Internet

Für die Überwachung öffentlich verfügbarer Kommunikationsinhalte – wie **20** allgemein zugänglicher Internetseiten oder Chaträume – kommt es auf die Voraussetzungen des § 100a StPO nicht an. Beim Surfen im Netz liegt weder ein Eingriff in das Telekommunikationsgeheimnis noch in das allgemeine Persönlichkeitsrecht vor.[62] Weil die Identität einer Person im Netz regelmäßig nicht zuverlässig überprüft werden kann und damit das Vertrauen auf die wahre Identität nicht schutzwürdig ist,[63] gilt dies selbst dann, wenn unter einer Legende in sozialen Netzwerken oder Newsgroups ermittelt wird. Entsprechende Ermittlungen – sog. „Internetaufklärung" oder „elektronische Streifenfahrt"[64] – können auf § 161 Abs. 1 S. 1, § 163 Abs. 1 S. 1 StPO gestützt werden.[65] Die Grenze solcher Aufklärungsmaßnahmen wird erst überschritten, wenn Daten systematisch gesammelt, zusammengeführt und abgeglichen werden. Dann liegt ein der Rasterfahndung (§ 98a StPO) vergleichbarer Eingriff vor, der einer speziellen Rechtsgrundlage bedarf.[66]

Beispiel: Polizist P meldet sich unter falschem Namen bei Facebook an und kann so auf Daten eines Verdächtigen zugreifen. – §§ 161 Abs. 1 S. 1, §§ 163 Abs. 1 S. 1 StPO sind hinreichende Grundlage für entsprechende Ermittlungen.

Das **Grundrecht auf informationelle Selbstbestimmung** ist freilich dann be- **21** troffen, wenn schutzwürdiges Vertrauen in die Identität des Kommunikationspartners dazu ausgenutzt wird, um persönliche Daten zu erheben, die der Betroffene ansonsten nicht preisgegeben hätte.[67] Entsprechende Ermittlungen unter einer Legende können dann nur unter den Voraussetzungen des § 110a StPO, die für verdeckte Ermittler gelten, erfolgen.[68]

Beispiel:[69] P meldet sich unter dem Namen eines Bekannten des Beschuldigten bei Facebook an, erlangt so auf seine „Freundschaftsanfrage" eine Bestätigung und kann daher auf alle Daten zugreifen. – Hier bedarf es der Voraussetzungen des § 110a StPO, weil die Identität zur Preisgabe der personenbezogenen Daten ausgenutzt wird.

Soweit bei nicht-öffentlichen Chaträumen und Foren ein **technisches Zugangs- 22 hindernis** überwunden wird, ist hinsichtlich einer etwaigen Strafbarkeit der Ermittler § 202a StGB zu beachten; hier bedarf es schon zur strafrechtlichen Rechtfertigung des Eingriffs einer Anordnung nach § 100a StPO.[70]

---

[62] BVerfGE 120, 274 (345); *Graf* in BeckOK StPO § 100a Rn. 32g.
[63] BVerfGE 120, 274 (345).
[64] *Kudlich* GA 2011, 193 (198).
[65] *Graf* in BeckOK StPO § 100a Rn. 32i; *Klesczewski* ZStW 123 (2011), 737 (753); *Kudlich* GA 2011, 193 (198f.).
[66] BVerfGE 120, 274 (345). Zur Aktion „Mikado", bei der Kreditkartenunternehmen flächendeckend um Auskünfte über Datensätze der Kunden gebeten wurden, siehe BVerfG NJW 2009, 1405, das eine Rasterfahndung verneint und § 161 Abs. 1 StPO als Ermächtigungsgrundlage genügen lässt; näher *Gercke/Brunst*, Rn. 681ff.
[67] BVerfGE 120, 274 (345).
[68] *Graf* in BeckOK StPO § 100a Rn. 32i; *Kudlich* GA 2011, 193 (199).
[69] *Graf* in BeckOK StPO § 100a Rn. 32i.
[70] *Graf* in BeckOK StPO § 100a Rn. 32b. Siehe auch 4/27.

Rechtsprechung: BVerfGE 113, 29 und BVerfGE 115, 166 (Beschlagnahme von Datenträgern und Daten nach §§ 94 ff. StPO); BVerfGE 120, 274 (Unzulässigkeit von Online-Durchsuchungen); BVerfGE 124, 43 (Rechtsgrundlage für die Beschlagnahme von beim Provider gespeicherten E-Mails); BVerfGE 129, 208 (Verfassungsmäßigkeit von § 100 a StPO); BVerfG NJW 2012, 1419 (Datenerhebung von Bestandsdaten, § 113 TKG); BGHSt 51, 211 ff. (Unzulässigkeit von Online-Durchsuchungen); LG Landshut NStZ 2011, 479 (Zulässigkeit der Quellen-TKÜ); LG Hamburg MMR 2011, 693 (Zulässigkeit der Quellen-TKÜ).

Aufsätze: *Bär,* Telekommunikationsüberwachung und andere verdeckte Ermittlungsmaßnahmen, Gesetzliche Neuregelungen zum 1. 1. 2008, MMR 2008, 215; *ders.,* Transnationaler Zugriff auf Computerdaten, ZIS 2011, 53; *Becker/Meinicke,* Die sog. Quellen-TKÜ und die StPO – Von einer „herrschenden Meinung" und ihrer fragwürdigen Entstehung, StV 2011, 50; *B. Gercke,* Straftaten und Strafverfolgung im Internet, GA 2012, 474; *Klesczewski,* Straftataufklärung im Internet, Technische Möglichkeiten und rechtliche Grenzen von strafprozessualen Ermittlungseingriffen im Internet, ZStW 123 (2011), 737; *Kudlich,* Strafverfolgung im Internet – Bestandsaufnahme und aktuelle Probleme, GA 2011, 193; *Ruhmannseder,* Die Neuregelung der strafprozessualen verdeckten Ermittlungsmaßnahmen, JA 2009, 57.

Stichwortverzeichnis

Die Zahlen verweisen auf die Kapitel des Buches und deren Randnummern
(z. B. 4/29 = 4. Kap. Rn. 29)